人工知能と経済

山本 勲［編著］

Artificial Intelligence and the Economy
Isamu Yamamoto

勁草書房

はしがき

　「人工知能（AI）」という言葉が新聞やテレビの報道番組などで毎日のように聞かれるようになった現在、経済学分野では人工知能に関連してどのような研究発展があるのだろうか。一般の方にも知られている有名な研究としては、近い将来、人の就いている職業の約半分が人工知能などを搭載した機械によってできるようになることを示したオックスフォード大学のオズボーン氏とフレイ氏による論文が挙げられる。彼らの研究結果はセンセーショナルなものだっただけに、マスメディアなどでも話題に上ることが多いが、それ以外の研究はそれほど多くは輩出されていない。

　ただし、AIといった新しい技術に限定しなければ、経済学では技術進歩と経済との関係について、膨大な量の研究蓄積がある。それもあって、おそらく経済学者の多くは、AIであっても技術の1つであるため、これまでの技術進歩に関する研究成果から学べることは沢山あり、実際に社会経済に新しい技術が普及していく過程で、それらの研究成果を踏まえながらデータをもとに検証を進めていけば、さまざまな課題に対処できると考えているようにも思える。

　しかし、AIなどの新しい技術が今後急激に普及する可能性があることに鑑みると、経済学の各フィールドにおいて、技術進歩を切り口に過去の研究を体系的に整理し、今後の技術進歩に合わせてどのような影響が生じることが予想され、どのような留意点や政策含意が導出できるのかをまとめることの重要性は高まっているといえよう。そうしたことがなされないと、過去の知見を踏まえない非科学的で表面的な意見が多く出され、無用に人々の行動や感情を左右してしまうことが懸念される。歴史や理論、データにもとづいた学術的・客観的なエビデンスが普及すれば、より建設的な議論が展開されるようになるはずである。

　また、実際に社会経済で広く新しい技術が使われるようになってから、データにもとづく検証を行っても、場合によってはすでに格差拡大や技術失業の大量発生などのマイナスの影響が顕現化してしまい、タイミングとして遅い可能性も十分ありうる。不確実な将来のことを予想することは学術研究には向いていないのかもしれないが、少なくとも過去のエピソードや研究による知見を踏まえ、何に留意すべきかを明らかにし、どのようなデータや事例に焦点を当てていくべきかを示すことは、将来の備えとして必要といえる。さらに、AIなどの新しい技術を切り口にこれまでの研究を整理することは、これからの重要な研究テーマを見出だすきっかけにもなりうる。

こうしたことから、本書では、経済学の多様なフィールドを取り上げ、過去から最新の技術進歩のエピソードや研究動向を整理し、さまざまな知見をもとに今後の技術進歩の社会経済に与える影響や留意点、政策含意を検討することを目的としている。本書は12人の研究者が分担執筆した全9章から構成されており、問題意識や経済学のフィールドの幅の広さ、分析内容等で類書にない役割を果たすことを目指している。今後、AIなどの新しい技術が社会経済に本格的に普及し、関する多くの経済学研究が蓄積されるにあたって、本書がその起点として位置づけられるようになれば、編者として望外の喜びである。

　本書が刊行されることになったきっかけは、総務省のAIネットワーク化検討会議（旧称：ICTインテリジェント化影響評価検討会議）での議論と報告書である。同会議に参加していた若田部昌澄氏と編者に対して、勁草書房の山田政弘氏から、より詳細に最新の動向を参考文献とともに記述したうえで、各学問分野における目指すべき社会像とその基本理念を検討するとともに、インパクトスタディやリスクスタディをまとめた「学術書」を刊行したい旨の提案があった。そこで、経済学を中心に、若田部氏と編者が各章の分担執筆者となってもらえる研究者を検討し、編者も含めて12人の経済学者による執筆が決まった。途中、若田部氏は公務の関係で編者を退くことになったが、本書は事実上、若田部氏との共編書というべきものである。

　本書を刊行するにあたり、さまざまな方々に多大なご支援をいただいた。お世話になった皆様に深く御礼申し上げたい。特に、総務省情報通信政策研究所の福田雅樹調査研究部長（当時）と成原慧主任研究官（当時）には、企画段階で勁草書房と一緒に本書の方向性を検討していただいた。また、編集者である勁草書房の山田政弘氏におかれては、本書の企画構想の提案や編集方針に対する的確なアドバイス、執筆者との連絡、きめの細かい編集作業など、さまざまな点でご尽力いただいた。心より感謝の意を表したい。

2019年3月

山本　勲

目 次

序章　本書の問題意識と概要 …………………………………………… 1
山本勲

第1章　マクロ経済――成長・生産性・雇用・格差 ……………… 21
北尾早霧・山本勲

Ⅰ　技術進歩のマクロ的影響　21
Ⅱ　賃金格差の拡大とスキルプレミアムモデル　22
　1　アメリカにおける賃金格差の拡大　22
　2　スキルプレミアムモデルの概要　23
　3　スキルプレミアムモデルの説明力：SBTC 仮説　25
Ⅲ　雇用の二極化の進展とタスクモデル　27
　1　米国における雇用の二極化　27
　2　タスクモデルの概要　27
　3　タスクの分類　31
　4　タスクモデルの説明力：Routinization 仮説　33
　5　タスクモデルから指摘される IT 化とロボット・AI 化の違い　35
Ⅳ　技術進歩・マクロ経済成長とタスクモデル　36
　1　AI やロボットの普及　36
　2　2つの技術進歩と成長　37
　3　技術進歩の要素分析　43
　4　高齢化と技術進歩　44
　5　技術進歩とマクロ経済：理論の検証　46
　6　マクロ経済政策へのインプリケーション　52
参考文献　55

第2章　労働——技術失業の可能性 …………………………………… 59

山本勲

- I　AI 技術失業の懸念　59
  - 1　オックスフォード大学のフレイ氏とオズボーン氏らによる指摘　60
  - 2　MIT 大のブリニョルフソン氏とマカフィー氏による指摘　62
  - 3　その他の指摘　63
- II　AI 技術失業説の留意点　64
  - 1　コアとなる予測の主観性　64
  - 2　職業情報からのタスク把握の限界　65
  - 3　新技術の価格の考慮　66
  - 4　新技術による雇用創出の可能性　67
  - 5　失業以外への影響　68
  - 6　その他　69
- III　日本の労働市場の特性と AI による影響の大きさ　72
  - 1　IT 化の影響　72
  - 2　日本的雇用慣行と AI　78
  - 3　日本の非正規雇用と AI　80
  - 4　AI の利活用と雇用　84
- IV　超高齢社会における AI の利活用　87
  - 1　労働供給制約の動向と課題　87
  - 2　労働供給制約の処方薬やウェルビーイング向上のための AI　89
  - 3　生産性向上に必要な補完的イノベーション　91
- 参考文献　92

第3章　教育——資源と成果の変容 …………………………………… 95

井上敦・田中隆一

- I　教育分野における人工知能への期待と課題　95

Ⅱ 教育ICTの導入と利用の現状　97
Ⅲ 新技術が教育成果に与える影響に関する理論モデル　100
Ⅳ 人工知能導入による教育資源の効果の変化　103
　1 クラスサイズ効果　104
　2 教育ICTへの投資効果　107
　3 CAIの効果　111
　4 教員効果　113
　5 参照グループと家庭環境の効果　117
Ⅴ 人工知能の普及とこれからの教育像　121
参考文献　123

第4章　金融——金融ビジネスとその変容　127
小倉義明

Ⅰ フィンテックの勃興　127
Ⅱ フィンテック（FinTech）の概要　128
　1 クラウドファンディング　128
　2 暗号通貨、電子決済　129
　3 個人資産管理　131
Ⅲ 機械学習とフィンテック　131
　1 機械学習とは　131
　2 機械学習の金融への応用　133
Ⅳ フィンテックの経済厚生への影響：これまでの経済学的議論　135
　1 効率化による金融仲介コストの低下と金融包摂の進展　135
　2 金融業への新規参入と市場競争の活性化　136
　3 新たなリスク　137
Ⅴ クラウドレンディングの挑戦　138
　1 急成長を遂げたクラウドレンディング　138

2　クラウドレンディングのビジネスモデル　140
    3　事例研究：LendingClub　141
    4　伝統的銀行融資との違い　143
    5　LendingClub の業況　146
    6　クラウドレンディング急成長の理由とその持続可能性　154
　Ⅵ　フィンテックの功罪と今後　158
　参考文献　159

第5章　交通──自動運転技術の社会的ジレンマ　161

森田玉雪・馬奈木俊介

　Ⅰ　身近となる人工知能：自動運転　161
　Ⅱ　自動運転の歴史　163
　Ⅲ　先行研究　167
    1　人工知能と倫理　167
    2　社会的ジレンマ　169
    3　自動運転車に対する社会的受容　170
　Ⅳ　消費者の道徳観の分析　172
    1　調査の概要　172
    2　回答者の属性　173
    3　調査手法　178
    4　調査結果　181
    5　日本における道徳観と人工知能　195
　Ⅴ　継続的な議論の必要性　197
　参考文献　198

第6章　生産性——イノベーション戦略の重要性　205

元橋一之

Ⅰ　汎用的技術としての IT　**205**
Ⅱ　ビッグデータ・AI・IoT の補完的関係　**207**
　1　ビッグデータ　**207**
　2　AI（人工知能）　**209**
　3　IoT（Internet of Things）　**210**
　4　新たなイネーブリング技術としてのビッグデータ・AI・IoT　**213**
Ⅲ　日本のモノづくり企業におけるビッグデータ活用の実態　**215**
　1　アンケート調査のバックグラウンド　**215**
　2　調査のコンセプト設計とアンケートの概要　**216**
　4　企業全体としてのデータ活用に対する取り組み　**219**
　5　データ種類別の利用の状況　**225**
　6　データ活用と経営効果の関係　**229**
　7　アンケート調査から得られる含意　**231**
Ⅳ　ビッグデータ・AI・IoT 時代のイノベーションモデル　**232**
　1　イシューの洗い出し　**232**
　2　エコシステム論のレビュー　**233**
　3　プラットフォームとエコシステム　**235**
　4　AI/IoT による両者の融合　**237**
Ⅴ　AI/IoT の進展と日本のイノベーションシステム　**239**
　1　IoT エコシステムに関する最近の動き　**239**
　2　日本のイノベーションシステムに対するインプリケーション　**241**

参考文献　**243**

第 7 章　物価——経済変動メカニズムの変容 245

笛木琢治・前橋昂平

- I　はじめに　245
  - 1　第 4 次産業革命の足音　245
  - 2　「AI」、「ロボット」とは？　249
  - 3　本章の構成　251
- II　先行研究の紹介：2 つの流れ　252
  - 1　労働市場・格差に及ぼす影響　252
  - 2　経済成長・生産性に及ぼす影響　256
- III　AI やロボット化が物価変動に及ぼす影響：実証的な考察　258
  - 1　AI・ロボットの普及度合いを測る指標：ロボット装備率　258
  - 2　物価変動を評価するための枠組み：フィリップス曲線　259
  - 3　フィリップス曲線を用いた観察事実　260
  - 4　パネル推計による静的な関係の検証　262
  - 5　パネル VAR による動的な関係の検証　262
- IV　AI やロボット化が物価変動に及ぼす影響：理論的な考察　264
  - 1　モデル・セットアップ　265
  - 2　解析的分析〜インフレ動学のメカニズム〜　267
- V　結論　270
- 参考文献　271

第 8 章　再分配——ベーシックインカムの必要性 275

井上智洋

- I　AI 時代におけるベーシックインカム　275
- II　ベーシックインカムとは何か？　276
  - 1　ベーシックインカム導入の目的　276
  - 2　普遍主義的社会保障　277

3　メリットとデメリット　　279
Ⅲ　ベーシックインカムと他の所得保障制度との関係　　280
　　1　所得保障制度の分類　　280
　　2　ベーシックインカムと負の所得税との関係　　282
　　3　負の所得税と生活保護の関係　　286
Ⅳ　ベーシックインカムの歴史と現状　　288
　　1　3人のトマスと土地の分配　　288
　　2　20世紀のベーシックインカム論　　290
　　3　ベーシック・インカム地球ネットワークと現代の提唱者　　291
　　4　海外でのベーシックインカム実現に向けた試み　　292
　　5　日本におけるベーシックインカム論　　293
　　6　AI時代に向けたベーシックインカムに関する議論　　294
Ⅴ　AIが雇用に及ぼす影響　　298
　　1　特化型AIであっても格差はもたらされる　　298
　　2　汎用AIは根こそぎ雇用を奪うか？　　298
　　3　クリエイティブ・エコノミーはユートピアをもたらすか？　　299
Ⅵ　ベーシックインカムは不可欠な制度となる　　301
参考文献　　302

第9章　歴史──「大自動化問題」論争の教訓　　305

　　　　　　　　　　　　　　　　　　　　　　　　若田部昌澄

Ⅰ　はじめに：「今回は違う」のか　　305
Ⅱ　「大自動化問題」論争　　308
　　1　背景　　308
　　2　論争の当事者たち　　310
　　3　新古典派総合：オークン法則の発見　　311
　　4　『三重革命（Triple Revolution）』の衝撃　　312

5 政府が反応する（1）：1964年『大統領経済報告』 **315**
6 経済学者が議論をする（1）：サミュエルソン対ハイルブローナー **316**
7 経済学者が議論をする（2）：ソロー対ハイルブローナー **318**
8 経済学者が議論する（3）：ハーバート・サイモンの参戦 **322**
9 政府が反応する（2）：『技術とアメリカ経済』報告書 **324**
10 異端派の議論：セリグマンとセオバルド **327**
11 最後の局面：『ニューヨーク・リビュー・オブ・ブックス』 **331**
12 論争の終焉と余波 **332**

Ⅲ　おわりに：何を学ぶのか **333**

参照文献　**335**

事項索引　**339**
執筆者一覧　**345**

序章　本書の問題意識と概要

山本勲

本書の問題意識

　人工知能（Artificial Intelligence; AI）をはじめとした新しい技術の普及は、将来の社会経済の構造や人々の行動をどのように変えるのだろうか。新たなツールやサービスによって人々の生活や仕事が便利になったり、これまでにないような新たなビジネスや娯楽が生まれたりするなど、プラスのシナリオが描かれることが多い。一方、技術に人々の雇用が奪われてしまったり、深刻な所得格差が生じてしまったりするなどのマイナスのシナリオも描かれることも少なくない。さまざまな技術や側面に焦点が当てられ、さまざまなタイムスパンを想定した議論がなされている。

　こうした関心の高まりは、2016年頃から急速にみられるようになってきた。例えば、日本経済新聞・朝刊を「人工知能」という用語で記事検索をすると、2014年に107件だったものが2016年には1,096件と約10倍に増加し、その後、2018年には2,199件まで増えている。これに対して、人口知能に関する経済学の学術的な研究蓄積は、どちらかというと遅れをとっているといえる。例えば、学術論文検索サービスのGoogle scholarで「人工知能　経済　影響」というワードで学術論文数を検索すると、2014年には337件、2016年に528件、2018年に727件となっており、増加傾向にはあるものの、上述の新聞記事数のトレンドとは異なる。

　経済学研究の遅れの1つの理由としては、AIなどの新しい技術の発展・普及が実社会ではそれほど進んでおらず、学術的に検証するに足るデータや事例が得られないことがあるだろう。総務省が2017年9月時点で実施した『通信動向調査』によると、AIを導入している企業は14.1%にすぎない。この導入率は、スタンフォード大学のロジャース教授によるイノベーター理論の普及曲線に当てはめると、新商品の普及が急激に広まるとされる普及率16%の手前に位置するものであり、社会経済への本格

的な普及には至っていない。データや事例がないと、新しい技術が社会経済に与える影響の客観的・学術的な検証を実施することは難しい。特に社会経済への影響を展望する場合、理論的・概念的な考察は有用であるものの、実証的な検証は欠かすことができない。

　しかし、上述の普及曲線に沿うとしたら、AIなどの新しい技術の普及は、近い将来、急激に加速することが予想される。おそらく、社会の関心の高まりもこうした予想が影響しているとも考えられる。そうだとしたら、実際に社会経済に広く普及する前から、学術的にどのようなプラスおよびマイナスの影響が予想されるのか、どのような点に留意していくべきか、政策的な課題として何が挙げられるか、といった点を整理することが、現時点で求められているといえる。現状、そうした要請に必ずしも経済学者は応えることができていないこともあって、社会ではジャーナリスティックで、ともすれば煽動的な主張や意見が少なからず拡がってしまっているように思える。

　幸いにして、経済学では、産業革命以降の技術進歩の影響は大きな研究テーマとしてさまざまな検証がなされてきた。近い過去では、情報通信技術（Information and Communication Technology; ICT）や産業用ロボットなどが普及した際に、雇用や所得格差、経済成長、イノベーション、市場競争などにどのような影響があったかの研究がかなり蓄積されている。よって、実際にAIなどの新しい技術の普及が社会経済に与える影響をデータをもとに実証研究できないとしても、経済学のさまざまなフィールドにおいて、技術進歩の影響がこれまでどのように研究されてきたかを整理し、そこからの知見を踏まえて、今後のAIやロボティクスなどの新しい技術の開発・普及の影響や留意点、今後の研究の方向性を展望することは十分に可能である。

　つまり、過去の経験をしっかりと踏まえ、また、新しい技術の特性や社会経済環境などの過去との違いを考慮すれば、今後の影響や留意点などが浮き彫りになるはずである。さらに、すでに新しい技術を導入している企業・職場から得られた事例やデータ、あるいは、企業や労働者の意識や意向を聴取するアンケート調査にもとづくデータを用いることで、先行的に実証的な研究を行い、新たな知見を導出することもできるはずである。本書は、マクロ経済、労働経済、教育経済、金融、交通、生産性、物価、再分配政策、歴史の各フィールドにおいて、こうした作業を行うものである。

　この目的に資するため、本書の各章は必ずしもAIの研究を進めてきた研究者が執筆している訳ではなく、むしろ各フィールドの第一人者といえる研究者が、技術進歩を切り口に、これまでの研究動向を踏まえ、新たな技術が普及した際の影響や留意点、政策含意を執筆するつくりとなっている。

第7章の冒頭でも触れているが、そもそも人工知能の定義は定まっていない。このため、本書では、各章で取り扱う新しい技術を敢えて統一していないことにしている。代わりに、経済学の研究として、新しい技術を広く捉え、AI、機械学習、深層学習、IoT、ロボティクスなどのさまざまな技術が進歩し、広く社会経済で利活用されることを想定した状態を念頭に置いた整理・分析・考察をすることにしている。また、第6章でも触れられるが、新たな技術の進歩・普及の前提として、ビッグデータやクラウド・コンピューティングがあり、それらについても分析・考察の対象として取り上げる場合もある。さらに、どの程度の技術進歩の段階を想定するか、すなわち、いつの時点の将来を想定するかについても、本書では統一することなく各章に委ねている。結果的に、多くの章が1つのタスクに特化した技術、AIでいえば特化型AIなどが普及する比較的近い将来を想定しているが、第8章のように、複数のタスクをこなせる汎用AIが普及した将来を想定している章もある。

　同様に、フィールドによって技術の普及や研究の蓄積の違いなどもあるため、本書では、取り上げる技術だけでなく、影響の及ぶ可能性のある経済主体や市場の範囲、分析手法なども章によって異なる。大きく分ければ、1、3、8、9章は先行研究からの知見の整理に力点を置いている一方、2、4、5、6、7章では日本の市場特性や新たなデータ・事例・理論モデルを踏まえた考察に力点を置いている。こうした特性もあり、本書の各章の順番は必ずしも重要ではなく、読者におかれては、関心のある章から読んでもらって支障ない構成となっている。

各章の概要

　上述したように、本書の各章では、経済学のさまざまなフィールド毎に、AIなどの新しい技術が社会経済に与える影響に焦点を当て、これまでの技術進歩のエピソードをもとにした先行研究を整理したり、新たな分析を加えたりすることで、今後の動向や留意点、政策含意を導出している。各章の概要について整理すると、以下のようになる。

■第1章 「マクロ経済　成長・生産性・雇用・格差」（北尾早霧・山本勲）

　第1章では、マクロ経済学の観点から、技術進歩が雇用・失業、賃金格差、生産性、経済成長などにどのような影響を与えるかについて、これまでの技術進歩を検証した理論的・実証的研究を紹介するとともに、AIやロボットの普及による今後の動向を

議論する。

　技術進歩のマクロ的影響は失業の増加や格差拡大といった負の側面と生産性向上や経済成長、雇用創出といった正の側面の双方があり、いずれの影響が強く生じるかは、技術進歩のタイプや経済構造の状態などによって異なる。技術進歩の影響を明らかにすることは、マクロ経済学の中心的な研究課題の1つとして、常に注目を集めており、数多くの研究が蓄積されている。そこで、マクロ経済学の視点から、これまでの技術進歩の影響を捉える際に用いられてきた理論モデルを理解するとともに、ITや産業用ロボットの普及の影響を明らかにした実証的知見を整理することが有益といえる。

　第1章では、まず、技術進歩と賃金格差の拡大を説明するスキルプレミアムモデルを紹介し、高スキル労働者の生産性をより高めるような「スキル偏向的技術進歩」と高スキル労働者の労働供給の大きさの2つの要因の相対的な大きさによって、賃金格差の拡大・縮小が決まるメカニズムを説明している。次に、1990年以降に観察される雇用の二極化を説明できるタスクモデルを紹介するとともに、技術と雇用の関係性を捉えるには労働者の従事する個々のタスク（業務）の種類と量に注目することが重要であることを指摘する。タスクモデルでは、1人の労働者が従事する仕事にはさまざまなタスクがあり、そのタスクに応じて労働需要と労働供給が決まり、賃金が設定されることを想定する。定型的な作業などのルーティンタスクは労働者ではなくコンピュータやシステムで安価に遂行できるため、IT化が進めばルーティンタスクの労働者への労働需要は減少し、賃金は低下する。一方、IT化が進展しても、何らかの判断を要するノンルーティンタスクは労働者にしかできないため、そうしたタスクへの労働需要は相対的に増加する。さらに、ノンルーティンタスクの中には、サービスや運転など、コンピュータや機械よりも労働者が実施したほうが安価な手仕事タスクがあるため、そうしたタスクへの需要も相対的に増加する。よって、判断や知識、コミュニケーションが必要とされる高賃金の知的労働とともに、手仕事が必要とされる低賃金の肉体労働の労働需要が増加し、雇用の二極化が生じる。

　こうしたタスクモデルを踏まえ、第1章の後半では、技術的にAIやロボットができる仕事であっても、実際に労働者との代替が起きるか否かはAIなどの費用と労働者の賃金次第であることや、たとえ一部のタスクで代替が進んだとしても、マクロ経済全体でみた雇用と賃金への影響がプラスかマイナスかは定かではないことなどを議論する。その際には、生産コストと価格の低下によって需要が高まる結果、同じ企業の別のタスクに追加的な人員が必要になったり、ロボットと補完的なタスクが新たに生まれたりするかもしれず、さらに、生産性の波及効果によって他の企業や産業で新

たな仕事が創られる可能性があることを強調する。

具体的には、タスクモデルを発展させ、経済成長のダイナミクスを捉える一般均衡型マクロモデルを解説するとともに、技術進歩と高齢化の連関を論じた研究や理論モデルにもとづいた実証研究を紹介する。これらの一般均衡型マクロモデルでは、技術進歩が労働を置き換える標準的な代替プロセスだけでなく、労働者が資本に対して比較優位をもつタスクが創出されるプロセスが考慮されている。さらに、資本蓄積や技術進歩が内生的に決まるメカニズムを取り入れることで、生産性向上が労働に還元される可能性などが生まれてくる。

こうした理論モデルを踏まえた、過去約20年間のデータにもとづく実証分析を概観し、本章では、代替効果によって失われる雇用のみならず、生産コストの低下によって生じる雇用創出によるプラスの効果を考慮しても、ロボットの導入が雇用と賃金にマイナスの影響を及ぼしうることを指摘する。ただし、大胆なロボット投入を仮定して将来推計を行っても、雇用率の減少は2%ポイント以下で、賃金低下は3%以下にとどまることも示される。このインパクトはAIによる技術失業が雇用の約半分に達するとの一部の指摘とは大きく異なるため、筆者たちは、AIやロボットなどの技術進歩の影響についての過度な楽観論は根拠に乏しいが、行きすぎた悲観論にうろたえる必要もないと主張する。

最後に本書では、AIやロボット導入によるマクロ経済への影響についての最新の理論と実証分析を踏まえ、政策分析に与える影響を考察している。そこでは、若年層から高齢層、低スキルから高スキルまで幅広い範囲の労働者に対して、継続的な人的資本投資を促し、スキル需要に応じた人材の流動性を高める政策が望まれることを指摘する。また、技術進歩で得られる収益や高所得者への課税の強化や低所得者への所得移転が議論にのぼるが、成長の源泉となる技術進歩に歯止めをかけかねない政策の検討には、理論と実証分析にもとづいた慎重さが求められることを強調する。つまり、当面、技術進歩によって大規模な技術失業や賃金下落が発生する極端なシナリオは描きがたいため、限られた貴重な生産資源である労働者を最大限成長のサイクルに取り込み、労働市場への参加を通じて技術進歩の恩恵を広く共有することを促す政策が望ましいことが示される。

■ 第2章 「労働　技術失業の可能性」(山本勲)

第2章では、労働経済学の視点から、AIやロボットなどの新しい技術が雇用・失業に与える影響を予測した研究を整理するとともに、その評価や留意点を述べる。そ

のうえで、新しい技術が労働市場に与える影響を見通す際には、雇用・失業や賃金だけでなく、働き方など幅広い視点をもつことや、国によって異なる労働市場特性を踏まえることが重要と指摘する。

　AIなどの普及によって大量の雇用が奪われるといった予測は、学界として、必ずしもコンセンサスが得られたものとはいえない。しかし、AIによる大規模な技術失業の可能性を示唆するオックスフォード大学のオズボーン氏らの研究や指摘などは、マスメディアなどにも取り上げられることも多く、いまだ注目を集めている。第2章では、まず、そうした研究や指摘の代表的なものを概観したうえで、オズボーン氏らの研究の留意点を整理する。具体的には、彼らの推計がベースとしている情報は機械学習の研究者による将来予測であり、あくまで主観的な予測に過ぎない点が強調される。また、AIなどの新しい技術と雇用の代替が生じるかは、技術的な観点だけでなく、技術革新によってAIなどの価格が賃金と同じ水準まで低下するかも重要であり、将来予測にはその点も考慮する必要があることも示される。さらに、新しい技術が雇用を代替するだけでなく、技術開発や普及に必要な雇用や生産性向上による経済成長がもたらす雇用など、雇用創出の効果ももつことや、労働者の負荷やストレスを軽減したり、柔軟な勤務を可能にしたり、人手不足を補ったりするなど、働き方や労働力の補強という点でも労働市場にプラスの影響をもたらしうることを強調する。

　次に、第2章では、日本の労働市場に焦点を当て、日本に固有な労働市場特性を考慮した場合に、AIなどの新しい技術の普及にどのような留意点があるかを整理する。まず、日本でも雇用の二極化が生じているかをデータを用いて確認したところ、雇用や賃金の二極化はアメリカほど明確ではないものの、ある程度は観察できることが示される。さらに、どのようなタスクが多いかを国際比較した研究を紹介し、日本では他国に比べてノンルーティンタスクよりもルーティンタスクが相対的に多くなっていることを指摘する。

　さらに、こうした事実関係を踏まえて、正規雇用者と非正規雇用者に分けてAIなどの新しい技術の影響の見通しを整理し、まず、日本的雇用慣行の適用される正規雇用者については、企業内で人的投資・回収がなされる長期雇用が続く限りは、影響を受けにくいと指摘する。しかし、AIなどの新しい技術の価格が大幅に低下したり、正規雇用者に人的投資したスキルが技術革新によって陳腐化したりするようになると、正規雇用者への人的投資が埋没費用化したとしても、AIなどの新しい技術に代替したほうが企業にとってのトータルの費用が低くなるため、正規雇用でも代替が進む可能性は十分にあることも指摘する。また、AIなどの新しい技術の普及によって労働

者に必要とされるスキルが企業特殊的でなく、どの企業でも活用できる一般的なものになれば、日本的雇用慣行そのものが崩壊することで、代替が加速する可能性があることも述べられる。

次に、日本の雇用者の4割を占める非正規雇用については、AIなどの新しい技術によって代替されるリスクが非常に大きいことを指摘する。1990年代以降にITが普及した時期に、調整費用を含めた人件費が非正規雇用で低かったため、日本では正規雇用からIT資本ではなく、正規雇用から非正規雇用への代替が進んだ可能性がある。その際には正規雇用の従事していた多様で複雑なタスクがデジタル化・標準化といった脱スキル化によって整理され、非正規雇用がルーティンタスクとして遂行するようになったと考えられる。よって、AIなどの新しい技術の技術進歩が進み、より安価に非正規雇用のタスクを遂行できるようになると、一気に代替が進む可能性が高いことが示唆される。

さらに、第2章では、AIなどの新しい技術の利活用の面で、日本はアメリカよりもITや新しい技術の活用度や認知度が低いことを指摘する。こうした状況が続くと、AIなどの新しい技術の利活用が遅れ、将来的に競争力が低下して日本の労働市場での雇用が大幅に減少することも懸念される。企業でのAIなどの新しい技術の利活用は長期的に生産性を高めるとともに、利活用に伴う雇用創出も見込めるため、積極的に進めることが重要といえる。

最後に第2章では、日本の直面している少子高齢化においてはAIなどの新しい技術の利活用が労働供給制約の処方薬になる可能性も指摘する。具体的には、不足する労働力を補うための利活用とともに、高齢者や女性の就業をサポートする形での利活用、長時間労働是正や柔軟で健康な働き方への改革を進めるツールとしての利活用がAIなどの新しい技術には期待できる。新たな技術が企業や経済全体の生産性向上につながるには組織や経営のあり方を改革する補完的イノベーションが必要とされており、働き方改革、女性活躍推進、健康経営など、さまざまな改革をAIなどの新しい技術の利活用と同時に進めていくことが日本の労働市場にとって重要であることを指摘する。

■第3章 「教育 資源と成果の変容」（井上敦・田中隆一）

第3章では、教育経済学の観点から、AIなどの新しい技術が教育で用いられることの影響を先行研究を紹介しながら考察する。

教育現場では、情報通信技術を教育活動に取り入れた「教育ICT」や、教育ICT

を活用することで教育活動にイノベーションを起こそうという「教育テクノロジー（Ed-tech）」への注目が集まっている。そうした教育での新しい技術の活用は、投入される教育資源を変えながら、さまざまなチャンネルを通じて教育成果に影響を与えると予想される。第3章では、教育生産関数を踏まえながら、従来の教育活動における投入資源の果たす役割がどのように変化するのか（学校資源）、また、学校教育の登場人物である児童生徒（ピア効果）・教員（教員効果）・親（家庭環境効果）の行動がどのように変化するのかに焦点を当てた議論を展開している。

具体的には、まず、教育ICTの導入と利用は全体的には進展している一方で、地域間で教育ICTを利用できる児童生徒とそうでない児童生徒の差が生じている状況を明らかにしている。そのうえで、こうした教育ICTへのアクセスや利用の機会の差が教育成果の違いを生むかどうかは、教育格差を議論するうえで学術的にも政策的にも重要な論点となると指摘している。

次に、教育成果への影響を明らかにするのに有用な教育経済学の理論モデルとして、教育生産関数が紹介される。教育生産関数は教育資源などのインプットが教育成果のアウトプットをもたらす関係性を捉えるものであるが、著者たちは、AIなどの新しい技術が、集団一斉授業などの従来からの指導では実現できなかったアプローチで教育成果を改善する可能性があると指摘する。また、教育成果への影響を把握する際には、教員や教科書といった従来からの教育資源と、コンピュータやインターネット、教育ソフトウェアといった教育ICTに分類される「ICT利用型教育資源」の代替・補完関係を明らかにすることや、どちらへの投資がどのような教育成果に対して大きな効果をもつかといった点を解明することが重要であると強調している。

これらの理論モデルや論点を踏まえたうえで、第3章では、従来の教育活動における投入資源が教育成果に与える影響を分析した実証研究を紹介し、AIが導入されることでその影響がどう変化しうるかを議論している。その際には、学校教育資源として注目を集めているクラスサイズ、教育ICT投資、教育ソフトウエアを用いた指導、ピア（参照グループ）、家庭環境の効果を取り上げている。

このうち、クラスサイズについては、AIの導入で個に応じた指導が可能になると、クラスサイズの違いによる教育効果の意味合い自体が変わっていくことが予想されるものの、その重要性は決して失われることはなく、学習環境としての学校資源として重要であり続ける可能性が指摘される。教育ICTについては、これまでの研究では教育成果に対してはっきりとした効果をもっていないことが示されるが、その理由としては、教育ICTが本来もつ利用可能性を十分に活かしきれておらず、そのために

既存の指導方法を上回るだけの効果を生み出すことができていない可能性がある。よって、AI の導入が教育 ICT の利用可能性を大幅に高めるのであれば、投資効果が大きく改善する可能性があると著者たちは指摘する。

こうした AI との相乗的な効果については、教育ソフトウェアを用いた指導（computer-aided instruction, CAI）についても当てはまることも示される。つまり、AI と CAI の間には強い補完性があり、CAI の効果を高めるうえで AI 技術を活用することが必要不可欠であると強調される。教員効果についても、どの教科においても教員にしか担えない分野は必ずあり、そのような指導においては、教員の属人的な技能に頼らざるをえないことから、分業を通じた補完的な関係が強くなるとの見通しが示される。また、AI 技術を用いて、児童生徒のみならず、教員の指導上の得意・不得意を把握し、それに応じて最適な指導法のアドバイスを行うことができるようになれば、教育機会の平等化も果たされる可能性も示される。

このほか、AI の導入によって、ピア（参照グループ）としての生身のクラスメイトは共感の対象としてその重要性をより一層高めることや、家庭へ適切な情報が提供されることで教育成果が改善されることも指摘される。

以上の議論を踏まえ、本章では最後に、新しい教育 ICT が教育資源として活用されるようになれば、従来の教育資源と補完的な関係をもつインプットの効果を高め、また代替される部分に関しては、さらなる分業を可能とすることで、より効果的な学校教育活動を行うことができるとの見通しを示す。さらに、教育課程修了のためには一定の成果を上げることを必要とする、いわゆる「修得主義」の観点も制度の中に取り入れるなど、児童生徒が積極的に学習するインセンティブを確保する制度もセットで議論されるべきと著者たちは指摘する。また、教員についても、人間味に溢れた指導に優れた教員を確保するための養成・採用・研修のあり方が、AI の技術が進展すればするほど強く求められるようになるとの見通しが示される。つまり、AI との役割分担を積極的に進め、AI にできる分野は技術に任せ、教員は教員にしかできない分野に特化するという分業の深化が重要であると強調される。

■ 第 4 章　「金融　金融ビジネスとその変容」（小倉義明）

第 4 章では、金融論の観点から、人工知能・機械学習を用いたフィンテックに焦点を当て、金融ビジネスがフィンテックによってどのように変化しうるのかといった点を先行研究や事例を用いた考察を行う。

新しい技術によって金融ビジネスでは新たなサービスが生み出されつつある。そこ

で第4章では、まず、既存文献にもとづいて、フィンテックとして分類される新たな金融ビジネスとして、クラウドファンディングによる金融仲介、暗号通貨・電子決済、個人資産管理の概要を解説する。次に、第4章では、フィンテックで多く用いられるビッグデータと機械学習の仕組みについて、LASSOなどの手法を取り上げて解説し、金融ビジネスで機械学習がどのように用いられるかを展望する。

　こうした基本的な現状やテクノロジーの仕組みを踏まえ、第4章では、金融業の経済効率性に与える影響について、経済学的議論を踏まえた論点整理を行っている。具体的には、フィンテックの普及に伴って、まず、効率化による金融仲介コストの低下と金融包摂の進展を通じて、金融市場が未発達の経済でも発達した経済でも、経済厚生の向上が期待できることが示される。次に、金融ビジネスへの新規参入と市場競争の活性化についてもフィンテックが促進する可能性が指摘される。これまで、金融業では自然独占的な傾向と先行者利益があるために、伝統的な銀行グループが寡占的に活動してきたが、フィンテックによって預金・貸出・証券発行業務、決済業務、M&A仲介業務などを切り分けるアンバンドリングが可能となり、特定の業務に特化した形での新規参入が増加しうる。そうなれば金融仲介コストが低下し、経済厚生の向上が期待できる。

　さらに、本章では、これらのメリットがある一方で、フィンテックには、ビッグデータ提供者など金融規制の対象外の主体への金融市場の依存度が高まることや、機械学習に用いられるモデルのブラックボックス化が生じること、多くの主体が類似の機械学習モデルとデータを利用することに伴う隠されたシステミックリスクが発生しうることなど、新たなリスクをもたらすデメリットがあることも指摘する。

　続いて、第4章では、新たな金融ビジネスのうち、特に金融業の核となる金融仲介業務、すなわち、多くの人々から小口資金を集めて分散投融資するという業務に挑戦し、急成長を遂げつつある「クラウドレンディング」と呼ばれる新たな金融仲介モデルに焦点を当てて、その急成長の要因、経済厚生的な意味、持続可能性を探る。具体的には、クラウドレンディングの概要や仕組みを解説した後、すでに株式市場への上場を果たしていて公開情報が充実している米国最大手のクラウドレンディングプラットフォームを提供しているLendingClubをモデルケースとして、ケーススタディを行う。そのうえで、伝統的銀行融資とクラウドレンディングの異同について、資金提供者、信用リスクの担い手、資金提供者のポートフォリオの自由度、債権管理・回収のインセンティブの観点から整理を行う。その結果、伝統的銀行融資と比べて、クラウドレンディングは、安価なリスク資金の供給の点では優れているとみられるものの、

融資審査のインセンティブについては不安が残ると筆者は指摘する。

　そこで、こうした課題が実際にどの程度あるのか、また、持続可能性はどの程度あるかを検討するため、本章では、LendingClub の融資実績や収益性・株価、経営体制などを概観・整理している。その結果、筆者は、次のような暫定的な評価を行っている。すなわち、満期の長い融資が多いことから信用コストも含めたクラウドレンディングビジネスの成否については、もう少し時間をおいて観察する必要がある。また、世界金融危機の際に問題となった証券化と似たスキーム、すなわち originate-to-distribute モデルを採用しているため、危機時に問題となったオリジネーターのモラルハザード問題を回避する工夫がどの程度施されているのかとの点について、明確な情報は提供されていない。さらに、アメリカが金融引き締めの局面に入り、市場金利が上昇する中、投資家にとってクラウドレンディングが依然として魅力的な投資先であり続けるかとの点については不透明感が増している。しかし、このような疑念は残るものの、このビジネスモデルには個々の投資家のリスク回避度の識別を可能にする仕組みが組み込まれており、これをうまく活用することでより安価なリスク資金供給の道を開拓しつつあるといえる。

■第 5 章　「交通　自動運転技術の社会的ジレンマ」（森田玉雪・馬奈木俊介）

　第 5 章では、自動運転技術に焦点を当て、自動運転車の普及の過程で、人々が理想とする自動運転車が市場に出回らないという社会的ジレンマが生じる可能性を指摘する。自動運転車に搭載された人工知能は、人間の運転者と同様に、「トロッコ問題」に直面せざるをえない。

　トロッコ問題とは、例えば、自動車の運転者が自分を犠牲にして通行人を救うべきか、自分を助けるために通行人を犠牲にするべきか、犠牲者の数を最少にするためには自分を犠牲にしてでも救える人数が多いほうを救うべきか、といった倫理的なジレンマの問題である。自動運転車の普及が緒に就いたばかりの現在、人々は、自動運転車がトロッコ問題にどのように対応することが望ましいと考えているのであろうか。そして、自動運転車が市場に出たとき、人々はどのような判断を下す自動運転車を購入しようとするのであろうか。そのような人工知能の判断を法律で規制するべきと考えているのであろうか。第 5 章は、トロッコ問題を抱えざるをえない自動運転車に対する消費者の意識を、アメリカにおける先行研究との比較を含めて調査分析するとともに、日本で消費者の意識を決める要因を分析し、自動運転車の普及に伴う課題を明

らかにすることを目的としている。

　まず、第5章では、1950年代以降の第1期から第4期までの自動運転の歴史を整理し、第4期にあたる現在の状況を解説する。また、日本の今後の動向として、高速道路においては、2020年までに乗用車による加減速や車線変更が可能なレベル2を実現し、2020年以降に高レベルの自動走行を実現、また、一般道路においては、2020年頃に国道・主な地方道で直進運転のレベル2を実現し、2025年頃には対象道路拡大や右左折を可能にするなど自動走行の対象環境を拡大する、との自動走行ビジネス検討会による予測を紹介している。

　次に、第5章では、人工知能と倫理、社会的ジレンマ、自動運転車に対する社会的受容性の3つの観点から先行研究を概観する。そこでは、自動運転車に限らず、人工知能の開発においては、ロボットが人間と共存していくための倫理的問題を切り離すことはできず、特に「人間自身が有する価値観と行動の非整合性」への対処法まで考慮することが重要とされていることを確認する。また、トロッコ問題などの社会的ジレンマについては、混合動機状況のゲームにおいて社会的規範が現れ、それが文化や状況によって異なることが示される。さらに、社会的受容性については、自動運転機能に対する支払意思額などの消費者需要を推計した先行研究がみられるものの、倫理観との関係から分析したものは僅かであることが述べられる。

　こうした点を踏まえて、本章では、日本全国1万6,000以上のサンプルによるインターネットアンケート調査を用いて、自動運転車の普及の過程で人々が社会的ジレンマに直面しうることを検証している。検証ではアンケート調査の回答者の属性等を確認した後、海外の先行研究と同様の質問項目に対する回答結果を用いた解析を行っている。具体的には、アンケート調査の回答者には、自動運転車の乗員になった場合を想定し、交通事故が起きる際に、自動運転プログラムが通行人を救うことと自分を含む乗員を救うことのどちらを重視するかという点について、道徳観とそれにまつわる購入意思を回答してもらっている。そこで、回答結果から、道徳観と購入意思の分布や両者の違い、法規制への期待度をアメリカの先行研究の結果との比較を含めて示すとともに、日本におけるそれらの決定要因を回帰分析で解析している。

　その結果、日米双方において、消費者の道徳観と購買行動の間には、人々は道徳的には通行人を救うべきと考えているものの、市場に出る完全自動運転車では自分たちを救うプログラムを購入するであろうというギャップがあることが示される。また、消費者の道徳観と望む法制度の間には、より多くの人を救うべきであるという概念に対して、道徳的に望むほどには法制化を望まないというギャップが生じるため、これ

らのギャップにより、自動運転の普及が社会的ジレンマを生み出しうることも示される。このことは、アルゴリズム設計や法制度設計を行ううえで看過できない問題であり、自動運転車がもたらす倫理的問題・法律問題は、自動運転の普及度合いに応じて、想定しうるさまざまな局面について研究することが必要となると筆者たちは指摘している。さらに、日本と米国で社会的規範が異なる側面もあることから、米国でプログラムされる自動運転車をそのまま日本で実用化できないとも考えられるため、日本に合った形での自動運転車の開発が求められることも指摘している。

■第6章 「生産性　イノベーション戦略の重要性」（元橋一之）

　第6章では、イノベーションや生産性に焦点を当て、AI、IoT、ビッグデータといった新しい情報技術の進展がもたらすイノベーションの特徴を整理し、その結果としてイノベーションに関する企業間組織やイノベーションシステムに与える影響について述べる。

　AI、IoT、ビッグデータといった新しい情報技術を本章では、汎用的技術、すなわち、イノベーションそのものではなく、イノベーションを実現するためのイネーブラー（Enabler）として捉える。このため、イノベーションを実現するためには、それらの技術を活用するユーザーサイドで経営上価値のある活動に組み立てるビジネスイノベーションが必要となる、というのが第6章の問題意識となっている。

　第6章では、まず、AI、IoT、ビッグデータがこれまでの技術とどのような点で異なるのかについて明らかにする。そのため、これらの技術のトレンドについて解説し、相互に補完性のある状況について述べたうえで、イノベーションに対するイネーブラーとして有効に機能することを指摘する。具体的には、インターネットに蓄積されたヒトが起点となる膨大な情報（画像データ、テキストデータなど）に加えて、IoTのセンサーネットワーク技術の進歩によるモノを起点とするデータが蓄積されるようになったため、ビッグデータの3つのV、つまりVolume（量）、Velocity（速度）、Variety（多様性）が格段に向上する。さらに、こうしたビッグデータを活用することで、情報検索やデータマイニングなどの知識・発見技術や深層学習をはじめとしたAIに関する各種基盤技術が格段に進歩する。加えて、AI関連技術は、スマート工場、スマート家電、スマートシティといった各種IoTサービスを実現するための重要なコンポーネントとなる。つまり、これまで人が主体となってコンピュータにデータを与えて処理を支援する形態から、よりコンピュータが主体性をもって人に対するサービスを提供できるようになるため、人や企業にコストをかけずにより大きな効用がもた

らされる。これが AI、IoT、ビッグデータによってイネーブルできるイノベーションの特徴であると筆者は主張する。

　第6章では、次に、日本の製造業企業における AI、IoT、ビッグデータの活用実態について述べる。具体的には、経済産業研究所における企業へのインタビュー調査やアンケート調査の結果をベースに、日本企業がこれらのイネーブリング技術をどの程度ビジネスイノベーションにつなげることができているのかを検証する。その結果、経営効果を上げている企業の姿として、全社的データ専門部署、顧客連携、現場レベルでの早い PDCA というキーワードが浮かび上がることが指摘される。ビッグデータの戦略的活用に関するトップのコミットメントが必要であり、データ専門部署に対する経営資源の配分やデータドリブンでビジネスイノベーションを創り出す企業内文化の醸成はトップのコミットなしではできないといえる。また、企業内部門内のデータ共有やビジネスパートナー、特に顧客とのデータ連携が重要といえる。

　ただし、アンケート調査からは、全社的なビッグデータ専門部署を設けている日本の大企業は全体の半分以下であり、IoT に対して取り組んでいると答えた企業は3割強となっており、イネーブリング技術を実際に使いこなしてイノベーションにつなげている企業はまだ一部にとどまっているという課題も指摘される。

　そこで、第6章では、ビジネスエコシステムやプラットフォームリーダーシップ戦略などの理論的フレームワークを用いて、最新の情報技術がイノベーションの与える影響について検証している。具体的には、まず、エコシステム論をレビューし、革新的なイノベーションにおいては、ビジネスモデルそのものが変化し、これまで注目を払ってこなかった補完的財・サービスのプレイヤーとの連携が必要になることが多いと指摘する。また、エコシステム形成とプラットフォーム戦略の関係についても整理し、AI や IoT の進展はパートナーとの協創のあり方に関する両者のトレードオフの関係を緩める役割をもたらすと指摘する。

　最後に、これらの理論的研究を踏まえて、本章では、日本のイノベーションシステムの特性を踏まえた、日本企業のイノベーション戦略を検討している。日本のイノベーションシステムは、技術力のある中堅企業と大企業が長期的な関係を構築し、イノベーションに関する協業を行う「関係依存型システム」が特徴である。また、企業間や大学などの組織との間の雇用の流動性が低い水準にとどまっているため、この関係性が継続している。そこで、筆者は、日本のイノベーション戦略としては、強みであるパートナー協調をベースにスケーラビリティのあるイノベーションの方向性を目指すべきであり、その際には米国におけるプラットフォーム企業との協業によってエコ

システムを構築することが有効であると主張している。

■第7章 「物価　経済変動メカニズムの変容」（笛木琢治・前橋昂平）

　第7章では、金融政策運営への含意を展望し、AIやロボットの普及が物価変動にどのような影響を及ぼすかを実証的・理論的に検証している。

　第7章の前半では、AI・ロボットの普及がマクロ経済に及ぼす影響について、先行研究を「労働市場・格差」と「経済成長・生産性」という2つの分野に整理して紹介している。次に、第7章の後半では、物価変動への影響に焦点を当て、AI・ロボットの普及と物価変動の関係を検証した筆者たちの研究成果を紹介する形で、データを用いた実証分析と動学的一般均衡モデルを用いた理論分析にもとづく議論を展開している。

　このうち、実証分析については、まず、ロボット装備率とインフレ率の関係を標準的なフィリップス曲線を用いて検証し、高ロボット化国グループのフィリップス曲線は低ロボット化国に比べてフラットな形状となっていることを確認する。この観察事実は、ロボット化が進展している国ほど、需給ギャップに対するインフレ率の反応が弱くなるという関係性を示唆するものである。

　次に、国レベルのパネルデータを用いた回帰分析を行うと、高ロボット化国グループと低ロボット化国グループの景気が良くなり、どちらのグループも同じ程度だけ需給ギャップが上昇したとしても、2つのグループの間にインフレ率の上昇度合いに有意な差が生じていることが紹介される。

　さらに、動学的な関係性も考慮するために需給ギャップとインフレ率の2変数を対象とするパネルVARモデルを推計すると、2つのことが明らかになると指摘している。第1に、需給ギャップのショック直後のインフレ率の反応の大きさを比較すると、高ロボット化国グループは低ロボット化国グループの4分の1程度の反応にとどまる。第2に、需給ギャップのショックを受けて上昇したインフレ率が元の状態に収束するスピードについて、高ロボット化国グループは7年程度で収束しているのに対して、低ロボット化国グループでは10年程度の期間を要しており、需給ギャップのショックがより長期間に亘って物価変動に作用している。

　以上の実証的な分析を総合すると、筆者たちは、ロボット化が進展すればするほど、実体経済の変動（需給ギャップ）見合いで、インフレ率の変動が抑制的になると指摘している。

一方、理論分析においては、そうしたAI・ロボットと物価変動の関係性が生じるメカニズムを解明するため、AIやロボットの普及を織り込んだニューケインジアン・モデルを用いた分析を紹介している。ニューケインジアン・モデルとは、家計、企業、政府といった各経済主体が各種制約のもとで、合理的な行動選択を将来にわたって行うことを定式化したた動学的一般均衡モデルであり、企業の独占的競争と価格の粘着性が仮定されている点が特徴といえる。AI・ロボットをニューケインジアン・モデルに組み込む際には、労働との代替性の高いAI・ロボット資本を組み込むため、生産技術として入れ子型CES生産関数を想定し、AI・ロボット資本と労働の代替の弾力性を1よりも大きいと仮定する。

　こうしたセットアップをもとに、インフレ率の決定メカニズムが記述されるニューケインジアン・フィリップス曲線を導出すると、AI・ロボット資本を組み込んだとしても、その形状自体は標準的なニューケインジアン・モデルと変わらないことが示される。しかし、AI・ロボット資本を組み込むと、実質限界費用の決定メカニズムが変わるため、結果的にインフレ動学については標準的なニューケインジアン・モデルとは異なることも指摘される。具体的には、標準的なニューケインジアン・モデルにおける限界費用は需給ギャップと比例関係にあるが、AI・ロボット資本を考慮したモデルではこの比例関係が失われる。これは、AI・ロボット資本という労働代替的な生産要素が加わることにより、限界費用の変動が景気変動（需給ギャップ）見合いで抑制されるようになるからであり、その結果、インフレ率の反応もAI・ロボット化が進展するほど抑制的となる。最後に筆者たちは、この点をインパルス応答と理論モデルのシミュレーションによって確認し、AI・ロボット化が進展するほど、限界費用とインフレ率のインパルス応答が弱くなっていることや、シミュレートされたフィリップス曲線の傾きがフラット化することを確認している。

■第8章　「再分配　ベーシックインカムの必要性」（井上智洋）

　第8章では、所得再分配政策への含意を展望し、ベーシックインカムの概要やメリット・デメリット、必要性などについて議論している。

　ベーシックインカムを議論するにあたり、第8章では、遠くない未来に人間の知的振る舞いをおよそ真似ることのできる「汎用AI」が実現するものと仮定する。汎用AIとは、タスクに特化された「特化型AI」とは違って、人間並みの汎用的な知性をもったAIのことである。その実現方法としては、「全脳アーキテクチャ」と「全脳エミュレーション」が挙げられ、後者は実現の見込みが今のところないものの、前者に

ついては 2030 年には実現のめどが立つとも言われている。汎用 AI が実用化されれば、多くの雇用が奪われる可能性があり、そうなるとベーシックインカムなどの包括的な社会保障制度の必要性が高まるといえる。

　そこで、第 8 章では、まず、ベーシックインカムとは何かを明らかにし、そのメリットやデメリットについて論じる。ベーシックインカムとは、収入の水準に拠らずにすべての人々に無条件に、最低限の生活を送るのに必要なお金を一律に給付する制度である。社会保障制度としてベーシックインカムを導入する目的は主に 2 つあり、1 つはすべての人々を貧困から救済することで、もう 1 つは社会保障制度を簡素化し行政コストを削減することである。筆者は、前者の平等性を重視するのが左派で、後者の自由性を重視するのが右派と分類し、いずれの立場をとるかで主張が異なると指摘している。また、ベーシックインカムの大きな特徴として、貧困者支援のような選別的社会保障ではなく、全国民に支給する普遍主義的社会保障であることも強調される。こうした普遍主義的社会保障であることから、平等性と自由性が追求できるメリットがあるのがベーシックインカムであるが、一方で、そのデメリットとして労働意欲が低下することや人々が堕落することが指摘されることが多い。ただし、この点について、筆者はデメリットの大きさは給付額によって変わってくるので、誤解も大きいと主張している。

　次に第 8 章では、ベーシックインカムが他の所得保障制度とどのような類似点と相違点をもつのかについて、最低保障の有無と条件の有無の 2 軸で整理し、最低保障があって条件がない点でベーシックインカムが他の所得保障制度と異なると指摘している。一方で、ミルトン・フリードマンが提唱した「負の所得税」は低所得者にマイナスの徴税つまり給付がなされるものであり、すべての国民が所得保障の対象となる意味では条件なしの最低保障制度とみなすことができるため、ベーシックインカムに類似するとも指摘している。そのうえで、負の所得税と生活保護の関係を分析し、負の所得税は、生活保護に労働インセンティブを付けるとともに、条件をなくしたものと位置づけることができるため、現行の生活保護の欠点である「貧困の罠」からの脱却の難しさを改善できると主張している。

　続いて第 8 章では、ベーシックインカムの歴史と現状について、16 世紀のトマスによる発想から 20 世紀の現代的なベーシックインカム論の起源と発展、近年の国内外での議論を詳しく紹介している。最後に、筆者は、汎用 AI が普及した AI 時代には、「機械の競争」に競り勝った一部のスーパースター労働者しか、生活していけるだけの十分な所得が得られないと予想する。そのため、例えば企業に課される法人税

序章　本書の問題意識と概要

や一部のスーパースター労働者や株主などの資本家に課される所得税を財源にベーシックインカムを導入しなければ、多くの労働者は食べていけなくなると警鐘を鳴らしている。

■第9章 「歴史 「大自動化問題」論争の教訓」（若田部昌澄）

第9章では、経済思想や歴史の観点から、機械が経済に与える影響についてさまざまな経済学者たちがこれまで行ってきた議論、とりわけ1960年代に米国で論争となった「大自動化問題」を概観し、そこからAIやロボットなどの影響についての現代の問題への教訓を導出している。

第9章の問いは、果たして「今回は違う」のかどうかであり、歴史を紐解けば現在いわれている機械化・自動化の雇用への不安は極めて古い問題で、それへの分析や処方箋もすでにかなり出そろっていたことを指摘するのが第9章の目的といえる。

第9章では、1960年代のコンピュータの出現と人工知能の萌芽を背景として米国で「大自動化問題」論争が起きたことを取り上げ、サイバー化や貧困問題への注目、失業率の上昇がその背景にあり、論争の当事者に「新しい経済学」と呼ばれた新古典派総合の経済学者達がいたことを指摘している。そのうえで、技術進歩と雇用・貧困問題との関わりを指摘した1964年の「大統領経済報告」の内容や、サミュエルソン対ハイルブローナー、ソロー対ハイルブローナー、サイモンといった経済学者による議論の内容を詳細に紹介している。また、そうした論争を受けた米国政府の1966年の報告書「技術とアメリカ経済」を取り上げ、技術進歩が技術的失業をもたらしてはいないことや、機械化・自動化への処方箋として、マクロ経済政策による総需要管理政策、教育・訓練による労働者の適応能力の増大、最後の防御線としての最低所得保証が必要であることなどが盛り込まれていたことを指摘している。

第9章ではその後の論争についても詳しく触れており、一連の論争の内容は、現代への教訓として多くを教えてくれることを述べる。すなわち、機械化・自動化への基本的な懸念は歴史を通じて新しいものではなく、基本的な解決策もすでに歴史に見出だすことができるため、その意味では、歴史に先例はあり、「今回は違う」わけではないと指摘できる。

また、基本的な理論的・政策的対立も1960年代の論争から学ぶことができる。例えば、自動化は雇用に影響しないと考える人々は、基本的には市場経済の調整能力に信頼を置いていた一方で、技術的失業を懸念する異端派の人々には根底のところで市場経済に対する懐疑があったことが指摘される。さらに、当時の論争は希望と不安の

綱引き、すなわち、新技術のもたらす豊かさへの希望・夢と職を失うことへの不安・恐怖の綱引きであったことも教訓として重要であり、この構図は現代にも極めて共通していて、ベーシックインカムへの関心が2007年以降の世界的金融・経済危機後に増えたことは、不安が要因になっていることを示している。

以上の考察を踏まえ、第9章では、歴史から学べる重要な点として次の3つを指摘している。第1に、マクロ経済政策的対応と機械化・自動化への対応を対立的に描く必要はないこと、あるいは、循環的失業と構造的失業の理論的対立を政策にもち込む必要はないことである。複数の目的がある場合には複数の政策手段が必要となるから、需要不足失業には総需要管理政策を、構造的失業には構造的政策を利用すればよいという考え方である。第2に、大自動化問題論争からは、急速な技術進歩への確信と「問題は解決できる」という強い意志があったことである。例として、貧困家庭への最低所得補償立法化が実現したことが挙げられる。第3に、市場経済と政府の対応への不安が強い時代には、機械化・自動化への不安も強くなることである。1960年代の大自動化問題論争のきっかけは、失業率の高まりと貧困問題への関心の高まりであり、経済成長率の高まりと失業率の改善でそうした不安が消失すると、大自動化問題論争も終焉を迎えたことが特徴的である。

そのうえで、筆者は、現在進行形の人工知能・ロボットをめぐる議論の帰趨も、人工知能やロボットの興隆に限られない経済を巡るさまざまな不安がどのように取り組まれ、解消されていくかにかかっていると指摘している。

第1章　マクロ経済——成長・生産性・雇用・格差[i]

北尾早霧・山本勲

I　技術進歩のマクロ的影響

　19世紀の産業革命時、技術進歩に伴って導入された工場機械が職人などの熟練労働者の雇用を奪ったとして、機械を打ち壊す「ラッダイト運動」が生じた。しかし、ケインズによって「技術失業（technological unemployment）」と呼ばれた失業は深刻化せず、技術進歩は生産性の向上を通じて経済成長をもたらし、新たな雇用も創出された。このため、経済学者の多くは、技術失業は短期的なものにすぎず、「ラッダイトの誤謬」といえると指摘してきた。一方、1980年代以降のIT化は、コンピュータなどのITを利活用できる高スキル労働者への需要の増加と、そうでない低スキル労働者への需要の減少をもたらし、結果的に賃金や所得の格差拡大が深刻化したと指摘されている。さらに、今後は人工知能（AI）やロボットの普及が進むことで、相当数の雇用が機械に代替されうるとの見方も多く出てきている。

　このように、技術進歩のマクロ的影響は失業の増加や格差拡大といった負の側面と生産性向上や経済成長、雇用創出といった正の側面の双方があり、いずれの影響が強く生じるかは、技術進歩のタイプや経済構造の状態などによって異なるといえる。技術進歩の影響を明らかにすることは、マクロ経済学の中心的な研究課題の1つとして、常に注目を集めており、数多くの研究が蓄積されている。本書では人口知能（AI）やロボットなどの新しい技術の普及が経済に与える影響を広く議論するが、マクロ経済学の視点からは、これまでの技術進歩の影響と経済成長を捉える際に用いられてきた

---

[i]　大学院生の菊池信之介・鈴木徳馬両氏には原稿（後半部分）の内容や表現を詳細にチェックしてもらい、多くの有益なコメントをいただいたことを感謝したい。なお、本章の第I節と第II節は、山本勲（2017）『労働経済学で考える人工知能と雇用』三菱経済研究所の第3章と第4章を大幅に加筆・修正したものである。

理論モデルを理解するとともに、ITや産業用ロボットの普及の影響を明らかにした実証的知見を整理することが有益といえる。

そこで、本章では、まず第Ⅱ節で、賃金格差とITなどの技術進歩の関係に注目し、1980年代以降の賃金格差の拡大とそれを説明するスキルプレミアムモデルの概観について説明する。続く第Ⅲ節では、中間層が減少する一方で高所得・低所得層が増加する二極化が進行する形で賃金格差が観察されていることを踏まえ、技術進歩の影響をタスク（業務）毎に捉えるタスクモデルの重要性を説明する。その後、第Ⅳ節では、AIやロボットの普及によって大規模な雇用の減少や賃金格差の拡大が生じることは必ずしも自明ではないことについて、タスクモデルにもとづく最近の理論的・実証的研究からの知見にもとづいて説明する。その際に、第Ⅳ節では、雇用や賃金だけでなく、生産性や経済成長、高齢化、経済政策との関連についても幅広く議論する。

Ⅱ　賃金格差の拡大とスキルプレミアムモデル

1　アメリカにおける賃金格差の拡大

1980年代以降、米国を中心に賃金格差の増大が観察されており、マクロ経済学や労働経済学の分野では、エビデンスの収集やメカニズム・影響の解明を試みる多くの研究が蓄積された。賃金格差の増大の端的なエビデンスとしては、Acemoglu and Autor (2011) が示した図1-1がわかりやすい。

図1-1はアメリカの高卒と大卒のフルタイム労働者の賃金格差を平均賃金比率の対数値で測り、1960年代以降の推移を示したものである。ただし、高卒と大卒の労働者の性別や労働市場での経験年数、人種などの構成の変化による影響を除くために、平均賃金はそれらの構成比の年毎の違いを回帰分析によって調整した推計値を用いている。この図をみると、賃金格差は1970年代にはほぼ一貫して縮小していたものの、1980年代以降はほぼ一貫して増大していることがわかる。

多くの経済学者は、こうした賃金格差の長期的な推移は、①高スキル労働者の生産性をより高めるような「スキル偏向的技術進歩」と②高スキル労働者の労働供給の大きさの2つの要因によって説明できることを指摘している。その点を理解するために、以下では、Tinbergen (1974、1975) や Welch (1973)、Kaz and Murphy (1992) などで展開されたスキルプレミアムモデルをみてみたい[1]。

図1-1　アメリカにおける賃金格差の推移

出典：Acemoglu and Autor（2011），Figure 1

2　スキルプレミアムモデルの概要

スキルプレミアムモデルでは競争的な労働市場において、高スキルと低スキルの2種類の労働インプットが存在し、代替の弾力性が一定であるとの仮定の下で、以下のようなCES型の生産関数を想定する。

$$Y = \left[(A_L L)^{\frac{\sigma-1}{\sigma}} + (A_H H)^{\frac{\sigma-1}{\sigma}} \right]^{\frac{\sigma}{\sigma-1}}, \sigma \in [0, \infty) \tag{1}$$

ここで L と H は低スキルと高スキルの労働供給の総量で、それぞれ個々の労働者が非弾力的に供給する低スキルと高スキルを労働市場全体で合計したものと定義される。また、A_L と A_H は低スキル労働と高スキル労働の生産性をそれぞれに増大させる技術（factor-augmenting technology）で、Yは付加価値である。このほか、σ は低スキルと高スキルの労働の代替の弾力性であり、0に近づくとレオンチェフ型、無限大に近づくと完全代替、1に近づくとコブダグラス型の生産関数となる。

低スキルと高スキルの労働に対する賃金はそれぞれの限界生産力と一致するため、

1）ここでの説明は Acemoglu and Autor（2011）をもとにしている。

以下のように導出できる。

$$W_L = \frac{\partial Y}{\partial L} = A_L^{\frac{\sigma-1}{\sigma}} \left[A_L^{\frac{\sigma-1}{\sigma}} + A_H^{\frac{\sigma-1}{\sigma}} (H/L)^{\frac{\sigma-1}{\sigma}} \right]^{\frac{1}{\sigma-1}} \quad (2)$$

$$W_H = \frac{\partial Y}{\partial H} = A_H^{\frac{\sigma-1}{\sigma}} \left[A_L^{\frac{\sigma-1}{\sigma}} (H/L)^{-\frac{\sigma-1}{\sigma}} + A_H^{\frac{\sigma-1}{\sigma}} \right]^{\frac{1}{\sigma-1}} \quad (3)$$

よって、賃金格差の指標として、高スキルと低スキルの賃金比率の対数値を計算すると、以下のようになる。

$$ln\omega = ln\left(\frac{W_H}{W_L}\right) = \frac{\sigma-1}{\sigma} ln\left(\frac{A_H}{A_L}\right) - \frac{1}{\sigma} ln\left(\frac{H}{L}\right) \quad (4)$$

この（4）式は賃金格差のメカニズムを捉える重要なものであり、「Tinbergen の競争」（Tinbergen's race）と呼ばれる。というのも、（4）式の右辺の第1項は $\sigma>1$ の場合高スキルと低スキルの技術格差（A_H/A_L）が大きくなると賃金格差が拡大することを示す一方で、第2項は高スキルと低スキルの労働供給格差（H/L）が大きくなると賃金格差が縮小することを示している。このため、賃金格差の動向は、スキル偏向的な技術進歩（A_H/A_L の上昇）と相対的な高スキルの労働供給増大（H/L の上昇）のいずれが大きいかの「競争」によって決まると解釈できる。

より詳しくは、スキル偏向的な技術進歩の影響は以下のように賃金格差を技術格差で偏微分することで得られる。

$$\frac{\partial ln\omega}{\partial ln(A_H/A_L)} = \frac{\sigma-1}{\sigma} \quad (5)$$

（5）式に示されているように、スキル偏向的な技術進歩によって賃金格差が拡大するのは代替の弾力性 σ が1を上回るケースのみであり、1を下回るケースでは逆の帰結が得られる。ただし、Acemoglu and Autor（2011）も説明しているように、多くの実証研究が代替の弾力性は1を上回るという推計結果を提示しており、ここでは $\sigma>1$ を仮定する[2]。

一方、高スキル労働が相対的に増加したときの賃金格差への影響は以下のように導

---

[2] Heckman et al（1998）や Freeman（1986）、野呂・大竹（2006）、Kawaguchi and Mori（2014）などの研究によると、代替の弾力性の推計値は1を上回る。

出され、代替の弾力性 σ によらず、大学進学率の上昇などによって高スキル労働の供給が増えると、賃金格差は縮小することがわかる。

$$\frac{\partial ln\omega}{\partial ln(H/L)} = -\frac{1}{\sigma} < 0 \qquad (6)$$

3 スキルプレミアムモデルの説明力：SBTC 仮説

このように（4）式で示されるスキルプレミアムモデルは、高スキル労働に対するスキル偏向的技術進歩と相対的な高スキル労働の供給の2つの要因で賃金格差を説明するものであり、欧米や日本における賃金格差の推移を捉えることができる意味で、実証的なパフォーマンスが優れている。また、スキル偏向的技術進歩によって賃金格差が生じることは SBTC（Skill-Biased Technological Change）仮説と呼ばれている。

スキルプレミアムの実証的なパフォーマンスについて、Katz and Murphy（1992）は、米国の 1960 年代から 1980 年代の時系列データをもとに、高スキルと低スキルの技術格差（A_H/A_L）をタイムトレンドで捉え、（4）式を推計した。その結果、図 1-1 にみられるような 1970 年代の賃金格差の縮小傾向は高スキルの労働供給（大卒進学者）の増加によって説明できるとともに、1980 年代以降の賃金格差の急激な拡大は高スキルの労働供給の減少によって説明できることを確認し、賃金格差の縮小・拡大のメカニズムとして、相対的な高スキル労働者の供給の動向が重要であることを指摘した。

同様の検証は、日本においても、野呂・大竹（2006）や Kawaguchi and Mori（2014）などによって実施されている。例えば、Kawaguchi and Mori（2014）は、日本では 1990 年代に大卒と高卒の賃金格差が安定的に推移していたが、その理由としては、大学進学率の上昇に伴って相対的に大卒の労働供給が増加したことが大きいと指摘している。なお、櫻井（2004）もスキル偏向的な技術進歩の存在を検証し、日本で高スキル労働への需要の高まりがあったことを指摘している。

これらの先行研究を踏まえると、日本では技術進歩によって高スキル労働への需要が高まったものの、大卒による高スキル労働の供給も増加したために、米国のような賃金格差の拡大が少なくとも 1990 年代まではみられなかったと整理することができる。

なお、高スキルに偏向的な技術進歩が労働需要に与える影響については、労働者のミクロデータを用いて、コンピュータなどの IT 技術を仕事に用いている人ほど賃金

が高いかを検証した研究もいくつか存在する。例えば、Krueger（1993）は、アメリカの労働者のミクロデータを用いて、仕事でコンピュータを利用している人の賃金が15%程度高くなることを示しているほか、清水・松浦（2000）も日本において同様の影響が観察されることを確認している。ただし、ドイツの労働者のミクロデータを用いた DiNardo and Pischke（1997）は、コンピュータ利用による賃金の上昇の因果関係はむしろ逆で、元々能力が高く賃金の高い人がコンピュータをより多く利用していることが実態であると指摘している。こうした因果関係を統計的に踏まえたうえで日本の労働者のパネルデータを用いて同様の検証を行った小原・大竹（2001）によると、コンピュータ利用の賃金へのプラスの影響は学歴の高い労働者のみでしか確認できないことを指摘している。

以上のように、スキルプレミアムモデルは賃金格差と技術進歩の関係性を捉えるのに有用な分析モデルといえるが、特に1990年代以降の米国のデータとの整合性が低下するといった問題点も存在する。例えば、上述の Katz and Murphy（1992）の分析では1980年代までは（4）式で米国の賃金格差をほぼ正確に説明できていたものの、Acemoglu and Autor（2011）が1990年代以降まで予測期間を延ばしたところ、モデルの説明力が大きく低下したと指摘している。

こうした点も含め、Acemoglu and Autor（2011）はスキルプレミアムモデルの問題点を列挙しているが、AIやロボットなどの新しい技術の普及が労働市場に与える影響を検討する際に重要となるものとして、以下の3点を挙げることができる。

〈スキルプレミアムモデルの問題点〉
1．中間層が減少し、低所得層と高所得層に分化した「二極化」現象を説明できない。
2．スキルとタスク（業務）を区別していないため、職種構成の変化を説明できない。
3．技術進歩が生産要素増大型（factor-augmenting form）なので、新たな技術（ITやAI、ロボットなど）が特定の職種の労働やタスクを置き換えることを説明できない。

III　雇用の二極化の進展とタスクモデル

1　米国における雇用の二極化

　スキルプレミアムモデルが説明できない労働市場の「二極化」現象とは、以下の図1-2に示されるものである。図1-2は米国において1980年から2005年までの職種別の雇用シェアの変化について、1980年時点の平均賃金毎にプロットしたものであり、横軸は右に位置するほど賃金が高く高スキルの職種であることを示し、縦軸は0であれば雇用者数に占めるシェアは変化しておらず、0よりも上に位置するほどシェアがより高まったことを示す。

　図1-2をみると、賃金が上位40％程度の高スキルが要求されるような職種では雇用シェアが高まっており、ITなどの技術進歩によって高スキル労働者の需要が増大した可能性が示唆される。一方、図1-2で注目されるのは、賃金が下位15％程度の低スキル労働の職種についても雇用シェアが高まっていることである。また、雇者シェアは低スキル労働と高スキル労働で増加したのに対して、中程度のスキルの労働ではシェアが減少しており、中間層から低所得層・高所得層への雇用のシフトが生じていることも把握できる。

　スキルプレミアムモデルの枠組みでは、技術進歩が進むと低スキル労働の需要が減少するため、雇用シェアも減少することになるが、米国のデータではそのようになっていない。また、Acemoglu and Autor（2011）や他の多くの先行研究では、こうした「雇用の二極化」は米国だけでなく、ほとんどの先進国で生じていることも指摘している。日本においても池永（2009，2011）や池永・神林（2010）による指摘が存在する。

2　タスクモデルの概要

　こうしたスキルプレミアムモデルの限界を踏まえ、労働経済学の研究では、雇用の二極化を説明するモデルとしてタスクモデルが開発された。タスクモデルでは、1人の労働者が従事する仕事にはさまざまなタスクがあり、そのタスクに応じて労働需要と労働供給が決まり、賃金が設定されることを想定する。また、タスクには高いスキルを必要とするものから低いスキルで遂行できるものまでさまざまなものがある。例えば、経理の仕事には、日々支払った経費を集計するようなルーティンタスクもあれ

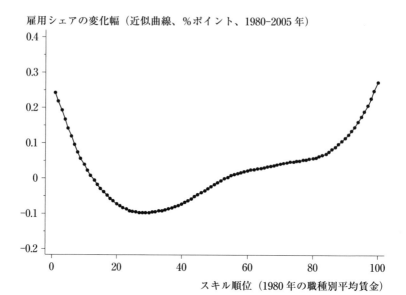

図 1-2 アメリカにおける雇用の二極化

出典：Acemoglu and Dorn (2013), Figure 1

ば、財務諸表をもとに企業の資金の流れの効率性をチェックし、会議などで意見交換しながら検討するノンルーティンな分析・相互タスク、さらには、帳簿の原本のさまざまな紙を決められた期間保管するためにファイリングをするノンルーティンな手仕事タスクもある。

　ここで、IT 化が進めば、経費の集計というルーティンタスクは労働者ではなくコンピュータやシステムで安価に実施可能となるため、そうしたルーティンタスクの労働者への労働需要は減少し、賃金は低下する。一方で、IT 化が進展しても判断を要するノンルーティンタスクは労働者にしかできないため、財務諸表のチェックといったノンルーティンな分析・相互タスクへの労働需要は相対的に増加する。さらに、紙のファイリングというタスクはコンピュータや機械よりも労働者が実施したほうが安価であるため、そうしたノンルーティンな手仕事タスクへの需要も相対的に増加する。

　つまり、IT 化という技術進歩は、データ集計や紙のファイリング、財務諸表のチェックといったタスクの種類に応じて労働者への需要に異なる影響を与えるものであり、必ずしも必要とされるスキルの高低とは関係しないことになる。経理の例では、データ集計といったルーティンタスクへの労働需要が減少する一方で、紙のファイリング

や財務諸表のチェックといったノンルーティンタスク（分析・相互や手仕事）への労働需要は相対的に増加する。

　注目すべきは、財務諸表のチェックには高いスキルが必要とされる一方で、紙のファイリングは低いスキルで十分に遂行できる点である。紙のファイリングのような低スキルのタスクへの労働需要が増加することは、まさに図1-2で確認した二極化の1つの極に対応する。コンピュータに代表されるITの普及は、それまで中間層が従事していたルーティンタスクを代替し、多くのホワイトカラーや一部のブルーカラーの労働者の雇用が減少した。しかし、ITには限界があって、人の手や目、思考などを要しないと遂行できないタスクは担えない。そのため、人手が必要となる手仕事タスク、とりわけ対顧客サービスや人との対話、運転、保守、修理などのタスクが多く含まれる仕事への労働需要は相対的に高まる。その結果、判断や知識、コミュニケーションが必要とされる高賃金の知的労働とともに、手仕事が必要とされる低賃金の肉体労働の労働需要が増加し、雇用の二極化が生じる。こうしたメカニズムで雇用の二極化を説明できるのがタスクモデルである。

　タスクモデルにはさまざまなタイプがあるが、いずれも上述のような仕事のタスクに注目し、コンピュータの普及などのIT化の影響を捉えようとする点では共通する。以下では、タスクモデルの中でも先駆的で最も理解しやすいAutor et al（2003）を例に、概要を説明したい。このモデルは3人の著者の頭文字をとってALMモデルとも呼ばれる。

　Autor et al（2003）によるALMモデルでは、タスクをルーティンとノンルーティン（分析・相互と手仕事）の2種類に分け、ルーティンタスクはコンピュータなどのITと完全代替にあることを想定し、以下のコブダグラス型の生産関数を用いている。

$$Y = (L_R + C)^{1-\beta} L_N{}^\beta, \beta \in (0,1) \qquad (7)$$

　ここで、L_RとL_Nはそれぞれルーティンタスクとノンルーティンタスクの労働供給の総量で、それぞれ個々の労働者が非弾力的に供給するルーティンとノンルーティンのタスクを労働市場全体で合計したものと定義できる。また、CはコンピュータなどのIT資本、βはノンルーティンタスクの分配率、Yは付加価値である。

　スキルプレミアムモデルと同様に、完全な労働市場を仮定すると、ルーティンタスクとノンルーティンタスクの賃金は限界生産力と等しくなり、それぞれ以下の（8）式と（9）式のように表せる。

$$W_R = \frac{\partial Y}{\partial L_R} = (1-\beta)\theta^{-\beta} = \rho \tag{8}$$

$$W_N = \frac{\partial Y}{\partial L_N} = \beta\theta^{1-\beta} \tag{9}$$

両式における θ は、以下の式であらわされるように、生産に用いられるルーティンタスクとノンルーティンタスクの比率である。

$$\theta = (g(\eta^*) + C)/h(\eta^*) \tag{10}$$

ここでは、労働市場には低スキルから高スキルまでさまざまな労働者が存在し、スキルの高い労働者ほどノンルーティンタスクを供給できると想定する。このため、均衡においては、ルーティンタスクとノンルーティンタスクのいずれを供給しても効用が最大化できる限界的な労働者が存在するはずである。(10) 式では、その労働者がノンルーティンタスクに従事したときの生産性とルーティンのタスクに従事したときの生産性の比率を η^* としており、η^* が小さいほどルーティンタスクを供給する労働者が相対的に少なくなる。

(8) 式の ρ は IT 資本の価格であり、IT 資本はルーティンタスクと完全代替と仮定しているため、双方の価格は一致することになる。よって、スキルプレミアムモデルではスキル偏向的技術進歩を高スキルと低スキルの技術格差 (A_H/A_L) の拡大として捉えていたが、ALM モデルでは IT 資本の価格 ρ の低下を技術進歩として解釈する。つまり、IT 化が進展するほど IT 資本の価格が低下するために、ルーティンタスクの労働需要から IT 資本への需要のシフトが生じ、結果的にルーティンタスクの賃金が低下することになる。

以上のセットアップを用いて、IT 化による技術進歩の影響を考えてみると、まず、(11) 式に示すように、IT 化はノンルーティンタスクとルーティンタスクの間の賃金格差 (W_N/W_R) を拡大させることがわかる。これは IT 資本との完全代替は (8) 式のようにルーティンタスクでのみで、(9) 式のようにノンルーティンタスクは IT 資本の価格の影響を直接的に受けないことが仮定されているからである。

$$\frac{\partial \ln(W_N/W_R)}{\partial \ln \rho} = -\frac{1}{\beta} \tag{11}$$

さらに、(12) 式に示すように、技術進歩はノンルーティンタスクの生産性を増やすため、結果的にルーティンタスクを供給する労働者が減少する一方でノンルーティ

ンタスクを供給する労働者が増加する。

$$\frac{\partial \ln \eta^*}{\partial \ln \rho} = \frac{1}{\beta} \tag{12}$$

　このように、ALMモデルに代表されるタスクモデルでは、IT資本との代替の有無をタスク毎に仮定することで、賃金格差の拡大とともに、労働者が従事するルーティンタスクが減少し、ノンルーティンの低スキル（賃金）タスクと高スキル（賃金）タスクの双方が増加する雇用の二極化を説明することができる。

3　タスクの分類

　タスクモデルの実証分析では、いくつかのタスクの分類方法が試されている。例えば、上で紹介したAutor et al（2003）は、表1-1のようにタスクをルーティンとノンルーティンに分けるだけでなく、それぞれを分析・相互と手仕事（マニュアル）にも分類し、IT資本との代替や補完の関係を捉えている。

　また、Acemoglu and Autor（2011）ではルーティン、ノンルーティン抽象タスク、ノンルーティン手仕事タスクの3つに分類している。そのうえで、これらタスクと標準職業分類を対応させ、ノンルーティン抽象タスクは専門・技術・管理的、ノンルーティン手仕事タスクはサービス、ルーティンタスクは事務・販売の職業との関連性が高いと指摘している。このほか、男女間賃金格差の変化をタスクモデルで説明したYamaguchi（2013）ではタスクを運動（Motor）と認識（Cognitive）の2つに分けた分析も行っている。

　このようにタスクはいくつかに分類されるが、いずれのタスクも労働市場で明確に観察されるわけではない。このため、多くの先行研究では、労働者の職業をもとに、各タスクへの分類を行っている。仕事を遂行するためにはさまざまなタスクが必要となり、職業によってタスクの構成は異なる。例えば、専門・技術・管理的職業では、ルーティンタスクも必要ではあるが、圧倒的にノンルーティンで抽象的なタスクが多く求められる。一方で、事務の職業では、ルーティンタスクが多く必要とされる。

　こうした職業とタスクの対応関係は、アメリカの「O*NET」（North Carolina Department of Commerce）という職業データベースをもとに構築されることが一般的である。O*NETは900以上の職業について、創造的な思考や機械・機器の制御、車両や機械の運転操作など、さまざまな職務・業務内容を指標化している。各指標はタスクに対応させることができるため、労働者の職業が把握できれば、各タスクがどの程度

表1-1　ALMによるタスク分類

	ルーティンタスク	ノンルーティンタスク
	分析・相互（Analytic and interactive）タスク	
例	●記録 ●計算 ●繰返型の顧客サービス 　（例：銀行窓口）	●仮説の設定・検証 ●医療診断 ●法律文書作成 ●営業・販売 ●管理監督
ITの影響	●大規模な代替	●強い補完
	手仕事（Manual）タスク	
例	●選定・並び替え ●繰返型の組立て	●手作業 ●トラック運転
ITの影響	●大規模な代替	●限定的な代替か補完

出典：Autor et al（2003）

必要とされる仕事をしているかを明らかにすることができる。先行研究では、このようにして職業情報からタスクへの変換を行って、分析に用いている。

　なお、日本においてもアメリカのO*NETと類似した職業データベースとして、「キャリアマトリックス」（労働政策研究・研修機構）があり、池永（2009）などでは『国際調査』の職業小分類の情報をキャリアマトリックスを用いて5つのタスクへ分類している。また、池永・神林（2010）では、O*NETとキャリアマトリックスの比較を行い、トレンドでみれば両者の違いは小さいことを明らかにしている。ただし、キャリアマトリックスは2011年以降は作成されておらず、近年の日本においては、職業情報をもとにタスクを割り当てることは難しくなっている。

　一方、タスクの分類方法としては、職業情報を使わずに、労働者に直接従事しているタスクの内容をアンケート調査で把握する方法も開発されている。例えば、Autor and Handel（2013）では、プリンストン大学が実施したアンケート調査「PDII」（Princeton Data Improvement Initiative survey）を用いて、労働者毎にルーティンとノンルーティンのタスクの大きさを主成分分析で指標化し、どのようなタスクの構成になっているかを特定している。Autor and Handel（2013）は職業情報をもとにタスクを分類した場合との比較も行っており、同じ職業であっても個々の労働者が遂行しているタスクには違いがみられることを明らかにしている。同様に、Spitz-Oener（2006）もドイツのデータを用いて同様の検証を行い、タスクの違いは職業間よりも職業内のほうが大きいことを指摘している。

4 タスクモデルの説明力：Routinization 仮説

　タスクモデルはさまざまな国や地域で実証分析に適用され、コンピュータの普及に代表される IT 化がルーティンタスクを減らしたという多くの結果が導出されている。また、タスクに注目して労働市場の二極化を説明することは、SBTC 仮説と対比して、Routinization 仮説（定型化仮説）とも呼ばれている。

　まず、Autor et al（2003）はタスクモデルを理論的に構築するだけでなく、アメリカのデータを用いて、コンピュータやシステムなどの IT 技術はルーティンタスクを代替するとともに、ノンルーティンタスクを補完するために、雇用の二極化が生じたことを実証している。また、Goos et al（2007）はイギリス、Spitz-Oener（2006）はドイツ、Adermon and Gustavsson（2015）はスウェーデンについて、1980 年代以降に ALM の指摘と同様のメカニズムで雇用の二極化が観察されることを指摘している。さらに、Goos et al（2009）は、ヨーロッパ 16 か国を対象とした分析を行い、1990 年代以降に雇用の二極化が多くの国で観察され、その背景として Routinization 仮説があることを述べている。

　このほか、Senftleben and Wielandt（2012）や Autor and Dorn（2013）はドイツやアメリカの国内の地域データを用いて、地域単位でみてもルーティンタスクが IT 技術によって代替されていることを明らかにしている。また、Naticchioni et al（2014）は、産業単位でも同様に Routinization 仮説が示すように IT 技術が雇用の二極化をもたらしていることを確認している。さらに、上述したように、Yamaguchi（2013）はタスクを運動タスクと認識タスクに分け、男性がより多く従事する運動タスクの賃金が相対的に減少したために、アメリカで男女間賃金格差が縮小したことを明らかにしている。

　日本におけるタスクモデルの先駆的な研究としては、池永（2009）が挙げられる。池永（2009）は Autor et al（2003）と同様の分析を日本のデータをもとに実施し、IT がルーティンタスクと代替関係、ノンルーティンタスクと補完関係にあることや、その結果としてノンルーティンタスクが増加していることなどを確認している。ただし、事務などのルーティンタスクが増加傾向にあることやノンルーティンタスクのうち手仕事タスクは IT と代替関係にあることなど、欧米の研究とは異なる特徴がみられることも指摘している。また、池永・神林（2010）では、職業とタスクの紐づけをより精緻化したうえで各タスクの推移を確認したところ、ルーティンタスクの減少傾向とノンルーティンタスクの増加傾向が 1960 年以降にみられることを示している。

さらに、地域単位での Routinization 仮説についても池永（2011）が各タスクの変化を計測している。また、野原（2016）は Autor and Dorn（2013）に準拠して、地域毎のルーティンタスクのシェアと IT の導入の関係を検証し、Routinization 仮説が概ね成立することや、地域単位での所得格差の拡大や失業率の偏在が生じる可能性があることを指摘している。一方、男女間賃金格差についても伊藤（2016）は Yamaguchi（2013）に準拠した検証を日本について実施し、日本でも運動タスクの減少によって男女間賃金格差が縮小する傾向はみられるものの、認識タスクのうち分析志向の強いタスクには女性が就きにくくなっていることが男女間賃金格差の拡大要因になっていることを明らかにした[3]。

なお、タスクモデルによれば、(11) 式で示されるように、技術進歩による IT 資本の価格低下によって、ルーティンタスクの賃金が低下するものの、ノンルーティンタスクの賃金は直接的な影響を受けない。このため、技術進歩によって、ルーティンタスクに多い中程度の賃金が低下し、ノンルーティンタスクに多い分析・相互型の高賃金と手仕事型の低賃金は変わらないといった「賃金の二極化」も生じることが示唆される。ところが、賃金の二極化が観察されるのは Autor and Dorn（2013）などで確認されたアメリカが中心であって、欧州諸国や日本では必ずしも観察されないことが Antonczyk et al（2010）、Senftleben and Wielandt（2012）、McIntosh（2013）、Naticchioni et al（2014）などで示されている。

ただし、日本については、三谷・小塩（2012）が『賃金構造基本統計調査』のマイクロデータを用いて行った分析によると、アメリカと同様に、賃金の高い職業と賃金の低い職業で労働者数が 1989 年から 2004 年にかけて増加した一方で、中間の賃金の職業で減少したことが確認されており、賃金の二極化が生じていた可能性がある。

以上のように、日本で部分的にルーティンタスクの増加傾向がみられたり、賃金の二極化については必ずしも多くの国では観察されていなかったりするなど、一部に非整合的な点も存在するものの、総じてみれば、多くの国や地域で ALM の Routinization 仮説が成立していると整理することができる。

---

[3] このほか、『賃金構造基本統計調査』のマイクロデータを用いて賃金関数の推計を行った三谷・小塩（2012）によると、日本の賃金決定において職種・職階の説明力が増加傾向にあり、タスクの重要性が高まっていることを確認している。こうした傾向は Acemoglu and Autor（2011）によってアメリカでも確認されており、タスクモデルと整合的といえる。

5　タスクモデルから指摘されるIT化とロボット・AI化の違い

　タスクモデルを開発したAutor et al (2003) が想定したITは、予め設定された指示やアルゴリズム、プログラムのもとで、与えられた条件に応じて適切な作業を行うものであり、単純作業や反復的な作業などのルーティンタスクを置き換えるものであった。そのために、1980年代以降、IT資本の価格が低下し、広く社会経済に普及する過程で、労働者の担うルーティンタスクがITに代替された。しかしながら、指示を出すタスクやプログラム設定を行うタスク、判断・思考を必要とするタスク、想定されない条件に応じて行うタスクなど、労働者が遂行する知的労働や肉体労働などのノンルーティンタスク（分析・相互と手仕事タスク）については、ITでは行うことができないため、労働者への需要が相対的に高まった。そして、ノンルーティンタスクは高スキル（賃金）のものと低スキル（賃金）のものに分かれるため、雇用や賃金の二極化が生じた。

　ここで注目されるのは、サービスや肉体労働などのノンルーティン手仕事タスクへの需要の高まりは、ITによって職を取って代わられた事務や工場作業などのルーティンタスクに従事していた労働者の雇用の「受け皿」として機能したことである。つまり、ITの普及はたしかにルーティンタスクに従事していた労働者の職を奪ったものの、IT技術にはできないノンルーティンタスクが残されていたため、ルーティンタスクを行っていた労働者も低スキルのノンルーティンタスクにシフトすることができた。よって、ITの普及によって所得・賃金の格差は拡大したが、大量の失業が発生することにはつながらなかったといえる。

　ところが、ITと異なり、ロボットやAIなどの新しい技術進歩の影響は、これまでは労働者にしかできなかったノンルーティンタスクにまで及ぶと想定されている。このため、AIなどの普及は労働市場にこれまで以上の大きなインパクトを与える可能性がある。なぜならば、AIやロボティクスの性能が高まり、労働者の賃金よりも低い価格でノンルーティンタスクが行えるようになると、ITに職を奪われたルーティンタスク従事者の「受け皿」が消失してしまい、結果的にケインズの指摘した「技術失業」が大量に発生することも懸念されるからである。

　例えば、自動車の自動運転の技術が普及し、低価格で人やモノの輸送が可能になれば、大量のドライバーの職がなくなる。同様に、製造現場でのロボティクスの普及は工場労働者をこれまで以上に減らすことになる。また、音声認識・合成と自動応答の技術が低価格で普及すれば、カスタマーサービスのオペレーターの職もなくなる。画

像認識の技術革新によって、事務の仕事に残されていた紙のファイリングなどのタスクもなくなる。

さらに、AI 技術の進展は、低スキルだけでなく高スキルのノンルーティンタスクも人を介さずに遂行できるようになるといわれている。例えば、病気の診断、銀行の融資や保険加入の審査、裁判における量刑の判断などは、従来までは労働者の高いスキルが必要とされるノンルーティンタスクであった。しかし、ビッグデータと AI の組み合わせによって、過去の事例（症例、リスク、判例など）をもとに機械が労働者以上の適切な判断を行えるようになるため、多くの医師や銀行・保険会社の職員、弁護士・裁判官の仕事が不要になるとも危惧されている。加えて、将来的に複数の AI がネットワークでつながり、数多くのタスクを行う汎用 AI が普及すれば、労働者の大方のタスクが人を介さずに遂行できるようになるともいわれている。

IV 技術進歩・マクロ経済成長とタスクモデル

1 AI やロボットの普及

第Ⅲ節でみたように、タスクモデルにもとづくとロボットや AI などの新しい技術は労働者の従事するタスクを代替する可能性があり、実際、ロボットや AI の技術進歩によって、遠くない将来に大半の職業が失われると指摘する研究もある（Frey and Osborne 2017, 世界銀行 2016）。その一方で、労働者は自動化されないタスクに特化することで大規模な雇用の消滅は起きないとする議論もある（Arntz et al 2016）。技術的に自動化が可能な仕事であっても、実際に労働者との代替が起きるか否かは、自動化にかかる費用と、代替によって節約できる労働者の賃金次第である。さらに、たとえ便益が費用を上回り、ロボットによる代替が進んだとしても、マクロ経済全体でみた雇用と賃金への影響がプラスかマイナスかは定かではない。生産コストと価格の低下によって需要が高まる結果、同じ企業の別のタスクに追加的人員が必要になったり、ロボットと補完的なタスクが新たに生まれたりするかもしれない。生産性の波及効果によって他の企業や産業で新たな仕事が創られる可能性もある。

ロボットや AI の導入と労働の代替は近年に始まったことではない。IFR（2016）の推計によれば、北米・欧州・アジアにおける産業ロボットのストックは 1993 年から 2015 年までに約 5 倍に増え、150 万台に達している。各地で実際に行われてきたロボットの導入と自動化技術の発展によって、労働市場で生じた変化や全国規模の経済へ

の影響を分析することは可能であり、以下に紹介するようにさまざまな実証分析が行われている。理論分野においても、上述のタスクモデルを発展させ、技術進歩や価格調整メカニズムを内生化したうえで、労働市場や経済成長への影響を分析する枠組みが開発されている。理論とデータにもとづいた推計は、主観的な未来予想や未実証の仮説にもとづいた議論より堅実なアプローチといえよう。

以下では、自動化による労働の代替と新たなタスク創出のダイナミクスを分析した、Acemoglu and Restrepo（2018a）の一般均衡型マクロモデルを概説する。さらに、技術進歩と高齢化の連関を論じた研究、理論モデルにもとづいた実証研究を紹介する。最後に、これらの研究結果が示唆するマクロ経済政策の方向性を考察する。

2　2つの技術進歩と成長

アメリカにおける過去数十年の雇用成長は、それまで存在しなかった新たなタスクの誕生と活発な新陳代謝に支えられてきた。図1-3は、各職業において新しい役職名（job title）が占める割合と、その後の雇用の伸びとの関係を示している[4]。新しい役職名の割合が10％ポイント高い場合、雇用成長率は0.41％ポイント上昇する関係となっており、新たな仕事の創出が雇用増加の鍵となることが示唆される。

これらの関係を解明するためにAcemoglu and Restrepo（2018a）は、Zeira（1998）やAutor et al（2003）が開発したタスクモデルを発展させ、新たな理論モデルを構築した。彼らのモデルには以下のような特徴が存在する。

1．2つのタイプの技術進歩を分析
2．異時点間の意思決定にもとづき貯蓄と資本蓄積を内生化
3．Directed technological change（方向付けされた技術変化）により技術進歩を内生化

第1に、成長のダイナミクスをより精緻に捉えるために、技術進歩の形態を2つに分類する。そのうえで、それぞれの技術進歩が生産要素の需給と価格変動・タスク構成の変化を通じてマクロ経済に与える影響を分析している。1つ目の技術進歩は、AIや機械による自動化を通じて労働を資本に置き換える、標準的な代替プロセスである。

---

[4] 図1-3では、1980年における新たな役職名の割合とその後35年間（1980～2015年）の雇用成長率を示している。1990年あるいは2000年における新たな役職名の割合と、その後の雇用成長率を比較した場合も同様の結果が示される（Acemoglu and Restrepo 2018a, Appendix B）。

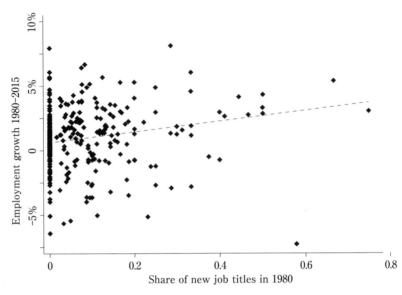

図 1-3　各職業における新たな役職名の割合と雇用成長率（1980 〜 2015 年）
出典：Acemoglu and Restrepo（2018a），Figure 1

　2つ目は、労働集約的で生産性の高い新たなタスクの創出によって、古いタスクを置き換える技術進歩である。新たなタスクにおいては、資本に対して人間の労働が比較優位をもつ。

　第2に、家計による異時点間の消費と貯蓄の意思決定をモデルに組み込み、資本蓄積を内生化することで、均斉成長経路（balanced growth path）が達成される条件を明示した。予期せぬ技術進歩が起きた場合、金利の変化に応じて資本蓄積がゆっくりと進んでゆく。その結果、自動化による代替と新たなタスク創出のいずれのタイプの技術進歩によっても労働の相対的な価値は上昇し、生産性向上が労働に還元される可能性を組み込んだ。

　第3に、タスクモデルに、Directed technological change（方向付けされた技術変化）による技術投資の仕組みを導入することで、それぞれのタイプの技術進歩を内生化している。生産要素の相対価格が変化することで、技術進歩による収益に違いが生じた場合、より効率的な技術の進歩に向けた投資が活性化する。ある日どこからかロボットが登場して解雇が宣言されたり、新しい製品や仕事が唐突に出現したりするのではなく、技術進歩による利益を見込んだ投資の結果、我々が目にする技術革新や代

替が起きているとするのは直感的であると同時に、AIとマクロ経済を語るうえでは欠かせない要素だ。Acemoglu and Restrepo（2018a）は、2つの技術進歩に必要とされる研究者（scientists）の配分を内生化することで、一般均衡で生じる要素価格の変化と各セクターにおける技術進歩の相互作用をモデルに組み入れた。

技術への投資を内生化することで、安定した均整成長への移行が促される。例えば、自動化によって労働需要が減り賃金が低下した場合、さらなる自動化によって節約できる労働コストは減少する。同時に、一般均衡効果によって資本コストが上昇することで、機械による自動化技術の発展よりも、労働集約的な新たなタスクを生み出す技術への投資拡大の動きが加速する。まだ自動化技術の及ばない、労働が優位に働くタスクの創出によって、労働需要が増加する。賃金の下落に歯止めがかかるとともに、低下した賃金を再び元の水準に上昇させる自己補正的な（self-correcting）メカニズムが働く。

これらの要素をすべて組み入れた完全なモデルは複雑になるため、以下では、資本ストックを一定とし、外生的な技術投資を仮定したうえで、2つの技術進歩の役割と生産要素のダイナミクスについて解説する。

最終財 Y の生産は、個々のタスク i における産出 $y(i)$ を組み合わせた以下のCES型生産関数によって行われる。

$$Y = \tilde{B} \left[\int_{N-1}^{N} y(i)^{\frac{\sigma-1}{\sigma}} di \right]^{\frac{\sigma}{\sigma-1}}, \sigma \in [0, \infty), \tilde{B} > 0 \tag{13}$$

σ は各タスクの算出 $y(i)$ の間の代替弾力性を示し、インデックス i は各タスクにおける労働生産性 $\gamma(i)$ と正の相関をもつ。$N-1$ から N の範囲に広がる合計1単位のタスクが生産に用いられる。より複雑で生産性の高い新たなタスクが創出される場合、タスクスペースにおける上限 N が上昇し、$N-1$ の生産性をもつ古いタスクは代替される。すなわち、生産性の向上とともに合計1の生産範囲がタスクスペース上を上方シフトしてゆく。

タスク i は、労働あるいは資本と、タスクごとに異なる中間財 $q(i)$ との組み合わせによって生産される。すべてのタスクは労働による生産が可能である。ただし、$i \leq I \in [N-1, N]$ のタスクに関しては資本によって自動化することもできる。タスクスペースにおける $I \in [N-1, N]$ の位置は、代替可能性の技術制約を示す。I の水準は、技術進歩を内生化した完全なモデルにおいて技術投資によって上昇する変数となるが、こ

こでは外生的な変数とみなす。自動化できない $i > I$ のタスクの生産関数は以下（14）式のように定義される。

$$y(i) = \bar{B}(\zeta)\left[\eta^{\frac{1}{\zeta}}q(i)^{\frac{\zeta-1}{\zeta}} + (1-\eta)^{\frac{1}{\zeta}}(\gamma(i)l(i))^{\frac{\zeta-1}{\zeta}}\right]^{\frac{\zeta}{\zeta-1}} \tag{14}$$

$\gamma(i)$ はタスク i における労働生産性、$l(i)$ はタスク i で使われる労働を示す。パラメーター η は中間財への分配率、$\zeta \in (0, \infty)$ は労働と中間財との代替弾力性を表す。$\bar{B}(\zeta)$ はパラメーターの値によって決まる定数である。労働・資本のいずれによっても生産が可能な $i \leq I$ のタスクは、以下の CES 型関数（15）により生産される。$i > I$ のタスクとの違いは労働と完全な代替が可能な資本 $k(i)$ の存在である。

$$y(i) = \bar{B}(\zeta)\left[\eta^{\frac{1}{\zeta}}q(i)^{\frac{\zeta-1}{\zeta}} + (1-\eta)^{\frac{1}{\zeta}}(k(i) + \gamma(i)l(i))^{\frac{\zeta-1}{\zeta}}\right]^{\frac{\zeta}{\zeta-1}} \tag{15}$$

技術水準を示す I と N、および総資本 K を所与としたうえで、均衡を特徴付けてみよう。$i \leq I$ のタスクは資本による自動化が可能ではあるが、実際に労働との置き換えが起きるかどうかは相対的な要素価格によって決まる。そのため、各タスクの生産に必要な要素価格は（16）式のとおりとなる。

$$p(i) = \begin{cases} \min\left\{R, \dfrac{W}{\gamma(i)}\right\}^{1-\eta} & \text{for } i \leq I \\ \left(\dfrac{W}{\gamma(i)}\right)^{1-\eta} & \text{for } i > I \end{cases} \tag{16}$$

W は賃金、R は資本コスト（金利）を示す。$i \leq I$ のタスクの生産においては、労働と資本は完全な代替材であることから、価格の低い要素のみが投入される。i が高いほど労働生産性が高いことから、以下の（17）式を満たす唯一の $\tilde{I}$ が存在する。

$$\frac{W}{R} = \gamma(\tilde{I}) \tag{17}$$

$I^* = \min\{I, \tilde{I}\}$ と定義すると、均衡においては $i \leq I^*$ のタスクは自動化されて資本のみを使って生産され、$i > I^*$ のタスクについては労働のみが生産要素として使われる。図 1-4 では、タスクスペースにおいて $I^* = I \leq \tilde{I}$ の場合、すなわち自動化技術の制

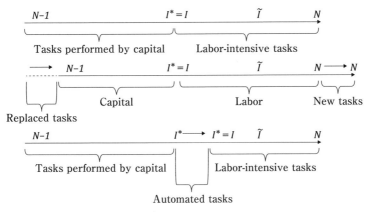

図 1-4　タスクスペースにおける 2 つの技術進歩

出典）Acemoglu and Restrepo（2018a）, Figure 2

約がバインドしている時に、2 つの技術進歩が起きる様子を示している。図 1-4 の一番下の線分が示すように、自動化技術の進歩によって代替が進むと（I^* の右シフト）、労働集約的なタスクの割合は減少する。図 1-4 の中央の線分では、新たなタスクが生まれることで（N の右シフト）、下位のタスクが代替される（$N-1$ の右シフト）様子が示されている。

家計の選好は、消費 C と労働 L で決まる以下の効用関数によって定義され、

$$u(C,L) = \frac{(Ce^{-v(L)})^{1-\theta} - 1}{1-\theta} \tag{18}$$

予算制約 $C=RK+WL$ と合わせて、労働供給を示す増加関数（19）が得られる。

$$L = L^s\left(\frac{W}{RK}\right) \tag{19}$$

相対賃金 $\omega \equiv \frac{W}{RK}$ とタスクスペースにおける均衡を示したのが図 1-5 である。均衡における賃金・金利条件と（19）式から導かれる、相対的な労働需要を示す右下がりの曲線 $\omega(I^*, N, K)$ と、生産コストを最小化する資本・労働分配を示す右上がりの曲線（17）式との交点において、自動化の分岐点となるタスクと相対賃金が決定される。

図 1-5 左のグラフにおいては自動化技術の制約がバインドした状態（$I^* = I \leq \tilde{I}$）で、技術進歩によって均衡点が右下方にシフトし、相対賃金と労働分配率の低下が生じる。図 1-5 右のグラフでは、技術制約はバインドしておらず、相対的な要素価格によって

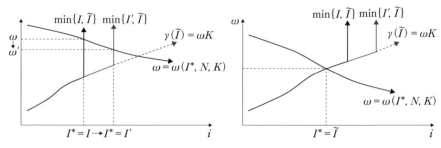

図1-5 (ω, i) スペースにおける静的均衡

出典：Acemoglu and Restrepo（2018a）, Figure 2

自動化水準が決定されており、さらに自動化技術が進歩しても均衡は変化しない。この状態においては、賃金が十分に低いため、相対的にコストの高い資本を使った自動化は効率的ではないので技術が進歩したとしても代替は進まない。

　一方、労働が比較優位をもつ新たなタスクが創出されれば（N の上昇）、右下がりの労働需要曲線は右方シフトする。図1-5右のグラフにおいては、労働需要が上昇することで相対賃金は増加し、均衡は自動化技術のフロンティアに近づく。一方、図1-5左のグラフにおいては、新たなタスクの創出は代替しえない労働力の更なる獲得競争激化につながり、労働のタスク配分の調整と均衡における相対賃金の上昇を促す結果となる。

　第1の技術進歩である自動化による労働者の代替は、雇用と賃金を低下させ、国民所得に占める労働分配率を減少させる。スキルプレミアムモデルにおいては生産要素の生産性を増大させる技術（factor-augmenting technology）進歩が常に賃金を上昇させるのとは対照的な結果である。しかし、自動化と並行して起きる第2の技術進歩である新たなタスクの創出は労働需要を拡大し、雇用と賃金を上昇させて労働分配率を引き上げる効果をもつ。

　自動化のみが進行し続ければ、労働需要は賃金とともに低下を続け、やがてすべての労働が資本に置き換えられるという結末に至る。しかし、そのシナリオには現実味がないことがわかる。機械の導入・メンテナンスには一定の資本コストがかかる一方で、自動化によって賃金が低下すれば、いずれ自動化のコストが雇用のコストを上回り、さらなる機械の導入によって生じるメリットは消失する。むしろ安価な労働を投入するほうが効率的であり、労働需要の低下と賃金の下落は底を打つ。

　それに加えて、資本が内生化されたモデルにおいては、賃金が低下すると同時に金

利が上昇することで、家計の貯蓄が促され資本蓄積が進む。労働が相対的に稀少となることで、賃金の回復につながる。

Acemoglu and Restrepo（2018a）が強調するのは、賃金の低下と同時に第2のタイプの技術進歩、すなわち労働が比較優位をもつ、より高度なタスクの創出が促進されることだ。新たなタスクの成長には労働が不可欠であり、高い生産性をもつタスクには、より多くの生産資源が分配され、図1-3で観察されたような成長が期待される。このケースでは、平均賃金は上昇し、労働分配率を再び引き上げる効果が生じる。

著名な経済学者であるワシリー・レオンチェフは1983年のニューヨークタイムズ紙におけるインタビューで、20世紀前半に自動車が馬車と馬を完全代替していったように、人間の労働も次々に機械に代替されて同じ運命をたどらざるをえないという悲観的な見解を述べている。しかし、Acemoglu and Restrepo（2018a）は、人間の労働が完全に不要となる前に、賃金の低下が労働の新たな使い途を生み出し、需要を再興させるメカニズムを強調し、レオンチェフが心配したような馬の運命が人間にも起きるとは限らないと論じた。馬と人間の決定的な違いは、馬車が不要になった時点で馬は自己の新たな使い途を考えて提供できなかったのに対し、人間は相対価格の変化に対応して新たにより高度な自身の用途を創り出せる点にある。

3 技術進歩の要素分析

Acemoglu and Restrepo（2018b）は、産業別データを使った実証分析を行い、過去30年の労働市場の変化は、要素プレミアムモデル（factor-augmenting technology）すなわち特定の生産要素の生産性を増大させる技術の進歩では十分な説明がつかず、自動化などの労働代替と、新たなタスク創出という2つの技術進歩を考慮することが重要だと論じた。

検証においては、上で解説したAcemoglu and Restrepo（2018a）のモデルに生産要素に特有な技術を組み込み、（20）式のような生産関数を仮定した。資本と労働の両方、もしくは労働のみを使うタスクに従事する企業が、経済の各セクターにおいて競争的な生産を行う。

$$Y(z) = \begin{cases} A^L \gamma^L(z) l(z) + A^K \gamma^K(z) k(z) & \text{if } z \in [N-1, I] \\ A^L \gamma^L(z) l(z) & \text{if } z \in [I, N] \end{cases} \quad (20)$$

A^LとA^Kは労働と資本の各生産要素に特有の生産性を示し、IおよびNは上述のモデルと同様、それぞれ自動化と新たなタスクのフロンティアを示す。(A^L, A^K, I, N)

の 4 つの変数によって技術進歩を捉え、それぞれの技術進歩がどのように雇用と賃金に影響を与えたかを各セクターにおける時系列データを利用して分析した。いずれの技術進歩も、生産と需要を拡大して正の生産性効果（productivity effect）をもたらすが、自動化のもたらす代替効果（displacement effect）は雇用を減少させる。その一方で、労働集約的な新たなタスクの創出は労働需要と労働分配率を拡大する復職効果（reinstatement effect）をもたらす。

生産要素技術の発展は、経済全体の生産性を上昇させるが、労働需要と労働分配率に与える代替効果は資本と労働との代替弾力性に左右される。さらに、時系列的な労働需要の変化を説明しようとする場合には、生産要素配分の異なる各セクターのシェアが変化することで生じる産業構成効果（composition effect）も考慮する必要がある。

以上から、技術進歩による労働市場の変化は 5 つの効果に分類することができる。すなわち、生産性効果（productivity effect）、産業構成効果（composition effect）、タスク構成効果（change in task content）、さらに資本と労働の代替によって生じる価格もしくは質の代替効果（price substitution effect and quality substitution effect）である。3 つ目のタスク構成効果は、自動化と新たなタスク創出が引き起こす生産要素分布の変化に起因する効果であり、代替効果と復職効果から構成される。

全米 61 業種（製造業 19、非製造業 42）における生産・雇用・賃金データを用いて分析を行い、集計した結果が図 1-6 に示されている。1980 年代後半からの賃金上昇は生産性の上昇に支えられているが、2000 年以降はタスク構成効果によるマイナスの影響が生産性効果の足を引っ張る様子が示されている。特に製造業においては、タスク構成効果によって賃金低下の大部分が説明されている（図 1-6 右）[5]。

さらに、タスク構成効果を代替効果（I の上昇）と復職効果（N の上昇）とに分解すると、図 1-7 に示されるように、復職効果がコンスタントに上昇する一方で、代替効果による労働需要の低下が 2000 年以降急速に進行したことがわかる。後者の傾向は製造業においてより顕著であるが、2010 年以降は代替効果の低下がやや収束していることが見て取れる。

4 　高齢化と技術進歩

先進国を中心として世界各国で高齢化が進んでいる。人口構造の変化が、労働者数の減少・労働生産性の低下・過剰貯蓄を招くことで、経済の長期停滞（secular stag-

---

[5] ベースラインモデルにおいては資本と労働の代替弾力性は 0.8 に設定されている。値を 0.6、1.0、1.2 としても推計結果は大きく変わらなかった。

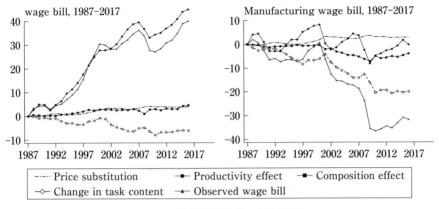

図 1-6　労働需要変化の要因分解

出典：Acemoglu and Restrepo (2018b), Figure 2

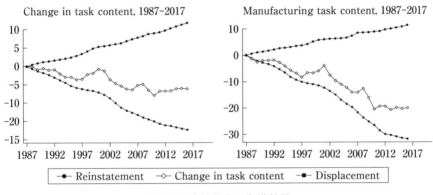

図 1-7　代替効果と復職効果

出典：Acemoglu and Restrepo (2018b), Figure 3

nation) の一因になるとの見方もある (Gordon 2016, Teulings and Baldwin 2014)。高齢化による労働供給の低下と生産規模の縮小は、成長を鈍化させうる一方で、労働力不足と賃金上昇のトレンドは自動化による代替技術への投資を促進する。技術進歩による生産性効果が十分な強さである場合、高齢化が必ずしも生産の低下につながるとは限らない。さらに、労働力の減少と同時に、貯蓄増によって資本価格が低下すれば、代替技術への投資インセンティブはさらに強まる。

　Acemoglu and Restrepo (2017a) は、世界169か国の人口統計とマクロデータを

用いて、高齢化の進行は必ずしも経済成長を減速させるわけではないことを示した。Acemoglu and Restrepo（2018c）は、IFR のデータを使い世界各国におけるロボットの導入状況と高齢化の進度との関連を検証し、26-55 歳の労働者数に対する 56 歳以上の労働者数の割合が 10％ポイント上昇する毎に、1,000 人当たりのロボット数が 0.9 台上昇することを示した。また、米国国内においても各地域ごとのデータを利用して同様の検証を行い、高齢化の進んだ地域ではより多くのロボットが導入されていることを明らかにした。

Sachs and Kotlikoff（2012）は スキル構成の異なる 2 世代から成る世代重複型モデルを用いて、自動化の進行が世代間の所得格差と生産に与える影響を分析した。自動化によって経験の浅い低スキル労働が代替されることで、若年層の可処分所得が減少する。その結果、技術進歩による生産性上昇の恩恵は高スキルの中高年層に集中し、将来の生産と成長を支える物的・人的資本投資が停滞することにより、若年層と将来世代の厚生が悪化することを示した。ただし、自動化によって中高年層が受ける恩恵を、再配分によって若年層に移転し、課税を原資に政府が生産的な投資を行えば、技術進歩の恩恵を全世代が受け取ることが可能だと論じている。

5 技術進歩とマクロ経済：理論の検証

Acemoglu and Restrepo（2017b）は、アメリカ国内における産業ロボットの導入が雇用と賃金に与えた影響を実証分析した。検証の背景となるのは、Acemoglu and Restrepo（2018a）の理論モデルである。技術進歩によるマクロ経済全体の雇用と賃金への影響を、ロボットにより職が失われるマイナスの代替効果（displacement effect）と、他のタスクや産業における労働需要の増加によるプラスの生産性効果（productivity effect）とに分解する。ロボットが行うタスクの割合は産業ごとに異なり、異なる産業に特化した労働市場間の取引が発生する。

国内各地における通勤圏（commuting zones）を労働市場として捉え、アラスカとハワイを除く全米 722 の通勤圏を分析対象とした。分析の第 1 ステップでは、1990 年から 2007 年のデータを用いて、それぞれの労働市場における各産業の雇用規模と産業毎のロボット浸透率（利用の増加率）を掛け合わせ、各労働市場におけるロボットの普及度（exposure）を算出する。

実証分析において、ロボットとは関係のない産業内のトレンドや、その産業に特化した労働市場特有の経済状況が、各産業のロボット利用の増減と連関しているのではないかという懸念が生じる。こうした可能性を排除するため、IFR（2014）の分析を

もとに、他の先進国における産業毎のロボット浸透率を操作変数として推定を行っている。具体的には、各労働市場における産業構成と、IFR のデータから得られた 19 の産業におけるロボットの浸透率を用いて、労働市場ごとのロボット浸透率を算出する。

第 2 ステップでは、上で計算された各労働市場におけるロボット浸透率と賃金・雇用データのばらつきに着目した分析を行った。その結果、両者には負の相関関係があり、1990 年から 2007 年にかけて、ロボットが最も普及した地域では、その他の地域に比べて雇用と賃金の両方が顕著に低下したことがわかった。

労働者 1,000 人当たり新たなロボットを 1 台導入することにより、その労働市場における雇用率は 0.37% ポイント、賃金は 0.73% 低下する結果となった[6]。これらの数字には、それぞれの労働市場における、ロボット導入による労働者の代替と賃金低下から生じる直接的影響、そして所得効果による需要の減少による間接的な波及効果の両方が含まれている。

ロボットの導入は、それが起きた労働市場における賃金と雇用を少なからず悪化させることがわかった。少なくとも定性的にはこの結果に驚くことはないし、定量的にも信じがたい数字というわけでもないだろう。それぞれの市場が閉鎖的で、市場を超えた産業間の相互作用がなければ推定はここで終了だ。しかし、ロボット導入によるマクロ経済全体への影響を検討するのであれば分析はそこで終わらない。

もしロボットが導入されれば、生産コストが低下し生産物をより低価格で他の市場へ輸出することができる。その結果、取引先の市場においても生産性が向上し、雇用が拡大しうる。マクロ経済全体でのネットの効果は複数市場間の取引に依存するため単純ではないが、労働供給の弾力性・ロボットの供給弾力性・労働者とロボットの生産性の違い・各市場におけるロボット導入コストなどに依存する。

労働市場間での貿易と生産性効果を考慮して推定を行ったところ、ロボットの導入が雇用率と賃金を引き下げるという結論に変化はないが、減少幅はそれぞれ 0.34% ポイント、0.5% に縮小した。総生産については 1,000 人当たり 1 台のロボット導入に伴い、0.13% の上昇が見込まれる。

さらに、ロボット導入の効果をロボット浸透率が最も高い産業に限定し、それ以外の産業での影響は、需要のスピルオーバーなどロボット以外の原因によると仮定する

---

[6] 具体的な水準でいうと、平均的なロボット普及度を有する労働市場において、1,000 人当たり 1 台のロボットを導入することにより 6.2 人の労働者を代替し、労働者の年収を約 200 ドル引き下げることになる。

と、雇用率および賃金の低下はそれぞれ 0.18％ポイント、0.25％にとどまることがわかった。

著者たちは、ロボットの普及度は、雇用環境に影響を与えるさまざまなトレンドとの相関関係が弱いことを示している。また、結果の頑強性を示すために、広義の産業構成・人口構造の詳細・海外、特に中国やメキシコとの交易・オフショアリング度合い・ソフトウェア導入によるルーティン仕事の減少などを考慮に入れても、ロボットの導入が雇用と賃金に負の影響を及ぼすという結果は変わらなかった。

Acemoglu and Restrepo（2017b）の実証分析にもとづき、今後のさらなるロボット導入による雇用への影響を推計するとどうなるだろうか。推計は今後の産業ロボットの導入台数に依存するが、例えば Boston Consulting Group（2015）は、全世界でのロボット台数が 2025 年までに 4 倍になるという予測をしている。この数字にもとづくと、2015 年から 2025 年にかけて、ロボットの導入によって雇用率は 0.94～1.76％ポイント低下し、賃金は 1.3～2.6％低下する。

以上の分析から何が学べるだろうか。推定結果を用いることで、主観的な未来予想ではなく、過去約 20 年間のデータにもとづく実証的裏付けのある数字を将来推計の根拠とすることができる。さらに、実証分析による推定は、代替効果によって失われる雇用のみならず、生産コストの低下によって生じる雇用創出によるプラスの効果を、産業や地域を超えた全国規模で織り込んでいる。後者の効果を考慮しても、最終的にロボットの導入が雇用と賃金にマイナスの影響を及ぼすということ、そしてその数字は小さなものではないことは冷静に受け止められるべき結果だ。

その一方で、大胆なロボット投入を仮定して将来推計を行っても、雇用率の減少は 2％ポイント以下、賃金低下は 3％以下にとどまる。客観的データにもとづく実証分析から、雇用の約半分が代替により失われるといった予測を導き出すことは相当に難しい。そのため、自動化の影響についての過度な楽観論は根拠に乏しいが、行きすぎた悲観論にうろたえる必要もないといえるだろう。

産業ロボットが導入され、生産要素が調整される移行過程においては、雇用慣行や政府の解雇規制、労働市場の流動性の違い等により、定量的な効果が増減する可能性は十分にある。Acemoglu and Restrepo（2017b）が実証研究の対象としたアメリカの労働市場は、他の国、とりわけ欧州大陸諸国や日本に比較して解雇障壁は低い一方、平均転職回数も多く労働市場の流動性や賃金の柔軟性も高い。そのため、同様の実証研究が他国で行われた場合、定量的な結果がどう変わるかは明らかではない。加えて、同じアメリカにおいても、異なる分析手法を用いた結果、自動化は最終的に賃金と雇

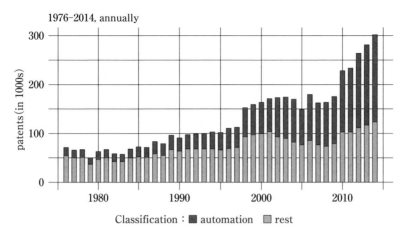

図1-8 自動化に関わる特許

出典：Mann and Puttmann (2018), Figure 2

用にプラスの影響をもたらすと結論付ける研究もある。

　Mann and Puttmann（2018）は、アメリカにおける過去約40年の特許データを用いて自動化が雇用に与える影響を分析し、1976年から2014年までに認定された約500万の特許それぞれについて、「人手をかけずに操作が可能な装置」が関与しているか否を基準として、自動化に関わる特許とそれ以外の特許とに分類した[7]。図1-8が示すように、自動化関連の新規特許件数は1976年の約7万から2014年には18万まで増加し、累計で約200万に上った。

　これらの自動化関連の特許が利用される傾向と度合いに従って、それぞれの特許を各産業にリンク付けすることで、産業ごとの自動化指数を算出し、Acemoglu and Restrepo（2017b）と同様に、全米722の通勤圏における産業構成から、各通勤圏における自動化指数を計算する。毎年の特許データを利用することで、各地域における過去約40年の時系列的な指数変化を辿ることが可能となり、同時期の労働市場の変化と比較することができる。5年毎の雇用データと自動化指数のばらつきと変化にもとづいて推計を行った結果、自動化が雇用の減少をもたらすとしたAcemoglu and Restrepo（2017b）とは異なる結論が導かれた。自動化関連特許数の増加はマクロ経済

---

[7] 自動化に関わる特許の正確な定義は次のとおり。"Automation patent describes a device that operates independently from human intervention and fulfils a task with reasonable completion"（Mann and Puttmann, 2018）

Ⅳ　技術進歩・マクロ経済成長とタスクモデル　**49**

全体の雇用を増加させ、自動化インデックスが1上がる毎に、雇用率は0.12 ～ 0.33 ％ポイント上昇した。1インデックスの上昇は、平均的な通勤圏において自動化関連の新規特許数が年間23件から29件へ上昇する規模に相当する。

　ただし、雇用効果は産業と職種によって大幅に異なることも明らかとなった。ルーティンタスクが職業の大半を占める地域における雇用効果はプラスではあるもののその効果は弱く、製造業ではマイナスの影響が生じることがわかった。サービス業における大幅な雇用増加がルーティンタスクと製造業における低迷を相殺している。

　ロボットの浸透度を自動化技術の変数として用いたAcemoglu and Restrepo（2017b）の結果との単純比較はできないが、全国規模での波及効果が高いと考えられる特許技術を用いて技術進歩の効果を推定した結果、雇用にプラスの影響が確認されたことは興味深い。Mann and Puttmann（2017）の研究では、全国規模での特許取得が各地の労働市場に与える影響を推定しており、逆の因果関係、すなわち特定地域における経済の状況変化が全国規模の特許を引き起こしているとは考えにくいこともこの手法のメリットといえる。

　クロスボーダーの研究としては、ロボット実証研究のパイオニアともいえるGraezt and Michaels（2018）が挙げられる。Acemoglu and Restrepo（2017b）に先立ち、1993年から2007年までの17先進国・14産業における国際比較データを用いて産業ロボット導入によるマクロ経済への影響を推計している。内生性の問題を回避するため、実際のロボット導入データの代わりに2つの操作変数を用いて推定を行った。第1に、分析に用いる国際データの初年度以前の1980年に、各産業においてロボットによる代替が可能なタスクがどの程度の割合を占めていたかを計測し、産業毎の労働代替可能性（replaceability）インデックスを作成した。第2に、ロボット・アーム（robotic arms）拡散の影響を捉えるために、「到達と処理」（reaching and handling）インデックスという操作変数を使った。具体的には、1980年に、各職業において必要とされる物理的な負担（physical demand）の内、「到達と処理」のスキルを必要とするタスクが占める割合を計測し、産業毎に指数化した。

　その結果、1993年から2007年までの労働生産性の年間平均成長率2.4％のうち、ロボット導入による効果は0.36％ポイントであったと推定された。ロボットの導入によって賃金は上昇し、全般的な雇用を減らす効果は確認されなかった。その一方、代替によりスキル分布が変化し、低スキル労働者のシェアが減少したことも明らかになった。

　Dauth et al（2018）も、ドイツにおける1994年から2014年までの産業ロボット導

入による労働市場への影響を実証分析し、雇用の減少は見られないという結論に至っている。Acemoglu Restrepo（2017b）と同様、国内各地域における産業分布のばらつきから生じるロボットの浸透度の違いに着目した実証研究であるが、分析対象と利用データが異なる。ドイツ当局の企業とその従業員に関する行政パネルデータと、個人の雇用データとを結合させて、自動化の影響を受けた労働者の雇用状況を追跡した点に新規性がある。彼らの分析は、企業と個人のデータを用いて失職による賃金への長期的な影響を推計した Jacobson et al（1993）の手法を踏襲している。

Dauth et al（2018）は、ロボット導入によって代替された製造業の仕事が、ビジネス・サービス業における仕事の増加によって相殺された結果、経済全体の雇用に変化はなかったと論じている。分析によれば、製造業の雇用は主に新規採用の縮小によって調整され、既存の労働者の多くは、これまで行っていたタスクがロボットに代替されても解雇されることなく、同一企業内で職種を転換することで雇用が維持された。ただし、代替の影響を受けたこれらの労働者は、雇用の安定と引き換えに賃金の低下を余儀なくされている。ロボット普及率が高い地域においては所得の労働分配率が低下し、高スキルの技術的な職業とルーティン作業を行う職業との賃金格差が拡大したことも確認された。

労働者の技術的ショックによる雇用条件への影響が長期化することを明らかにした Jacobson et al（1993）や、自動化によって賃金・雇用が減少することを示した Acemoglu Restrepo（2017b）の結果とは一見異なるものの、Dauth et al（2018）においてもロボット導入とタスク代替の直接的影響を受けた労働者の賃金は低下している。雇用が維持されるという結果には、ロボットを導入した企業が内部での職種転換を内包できる十分な規模を有し、さらに労働組合を中心とする雇用慣行と解雇規制によって、解雇費用が相当の規模であったことも影響していると考えられる。

ロボットが実際に導入されるかどうかは、ロボットの導入・メンテナンス費用とロボットが代替できる労働の対価（賃金）に依存する。これらのハードルを乗り越えてロボットが導入されれば、その産業と職種の雇用は減少する。ただし、ロボット導入によって該当産業の生産コストが低下することで、産出と労働需要が増加すれば、雇用へのマイナス効果は相殺される。ロボットによる生産性上昇が、経済全体に波及することで、新たな産業やロボット利用と補完的な仕事が生まれる可能性もあり、雇用と賃金への最終的な影響は理論的に自明ではない。

いずれの効果が勝るかの判断は実証研究によるが、上に示したように、これまでの実証研究においては明確なコンセンサスが得られていない。もちろん実証研究の結論

は、その時点で入手可能なデータおよび最先端の理論と分析手法にもとづいた推定結果であり、新たなデータが蓄積され、理論構築が進展するのに応じて検証を繰り返さねばならない。5年後、あるいはもっと近く1年後に同じ推定結果が得られるとも限らない。今言えるのは、現時点でのデータと推定にもとづけば、レオンチェフが心配したように人間が馬車と馬の運命を辿ったり、半分の雇用が失われたりといったシナリオは現実的ではないということだろう。

6　マクロ経済政策へのインプリケーション

　最後に、本節で紹介したさまざまな形の技術進歩によるマクロ経済への影響についての最新の理論と実証分析をふまえて、政策分析に与える影響を考察したい。

(1) 継続的なスキル形成の重要性

　Acemoglu and Restrepo（2018a）の構築したマクロ理論モデルでは、より複雑なタスクの導入や自動化と同時に、生産性の低い単純なタスクが代替されていく動学的なプロセスが描かれている。実証研究が明らかにしたように、仕事の破壊と創出が相殺し合う結果、最終的な雇用と要素価格の変化は定かではない。しかし、代替の影響を最も大きく受けるのはルーティンタスクに従事する労働者であることは実証研究においても合意がみられる。代替されたタスクへの需要が再び盛り返すとも考えにくいが、人間の労働が必要ない経済へ向かっているわけでもないことも明らかにされた。

　経済の成長を阻害せず、同時に雇用や賃金の水準を維持していくために必要なのは、継続的なスキルの向上とそうしたスキルの市場への円滑な供給にほかならない。特に、技術進歩が生み出す新たなタスクには高いスキルが求められることから、基礎的な教育水準を継続的に向上させ、成長に必要な人的資本への大胆な投資を続けることが必要だ。それと同時に、新たなスキルを柔軟に修得する適応力や変化への対応力を培うことが求められる。

　もちろん、エントリーレベルの教育だけでは十分ではない。過去数十年の技術進歩による労働市場の変化を一瞥すれば、市場が求めるスキルは世代交代を待たずに次々と変化してゆくことは明らかだ。物理的な労働を代替するロボットだけではなく、現時点では高スキルとされる職業もいずれはより破壊的な技術革新により代替されるかもしれず、一旦高いスキルを身に付ければそれで安泰ということもない。新たに必要とされるスキルは、画一的でもなければ、常に過去のスキルの延長線上に位置するわけでもでもない。

新たなタスクは、高スキルが求められる複雑で抽象的なタスクかもしれないが、時間とともにこうしたタスクも一般化・マニュアル化され、より幅広いスキルレベルの労働者による処理が可能となる。その段階で必要となるのは、これまでよりもやや高度なルーティンタスクや手仕事タスクをこなすことができる労働者の供給である。技術進歩とともに求められるのは、個人のスキルの飛躍的な向上ではなく、スキル分布全体の上方シフトである。

　若年層から高齢層、低スキルから高スキルまで幅広い範囲の労働者に対して、継続的な人的資本投資を促し、スキル需要に応じた人材の流動性を高める政策が望まれる。後者、すなわち労働の効率的な配置転換と流動性を促進することは、前者の自律的な促進にもつながると考える。日本においては、時代の流れにそぐわない旧来の制度や慣行が、労働市場におけるスキルの効率的な蓄積と活用を阻む傾向がみられる。こうした仕組みを一つ一つ素早く取り除いてゆくことが、世界各国で急速に進む技術革新と成長の波に取り残される危険を回避することにつながると考える。

　技術進歩の過程においては、求められるスキルと労働者の既存のスキルとのミスマッチが生じることは避けられない。ミスマッチの摩擦を軽減すべく新たなスキルの獲得を後押しする政策や、ミスマッチ解消に役立つようなテクノロジーの開発には政府が積極的な後押しをすべきだろう。

(2) ロボット課税？ AI 税？

　Dauth et al（2018）がドイツのデータにもとづく実証分析で示したように、ロボット導入の移行過程において、特定の産業における低・中スキル労働者の賃金が低下し、格差が拡大することは十分に起こりうるだろう。ロボットと補完的な職業につく高スキル労働者の賃金が上昇したり、生産的な新たなタスクのもたらす収益がエンジニアや開発者に還元されたりすることで、富の集中が一層進むことも考えられる。こうした背景から、技術進歩で得られる収益や高所得者への課税の強化が議論にのぼる。格差を是正する効果が強調されることもあるが、こうした政策は慎重に検討すべきだと考える。

　第1の理由は、技術進歩から得られる所得は、予期せぬ幸運によって突然外生的に発生したものではなく、技術への人的・物的資本投資の結果であり、課税体系が変わっても課税ベースが維持されるとは考えにくい。資本課税の強化が投資の抑制や資本の国外流出につながるように、リスクを取った投資と努力によって得られた所得への過剰な課税強化は、期待純利益を減らし、成長に不可欠な技術投資の停滞とスキル修

得意欲の減退、さらには高スキル人材の流出につながる可能性があることは留意すべきだ[8]。

第2に、Acemoglu and Restrepo（2018a）が示したように、自動化による代替で賃金が低下することで、ある時点を超えるとさらなる自動化の推進力が減退すると同時に、労働が比較優位をもつ生産性の高いタスクの創出が促進され、賃金が自律的に回復する。技術進歩の成果への課税強化によって技術投資が減速すれば、労働需要を喚起する新たなタスクの創出を抑制し、成長への好循環を阻害しかねない。

第3に、技術進歩の収益に対する課税は技術的に容易ではない。例えば、ロボットの開発・利用により利益を得た主体への課税は困難ではないかもしれないが、自動化による恩恵はロボット開発業者や、労働の代替によってコストカットを実現した企業にとどまらない。その企業が生産する中間財や最終財の価格低下によって恩恵を受ける貿易相手、価格低下によって可処分所得が増える消費者、余裕資金で追加的に購入される財やサービスの供給者、需要増により事業規模を拡大する企業に採用された失業者といった具合に技術進歩による利益は経済に広く拡散される。

第4に、ロボット税や自動化の進行に歯止めをかけるような税が議論される1つの背景には、代替による大量失業の発生と賃金・課税ベースの縮小への懸念が根強いこともある。しかし、現時点では主要な労働市場において失業が蔓延する現象はみられておらず、その傾向を示す明らかなエビデンスもない。むしろ、今後長きにわたる高齢化のトレンドとも相まって、労働力の供給不足が中長期的な課題となっている。これは先進国・新興国を問わず多くの国における共通課題であり、国境を越えて高スキル人材のみならず幅広いスキルレベルをもつ人材の獲得競争が過熱する傾向すらみられている。

以上のような理由から、成長の源泉となる技術進歩に歯止めをかけかねない政策の検討には、理論と実証分析にもとづいた慎重さが求められる。

こうした議論に加えて、ロボットによる代替や大量失業への懸念を背景として、低所得あるいは無所得層への無条件な所得移転が議論されることもある。しかしながら、新たなタスク創出による産業の拡大や発展には、十分な労働力の供給が不可欠で、代替された労働者の失業が長引くことは需給両サイドにおいてプラスにならない。労働

---

[8] 高所得者のクロスボーダー所得移転の推計は容易ではないことは知られている。Kleven et al（2014）はデンマークで行われた高所得の移民に対する短期的な減税措置の影響を検証した。減税スキームは高所得の外国人を大幅に増加させ、トップ0.5％の所得層に占める外国人の割合は課税がない場合のほぼ倍の水準まで上昇したことを示した。

の有無にかかわらず支給される移転、あるいは働かないことを条件に支給される移転の拡大とそれを支える課税強化は、労働者の参加インセンティブ、スキル向上の意欲を阻害し、長期にわたる成長の恩恵を受ける機会を彼らから奪いかねない。

自動化や代替による予期せぬ雇用ショックが引き起こす一時的な所得変動に対し、失業保険等の給付により消費の平準化を助けることは重要だ。しかし、失業期間が延びるにつれてスキルの減耗が進めば、失業保険等の給付による労働供給インセンティブの阻害効果は拡大し、労働市場への復帰をより困難にする。代替を引き金に職を失った場合、保有スキルはもはや現代社会においては不要になってしまった可能性が高い。その場合、望ましい政策は保険給付や移転によって安定した失業状態を維持するより、保険給付にスキル修得の努力を紐付けたり、失業者を採用してスキル訓練を施す企業に補助を与えたりすることで、円滑なスキル投資を促す仕組みが効力を発揮するかもしれない。

自動化と技術進歩の原動力となるのは、自動化のコストに比べて高い賃金支払いを節約して生産性を高めようとする企業のインセンティブである。労働市場の非効率や政策的な歪みによって賃金が高止まりする場合、更なる自動化と代替を促進しうることも考慮すべきだ。

経済理論と実証研究にもとづけば、近い将来自動化によって大半の労働者が代替されて失業者が溢れたり、所得が激減して税収が大きく減少したりするといった極端なシナリオは描きがたい。そうであればなおさら、限られた貴重な生産資源である労働者を最大限成長のサイクルに取り込み、労働市場への参加を通じて技術進歩の恩恵を広く共有することを促す政策が望ましいだろう。

参考文献

Acemoglu, Daron and Pascual Restrepo (2018a) "The Race Between Man and Machine: Implications of Technology for Growth, Factor Shares and Unemployment," American Economic Review, Vol. 108, No. 6, pp. 1488-1542.

Acemoglu, Daron and Pascual Restrepo (2018b) "Automation and New Tasks: The Implications of the Task Content of Technology for Labor Demand," Journal of Economic Perspectives, forthcoming.

Acemoglu, Daron and Pascual Restrepo (2018c) "Demographics and Automation," mimeo, Massachusetts Institute of Technology.

Acemoglu, Daron and Pascual Restrepo (2017a) "Secular Stagnation? The Effect of Aging on Economic Growth in the Age of Automation," American Economic Review: Papers & Proceedings, Vol. 107, No. 5, pp. 174-179.

Acemoglu, Daron and Pascual Restrepo (2017b) "Robots and Jobs: Evidence from US local labor markets," working paper, MIT.

Acemoglu, D. and Autor, D. (2011) "Skills, tasks and technologies: Implications for employment and earnings," Handbook of labor economics, ed4, pp. 1043-1171.

Adermon, A. and Gustavsson, M. (2015) "Job polarization and task-biased technological change: Sweden, 1975-2005," The Scandinavian Journal of Economics, Vol. 117, No. 3, pp. 878-917.

Antonczyk, Dirk, Thomas DeLeire, and Bernd Fitzenberger (2010) "Polarization and Rising Wage Inequality: Comparing the U. S. and Germany," IZA Discussion Papers 4842, Institute for the Study of Labor (IZA).

Arntz, Melanie, Terry Gregory, and Ulrich Zierahn (2016) "The Risk of Automation for Jobs in OECD Countries: A Comparative Analysis," OECD Social, Employment and Migration Working Papers, No. 189, OECD Publishing.

Autor, D. and Dorn, D. (2013) "The growth of low-skill service jobs and the polarization of the US labor market," The American Economic Review, Vol. 103, No. 5, pp. 1553-1597.

Autor, D. and Handel, M. (2013) "Putting Tasks to the Test: Human Capital, Job Tasks, and Wages," Journal of Labor Economics, Vol. 31, No. 2, pp. S59-S96.

Autor, D., H., F. Levy and R. J. Murnane (2003) "The Skill Content of Recent Technological Change: An Empirical Exploration," Quarterly Journal of Economics, Vol. 118, No. 4, pp. 1279-1333.

Boston Consulting Group (2015) "The Robotics Revolution: The Next Great Leap in Manufacturing."

Dauth, Wolfgang, Sebastian Findeisen, Jens Südekum and Nicole Wößner (2018) "Adjusting to Robots: Worker Level Evidence," Federal Reserve Bank of Minneapolis, Opportunity & Inclusive Growth Institute, Working Paper 13.

DiNardo, J. and J. Pischke (1997) "The Returns to Computer Use Revised: Have Pencils Changed the Wage Structure Too?" The Quarterly Journal of Economics, Vol. 112, pp. 291-303.

Freeman, R. (1986) "Demand for education," in Ashenfelter, O. and Layard, R. eds., Handbook of Labor Economics, Vol. I, North Holland, pp. 357-386.

Frey, Carl Benedikt and Michael A. Osborne (2017) "The Future of Employment: How Susceptible are Jobs to Computerisation?" In: Technological Forecasting and Social Change 114, pp. 254-280.

Goos, M., and Manning, A. (2007) "Lousy and lovely jobs: The rising polarization of work in Britain," The review of economics and statistics, Vol. 89, No. 1, pp. 118-133.

Goos, M., Manning, A., and Salomons, A. (2009) "Job polarization in Europe," The American Economic Review Papers and Proceedings, Vol. 99, No. 2, pp. 58-63.

Gordon, Robert J. (2016) The Rise and Fall of American Growth: The U. S. Standard of Living since the Civil War, Princeton University Press.

Graetz, Georg and Guy Michaels (2018) "Robots at Work," Review of Economics and Statistics, forthcoming.

IFR, International Federation of Robotics (2016) and (2014) World Robotics: Industrial Robots 2016, and 2014.

Heckman, J., Lance, L., and Christopher, T. (1998) "Explaining rising wage inequality: Explorations with a dynamic general equilibrium model of labor earnings with heterogeneous agents," Review of Economic Dynamics, Vol. 1, pp. 1-58.

Jacobson, Louis S., Robert J. LaLonde and Daniel G. Sullivan (1993) "Earnings Losses of Displaced Workers," American Economic Review, Vol. 83, No. 4, pp. 685-709.

Katz, L. and Murphy, K. (1992) "Changes in relative wages: supply and demand factors," Quarterly Journal of Economics, CVII, pp. 35-78.

Kawaguchi D. and Mori Y. (2014) "Winning the race against technology," Bank of Japan Working Paper Series, No. 14-E.5.

Kleven, Henrik, Camille Landais, Emmanuel Saez and Esben Schultz (2014) "Migration and Wage Effects of Taxing Top Earners: Evidence from the Foreigners' Tax Scheme in Denmark," Quarterly Journal of Economics, Vol. 129, pp. 333-378.

Krueger A. (1993) "How computers have changed the wage structure: evidence from microdata, 1984-1989," The Quarterly Journal of Economics, Vol. 108, No. 1, pp. 33-60.

Mann, Katja and Lukas Puttmann (2018) "Benign Effects of Automation: New Evidence from Patent Texts," Working Paper, Copenhagen Business School.

McIntosh, S. (2013) "Hollowing Out and the Future of the Labour Market," BIS Research Paper, No. 134.

Naticchioni, P., Ragusa G. and Massari, R (2014) "Unconditional and Conditional Wage Polarization in Europe," IZA Discussion Papers No. 8465.

Sachs, Jeffrey D. and Laurence J. Kotlikoff (2012) "Smart Machines and Long-term Misery," NBER Working Paper, 18629.

Senftleben, C., and Wielandt, H. (2012) "The polarization of employment in German local labor markets," SFB 649 discussion paper, 2012-013.

Spitz-Oener, A. (2006) "Technical Change, Job Tasks, and Rising Educational Demands: Looking outside the Wage Structure." Journal of Labor Economics, Vol. 24, No. 2, pp. 235-270.

Teulings, Coen, and Richard Baldwin (2014) *Secular Stagnation: Facts, Causes and Cures*. Washington, DC: CEPR Press.

Tinbergen, J. (1974) "Substitution of graduate by other labor," Kyklos, Vol. 27, pp. 217-226.

Tinbergen, J. (1975) Income Difference: Recent Research, North-Holland Publishing Company.

Welch, F. (1973) "Black-white differences in returns to schooling," American Economic Review, Vol. 63, pp. 893-907.

Yamaguchi, S. (2013) "Changes in Return to Task-Specific Skills and Gender Wage Gap," Global COE Hi-Stat Discussion Paper Series, No. 275.

Zeira, Joseph (1998) "Workers, Machines, and Economic Growth," Quarterly Journal of Economics, Vol. 113, No. 4, pp. 1091-1117.

池永肇恵(2011)「日本における労働市場の二極化と非定型・低スキル就業の需要について」『日本労働研究雑誌』No. 608, 71-87頁

池永肇恵（2009）「労働市場の二極化：IT の導入と業務内容の変化について」『日本労働研究雑誌』No. 584，73-90 頁

池永肇恵・神林龍（2010）「労働市場の二極化の長期的推移：非定型業務の増大と労働市場における評価」PIE/CIS Discussion Paper No. 464.

伊藤大貴（2016）「タスクモデルを用いた男女間格差の考察」Panel Data Research Center at Keio University Discussion Paper Series

小原美紀・大竹文雄（2001）「コンピュータ使用が賃金格差に与える影響」『日本労働研究雑誌』No. 494，16-30 頁

櫻井宏二郎（2004）、「技術進歩と人的資本：スキル偏向的技術進歩の実証分析」『経済経営研究』25 (1)，日本政策投資銀行設備投資研究所、1-66 頁

清水方子・松浦克己（2000）「努力は報われるか：パソコンと賃金、教育の関係」『社会科学研究』51 (2)，115-136 頁

世界銀行（2016）World Development Report 2016: Digital Dividends. World Bank: Washington, DC.

野原快太（2016）「地域労働市場における二極化の検証：IT の雇用代替効果と地方の雇用」Panel Data Research Center at Keio University Discussion Paper Series, DP2015-008

野呂沙織・大竹文雄（2006）「年齢間労働代替性と学歴間賃金格差」『日本労働研究雑誌』No. 550，51-66 頁

第2章　労働——技術失業の可能性[i]

山本勲

I　AI技術失業の懸念

　第1章では、マクロ経済学の研究を踏まえながら、ルーティンタスクに従事する労働者の雇用がITなどに代替されて雇用の二極化を招いたことを説明するタスクモデルを紹介した。また、タスクモデルを用いて、AIやロボットの普及に伴う雇用や生産性、経済成長などへの影響を把握する理論的な研究の蓄積が進んでいることも述べた。それらの近年の研究によれば、AIなどの普及によって大量の雇用が奪われるといった予測にはコンセンサスは得られていない。にもかかわらず、大規模な雇用代替を強調するFrey and Osborne (2013) などの研究成果や主張はマスメディアなどにも取り上げられることも多く、いまだ注目を集めている。

　そこで、本章では、労働経済学の視点から、AIやロボットなどの新しい技術が雇用・失業に与える影響を予測した研究を整理するとともに、その評価や留意点を述べる。そのうえで、新しい技術が労働市場に与える影響を見通す際には、雇用・失業や賃金だけでなく、働き方など幅広い視点をもつことや、国によって異なる労働市場特性を踏まえることが重要であることを指摘したい。

　AIやロボットがさまざまなタスクを労働者より安価に行えるようになると、いわば「AI技術失業」といった大量の失業が世界各国で生じる深刻な事態に陥る可能性がある。AI技術失業に関する予測や指摘は、労働経済学の研究から啓蒙的な書籍・雑誌まで、さまざまな形で出されている。代表的な文献を簡単に整理すると以下のようになる。

---

i) 本章は山本勲 (2018)『労働経済学で考える人工知能と雇用』三菱経済研究所の第3章と第4章を大幅に加筆・修正したものである。

1 オックスフォード大学のフレイ氏とオズボーン氏らによる指摘

　Frey and Osborne（2013）[1] は「将来の雇用（The Future of Employment）」というタイトルで、今後10〜20年でAIやロボットが普及することで、アメリカの702職種の雇用の47％がAIやロボットなどの新しい技術に置き換わるリスクがあることを指摘しており、日本を含め、大きな注目を集めている。日本の雑誌・テレビなどのマスコミでしばしば報じられる「消える職業」のリストやその割合の大きさなどは、ほとんどがFrey and Osborne（2013）による推計結果にもとづいており、AI普及の未来像が労働者にとって必ずしも望ましいものではなく、職がなくなるリスクが伴うことへの警鐘を鳴らす際のエビデンスとなっている。

　Frey and Osborne（2013）はAutor et al（2003）によるタスクモデルに準拠しており、労働者のタスクを技術で置き換えやすいものとそれ以外の2つに区別している。ただし、Autor et al（2003）と違ってFrey and Osborne（2013）は、機械学習やロボティクスの普及によって、AIやロボットなどの新しい技術がノンルーティンタスクもできるようになることを想定する。そのため、Frey and Osborne（2013）のモデルでは、労働者のタスクをルーティンとノンルーティンではなく、コンピュータ化[2]されやすいタスク（susceptible task）とされにくいタスクの2つに区別している。そのうえで、Frey and Osborne（2013）は、技術革新による価格低下によってコンピュータ化されやすいタスクはAIやロボットなどの新しい技術に代替され、労働者はコンピュータ化されにくいタスクへシフトする可能性を示している。

　さらに、Frey and Osborne（2013）はアメリカの職業データベース「O*NET」を用いて702の職業毎にコンピュータ化されやすい要素がどの程度含まれているかを以下の方法で実証的に明らかにしている。

〈AIやロボットなどの新しい技術への代替確率の算出方法〉
1．アメリカの代表的な70の職種を取り上げ、機械学習の研究者に将来的にAIやロボットに置き換えられるか否かについて主観的に予測をしてもらう。具体的には、「ビッグデータの利用を条件として、この職業のタスクはコンピュータで制御された機器で十分に遂行できるようになりますか」という質問に対する機械

---

[1] その後、彼らの論文はFrey and Osborne（2017）として公刊されている。
[2] Frey and Osborne（2013）は明示的にAIとは呼ばず、機械学習やロボティクスが活用された技術の進歩・普及を広くコンピュータ化と呼んでいる。

学習の研究者の回答から、すべてのタスクが完全にコンピュータ化されると判断できる職業に1、それ以外の職業に0を割当て、主観的な代替区分を作成する。

2．O*NETから70の職業それぞれについて、認識・操作性（Perception and Manipulation）、創造知性（Creative intelligence）、社会知性（Social intelligence）といったAIやロボットに代替されるかどうかに関係する3つのスキルがどの程度必要とされるかを変数化する[3]。

3．1で作成した主観的な代替区分（機械学習の研究者が予想したAIやロボットとの代替の有無）と2で作成した職業毎の3つのスキル変数がどのような関係にあるかをロジットモデル等にもとづく回帰分析で推計し、両者の関係性を明らかにする。3つのスキル変数の大きさによってコンピュータ化される確率がどのように異なるかを推計することで、70の職業の主観的な代替区分が1（コンピュータ化される）になる確率を予測する。

4．残りの632の職種については、まずは、2のようにO*NETから3つのスキルの大きさを算出し、変数化する。次に、3のロジットモデル等の推計結果（パラメータ）を用いて、主観的な代替区分が1になる理論的な確率を予測する。つまり、632の職業については、機械学習の研究者の主観的判断を直接用いるのではなく、代表的な70の職業から得たスキル変数と代替の関係性（パラメータ）を適用することで、AIやロボットに代替される確率を予測する。

以上の方法で702の職業についてAIやロボットなどの新しい技術に代替される確率を予測し、Frey and Osborne（2013）は表2-1のような整理を行っている[4]。

さらに、Frey and Osborne（2013）は低賃金・低学歴な労働者ほどAIやロボットなどの新しい技術に代替されやすい傾向にあることも実証している。そのうえで、これまでの技術失業を振り返り、19世紀は相対的に高スキルな労働者との代替、20世紀は中賃金労働者との代替、今後は低賃金・低学歴労働者との代替が主流になると述べている。

なお、デロイトトーマツ社はFrey and Osborne（2013）と同じフレームワークを

---

[3] Frey and Osborne（2013）によると、これらの3つの要素が強い職業はコンピュータ化されにくく、今後10～20年で雇用が代替される可能性は低いと述べている。
[4] Frey and Osborne（2013）は、技術革新は雇用を代替する雇用喪失効果と生産性を高めて実質所得が上昇して労働需要が増加する雇用創出効果の双方があるが、雇用喪失効果が上回ることを指摘している。

表 2-1　Frey and Osborne（2013）による雇用の代替確率

AI・ロボットとの代替確率	職業	労働者シェア
高リスク	運輸・輸送、事務、生産工程、サービス、営業、建設など	47%
中リスク	修理・修復など	19%
低リスク	管理、経営、金融、コンピュータ工学、教育、ヘルスケア、メディアなど	33%

備考：Frey and Osborne（2013）をもとに作成。

イギリスのデータに適用し、AIやロボットなどの新しい技術に代替されうる職業が労働者の35%にあたることをフレイ氏とオズボーン氏との共同研究として発表している。また、野村総合研究所もフレイ氏とオズボーン氏との共同研究結果として、日本ではAIやロボットなどの新しい技術に代替されうる労働者は49%と、アメリカやイギリスよりも多くなる予測を発表している。このほか、David（2017）もFrey and Osborne（2013）と同様の手法を日本に当てはめ、機械による雇用の代替可能性が55%との試算を出している。

2　MIT大のブリニョルフソン氏とマカフィー氏による指摘

　Brynjolfsson and McAfee（2011, 2014）は『機械との競争』と『ザ・セカンド・エイジ・マシン』という邦題の著書において、技術革新と雇用の関係を幅広く論じている。技術革新によって雇用が奪われることへの危機感は「ラッダイト運動」に代表されるように、産業革命の頃から繰り返し議論されてきた。しかし、Brynjolfsson and McAfee（2014）の整理では、経済学では伝統的に、技術革新で一部の労働者の職が奪われて一時的には失業が発生するとしても、新たな技術を活用した経済成長や新たな仕事の出現によって雇用はいずれ創出されるといった考え方が多数派であった。

　このため、ケインズの指摘した技術失業は「ラッダイトの誤謬」として片付けられ、近年でも技術革新による失業を主張する研究者の大半は「主流派に属していない」とBrynjolfsson and McAfee（2014）は述べている。しかし、Brynjolfsson and McAfee（2014）によると、「ラッダイトの誤謬」は1990年代後半頃までは当てはまり、新しい技術によって生産性が高まり雇用も増加していたが、それ以降は生産性対比でみて雇用が伸び悩んでいるため、技術失業が懸念される。また、Brynjolfsson and McAfee（2011）は、アメリカの雇用が近年伸び悩んでいることの背景として、①単に景気回

復の度合いやスピードの遅いことが原因であるとする「景気循環説」、②景気循環ではなく構造的に技術革新や生産性の伸びが低迷する時期に入ったとする「停滞説」[5]、③ITなどが技術失業をもたらしているとする「雇用の喪失説」の3つを検討し、技術革新による雇用の喪失説が支持されることも述べている。

さらに、Brynjolfsson and McAfee (2011, 2014) は、「ラッダイトの誤謬」が成り立たない理由として、現在進行している技術革新のスピードが従来よりも大幅に速いことを指摘する。「ムーアの法則」[6]と呼ばれる指数関数的な技術革新が続くと、今後の技術革新は従来とは比べものにならないスピードになる。自動運転車の開発に代表されるような過去数年の技術革新はその現れであり、今後はもっと多くのイノベーションが出現するという。

このほか、Brynjolfsson and McAfee (2014) は、過去を振り返ると、新たな技術の導入が生産性を向上させるには数年から数十年のタイムラグがかかる「生産性のパラドックス」がみられたことを指摘している。そして、その原因として、新たな技術の普及が生産性の向上や雇用の増加につながるには、企業や産業のレベルで経営や組織のあり方を改革する「補完的イノベーション」が起きる必要があり、そこに時間を要したと述べている[7]。

ところが、近年のAIやロボットなどの技術革新のスピードは非常に速いため、補完的イノベーションが追い付かず、経済成長による雇用拡大がみられない一方で、新たな技術による雇用の代替が生じている可能性があるという。このため、Brynjolfsson and McAfee (2014) は、AIやロボットなどの普及は、生産性が向上して経済成長することで豊かさをもたらす前に、技術失業などを通じて格差をもたらすことが懸念されると警鐘を鳴らしている。

3 その他の指摘

Ford (2009, 2015) は『テクノロジーが雇用の75%を奪う』と『ロボットの脅威』という邦題の著書において、AIなどの新しい技術によって雇用が奪われることを説

---

5) この説はCowen (2011) やSummers (2014) によって指摘されている。
6) 半導体の集積率などの技術の性能が18〜24か月ごとに倍増するとした経験則で、インテル社の創業者の1人であるムーア氏によって指摘された。
7) 例示として、Brynjolfsson and McAfee (2014) は、エネルギーが蒸気から電気に切り替わったときにも、電気設備の導入が生産性向上に結びつくまでに20年程度かかっており、「生産性のパラドックス」が生じたと指摘している。なお、こうした生産性パラドックスや補完的イノベーション（ビジネスイノベーション）などについては本書第6章で解説されている。

得的に主張している。Ford（2009, 2015）は、社会においてAIやロボットの開発・導入が著しいにもかかわらず、経済学者を中心に、その雇用への負の影響を「ラッダイトの誤謬」として軽視していることに対して、技術革新の具体事例を挙げながら批判している。Ford（2009, 2015）は「ラッダイトの誤謬」は単なる歴史的な観察事実にすぎず、今回の技術革新には当てはまらないと指摘している。

このほか、井上（2016）は汎用AIやロボットが普及した際には、創造性、経営・管理、もてなしの3種類の仕事のみ存続すると予想し、それらの仕事が管理・専門・技術的職業とサービス職に該当することから、人口の約1割しか働かない未来が到来すると指摘している。

II AI技術失業説の留意点

前節で紹介した指摘のうち、特にFrey and Osborne（2013）は、労働経済学のタスクモデルにもとづいて、AIやロボットなどの新しい技術が労働者の仕事のタスクと置き換わるリスクを強調したもので、示唆に富んでいるといえよう。しかし、こうしたAI技術失業説には、いくつかの仮定のもとで試算された実証分析にもとづいていたり、雇用創出などの可能性とも併せて慎重に議論する必要があったりするなど、留意すべき点も少なくない。そこで、以下、それらの点について言及したい。

1 コアとなる予測の主観性

AI技術失業の可能性として、半数近い雇用が新しい技術に置き換えられるリスクをもっているとするFrey and Osborne（2013）の試算は衝撃的ともいえる。しかしながら、上述したように、彼らの試算は機械学習の研究者による主観的な予測に大きく依存しており、この点には留意が必要である。

Frey and Osborne（2013）の予測では、職業に含まれる3つのスキル変数の大きさに応じて機械との代替確率が変わることを仮定しているが、この点についてはAutor et al（2003）などの労働経済学で確立されたタスクモデルにもとづいており、頑健なアプローチといえる。また、職業によって3つのスキル変数の大きさが変わるため、主要職業をサンプルに、機械との代替の有無と3つのスキル変数の関係性を推計し、推定されたパラメータを用いて702の職業の代替確率を予測しているアプローチも、説得力があるといえる。

ところが、教師データとして用いられる主要職業の代替の有無については客観的な

データではなく、機械学習の研究者による主観的予測を用いている。このため、予測のコアとなる部分に主観性が入っているため、結局はすべての職業の代替確率は主観的なものと見なさざるをえない。機械学習の研究者による主観的予測なので、新しい技術の開発の動向については最善の予測とも考えられる。しかし、近年のAIやロボットの技術は予想を上回るスピードで進歩している。AIが囲碁で人間の棋士に勝利するには10年はかかるといわれていたが、2016年3月にグーグルのDeepMindの開発したAIが天才棋士に勝利している。

また、機械学習の研究者が主要職業におけるタスクの種類や内容にどの程度精通しているかも疑問が残る。たとえ技術進歩に関する予測は正確にできたとしても、それを利活用する職場にどのようなタスクがどの程度あるかといった点は、機械学習の研究者は専門家ではないため、予測精度は決して高いとはいえない。

2 職業情報からのタスク把握の限界

Frey and Osborne (2013) は Autor et al (2003) などのタスクモデルの多くの研究と同様に、「O*NET」という職業データベースを用いて、職種情報から従事しているタスクや必要なスキルの種類と量を算出する方法をとっている。しかし、同じ職業分類であっても、実際に従事しているタスクは大きく異なり、必要なスキルも異なる可能性が十分考えられる。例えば、Frey and Osborne (2013) が機械との代替確率が高いと予測した銀行の融資担当という職業には、融資先の財務諸表を読み取って経営の健全性や貸し倒れリスクを審査するタスクもあれば、融資先企業のニーズを聞き出して最適な融資戦略を相談しながら考えるタスクもある。このうち、前者のタスクについては、過去の融資取引に関するビッグデータと機械学習・深層学習の技術が、労働者よりも正確な審査を行える可能性が高いかもしれないが、後者のタスクについては、融資先とのコミュニケーションが必要となるため、機械への代替はすぐには生じないと考えられる。

実際、労働者がどのようなタスクに従事しているかをアンケート調査の質問項目として具体的に把握し、そこからルーティンタスクの大きさなどを測定した Autor and Handel (2013) によると、同じ職業分類に入る労働者であっても、従事するタスクの種類は多様であることを指摘している。こうした点は日本の労働者に対してアンケート調査を実施して Autor and Handel (2013) と同様の検証をした山本他 (2018) でも確認できている。さらに、職業情報ではなく、タスクに関する質問内容からタスクの種類と量を測定し、Frey and Osborne (2013) と同様にマクロの雇用に与える影響を

推計した Arntz et al（2016）あるいは Nedelkoska and Quintini（2018）によると、機械による雇用の代替リスクは9％あるいは14％と低くなることも示されている。

3　新技術の価格の考慮

次に、雇用との代替可能性を予測する際には、新しい技術が労働者と遜色なくタスクを遂行できるといった技術的な仕様も重要であるが、タスクモデルが仮定するように、新しい技術の価格が労働者の賃金と一致していることが前提となる。つまり、どんなに技術が進んで労働者と同等にタスクをこなせるAIが開発されたとしても、その価格が賃金よりも高ければ実用化はされないため、労働者の雇用は減少しない。よって、雇用と置き換え可能な技術革新がどの程度のスピードで進むかは、価格面での考察も必要となる。しかし、AI技術失業を指摘する多くの議論では、こうした価格低下の視点は見落とされがちである。

例えば、Frey and Osborne（2013）が雇用との代替可能性について機械学習の研究者に質問した内容は、「ビッグデータの利用を条件として、この職業のタスクはコンピュータで制御された機器で十分に遂行できるようになりますか」というものである。つまり、質問は技術的な仕様に関する予測のみで、価格面が考慮されているかどうかは定かではない。このため、Frey and Osborne（2013）による機械への代替確率の予測は過大になっている可能性もある。

さらに、タスクモデルやAI失業を指摘する意見では、AIやロボットなどの技術革新は、経済活動や労働市場の状況からの影響を受けずモデルの外で決まる「外生的」なものとして扱われることがほとんどである。しかし、需要や開発者間の競争戦略などによっても、研究開発投資や実用化へ向けた取り組みやファンディングが異なるため、AIやロボットなどの技術革新は外生的でなく、「内生的」な要素も含まれるとも考えられる[8]。

そのように考えると、新しい技術が雇用を代替するかは、経済や労働市場の状態にも依存する。例えば、労働市場に高スキルで高賃金な労働者が多く存在し、また、AIの開発が盛んな経済においては、ノンルーティンタスクのうち高いスキルが必要とされる分析・相互タスクを置き換えるような技術革新が進み、その結果、医師や弁護士、銀行員などの高賃金の職業が代替される可能性がある。それらの職業を代替する技術は高度なもので開発・運用コストも高くなるかもしれないが、労働者の賃金も高いため、代替の可能性は十分にある。また、代替の余地があれば、それを見通して技術革

---

[8]　この点は第1章で説明した Acemoglu and Restrepo（2018a）ではモデルに組み込まれている。

新も進みやすいといえる。

　逆に、低スキルで低賃金な労働者が多く存在する場合には、ロボティクスの技術革新が進み、ノンルーティンタスクのうちサービスや肉体労働などの手仕事タスクが置き換わりやすいとも予想できる。AI失業の議論ではこうした経済や労働市場の状態はあまり考慮されておらず、留意が必要といえよう。

4　新技術による雇用創出の可能性

　AI技術失業説のように、一般的には、AIやロボットなどの技術革新や普及は雇用を奪う側面があることが注目されている。しかし、Brynjolfsson and McAfee（2014）で慎重に議論されているように、多くの経済学者は伝統的に、新たな技術によって雇用が創出される可能性を主張しており、Acemoglu and Restrepo（2018b）などの最近の研究ではこの点がきちんと考慮されている。つまり、AI技術失業の可能性を検討する際には、雇用創出についても目を向ける必要がある。Frey and Osborne（2013）の予測には、そうした新しい技術による雇用創出の可能性が十分には盛り込まれていないため、やはり雇用の代替確率を過大に予測していると指摘できる。

　新しい技術の普及によって創出されうる雇用は、①AIやロボットなどの新しい技術を設計・開発・製造するために必要となるもの、②AIやロボットなどの新しい技術を社会経済に広く普及させるために必要となるもの、③新しい技術の利活用によって生じる経済成長に伴うものの3つを挙げることができよう。

　①の開発にかかる雇用創出は、AIやロボット、IoTなどの機器の設計・開発・製造をはじめとして第2次産業で生じると考えられる。さらに、クラウドやビックデータ収集のシステムの設計・構築、研究開発などで第3次産業での雇用も多く創出されることが期待できる。具体的な職業としては、コンサルタント、データサイエンティスト、デザイナー、アーキテクト、エンジニアなどが挙げられる。加えて、AIやロボットなどの新しい技術の開発は利活用の実情に合わせて行われることも重要なため、ユーザー企業側での研究・開発・企画も進むと考えられ、広範な範囲での雇用創出も見込める。

　②のAIやロボットなどの新しい技術の普及に必要となる雇用とは、新たに導入された技術の概要や使い方を労働者や企業、顧客に説明・案内したり、質問への対応を行ったり、管理・運営を行ったりする役割のほか、複数のAIを利活用する戦略を考案したり、新たな技術の利活用を企画したりする役割を担うものなど、コンサルタント的な雇用がある。具体的な職業としては、コンサルタント、インストラクター、管

理運用者（チューナー）などが挙げられる。さらに、Brynjolfsson and McAfee（2014）が主張する生産性向上に必要となる組織・経営改革などの補完的なイノベーションを起こすための雇用も増加すると考えられる。これらの役割は AI やロボットの技術の発展段階によっても変わってくるが、新たな雇用の受け皿として期待できよう。

③の技術革新による経済成長については、AI やロボットなどの新しい技術の利活用によって生産性が高まり、経済全体の潜在成長率の向上やパイの拡大を通じて、①や②の雇用や新しい技術に代替されない雇用の量が増えると考えられる。この点は経済学者が伝統的に主張してきたことであるが、Brynjolfsson and McAfee（2014）が指摘するように、雇用の創出には AI やロボットなどの新しい技術を正しく効果的に利活用するための組織・経営改革などの補完的なイノベーションが必要であり、それには数年から数十年のタイムラグがかかることには留意すべきである。つまり、①や②の雇用創出に比べて③の雇用創出は遅れて実現すると予想されるため、特に技術革新のスピードが速い AI やロボットなどの技術に関しては、従来よりも①や②の雇用創出の役割が重要といえる。

5　失業以外への影響

AI やロボットの労働市場への影響としては、失業や雇用、賃金などに焦点が当てられることが多いが、AI やロボットなどの新しい技術の普及は働き方にも大きな影響を与えうる。特に、新しい技術の発展段階が低い時期は、労働者をサポートする形で新たな技術が導入されることが予想され、さまざまなプラスの影響が労働者に生じると予想される。

例えば、コールセンターのオペレーターの仕事には、音声識別を行って顧客からの質問を解析し、正しい回答の候補を画面上に提示してくれる AI などの新しい技術が導入されつつある。そうした技術の利活用によって、電話応答にかかる時間が節約できたり、難解な質問や理不尽な要求に適切に対応することができたりするなど、オペレーターの仕事が量的にも質的にも軽減される。その結果、過剰な長時間労働や労働強度が是正されたり、メンタルヘルスや仕事満足度が向上したりするなどのプラスの影響が生じると考えられる。このほかにも、仕事を進めるうえで労働者がやりたがらない負荷やストレスの大きいタスクを AI やロボットなどで遂行してもらえるようになれば、労働者は働きがいのあるタスクに専念することができ、AI やロボットなどの新しい技術と労働者との共生が実現するといえる。

さらに、日本のように少子高齢化が進行し、人手不足が懸念されている状況におい

ては、AIやロボットなどの新しい技術の利活用が人手不足の処方薬にもなりうる。労働力率[9]を高めるために女性活躍推進や高齢労働力の活用、障がい者雇用の増加などが必要とされているが、AIやロボットなどの新しい技術の利活用によって、女性や高齢者、障がい者でも小さい負荷で肉体労働に従事できるようになったり、在宅勤務が行いやすくなったり、仕事と生活・育児・介護などの両立がしやすくなったりすることが期待できる。

　もっとも、こうした働き方をサポートするAIやロボットなどの新しい技術のプラスの役割については技術の普及度合いを意識することが重要であり、新しい技術が広く普及すると、むしろ労働者が希望する雇用自体が新しい技術に奪われてしまうマイナスの影響も生じうる。コールセンターのオペレーターの例で考えると、AI技術がサポートしてくれる間は労働者にとって働きやすい職場環境が整備されるものの、技術革新によってAIが顧客対応をすべて遂行できてしまうようになると、オペレーターの仕事そのものがなくなり、失業してしまう。すでに、オペレーターの仕事の一部には、顧客が入力した質問をAIが自動的に認識して回答を表示する「チャットボット」(chatbot)の技術が利活用されており、タスクの置き換えが生じ始めている。今後さらに音声認識・合成の技術が組み合わされば、オペレーターという労働者の仕事がなくなってしまうことも考えられる。

　また、人手不足の処方薬としてAIやロボットなどの新しい技術を利活用する点についても、人手不足を超えて利活用が進めば、労働者の仕事自体がなくなってしまうため、そのバランスが重要といえる。

6　その他

(1) タイムスパン

　AIやロボットなどの新しい技術と雇用との代替を予測する際には、どの程度のタイムスパンを想定するかによって、結果が大きく変わることも留意が必要といえる。AIやロボットなどの技術革新のスピードは非常に速く予測しにくいため、長いタイムスパンを想定する際には、当然ながら大きな予測誤差が生じることを前提に議論しなければならない。上述の囲碁AIの例のように、技術革新の動向は数年程度で大きく変わりうる。このため、10年、20年先までを射程とした予測の精度は疑ってかかるべきで、あくまでシナリオの1つとみなしたほうがいいといえる。Frey and Osborne

---

9) 労働力率とは、労働力人口のどの程度が労働供給（就業＋失業）をしているかを示す労働力の活用度指標で、人口減少下でも労働力率が高まれば人手不足に対処できる。

(2013) による雇用の代替確率の予測は、数値だけが一人歩きしているようにも見受けられるため、この点についての一般的なリテラシーを高めることも、AIやロボットなどの新しい技術を社会経済に利活用していく際には必要といえよう。

また、AIやロボットなどの新しい技術が究極的に進化し、特定の用途をもつ特化型AIでなく、汎用的にさまざまな思考・学習・判断を人間の脳と同じようにできる汎用AIがヒューマノイド型のロボットを扱うようになる世界の到来までを射程にする場合、雇用のあり方は大きく変わることを想定したほうがいいだろう[10]。ほとんどの仕事が労働者を必要とせずに遂行され、上で論じた①〜③の雇用創出は行われず、汎用AIとロボットで常にイノベーションと付加価値の産出がなされるようになる可能性がある。そのとき、人は機械の生み出した付加価値を分配し合い、労働の代わりに余暇を謳歌するだけになるといった桃源郷的な予測もできよう。

ただし、こうした予測もやはりあくまでシナリオの1つとして捉えるべきである。また、桃源郷的な状態は望ましい姿なのかもしれないが、その移行過程には大量の失業や所得格差、社会経済システムの転換、価値観の転換など、乗り越えなければならない多様な問題が多数あることは少なくとも認識すべきであろう。

(2) オフショアリング

AI技術失業説への反論として、近年の雇用の伸び悩みや二極化は技術革新ではなく、グローバル化に伴う海外移管（オフショアリング）によってもたらされたものなので、AIやロボットなどの新しい技術が普及しても雇用への影響は少ないのではないか、といった意見もある。

1980年代以降のアメリカをはじめとする先進諸国の所得格差の拡大の原因としては、ITの普及とともにグローバル化も挙げられる。先進国の製造部門が途上国への対外直接投資で工場などをオフショアリングしたり、途上国からの安価な製品が輸入されたりしたことで、低スキルの工場労働者の雇用が失われたとしばしば指摘されている。また、非製造部門でもコールセンターや人事総務業務の一部が途上国に海外移管され、事務の雇用も失われている。さらに、Blinder (2009) によると、アメリカの職業の2〜3割弱はオフショアリングが可能と試算している。

ただし、タスクモデルに沿って考えてみると、技術革新であってもオフショアリングであっても、今後、ルーティンタスクや新しい技術で代替可能なノンルーティンタスクが先進国からなくなるリスクがあることには変わりない。というのも、AIやロ

---

[10] 本書第8章では、こうした想定の下で議論している。

ボットなどの新しい技術で代替可能なタスクの多くはオフショアリングが可能なタスクでもある。例えば、Ford（2015）は、アメリカの判例調査をする仕事がインドの弁護士に安価でオフショアリングされている事例を紹介している。

そうなると、ルーティンタスクや一部のノンルーティンタスクは、新しい技術か海外の労働者のいずれかに代替されやすく、いずれに代替されるかは新技術の価格と海外の労働者の賃金によって決まると整理できる。つまり、AI技術失業のシナリオを想定しておけば、たとえ実際にはオフショアリングが進行したとしても、同様の結果になるといえよう。ただし、異なるのは、AIやロボットなどの新しい技術の影響のほうが大きい場合、途上国での雇用が壊滅的な打撃を受けることであり、この点には留意が必要である。

(3) 法的・倫理的視点

現時点ではAIやロボットなどの新しい技術の開発企業の方針をみると、その多くが人との共生を目指していたり、あくまで人をサポートするためにAIやロボットが利活用される姿を理想としていたりする[11]。そうした方針の下では、AIやロボットなどの新しい技術によって多くのタスクを遂行できるようになったとしても、最終的には労働者の判断が必要となり、ほとんどの雇用が代替されるような事態は生じないと考えられる。例えば、医療分野でAIが利活用される際には、病気の診断や治療方針の選択肢がAIによって提示されるが、最終的な診断と治療は医師が行うようになっていれば、医師の雇用がなくなることはない。

開発企業が最終的にAIやロボットではなく人の判断に任せる方針をとっていることには、倫理的な理由や法的に製造者責任を負いたくないといった理由があると考えられる。例えば、AIが判断して実際の治療を行えるとしても、何らかの医療過誤や不慮の事故があった際に開発企業がその責任を追及されるとなると、AIの運用には慎重にならざるをえない。

AIやロボットに関する法的・倫理的な対応は今後議論されて各国で決められていくと考えられるが、その動向によっても労働者の雇用がAIやロボットなどの新しい技術に代替されるかどうかは変わってくるため、留意する必要があるといえよう。

---

11) 例えば、IBMはコグニティブ・システムが人々の生活やビジネスを支えることを目指しているほか、富士通もHuman Centric AI Zinraiというコンセプトで、人の判断・行動をサポートすることで人の生活や社会を豊かなものにすることを目指している。

III　日本の労働市場の特性と AI による影響の大きさ

　前節では AI やロボットなどの新しい技術が労働市場に与える影響について、各国に共通する現象や将来予測、留意点をみてきた。しかし、AI やロボットなどの新しい技術の影響のあらわれ方は各国の労働市場の状況などによっても異なると考えられる。そこで、以下では、日本の労働市場の特徴を踏まえたうで、AI やロボットなどの新しい技術が日本の雇用や働き方などにどのような影響をもたらしうるかを検討してみたい。

1　IT 化の影響

（1）職種変化と賃金変化の日米比較

　日本の労働市場で AI やロボットなどの新しい技術が雇用を代替するかを検討する前に、日本で IT が普及した際に、ルーティンタスクが減少し、ノンルーティンタスクが増加したことで生じる雇用の二極化がどの程度生じたのか、いわゆる「Routinization 仮説」についての事実確認をしてみたい。

　図 2-1 は Acemoglu and Autor（2011）に準拠し、『国勢調査』（総務省）をもとに日本の職種構成比が長期的にどのように変化したかを計算したものであり、日米比較しやすいように、Acemoglu and Autor（2011）が作成したアメリカの同じ図も併せて掲載している。図は 6 つの職種毎に労働者シェアが過去 30 年間でどの程度変化したかを棒グラフで示しており、期間の区切り方が日米で異なるものの、大まかな推移は比較することができる。

　この図をみると、日本でもアメリカと同様に、生産工程・労務作業職などのルーティンタスクが多い職業のシェアが小さくなる一方で、専門・技術職やサービス職などのノンルーティンタスクの多い職業のシェアが大きくなる「雇用の二極化」が生じていたことが把握できる。特に、ノンルーティンタスクのうち、手仕事タスクの多いサービス職と分析・相互タスクの多い専門・技術職が増加していることは、Autor et al（2003）などのタスクモデルが示す Routinization 仮説と整合的である。つまり、技術革新によって IT 資本がルーティンタスクを代替したことは、日本でも当てはまると判断できる。ただし、図には、雇用シェアの変化幅の大きさが全体的にアメリカよりも日本で小さいことや、日本で管理職のシェアが低下していること、事務が直近を除き比較的大きく増加傾向にあったことなど、日米での違いも確認できる。

▽日本（『国勢調査』より）

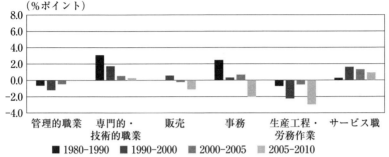

▽アメリカ（Acemoglu and Autor（2011）より）

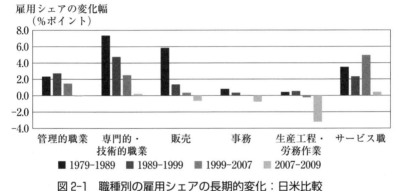

図2-1　職種別の雇用シェアの長期的変化：日米比較

備考：日本については野原（2016）、アメリカについてはAcemoglu and Autor（2011）のデータを再加工したものである。

　さらに、雇用だけでなく賃金についても日本で二極化が生じているかを確認するため、図2-2には、『賃金構造基本統計調査』（厚生労働省）をもとに2001年時点での職業別の平均賃金（年間給与を時給換算した賃金）と2001年から2014年までの雇用シェアの変化幅の関係を図示した。図では各職業の雇用者のシェアの変化を2001年時点での賃金水準の低い職業から右方向に並べ、プロットしている。さらに、各プロットを4次の多項式で近似した線も描いている。IT資本との雇用の代替によって賃金の二極化が生じていれば、雇用シェアは高賃金と低賃金の職業で増加し、中賃金の職業では減少するため、U字型のプロットが確認できるはずである。

　図2-2をみると、日本での雇用シェアは、必ずしも明確ではないものの、高賃金と

▽日本(『賃金構造基本統計調査』より)
雇用シェアの変化幅(%ポイント、2001-2014年)

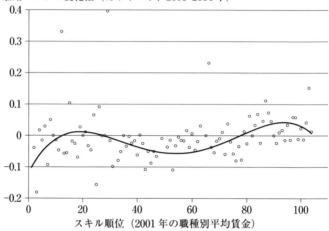

▽アメリカ(Autor and Dorn (2013) より)
雇用シェアの変化幅(近似曲線、%ポイント、1980-2005年)

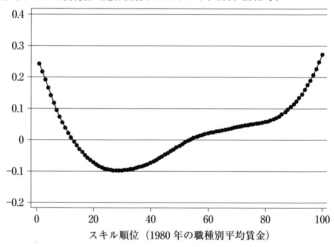

図2-2　賃金ランク別の雇用シェアの変化

備考:日本については野原(2016)のデータを再加工したもので、±0.4%以上の変化幅を外れ値として処理し、4次の多項式で近似線を当てはめている。アメリカについてはAutor and Dorn (2013)を引用したものである。

低賃金の職業で増加傾向にある一方で、中程度の賃金の職業では減少傾向にあることが確認できる。ただし、極めて低い賃金の職業や極めて高い賃金の職業については雇用シェアが減少しているなど、アメリカと違って、全体的にU字型の形状が不明瞭であったりする点で、賃金の二極化は明確とはいえない。これに対して、アメリカの雇用シェアの変化は第1章でも確認したように、明確なU字型を描いており、明確な賃金の二極化が確認できる。

　以上、図2-1と図2-2からは、これまでの日本の労働市場では、雇用や賃金の二極化が概ね確認できるものの、事務職が増加傾向にあった時期があることや、賃金の二極化が明確ではないことなど、アメリカとは異なる傾向もあったといえよう[12]。

(2) ルーティンタスク集約度の国際比較

　アメリカほど明確ではないものの、日本でもRoutinization仮説が当てはまることがわかったが、今後のAIやロボットなどの新しい技術普及の影響を予測するには、現時点で、日本の労働市場でどのようなタスクが多くなっているかを把握することが重要といえる。Frey and Osborne (2013) がタスクモデルを用いて指摘しているように、AIやロボットなどの新しい技術への雇用の代替可能性は、ルーティンタスクだけでなくノンルーティンタスクでも高くなるため、代替されやすいタスクが労働市場で相対的に多いかが大事になるからである。

　ただし、どのようなタスクがAIやロボットなどの新しい技術により代替されるかは技術革新の種類やスピードにも依存するため、Frey and Osborne (2013) が行ったように、あくまで主観的な予測に頼らざるをえない。この点、少なくとも、Routinization仮説で注目したルーティンとノンルーティンのタスク分類でみれば、ルーティンタスクのほうが新しい技術への代替可能性は高いと考えられる。各国の労働市場ではルーティンタスクがIT資本に代替されたことが先行研究で示されているが、何らかの理由でその代替が遅れ、まだルーティンタスクが多く残っているとしたら、そのような労働市場では、ITよりも技術革新の進んだAIやロボットなどの新しい技術に雇用が代替されるリスクが相対的に大きくなっていると指摘できよう。

　この点を確認するエビデンスとして、北米、欧州、アジアの各国のルーティンタスクの相対的な量を国際比較したDeLaRica and Gortazar (2016) が参考になる。DeLaRica and Gortazar (2016) はOECDが2011年と2012年に世界22か国で実施した

---

12) この点は三谷・小塩 (2012) や池永 (2009, 2015)、野原 (2016) などと整合的である。

PIAAC（Programme for the International Assessment of Adult Competencies）というアンケート調査の16万6,000人の個票データを用いて、各国の労働者のタスクの種類を数値化し、ルーティンタスクの相対的な大きさを比較している。PIAACは日本では「国際成人力調査」として文部科学省が16〜65歳の男女1万1,100人を対象に実施しており、5,173人からの回答を得ている。

調査内容は、読解力、数的思考力、ITを活用した問題解決能力の3分野のスキルとともに、年齢や性別、学歴、職業などに関する背景となっている。このうち、DeLaRica and Gortazar（2016）は背景調査に含まれる職業に関する質問項目をもとに、回答者が従事している仕事のタスクをルーティン R、ノンルーティン分析・相互（アブストラクト）A、ノンルーティン手仕事（マニュアル）M の3つに分類している。

上述したように、多くのタスクモデルでは職業分類をもとに、どのようなタスクが多く含まれるかを特定しているが、同じ職業であっても労働者によって従事しているタスクには違いが生じることが指摘されている。この点、OECDのPIAACでは、仕事の内容についてどのようなスキルが求められるかを具体的かつ詳細に調査しているため、DeLaRica and Gortazar（2016）は職業によらず実際に労働者が従事している仕事内容からタスクを適切に分類できているといえる。

DeLaRica and Gortazar（2016）は複数の質問項目から主成分分析によって、各タスクの相対的な大きさを数値化している。そのうえで、Autor and Handel（2013）に準拠してルーティンタスクの相対的な大きさを示すルーティンタスク集約度（Routine Task-Intensity）RTI を以下のように定義し、国際比較を行っている。

$$RTI = R - A - M$$

この指標が大きいほど、仕事におけるルーティンタスクの量が多いことを示しており、国別に集計された値は労働市場におけるルーティンタスクの総量を反映しているものと解釈できる。

DeLaRica and Gortazar（2016）が行った分類結果は図2-3のとおりである。この図をみると、日本のルーティンタスク集約度は22か国中4番目に高くなっており、ノンルーティンタスクよりもルーティンタスクに従事する労働者が国際的にみて多いことを意味している。この結果は、図2-1で確認したように、日本では2005年頃までルーティンタスクが多い事務職が増加していたことなどと整合的ともいえる[13]。

一方、ルーティンタスク集約度は、同じアジアの韓国で最も高く、アメリカで最も低い。アメリカでルーティンタスクが少ないのは、Autor et al（2003）などの研究が

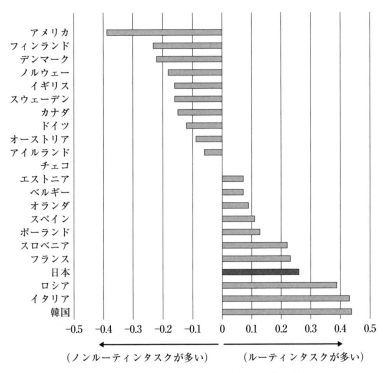

図 2-3 ルーティンタスク集約度の国際比較

備考：1）DeLaRica and Gortazar（2016）より引用。
　　　2）数値が大きいほどルーティンタスクが残っていることを示す。

指摘するように、1990年代以降にIT技術がルーティンタスクに取って代わり、労働者の仕事がノンルーティン分析・相互タスクとノンルーティン手仕事タスクにシフトして雇用の二極化が起きたことを反映していると解釈できる。つまり、アメリカではすでにITによって代替されたために、残されている仕事の中でルーティンタスクが相対的に小さくなっているのだろう。そのように考えると、日本でルーティンタスクが大きいのは、ITによる代替がまだ済んでいないからとも推察できる。この点について、内閣府（2018）もDeLaRica and Gortazar（2016）と同様にPIAACのデータを用いてルーティンタスク集約度と仕事でのITの利用頻度の国際比較を行っており、

13）さらに、日本でルーティンタスクが多いことは、オックスフォード大学のフレイ氏とオズボーン氏らの一連の研究で、新しい技術に代替される確率がアメリカやイギリスよりも日本で高いと予測されていることとも整合的といえる。

「日本はOECDの平均と比較して、仕事におけるITの使用頻度は低く、比較的定型業務が多く残っている国である」と指摘している。

このように、日本でルーティンタスクが多く残っているとしたら、今後、AIやロボットなどの新しい技術が普及すると、労働市場に多く残っている労働者のルーティンタスクが代替される余地が大きくあるとも解釈できる。つまり、日本の労働市場は欧米諸国と比べてAIやロボットなどの新しい技術による雇用の代替のリスクが大きい可能性がある。

2 日本的雇用慣行とAI

なぜ日本の労働市場では、DeLaRica and Gortazar（2016）や内閣府（2018）が指摘するようにルーティンタスクが相対的に大きいのだろうか。背景の1つには、日本的雇用慣行のもとでの正規雇用者の流動性の低さがあるといえる。そこで、日本的雇用慣行の特徴を概観したうえで、AIやロボットなどの新しい技術進歩の影響や留意点を検討してみたい。

日本的雇用慣行のある典型的な企業では、新卒者を採用してから企業特殊的人的投資を行い、その後、スキルを身に付けた従業員に長い期間にわたって長時間労働をしてもらうことで、人的投資のリターンを回収するといわれている。過去に投じた人的投資を失わないために不況期には労働保蔵が行われ、人件費の削減は、できるだけ人員削減ではなく、正社員の労働時間や賞与の調整、あるいは、非正規雇用者数の調整で対応する。企業内では配置転換が比較的多く行われ、正社員の多くがジェネラリストとして育成されていく。

このような日本的雇用慣行は、長期的視野で企業の労働生産性や競争力を高める優れた雇用システムと評価されてきた。また、日本的雇用慣行は大企業を中心に日本の多くの企業でとられているために、他国と比べると日本の雇用の流動性は低くなり、さらに、不況期であっても失業率が高くならない特徴がある。

近年、こうした日本的雇用慣行の機能や適用範囲が縮小しているという指摘もある。例えば、濱秋他（2011）によると、一度も転職を経験していない労働者の比率を『賃金構造基本統計調査』（厚生労働省）で計算すると、1990年代には大企業・大卒の25-34歳で6割程度あったものの、2000年代に低下し、2007年には5割を切っている。しかし、見方を変えれば、バブル崩壊後のいわゆる「失われた20年」という長期停滞を経た現在の日本経済においても、大企業では若年層であっても半数程度が転職を経験しておらず、同じ企業で雇用され続けている。また、この比率は35-44歳や45-54

歳でも低下傾向にあるものの、5割前後の水準で推移しており、日本的雇用慣行が完全に崩壊したとはいえない。つまり、日本的雇用慣行は、縮小しつつあるものの、引き続き日本の正規雇用者の労働市場を特徴付けるものと捉えられる。

　こうした日本的雇用慣行の存在は、日本の労働市場でルーティンタスクが他国よりも多く残されている理由の1つになっていると考えられる。というのも、技術革新によって正規雇用者のルーティンタスクが代替されうる状況にあったとしても、ルーティンタスクに従事する正規雇用者を解雇すると、解雇費用が生じるとともに、それまでに人的投資した費用が埋没化するため、企業にとって新しい技術で正規雇用者を代替することは必ずしも合理的ではないからである。

　上述したように、IT資本との代替可能性は、タスクの遂行能力だけでなく、新しい技術の価格が労働者の賃金を下回るかによって決まる。ただし、日本的雇用慣行によってすでに企業特殊的人的投資を受けた労働者のタスクを新しい技術で代替する場合には、解雇費用や人的投資の埋没費用といった雇用の調整費用（あるいはスイッチングコスト）が生じるため、新しい技術の価格低下はもっと必要になる。このために日本でルーティンタスクのITによる代替が必ずしも本格的に起こらなかったと考えることができよう。つまり、日本的雇用慣行のある企業では長期的な人材育成を行っているため、IT技術革新の影響が雇用には生じにくかった可能性が指摘できる。

　さらに、日本的雇用慣行の下では正規雇用者がジェネラリストとして働くことが多く、1人の正規雇用者が多様なルーティンタスクとノンルーティンタスクをさまざまな組合せで遂行していると考えられる。日本の正規雇用者の仕事は、欧米と違って明確なジョブデスクリプション（職務記述書）が雇用契約で示されていないことが一般的であり、正規雇用者はさまざまなタスクを柔軟にこなすことが求められる。濱口(2013)などではこうした仕事の進め方を「メンバーシップ型」と整理し、遂行するタスクが予め決められている欧米の「ジョブ型」と区別している。

　ジョブ型の雇用システムの下では、タスクと労働者の対応が明確なため、技術革新によってルーティンタスクがITで代替できるようになると、そのルーティンタスクを担当している労働者を解雇してITを導入することが容易にできる。これに対して、日本の正規雇用のようなメンバーシップ型の雇用システムの下では、タスクと正規雇用者の紐づけがあいまいなため、雇用者をITにそのまま置き換えることが難しい。つまり、タスクと労働者との対応が複雑になっていることも、日本的雇用慣行のある企業でIT技術の代替が進みにくかった要因になっていた可能性もある。

　しかしながら、ITよりもさらに技術革新が進み、AIやロボットなどの新しい技術

が低価格で利活用できるようになると、日本的雇用慣行のある企業でも、正規雇用者と新しい技術との代替が進むことは十分に考えられる。短期的にはITのときと同様に、人的投資からのリターンを回収する前に正規雇用者を代替することは企業にとって得策ではないため、新しい技術が正規雇用に与える影響は日本では当面は小さいと予想される。しかし、新しい技術の価格が十分に低下し、正規雇用者への人的投資を埋没費用化させたとしても新しい技術を導入するほうがトータルのコストが低くなれば、正規雇用者の代替は生じることになる。また、スピードの速い技術革新が起きることで、それまでに企業が人的投資した正規雇用者のスキルが通用しなくなることもありうる。そうしたスキルの陳腐化が生じれば、人的投資からのリターンの回収はそもそもできなくなるため、正規雇用者との代替を阻む理由がなくなる。

　加えて、新しい技術が多くの企業に普及することで、必要とされる労働者の企業特殊的スキルが少なくなり、AIやロボットを利活用しながら仕事を進める一般的なものになる可能性もある。これまでは各企業に固有のスキルやノウハウを身に付けることが労働者には必要とされ、それらは他の企業では通用しない企業特殊スキルであったため、雇用の流動性が低くなり、同時に、企業は労働者の離職をおそれずに企業特殊スキルを人的投資してきた。しかし、今後は、各企業に固有のスキルやノウハウはデータという形で企業内に蓄積され、そのデータを解析するAI技術自体は、多くの企業で適用できる汎用的なものになることも予想される。そうなると、労働者は企業特殊スキルを習得する必要性が低くなり、企業による人的投資が減少するとともに、雇用の流動性が高まることが考えられる。そのときには、日本的雇用慣行自体が崩壊し、正規雇用者とAIなどの新しい技術との代替が進む可能性もある。

　つまり、短期的には日本的雇用慣行が存在するために、日本の労働市場では正規雇用者とAIやロボットなどの技術の代替可能性は低い。しかし、中長期的には一気に代替が進むリスクを抱えていると整理できる。特に、留意すべきは、ITとの代替が遅かった分だけ正規雇用者の従事するルーティンタスクが多く残されている可能性があることである。このため、今後の技術革新によって日本でもAIやロボットなどの新しい技術への代替が進められるようになった際には、その影響度合いは欧米諸国よりも甚大なものになる可能性がある。

3　日本の非正規雇用とAI

　日本の労働市場でルーティンタスクが他国よりも相対的に大きいことには、ITが普及した時期に日本で非正規雇用が著しく増加したことも背景として挙げられる。そ

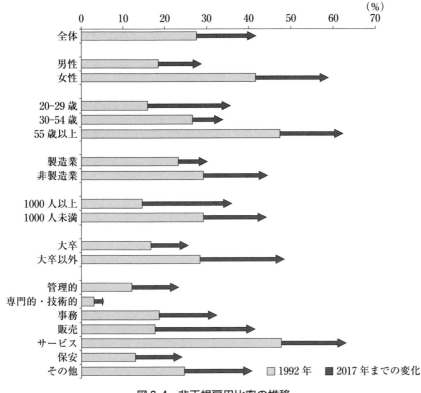

図2-4 非正規雇用比率の推移

備考:『就業構造基本調査』をもとに筆者作成。

こで、非正規雇用の推移や特徴を整理したうえで、新しい技術の影響や留意点を検討してみたい。

非正規雇用とは、雇用形態あるいは職場での呼称にもとづいて、正規の職員・従業員以外のパート、アルバイト、派遣社員、契約社員、嘱託などを指すことが一般的である。あるいは、雇用契約の期間にもとづいて、期間に定めのある有期雇用者を非正規雇用とすることもある。現在、日本で企業に雇われている人の4割程度、女性に関しては6割程度が非正規雇用として就業しているが、非正規雇用は1990年代以降、日本の労働市場で増加を続けてきた。

図2-4は『就業構造基本調査』(総務省)をもとに、1992年と2017年で非正規雇用比率がどのように上昇したかを示したものである。この図をみると、時期を問わず女

Ⅲ 日本の労働市場の特性とAIによる影響の大きさ　　81

性の非正規雇用比率は男性の約 2 倍程度と高くなっているが、過去 25 年間の変化をみると、女性だけでなく男性も上昇していることがわかる。年齢に注目すると、1992 年当時、20 歳代の非正規雇用者の比率は相対的に少なかったものの、25 年間で倍増し、2017 年には 30-54 歳の壮年層を上回るようになった。また、55 歳以上の年齢層の非正規雇用比率の上昇も顕著になっている。業種別にみると、製造業よりも非製造業で非正規雇用比率の上昇が大きく、規模別には、もともと 1,000 人未満の企業で非正規雇用者が多かったものの、この 25 年間で 1,000 人以上の大企業でも顕著に増加したこともみてとれる。学歴別には大卒・大学院卒以外での非正規雇用の増加が特徴的といえる。さらに、職種別にみると、サービス職やその他の職で時期によらず非正規雇用比率が高いが、この 25 年の変化では、事務職や販売職での上昇が顕著といえる。

　こうした非正規雇用の増加はなぜ生じたのだろうか。労働者の価値観の多様化によって非正規雇用に対する労働供給が増加したことや、派遣労働者法の改正などの規制緩和が 2000 年代に続いたことなどが指摘されることも多い。しかし、技術との代替との関係では、雇用の調整費用を含めた人件費の低さから労働需要が増加したことが重要といえる。

　日本の非正規雇用は、日本的雇用慣行が適用されることの多い正規雇用と違って、賃金が低く、また、人数を増減させる際に生じる調整費用も低いことが特徴といえる。上述したように、企業は正規雇用に対しては人的投資を行って長期的に人材育成を行うため、正規雇用の雇用期間は長くなり、不況になっても人員調整をせずに労働保蔵がなされる。これに対して、日本の多くの企業が非正規雇用には採用や教育訓練などの固定費をかけないため、企業は景気に応じて非正規雇用の人数を増減しやすく、景気変動に対するバッファーとして機能する[14]。つまり、賃金だけでなく、雇用の調整費用の低さこそ、企業が非正規雇用への需要を高める要因といえる。こうしたことから、バブル崩壊後、企業は調整費用を含めた人件費の低い非正規雇用へと労働需要をシフトさせていったと考えられる[15]。

　こうした日本での非正規雇用の増加は 1990 年代以降の IT の普及と同時期に生じた。そして、非正規雇用の調整費用も含めた人件費が非常に低かったために、企業は、正規雇用者が従事していたルーティンタスクを IT などの新しい技術ではなく、非正規

---

[14] 石原（2003）は『雇用動向調査』（厚生労働省）を用いて、非正規雇用に分類されるパートタイム雇用者が雇用調整のバッファーとして 1990 年代に機能していたと指摘している。

[15] 脇坂・松原（2003）や阿部（2010）は『パートタイム労働者総合実態調査』（厚生労働省）を用いて、正社員からパートタイム労働者への代替が生じていた可能性を指摘している。

雇用で代替していった可能性がある。そうだとしたら、DeLaRica and Gortazar (2016) などが示すようにルーティンタスク集約度が日本の労働市場で高いのは、非正規雇用者が従事するルーティンタスクが多く存在するからと指摘できよう。

さらに、ITの普及によって正規雇用者が従事していた複雑なノンルーティンタスクの一部がルーティン化されたことで、非正規雇用に代替できるようになった可能性もある。Autor et al (2003) は、アメリカではITの導入によって熟練労働者のノンルーティンタスクの一部がデジタル化・自動化された結果、ルーティンタスクに変換され、非熟練労働者でも遂行可能となり、さらにはIT資本に代替されたと指摘している。同様に、Frey and Osborne (2013) は、産業革命時に職人の高度なスキルによって遂行されていたタスクの一部が細分化・単純化されたことで、製造業における職人のタスクが機械に代替されたと指摘し、技術による代替が生じる際には「脱スキル化 (deskilling)」が生じるものであると述べている。

こうしたことをふまえると、日本では1990年代以降、ITの普及とともに正規雇用の脱スキル化が進行し、ルーティンタスクが増加したことが考えられる。ただし、アメリカと違って日本の労働市場では、増加したルーティンタスクをIT資本ではなく非正規雇用が担うようになった可能性がある。事実、阿部 (2005) は、IT化によって正規雇用者の仕事の一部がデジタル化され、外部労働力の活用が促進されたケースがあることを定量的に明らかにしている。また、山本他 (2018) によるアンケート調査の解析によると、個々の労働者が従事するタスクを質問項目への回答から把握してルーティンタスク集約度を比較すると、正規雇用に対して非正規雇用のルーティンタスク集約度は圧倒的に高いことも明らかになっている。

このように、日本ではITが普及した時期に正規雇用から非正規雇用への労働需要のシフトが起きたために、正規雇用の従事していたノンルーティンタスクが結果的にルーティンタスクに変換され、非正規雇用に代替されたと考えられる。

日本の労働市場では現状、非正規雇用がルーティンタスクを多く担っているが、このことは、今後の技術革新によって、AIやロボットなどの新しい技術が大量の非正規雇用を代替するリスクになっているとも解釈できる。上述したように、非正規雇用が増加する過程において、すでに多くのノンルーティンタスクがルーティンタスクに脱スキル化されたと考えられるため、AIやロボットなどへの代替は技術的に容易になっている可能性が高い。また、非正規雇用は日本的雇用慣行が適用されず雇用保障が小さいため、技術と価格の要件が満たされれば、すぐにでもAIやロボットなどの新しい技術に置き換わるとも予想できる。現在、日本の雇用者の約4割が非正規雇用

として働いていることを踏まえると、AIやロボットなどの新しい技術が日本の雇用を奪う影響度合いは甚大なものになるともいえよう。

4　AIの利活用と雇用

　日本の労働市場では日本的雇用慣行の下で正規雇用者がIT資本との代替を免れているほか、非正規雇用の多くがルーティンタスクを遂行している可能性を指摘した。このことは、日本ではビジネスにおけるITの利活用が必ずしも進んでいないことを示唆するが、今後、AIやロボットの技術革新が進んでいく中で、AIやロボットなどの新しい技術は日本でどのように利活用されるのだろうか。企業の生産性や雇用との関係を念頭に置きながら、この点について検討してみたい。『情報通信白書2016年度版』（総務省）あるいは野村総合研究所（2016）は、日米の労働者に対するアンケート調査を実施し、職場でのコンピュータの利用時間の比較を図2-5のように行っている。図2-5では機械化可能性の高い職業として事務、運転、生産・建設・現場スタッフ、また、機械化可能性の低い職業として医師・薬剤師、教職員、システムエンジニア、看護・介護スタッフに分け、それぞれについて日米比較を行っている。

　図をみると、日本では1日に3時間未満しかコンピュータを利用していない労働者は、機械化可能性が高い職業では7割弱、機械化可能性が低い職業でも5割強に達するのに対して、アメリカでは機械化可能性が高い職業でも4割強、機械化可能性が低い職業で2割強と少ない。つまり、日本のほうがITの利活用が遅れていることが把

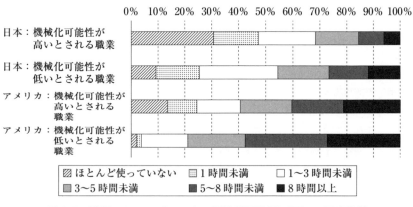

図2-5　職場でのコンピュータの平均利用時間（日）の日米比較

備考：野村総合研究所（2016）から引用。

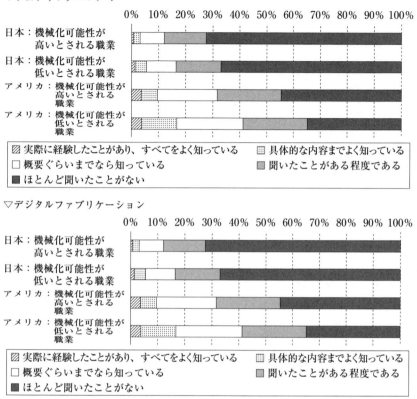

図 2-6 新しい技術に対する認知度の日米比較

備考：野村総合研究所（2016）から引用。

握できる。

　また、野村総合研究所（2016）では、新たな技術に対する認知度についても同様の方法で日米比較を行っており、シェアリングエコノミーとデジタルファブリケーションの2つに関する結果を図2-6に示した。シェアリングエコノミーとは、「個人が保有する遊休資産をインターネットを介して他者も利用できるサービス」（『情報通信白書2016年度版』）であり、民泊やUberなどのサービスが例として挙げられる。デジタルファブリケーションとは、「デジタルデータをもとに創造物を制作する技術」（『情報通信白書2016年度版』）であり、3Dスキャナー・プリンターなどを活用するものである。図2-6をみると、シェアリングエコノミー、デジタルファブリケーショ

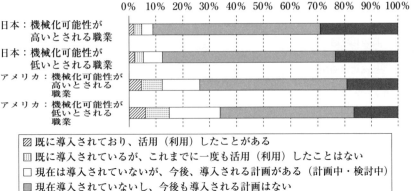

図 2-7　職場への AI 導入の有無および計画状況の日米比較

備考：総務省（2015）から引用。

ンともに、「ほとんど知らない」と回答している割合は日本で 7 割前後なのに対して、アメリカでは 4 割前後と少ない。

さらに、野村総合研究所（2016）で職場での AI 導入の有無と計画について日米比較をしたものが図 2-7 である。図 2-7 をみると、日本では AI がすでに導入されているか導入が計画されている割合は高々 1 割強であるが、アメリカでは 3 ～ 4 割にも達することがわかる。

以上の比較から、IT の利活用だけでなく、新たな技術の認知度や AI などの新しい技術の導入についても日本はアメリカに遅れをとっているといえる。上でみたように、日本で IT や AI やロボットなどの新しい技術が積極的には利活用されていないことは、それらの技術に雇用が代替されることを防ぐという意味では短期的には望ましいかもしれない。仕事でコンピュータなどの IT が利活用されていないため、AI やロボットなどの技術がすぐには入り込めず、雇用は守られるという考え方である。

しかしながら、グローバル化が進んでいる中では、AI やロボットなどの新しい技術の利活用がされないと、日本の企業の国際競争力が低下し、ビジネス自体が衰退することで、日本での雇用自体が減少してしまいかねない。つまり、短期的には労働者の雇用が守られるかもしれないが、AI やロボットなどの新しい技術を利活用できないと、長期的には日本企業が淘汰されて雇用が大きく失われる可能性があることには留意が必要といえる。

事実、アメリカ企業をサンプルに IT 利用が企業パフォーマンスに与える影響を検証した Bresnahan et al（2003）や Bloom et al（2012）などの研究では、IT を利活用している企業ほど、生産性の伸びが大きくなることが確認されており、AI やロボットなどの新しい技術の利活用が遅れると、企業経営に支障が生じることが懸念される。

　このため、日本の企業は積極的に AI やロボットなどの新しい技術を利活用して成長を図ることで、長期的にも雇用を守るべきといえよう。AI やロボットなどの新しい技術を積極活用することで、ルーティンタスクを行う労働者の雇用は代替されてしまうかもしれない。しかし同時に、AI やロボットなどの新しい技術を導入・利活用する際には、タスクの脱スキル化やデジタル化を図るための仕事や職場での利活用方法を普及させるための仕事、戦略的に職場で利活用することを企画する仕事など、新たな仕事の創出が期待できる。また、国内で AI やロボットなどの新しい技術が利活用される際には、国内企業のそれまでのタスクやシステムを踏まえるためにオンプレミス対応[16]で国内開発企業が関与する可能性が高いと考えられるため、AI やロボットなどの新しい技術の開発・製造部門での国内雇用も創出される効果もある。

IV　超高齢社会における AI の利活用

　これまでは日本の労働市場において AI やロボットなどの新しい技術によって労働者の雇用が代替されることや、新たな技術の開発や利活用に伴って雇用が創出されることを検討してきた。一方で、日本の労働市場の特徴として、超高齢社会という環境において深刻な労働供給制約（人手不足）が生じることが懸念されており、AI やロボットなどの新しい技術の普及はむしろ労働供給制約の解消の手段として期待されることもある。そこで、日本の労働市場で少子高齢化によってどのような問題が生じることが懸念され、そこに AI やロボットなどの新しい技術がどのように貢献できるかを検討したい。

1　労働供給制約の動向と課題

　日本の労働市場における労働供給制約は、少子高齢化によって高齢者が増えて働き手が減少する人口動態上の問題とともに、高齢者を介護するために壮年層の労働力がフル活用できない問題、育児と仕事の両立が難しいために女性の労働力がフル活用で

　16）オンプレミスとは、サーバやソフトウエアなどのシステムを顧客企業内に設置して運用することを指す。

きない問題もある。

　厚生労働省の試算[17]によると、日本人の平均寿命は男性で79.55歳、女性で86.30歳である一方で、日常生活に制限のない期間を示す健康寿命は男性で70.42歳、女性で73.62歳となっている。現在、日本の多くの企業で定年制度が見直されており、希望すれば65歳までは勤務延長や再雇用などの制度を使って企業で雇用されるほか、定年後も転職して就業を続けることができるようになっている。ただし、健康に就業できるのは平均で70歳過ぎまでであり、それ以降は日常生活や仕事に支障が生じてしまう。日本人の高齢者の労働力率は先進諸国の中でも高く、65歳以上の男性では約3割が労働力を供給している[18]。こうした高い労働力率を維持・向上させ、労働市場で高齢者の労働力を活用できるかは、労働供給制約下の日本の課題となっている。

　さらに、上述の試算では、健康寿命と平均寿命の差は男性で9.13年、女性では12.68年あるため、平均で10年程度は介護などのサポートが必要になる。『就業構造基本調査』（総務省）によると、2017年時点で家族介護をしている人の比率は、55-59歳の男性で9％、女性では18％を超えており、家族介護によって就業が阻害され、労働供給制約がさらに深刻になるおそれがある。また、介護サービスについても、『一般職業紹介状況調査』（厚生労働省）によると、介護、医療、社会福祉などの職業は有効求人倍率が大きく1を上回っており、すでに人手不足が深刻化している[19]。よって、家族介護を軽減するために介護サービスを利用することも現状では必ずしも容易とはいえない。

　家族介護とともに、育児を中心的に担うことの多い女性の就業についても、課題が多い。『出生動向基本調査』（国立社会保障・人口問題研究所）によると、第1子出産前後で継続就業している女性は1980年代から4～5割程度となっており、直近の調査でも46.9％の女性が出産を機に就業を止めてしまっている。その結果、30-34歳の女性の労働力率は先進国の中で日本が最低で73.0％となっている[20]。また、労働力率は70％台あっても、その内訳をみると正規雇用ではなく非正規雇用として就業し

---

[17] この数値は、厚生科学審議会地域保健健康増進栄養部会・次期国民健康づくり運動プラン策定専門委員会「健康日本21（第二次）の推進に関する参考資料」（25頁）で試算されている。

[18] 労働政策研究・研修機構（2018）によると、65歳以上男性の労働力率は日本で31.7％、アメリカで24.0％、イギリスで14.4％、ドイツで9.3％、フランスで3.9％となっている。

[19] 具体的には医師・薬剤師などの有効求人倍率は4.40、保健師・看護師などは2.38、介護サービスは4.28、社会福祉の専門的職業は3.22となっている（2018年11月時点）。

[20] 労働政策研究・研修機構（2018）によると、30-34歳の女性の労働力率は、アメリカで73.6％、イギリスで79.0％、ドイツで79.5％、フランスで80.1％、日本で73.0％である。

ている女性が6割となっており、労働市場で女性労働力がフル活用されているとはいいがたい。

こうした課題を踏まえ、近年では日本的雇用慣行における働き方を見直す動きが活発化してきている[21]。日本的雇用慣行の下で、日本の企業では長時間労働が常態化しているとともに、勤務時間や勤務日を選べたり在宅勤務ができたりするような柔軟な働き方がとられていない。高度成長期のように先進諸国にキャッチアップするための過程では均質なスキルをもった労働者が長時間働いて量的なインプットをかけることで、多くの付加価値を生み出せていたといえる。しかし、経済成長を遂げ、労働供給制約に直面する中で、日本の労働市場では、キャッチアップではなく自らイノベーションを生み出すことのできる多様で質の高い人材が求められるようにもなっている。

長時間労働を是正し、柔軟な働き方を導入することができれば、健康に多少の支障はあるものの就業意欲がある高齢者や育児と両立を希望する女性が労働市場でフル活用され、労働供給制約に対処できる可能性がある。例えば、企業のパネルデータを用いて女性活躍推進の要因を検証した山本（2018b）では、長時間労働を是正していたり、ワークライフバランスを推進する施策をとっていたりする企業ほど、女性を正社員として多く登用できていることを示している。

2　労働供給制約の処方薬やウェルビーイング向上のためのAI

日本の労働市場には、少子高齢化に伴って以上のようにさまざまな課題が存在する。AIやロボットなどの技術が普及することは、それらの課題にどのように役立つのだろうか。

まず、ノンルーティン手仕事タスクも含め、さまざまなタスクをAIやロボットが人手を介さず自動でこなせるようになれば、不足する労働供給をAIやロボットなどの資本で埋め合わせることになるため、単純に労働供給制約が解消されるだろう。ただし、労働者と同等の価格・生産性でタスクをこなせる技術がいつの時点で普及するかは予測しにくく、また、開発・普及のスピードによっては不足している以上に新しい技術が雇用を置き換えてしまい、逆に労働者の従事できる仕事がなくなるおそれもある。つまり、労働者と同じようにタスクをこなせる新しい技術の普及は、労働供給制約の処方薬になるとともに、労働者が従事しているタスクまでも奪う毒薬にもなりうるため、両者のバランスが大事となる。また、前節で述べたように、こうした問題

---

[21] 近年の日本での働き方や長時間労働の状況や課題点については、山本・黒田（2014）を参照されたい。

はどのようなタイムスパンで新しい技術の影響を想定するかによって異なる。

一方、AIやロボットなどの新しい技術が完全に労働者と同じタスクをこなせるようにならなくても、人手が不足している仕事の量を減らしたり、労働者のタスクをサポートしたりする役割として、新しい技術が労働市場などで機能するようになれば、労働供給制約を克服する手段になりうる。具体的には、健康面で支障がある高齢者であっても視覚・聴覚・判断力・体力などをAIやロボットなどがサポートすることで、壮年層と変わらぬ労働力として活躍できるようになる。また、介護サービスをサポートするAIやロボットなどの新しい技術が普及することで、1人の介護福祉士で数多くの高齢者の介護を担当できるようになったり、家庭でも無人で家族介護されるようになったりすれば、介護産業での人手不足が解消するとともに、介護と仕事の両立も可能となり、壮年層の雇用が維持される。同様に、AIやロボットなどが育児サービスや家庭での育児をサポートできるようになれば、育児と仕事の両立が容易となり、女性の活躍推進を後押しすることになろう。

さらに、現在、政府や企業で積極的に検討されている働き方改革にも、AIやロボットなどの新しい技術が貢献する可能性も考えられる。日本の働き方で問題視されているのは長時間労働であるが、AIやロボットなどの利活用によって働き方が改められ、より効率的な働き方が個人や組織でできるようになれば、過剰な長時間労働が減少することが期待できる。実際、山本(2019)では、AIなどの新しい技術を利活用している上場企業に労働者ほど、労働時間が減少していることを確認している。

また、すでに職場への入退出やコンピュータのアクセス記録等を活用して勤務時間の管理が厳格化されつつあるが、そうしたデータを活用して違法な長時間労働を事前に防いだり、監督当局による取締りに用いられたりすることで、いわゆるブラック企業の淘汰も進み、過労死問題も少なくなると考えられる。

過労死に関連して、日本の長時間で画一的な働き方はメンタルヘルスの悪化を招くおそれがあることが指摘されている。例えば、山本・黒田(2014)は、労働者のパネルデータを解析し、メンタルヘルスを悪化させる要因として、手当の支払われないサービス残業時間の長いことや担当業務の内容が明確でないこと、早く退社しにくい職場風土などがあることを指摘している。AIやロボットなどの新しい技術の普及によって、長時間労働の是正が進むとともに、ストレスの高い困難なタスクや人が不快に感じるタスクを労働者がやらないで済むようになれば、メンタルヘルスの向上も期待できよう。

また、産業保健分野の研究では、労働者のメンタルヘルスが仕事の要求度と資源に

左右されるという「仕事の要求度・資源モデル」が発展している（Schaufeli and Bakker 2009 など）[22]。AI やロボットなどの新しい技術の利活用は、労働者の従事するタスクの高度化が生じれば、労働者にとっての仕事の要求度が高まる可能性がある。事実、山本他（2018）では AI などの新しい技術が職場で導入されている度合いの高い労働者ほど、技術導入によってストレスが増大した傾向が高いことを指摘している。しかし、新しい技術の導入は、労働者のタスク遂行をサポートするという意味で仕事の資源が向上することにつながりうる。また、新しい技術の導入によって一時的にはストレスが増大したとしても、より高度なやりがいのある内容に労働者のタスクがシフトすることで、仕事の資源が向上し、健康度や満足度はいずれ上昇するとも考えられる。この点について、山本・黒田（2019）では、経済産業研究所で実施している労働者へのパネル調査を用いて、労働者の異質性やその他の要因を可能な限りコントロールすると、AI などの技術の導入によってメンタルヘルスやワークエンゲージメントなどの労働者のウェルビーイングが向上する可能性があることを指摘している。

3　生産性向上に必要な補完的イノベーション

　上述したように、AI やロボットなどの新しい技術の普及が生産性向上に結び付くには、企業や産業のレベルにおいて経営や組織のあり方を改革する補完的なイノベーションが起きることが重要といえる。例えば、Bresnahan et al（2002）は、企業が IT 技術を活用して経営や組織の改革を行うことで、生産性の向上や高スキル労働者への需要増加につながったことを実証的に示している。

　日本の企業においても、Yamamoto and Matsuura（2014）は、ワークライフバランスに関する施策の導入と IT 資本の利活用との相乗効果を検証し、単にワークライフバランス施策を導入しただけでは全要素生産性（TFP）で測った企業の生産性は変わらないものの、IT 資本の利活用を行っている企業では、施策によって生産性が向上することを明らかにしている。また、山本（2018a）は、上場企業を対象とした「スマートワーク経営調査」のデータを用いて、企業の平均労働時間と企業業績（利益率）との関係を検証し、HRtech の推進やイノベーション推進体制の整備などの新しい技術の導入と労働時間の削減を同時に実施している企業において、企業業績が改善する相乗効果が見出だせることを示している。

　これらの結果は、日本企業の IT や AI などの技術の利活用がワークライフバラン

---

[22] 仕事の要求度・資源モデルについては島津（2014）を参照されたい。

ス施策の導入や長時間労働の是正といった働き方改革という補完的イノベーションと合わさると、企業業績に相乗的にプラスの影響を与えることを示唆している。

現在、日本では働き方改革、女性活躍推進、健康経営など、さまざまな角度から経営や組織の改革を行おうとしている。こうした動向がAIやロボットなどの新しい技術の普及とリンクし、相互作用しながら企業の生産性向上につながれば、経済全体のパイが拡大し、新たな雇用の創出も行われることが期待できる。AIやロボットなどの新しい技術と働き方改革は一見すると関係性が低いもののようにみえるが、それぞれを切り離すことなく、有機的に結び付けて利活用していくことが望まれる。

さらに、働き方に関する補完的イノベーションといえば、新しい技術の導入に合わせて労働者のタスクをルーティン的なものからノンルーティン的なものへ高度化していくことも重要といえる。山本他（2018）では、先進的にAIを導入している職場の労働者のタスクが、複雑な問題への対処などのノンルーティン的なものへシフトする「タスクの高度化」が生じていることを明らかにしている。労働者のタスクが変わらなければ、非正規雇用者を中心にルーティン的なタスクに従事する労働者の雇用は新しい技術に代替されてしまうが、労働者のタスクを高度化するような補完的イノベーションを起こせば、雇用が維持されて、かつ、上述のようにウェルビーイングが向上することが期待できる。配置転換企業内研修、公共職業訓練、リカレント教育、自己研さんなどを通じてタスクの高度化を進めるべきといえよう。

参考文献

Acemoglu, D. and Autor, D. (2011) "Skills, tasks and technologies: Implications for employment and earnings," Handbook of labor economics, ed4, pp. 1043-1171.

Acemoglu, Daron and Pascual Restrepo (2018a) "The Race Between Man and Machine: Implications of Technology for Growth, Factor Shares and Unemployment," American Economic Review, Vol. 108, No. 6, pp. 1488-1542.

Acemoglu, Daron and Pascual Restrepo (2018b) "Automation and New Tasks: The Implications of the Task Content of Technology for Labor Demand," Journal of Economic Perspectives, forthcoming.

Arntz, Melanie, Terry Gregory, and Ulrich Zierahn (2016) "The Risk of Automation for Jobs in OECD Countries: A Comparative Analysis," OECD Social, Employment and Migration Working Papers, No. 189, OECD Publishing.

Autor, D. and Dorn, D. (2013) "The growth of low-skill service jobs and the polarization of the US labor market," The American Economic Review, Vol. 103, No. 5, pp. 1553-1597.

Autor, D. and Handel, M. (2013) "Putting Tasks to the Test: Human Capital, Job Tasks, and Wages," Journal of Labor Economics, Vol. 31, No. 2, pp. S59-S96.

Autor, D., Levy, F., and Murnane, R. (2003) "The Skill Content of Recent Technological Change: An Empirical Exploration," Quarterly Journal of Economics, Vol. 118, No. 4, pp. 1279-1333.

Blinder, A. (2009) "How many U. S. Jobs Might be Offshorable," World Economics, Vol. 10, No. 2, pp. 41-78.

Bloom, N., Sadun, R., and Van Reenen, J. (2012) "Americans DO It Better: U.S. Multinationals and the Productivity Miracle," American Economic Review, Vol. 102, No. 1, pp. 167-201.

Bresnahan, T., Brynjolfsson, E., and Hitt, L. (2002) "Information Technology, Workplace Organization, And The Demand For Skilled Labor: Firm-Level Evidence," The Quarterly Journal of Economics, Vol. 117, No. 1, pp. 339-376.

Brynjolfsson, E. and McAfee, A. (2014) The Second Machine Age: Work, Progress, and Prosperity in a Time of Brilliant Technologies, W W Norton & Co Inc.（村井章子訳『ザ・セカンド・マシン・エイジ』日経BP社，2015年）

Brynjolfsson, E. and McAfee, A. (2011) Race against the Machine: How the Digital Revolution is Accelerating Innovation, Driving Productivity, and Irreversibly Transforming Employment and the Economy, Lightning Source Inc.（村井章子訳『機械との競争』日経BP社，2013年）

Cowen, T. (2011) The Great Stagnation: How America Ate All the Low-Hanging Fruit of Modern History, Got Sick, and Will (Eventually) Feel Better, Dutton.（池村千秋訳『大停滞』NTT出版）

David, Benjamin (2017) "Computer technology and probable job destructions in Japan: An evaluation," Journal of the Japanese and International Economies, 43, pp. 77-87.

DeLaRica, S. and Gortazar, L. (2016) "Differences in Job De-Routinization in OECD Countries: Evidence from PIAA 場企業における働き方改革と利益率──「スマートワーク経営調査」データを用いた検証C," IZA Discussion Paper Series, No. 9736.

Ford, M. (2015) Rise of the Robots: Technology and the Threat of a Jobless Future, Basic Books.（松本剛史訳『ロボットの脅威：人の仕事がなくなる日』日本経済新聞出版社，2015年）

Ford, M. (2009) The Lights in the Tunnel: Automation, Accelerating Technology and the Economy of the Future, Createspace.（秋山勝訳『テクノロジーが雇用の75%を奪う』朝日新聞出版，2015年）

Frey, C., and Osborne, M. (2013) "The future of employment: how susceptible are jobs to computerization," OMS Working Paper, University of Oxford (Retrieved September 17).

Nedelkoska, L. and G. Quintini (2018), "Automation, skills use and training", OECD Social, Employment and Migration Working Papers, No. 202, OECD Publishing

Summers, Lawrence (2014) "U.S. Economic Prospects: Secular Stagnation, Hysteresis, and the Zero Lower Bound," Business Economics, Vol. 49, No. 2, pp. 65-73.

Yamamoto, I., and Matsuura, T. (2014) "Effect of work-life balance practices on firm productivity: Evidence from Japanese firm-level panel data," B.E. Journal of Economic Analysis and Policy, Vo. 14, No. 4, pp. 1677-1708.

阿部正浩（2005）『日本経済の環境変化と労働市場』東洋経済新報社

井上智洋（2016）『人工知能と経済の未来 2030 年雇用大崩壊』文藝春秋社
池永肇恵（2009）「労働市場の二極化：IT の導入と業務内容の変化について」『日本労働研究雑誌』No. 584, 73-90 頁
池永肇恵（2015）「情報通信技術（ICT）が賃金に与える影響についての考察」『日本労働研究雑誌』No. 663, 71-87 頁
島津明人（2014）『ワーク・エンゲイジメント：ポジティブ・メンタルヘルスで活力ある毎日を』労働調査会
総務省（2015）『インテリジェント化が加速する ICT の未来像に関する研究会』報告書
内閣府（2018）『平成 30 年度　年次経済財政報告』内閣府
野原快太（2016）「地域労働市場における二極化の検証：IT の雇用代替効果と地方の雇用」Panel Data Research Center at Keio University Discussion Paper Series, DP2015-008
野村総合研究所（2016）『ICT の進化が雇用と働き方に及ぼす影響に関する調査研究』報告書
濱秋純哉・堀雅博・前田佐恵子・村田啓子（2011）「低成長と日本的雇用慣行：年功賃金と終身雇用の補完性を巡って」『日本労働研究雑誌』No. 611, 26-37 頁
濱口桂一郎（2013）『若者と労働「入社」の仕組みから解きほぐす』中公新書ラクレ
三谷直紀・小塩隆士（2012）「日本の雇用システムと賃金構造」『国民経済雑誌』206(3), 1-22 頁
山本勲（2018a）「上場企業における働き方改革と利益率：「スマートワーク経営調査」データを用いた検証」『スマートワーク経営研究会中間報告：働き方改革と生産性、両立の条件』（第 3 章）日本経済研究センター
山本勲（2018b）「企業における職場環境と女性活用の可能性：企業パネルデータを用いた検証」阿部正浩・山本勲編著『多様化する日本人の働き方：非正規・女性・高齢者の活躍の場を探る』（第 6 章）慶應義塾大学出版会
山本勲（2019）「新たなテクノロジー導入の従業員への影響」『スマートワーク経営研究会最終報告書：働き方改革、進化の道筋』（第 4 章 3 節）日本経済研究センター
山本勲・黒田祥子（2014）『労働時間の経済分析：超高齢社会の働き方を展望する』日本経済新聞出版社
山本勲・黒田祥子（2019）「AI などの新しい情報技術の利用と労働者のウェルビーイング：パネルデータを用いた検証」RIETI Discussion Paper Series 19-J-012
山本勲・小林徹・黒田祥子・鈴木秀男・山口高平（2018）「人と AI システムの協働タスクモデルの構築に向けた調査・終了報告書」RISTEX（人と情報のエコシステム）研究開発領域，JST（科学技術振興機構）
労働政策研究・研修機構（2018）『データブック国際労働比較 2018』労働政策研究・研修機構
脇坂明・松原光代（2003）「パートタイマーの基幹化と均衡処遇（Ⅰ）」『学習院大学経済論集』40(2), 157-174 頁

第 3 章　教育──資源と成果の変容

井上敦・田中隆一

I　教育分野における人工知能への期待と課題

　ある朝の 8 時半。小学校に登校してきた児童たちが各々の教室に向かい自分の席に着く。席に着いた児童たちはヘッドホンを耳に付け、それぞれの机に備え付けられているディスプレイのスイッチを入れる。画面に現れた"先生"のアニメーションを見ながら受ける授業の内容は、人工知能技術によって個々の習熟度に合わせて構成されている。ディスプレイに取り付けられたカメラとマイクからは、児童の表情、動作、回答内容や回答時間、声の大きさやトーンなど、さまざまな情報が感知され、ビッグデータとしてクラウドサーバーに瞬時に送られる。その情報から児童の理解度、集中力などがリアルアイムに解析され、人工知能は状況に合わせた最適な指導を選択する。同時にその情報が教員にも伝えられ、教員は対人指導が必要な児童に声をかけ、個別指導を行う……。こうした人工知能をはじめとする情報通信技術を利用した教室内での授業は、近い将来、公教育の場では当たり前のものとなっているかもしれない。

　情報通信技術の進歩は社会のあらゆる活動のあり方に変革を起こしている。教育分野もその例外ではない。情報通信技術を教育活動に取り入れた「教育 ICT」は急速に普及しており、冒頭の近未来的の小学校の光景は昨今の教育 ICT の進歩の延長線上に描かれている。また教育 ICT を活用することで、教育活動にイノベーションを起こそうという「教育テクノロジー(Ed-tech)」という考え方は世界的な現象となっており、その市場は毎年 17％の急成長を続け、2020 年までに 2,520 億米ドルの規模になるともいわれている[1]。

---

1) EdTechXGlobal/IBIS Capital（2016）"2016 Global EdTech Industry Report: A Map for the Future of Education," London, EdTechXGlobal/IBIS Capital.（Global Research Report）

教育 ICT の急速な進展の背景には、教育課題の解決や教育の質の向上などへの期待がある。例えば、2015 年 9 月の国連総会では「持続可能な開発のための 2030 アジェンダ」（SDGs）が採択されたが、その目標の 1 つとして「すべての人に包摂的かつ公正な質の高い教育を確保し、生涯学習の機会を促進する」ことが掲げられた。しかしその目標を達成するためには、2030 年までに 6,900 万人の初等中等教育の教員が必要ともいわれており、教員不足が懸念されている[2]。人工知能による教育サービスが普及すれば教員不足の影響を緩和でき、従来は就学できなかった児童生徒に質の高い教育を提供できるようになる。その他にも、出欠確認、採点、事務作業といった従来は教員が手作業で行なっていた定型業務を人工知能に任せることができれば、教員は児童生徒への指導により多くの時間を割けるようになる。また冒頭に述べたようなリアルタイムでの情報収集、分析、教員への解析結果のフィードバックができれば、指導の精度向上を通じて、教員の生産性を高めることができる。さらに、人工知能による指導が同一のアルゴリズムにより行われているのであれば、結果として性別や人種、地理的条件を超えて、公平な教育機会の提供にも役立つと考えられる。

　このように教育 ICT はさまざまな経済的・社会的利益を教育現場にもたらす可能性を秘めている。他方で、実際には一つ一つの教育 ICT ツールを十分に評価する間もなく、多種多様な教育 ICT が現場に導入されはじめている。そのためどのような教育 ICT を用いた活動が、どのような児童生徒に対して、どういった教育成果を上げるのか、さらには従来の教育活動と比較したときに費用対効果の観点から教育 ICT の導入は支持されるのか、といった教育 ICT に関する科学的知見が十分に蓄積されていない。

　こうした現状を踏まえて、本稿では人工知能技術に代表される新しい教育 ICT が教育現場に導入されることの影響を、教育経済学における先行研究を紹介しながら考察する。特に新しい教育 ICT が導入されることで、従来の教育活動における投入資源（学校資源）の果たす役割がどのように変化するのか、また、学校教育の登場人物である児童生徒（ピア効果）・教員（教員効果）・親（家庭環境効果）の行動がどのように変化するのかに焦点をおいて論じる。

　なお人工知能の定義はまだ定まっておらず、研究分野や研究者によってさまざまである。本稿における人工知能は、「多様な情報を抽象化・概念化する、人工的に作ら

---

[2] UNESCO Institute for Statistics (2016) "The world needs almost 69 million new teachers to reach the 2030 education goals"

れた知的技術」とし、基本的には意識や自我を備えておらず知的な情報処理を機械的に行うという意味での、いわゆる「弱い AI」を想定している。ただし超長期的な文脈のなかでは、人間の脳のように意識や自我をもって情報を処理するという意味での「強い AI」を想定した議論も行う。また教育活動の成果は多種多様であるが、本稿では学力テストのスコアをはじめとする観測可能かつ定量化可能な教育成果に限定して議論する。

本稿の構成は以下のとおりである。まず第Ⅱ節で教育 ICT の導入とその利用の現状について把握する。第Ⅲ節では教育 ICT が教育成果に与える影響についての理論モデルを議論する。第Ⅳ節では第Ⅲ節で議論した理論モデルを踏まえて、従来の教育活動における投入資源が教育成果に与える影響を分析した実証研究を紹介し、人工知能が導入されることでその影響がどう変化しうるかについて議論する。第Ⅴ節ではこれまでの議論を踏まえて、人工知能技術をはじめとする新しい教育 ICT を有効活用するための方策を考察し、結論を述べる。

Ⅱ 教育 ICT の導入と利用の現状

近年、学校現場における ICT インフラの整備状況は大きく進展している。図 3-1 は文部科学省の「学校における教育の情報化の実態等に関する調査」の結果である。全国の公立小学校における教育用コンピュータ 1 台あたりの児童数は概ね減少傾向にあり、2017 年度時点では 6.4 人となっている。

ICT インフラの整備に伴い、教育 ICT を利用した教育活動も展開されるようになってきている。図 3-2 は全国の公立小学校での「算数の授業における情報通信技術の活用頻度」を示したものである。この結果からは、その頻度が年々増加しており、2017 年度では約 3 割の小学校が何らかの教育 ICT を週に 1 回以上使用していることがわかる。

他方で、教育 ICT の導入は多額の財政負担が必要となることや、そもそも自治体によって教育方針が異なることなどから地域差が生じている。図 3-3、図 3-4 はそれぞれ図 3-1、図 3-2 の 2017 年度結果を都道府県別に示したものである。これらの結果をみると、例えば教育用コンピュータ 1 台当たりの児童数は、最も導入が遅れている埼玉県は 9.6 人に対して、最も導入が進んでいる鹿児島県では 3.1 人と 3 倍以上の差がある。同様に算数の授業における教育 ICT の活用頻度も都道府県によって大きく異なっている。

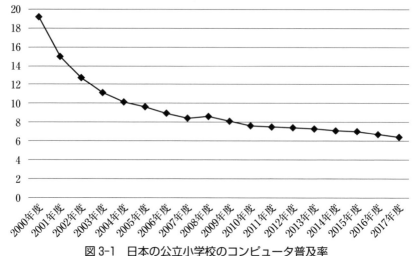

図3-1 日本の公立小学校のコンピュータ普及率
出所：文部科学省『学校における教育の情報化の実態等に関する調査』より筆者作成。

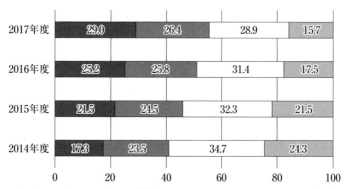

■ 週1回以上　■ 月1回以上　□ 学期に1回以上　■ ほとんど、または、全く行っていない

図3-2 全国の公立小学校での算数の授業における情報通信技術の活用頻度
出所：文部科学省『全国学力・学習状況調査』の質問紙調査の結果より筆者作成。

　こうした地域差は、国際的にも問題視されている。図3-5は2015年にOECDが実施したPISA調査（Programme for International Student Assessment）の国・地域毎の教育用コンピュータ普及率の結果である。学校毎の教育用コンピュータ1台当たりの生徒数の平均は国・地域間に大きな差があることがわかる。例えば、トルコ、ブ

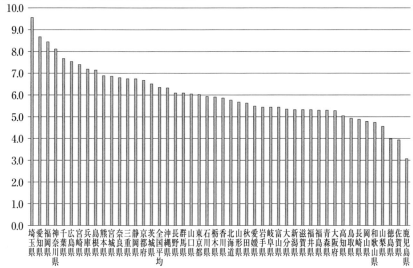

図 3-3　日本の公立小学校のコンピュータ普及率（都道府県別結果）
出所：文部科学省『学校における教育の情報化の実態等に関する調査』の 2017 年度結果より筆者作成。

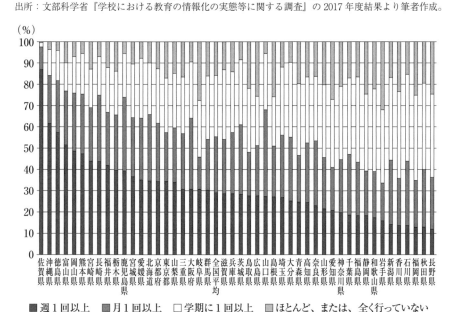

■ 週 1 回以上　■ 月 1 回以上　□ 学期に 1 回以上　▨ ほとんど、または、全く行っていない

図 3-4　全国の公立小学校での算数の授業における情報通信技術の活用頻度（都道府県別結果）
出所：文部科学省『全国学力・学習状況調査』の 2017 年度質問紙調査結果より筆者作成。

Ⅱ　教育 ICT の導入と利用の現状

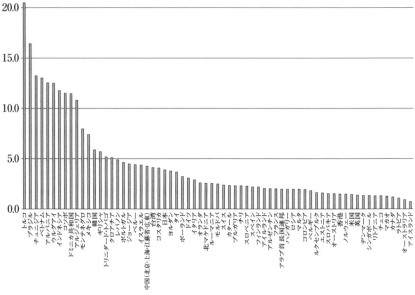

図3-5 教育用コンピュータの普及率（国際比較）

出所：OECD『Programme for International Student Assessment（PISA）調査』の2015度学校質問紙調査結果より筆者作成。

ラジル、チェニジア、ベトナムといった新興国・途上国の教育用コンピュータ1台当たりの生徒数は13人以上に対し、アイスランド、オーストラリアといった先進国のそれは1人を下回っているなど、大きな差が確認できる。

　以上のように、教育ICTの導入とその利用は進展している一方で、地域間で教育ICTへのアクセス、利用の機会の差が生じている。こうした差が教育成果の違いを生むのかどうかは教育格差を議論するうえで学術的にも政策的にも重要な論点となっている。次節以降では、教育ICTが教育成果に与える影響を理論、実証の観点から議論してゆく。

Ⅲ　新技術が教育成果に与える影響に関する理論モデル

　教育ICTは集団一斉授業などの従来からの指導では実現できなかったアプローチで、教育成果を改善する可能性を秘めている。例えば、個別学習ソフトウェアは児童

生徒の個々の習熟度に応じた教材を容易に提供できる。そのため児童生徒は自らの習熟を深めるうえで過不足のない情報を得ることができ、効率的に学習を進めることができる。また人工知能により個々の児童生徒の習熟度だけでなく、学習履歴情報、適性、性格などにも考慮した学習指導が可能になると、さらに効果的な学習を実現することができる。

　このように教育ICTは教育成果の向上に大きな役割を果たしうるが、その導入や運用に大きなコストがかかるのも事実である。そのため教育ICTに関する政策的関心事の1つは、教育予算に限りがあるなかで教育目標を効率的に達成するために、教員、教科書といった従来からの教育資源と、コンピュータ、インターネット、教育ソフトウェアといった教育ICTに分類される教育資源（以下、「ICT利用型教育資源」）のうち、どちらへの投資が、どのような教育成果に対し、どの程度効果的かという点であろう。この問いに答えるために、教育経済学では教育生産関数とよばれるモデルを構築し、そのモデルを実際に観察されたデータを用いて推定することで、教育資源と教育成果の関係を明らかにする。以下では、標準的な教育生産関数のモデルである付加価値モデル（e.g., Hanushek 1979）にICT利用型教育資源をインプットとして追加したモデルを考える[3]。

　標準的な教育生産関数である付加価値モデルは、以下のようなものである。

$$A_{it} = \tilde{f}(A_{it-1}, X_{it}, Y_{it}, P_{it})$$

ここで、t年度における生徒iの教育成果A_{it}は前年度の生徒iの教育成果A_{it-1}、生徒・家族属性X_{it}、学校教育資源Y_{it}、および参照グループ属性P_{it}によって決まるとする。学校教育資源を従来からの教育資源（o）とICT利用型教育資源（n）に分け、さらにクラスサイズや教科書といった物的教育資源をS_{it}^o、コンピュータ、通信ネットワークなどのハードウェアや教育ソフトウェア、弱いAIといったICT利用型物的教育資源をS_{it}^n、教職員の質といった人的教育資源をT_{it}^o、そして、強いAIなどのICT利用型"人的"教育資源をT_{it}^nに分けると、教育生産関数は、

$$A_{it} = f(A_{it-1}, X_{it}, S_{it}^o, S_{it}^n, T_{it}^o, T_{it}^n, P_{it})$$

---

[3] 従来からの指導と教育ICTを利用した指導の間の教育資源および時間配分のトレード・オフについて考察した教育の生産関数としては、Bulman and Fairli（2016）のものがあり、本節の議論の多くはBulman and Fairli（2016）に負っている。なお、本稿では時間配分のトレード・オフは捨象する。

とかける。

 前述のとおり、有限な教育予算の下では、従来からの教育資源と ICT 利用型教育資源の間にはトレード・オフの関係がある。学校は前年度の成果、家庭環境、参照グループを所与として、次の予算制約の下で教育成果を最大化するように学校教育資源への予算配分を決定する。

$$p_t^o S_{it}^o + p_t^n S_{it}^n + w_t^o T_{it}^o + w_t^n T_{it}^n \leq B$$

 ただし、p_t^o、p_t^n、w_t^o、w_t^n はそれぞれ、t 期における従来からの物的教育資源 1 単位当たりの価格、ICT 利用型物的教育資源 1 単位当たりの価格、従来からの人的教育資源 1 単位当たりの賃金、ICT 利用型"人的"教育資源 1 単位当たりの賃金であり、B は児童生徒 1 人当たりの教育予算である。

 これらの学校教育資源への予算配分は、それぞれの教育資源の限界生産性や代替・補完関係に依存して決まる。例えば、従来からの教育資源と ICT 利用型教育資源への配分が最適な水準で行われているのであれば、従来からの教育資源量を減らしてICT 利用型教育資源量を増やすことは、最適な配分を外生的な介入によって歪めることになる。その結果、ICT 利用型教育資源への"投資"の効果は負または 0 になる。他方、何らかの理由で最適な資源配分が達成されていない場合は、教育資源配分の変更によってもたらされる教育成果への影響は、それぞれの教育資源の限界生産性の差に依存して決まるため、全体的な効果の方向は必ずしも一定ではない。

 さらに、これらの教育資源への投資が追加的予算によって行われるのか、それとも、従来の資源配分を変えることによって行われるのかによって、投資効果の解釈は変わる。実際に行われている実証分析では、ICT 利用型教育資源への投資は従来からの教育資源の減少により賄われる場合ではなく、追加的予算による場合が多い。例えばAngrist and Lavy（2002）や Leuven et al（2007）では、政府による学校への ICT 投資支援プログラムを利用して、教育 ICT が教育効果に与える影響を推定している。この場合、支援プログラムを受けた学校は政府からの予算措置として ICT 利用型教育資源を追加的に受けており、従来からの教育資源の減少は伴っていない。そのため、予算制約があるモデルよりも教育成果に対して正の効果が出ることが予想されるモデルを推定していることになる。

 同様の議論は指導時間制約を加える場合にも当てはまる。総授業時数が決められており、従来からの指導と教育 ICT を利用した指導の指導時間が代替的であれば、教育 ICT を利用した指導時間を増やしたときの効果は、教育 ICT を利用した指導と従

来からの指導の限界生産性の差である。しかし実際の実証分析では、教育 ICT を利用した指導を放課後等の通常授業以外の時間帯で実施するなど、教育 ICT を利用した指導が追加的に実施され、従来からの指導時間の減少を伴っていないケースが多い (e.g. Rouse and Krueger 2004; Banerjee et al 2007)。この場合、教育 ICT を利用した指導時間の増加の効果は、従来からの指導時間の減少が同時に起こったときの効果ではなく、単に教育 ICT を利用した指導時間が増加した場合の効果を推定していることになる。

以上のことから、実証研究の成果を確認する際には、ICT 利用型教育資源への投資は従来からの教育資源の減少を伴うのか、それとも追加的に行われるのかに注意する必要がある。また ICT 利用型教育資源投資の効果は、投資額、教育 ICT の利用頻度や利用期間、教育 ICT と従来からの教育資源の質、学年、教科などによってもその結果が異なることから、どのような条件の下で教育 ICT への投資が行われているかにも留意する必要がある。

さらに ICT 利用型教育資源が導入されることの影響を考察するためには、導入された ICT 利用型教育資源が従来からの教育資源と代替的なインプットであるのか、それとも補完的なインプットであるのかが重要な論点となる。例えば、弱い AI が新たな教育資源として投入された場合、弱い AI はパソコンや通信ネットワークといったハードウェアとは補完的であることから、弱い AI と既存のハードウェアは教育成果に対して相乗効果があると予想される。一方で、超長期的に強い AI が新しい教育資源として導入された場合、教職員が担っていた業務のうち強い AI が代替可能な業務については強い AI が担うようになり、教職員は強い AI には対応できない業務を担うことで、教育活動の最適化が行われるようになる。

Ⅳ 人工知能導入による教育資源の効果の変化

第Ⅲ節で議論した教育の生産関数は、インプットとしての教育資源を、アウトプットとしての教育成果に関連づける概念である。この関係を観察されたデータから明らかにすることを目的とする研究は、人工知能が登場するはるか前から行われてきた。古くは 1960 年代にアメリカで行われた調査をまとめたコールマン・レポート (Coleman et at 1966) がある。このレポートはアメリカの公立小・中学校の児童生徒の学力成果と学校要因および家庭環境要因の関係を調べたものである。それによると、児童生徒の学力に強く関係しているのは家庭環境で、次に参照集団であり、学校要因は

ほとんど関係がないという結果となっていた。この結果は、学校資源と教育成果の間にはっきりとした関係がみられないというもので、当時の教育関係者にとっては衝撃的な結果であった。そのため、このレポートが発表されて以降、学校資源と教育成果の関係を調べる実証分析が数多くなされてきた。

教育成果の決定要因の実証分析結果をまとめた Hanushek（1997）によるサーベイでは、学校資源として生徒1人当たり教員数、クラスサイズ、教員の学歴、教員の教歴、生徒1人当たり経常費に着目して、これらが児童生徒の学力とどういった関係にあるのかをアメリカのデータを用いて統計的に調べた研究が紹介されている。これらの研究結果をまとめたメタ分析によると、これらの学校資源のうち教員の教歴を除いたすべての属性に関して、児童生徒の学力と強く関係しているものはあまり見当たらないという結論になっている。

Hanushek（1997）でも議論されているように、ある一時点における教育の成果は家庭環境や参照集団といった学校教育では動かしがたい要因や、過去の教育内容にも大きく影響を受ける。そのため教育成果に影響を与える要因を調べるためには、第Ⅲ節で紹介したように過去の教育成果を考慮する「付加価値モデル」を推定することが重要である。しかしながら、実際には詳細なパネルデータや過去の教育成果の情報が利用できないことも多く、単に一時点のクロスセクションデータを用いて教育生産関数を推定したものも多い。実際、Hanushek（1997）で紹介された研究でも、一時点のクロスセクションデータを用いて重回帰モデルを推定したにすぎないものも多く、学校資源との関係があまり強くみられない1つの理由として、学校資源と学力の間の因果関係をうまく識別できていない可能性が指摘されている。こうした指摘を踏まえ、近年では学校資源と学力の間の因果関係を識別するためのアプローチをとった研究が数多く報告されるようになっている。本節ではそれらの研究のうち、特に学校教育資源としてもっとも注目を集めているクラスサイズの効果、教育ICT投資の効果、コンピュータを用いた指導の効果、教員の効果について概観し、人工知能の出現によってそれぞれの効果がどのように変わりうるのかについて議論する。

1　クラスサイズ効果

（1）実証分析

クラスサイズ（1クラス当たりの生徒数）を小さくすることは、個々の児童生徒に対してより丁寧な教育を施すことができるようになると考えられるため、他の要件を一定とすれば教育成果に対して正の影響を与えると考えられている。しかしながら、

クラスサイズの縮小には（児童生徒数を所与として）より多くの教員を必要とし、それ自体が教育資源投入の増加を意味しているため、その投資効果がどの程度あるのかは政策的にも学術的にも重要であり、長年にわたり議論されている。ここではクラスサイズが学力に与える影響を実証的に分析した先行研究を概観し、その効果が人工知能の導入によってどのように変化しうるのかを考えてみる。

学校資源と学力との因果関係を調べるためには、しっかりとした識別戦略にもとづいた分析が必要とされ、近年ではさまざまなアプローチで学校資源の因果効果を探る分析が行われている。そのような識別戦略を用いて因果関係を特定する試みのうちでもっとも有名なものの1つとして、Angrist and Lavy（1999）による研究がある。この研究ではイスラエルの公立小学校においてクラスサイズを決定する際には、1クラスの生徒数の上限を40人とするルールがあることを利用して、そのデータに回帰不連続デザインと呼ばれる方法を応用することで、クラスサイズが学力に与える因果効果を推定している。それによると、（他の要件は一定として）クラスサイズの縮小は小学5年生の学力を向上させるという、統計的にも意味のある結果が得られている。

日本における学校資源の研究のうち、義務教育段階のクラスサイズに焦点を当てた経済学的研究としては、例えば篠崎（2008）がある。この研究では全国学力・学習状況調査の千葉県の個票データを用いて分析を行い、クラスサイズの縮小は教員の研修が伴うときに効果をもちうることを発見している。また、Hojo（2012）およびHojo and Oshio（2012）では国際数学・理科教育動向調査（TIMSS）の日本のデータに回帰不連続デザインを用いてクラスサイズの効果を推定しているが、分析の結果、統計的に意味のあるクラスサイズ縮小効果は検出されていない。また、Hojo（2013）では同様にTIMSSのデータを用いてクラスサイズ効果の非線形性を考慮した結果、クラスサイズの小さな学校群ではクラスサイズ縮小の効果があることを発見している。二木（2012）では2003年のTIMSSのデータに回帰不連続デザインを応用し、学力と教科学習への「自信」を非認知能力の指標としてクラスサイズ効果を分析したところ、学力に対しては統計的に有意な効果は検出されなかったが、数学の自信に対してはクラスサイズ縮小の正の効果があることを発見している。

妹尾他（2013）と妹尾他（2014）は全国学力・学習状況調査の個票データを用いて、前者では単学級サンプルに限定する方法で、後者には回帰不連続デザインを応用する方法でクラスサイズ効果を分析している。単学級に絞った分析では、学級規模の拡大は各教科の正答率に対しておおむね負の効果をもたらしているが、その程度は小さいことを発見している。また回帰不連続デザインを用いた方法では、小学6年生の国語

については学級規模の拡大が科目正答率の低下につながっている可能性が示されたものの、算数については学級規模と科目正答率の間には有意な関係性が認められていない。これらの研究は、単年度のクロスセクションデータを用いた分析であるため、第Ⅲ節で論じたそれまでの学力を考慮する付加価値モデルとはなっていない。

付加価値モデルを用いてクラスサイズの効果を分析したものとして、Akabayashi and Nakamura（2014）がある。横浜市における全国学力・学習状況調査の学校別データと、横浜市独自の学力調査の結果を組み合わせることにより、学校単位での平均正答率に関してのパネルデータを構築し、その付加価値モデルに回帰不連続デザインを応用してクラスサイズの縮小が国語と算数のテストスコアに与える効果を分析している。その結果、小学校の国語のテストスコアに対しては小さいながらもクラスサイズ縮小の正の効果を検出している。

Tanaka et al（2018）は大規模自治体の児童個票パネルデータを用いて、クラスサイズ縮小が小学2年生から5年生の算数と国語のテストスコアに与える効果を分析している。児童固定効果、教員固定効果、学校固定効果、および年度固定効果をコントロールしたうえでクラスサイズとテストスコアの関係を推定した結果、クラスサイズとテストスコアの間に負の関係があることを明らかにしている。

(2) 人工知能の影響

それでは人工知能技術が導入されることによって、クラスサイズと学力の関係はどのように変化するであろうか。それを考察するために、従来のクラスサイズ効果が「教える側への影響」と「教えられる側への影響」の総合的な結果として観測されていると考えてみよう。まず教える側にとってクラスサイズが小さいことは、限られた時間を使ってきめ細かな指導を行う、児童生徒の学習状況をモニタリングするといった活動を行ううえでは有効と考えられる。また教えられる側にとっても、自らの習熟度に応じた指導を受けられるという意味ではクラスサイズは小さいほうがよいと考えられる。他方で、クラスメイトの学習状況そのものが自分の学習に対して参考になるという参照効果もある。そのため、教えられる側にとっては必ずしもクラスサイズが小さいほうがよいとは限らない。例えば、周りに同じ学習をしている児童生徒や、教員の発問に対して積極的に回答している児童生徒が周りに多くいることは、自らの学びのインセンティブにもなりうる。しかしながら、あまりにクラスサイズが大きいと学習環境を乱す児童生徒が発生する可能性も高くなると考えられ、周囲が本人の学習行動に悪い影響を与えるおそれもある。すなわち、クラスサイズの大きさは、習熟度

に応じた指導の受けやすさや、よい意味でも悪い意味でも参照する他人からの情報の量や質を左右することになる。

人工知能を活用した指導法の導入は、既存の学校資源の意味を変える可能性をもっているが、クラスサイズという概念は最も影響を受けるかもしれない。まず教える側にとっては、例えば、人工知能技術の導入により算数の九九の学習において個々の児童生徒の進度や個性に応じた指導が可能となると、個々の児童生徒に対して1人の（人工知能）先生が配置されることになる。そのため、九九の学習におけるクラスサイズは1となり、クラスサイズという概念はもはや意味をもたなくなるかもしれない。さらに、指導を受けるうえで通学さえも必要なくなるのであれば、クラス自体が物理的な意味を失ってしまう可能性もあろう。

しかしながら、こういった極端な状況が実現することは難しいと思われる。まず学校は教科指導のみを行う場所ではないため、通学の必要が完全になくなることはないものと思われる。仮になくなったとしても、社会性を育むために何らかの学級集団を作ることが必要とされるため、たとえバーチャルなものとしてもクラスという概念は残り続けると思われる。また教えられる側にとっては、人工知能による個に応じた指導を物理的な学校において同時に行うのであれば、学習環境の構成要素としてやはりクラスメイトは参照効果という点で重要な意味をもち続けることになる。

これらのことを考慮すると、人工知能の導入による個に応じた指導が可能になると、クラスサイズ効果の意味合いは現在のものとは異なるものとなることが予想される。しかしながらその重要性は決して失われることはなく、学習環境としての学校資源として重要であり続けるものと思われる。

2　教育ICTへの投資効果

(1) 実証分析

学校資源にはクラスサイズなどの従来からの教育資源に加えて、コンピュータやインターネットなどのICTを利用した教育資源もある。第Ⅱ節で確認したとおり、近年では教育ICTの導入と利用が進展している。一方、教育ICTへのアクセス、利用の機会の差も生じている。これらの差が教育成果の違いを生むのか、教育ICTへの多額の投資に見合うだけの教育成果が得られているのかといった関心から、教育ICTが教育成果に与える影響に関する実証研究も盛んに報告されるようになっている。

1970年代から90年代に報告された教育ICTの効果に関する実証分析をレビューしたKirkpatrick and Cuban（1998）によると、教育ICTが教育成果に及ぼす効果は正

負のものが混在しており、その理由の1つとして、欠落変数や内生性の問題に十分に対処できていないことが指摘されている。こうした指摘を受け、近年の研究では政府や自治体による学校への教育ICT投資補助政策を利用し、因果関係を調べるための識別戦略をとったものも少なからず見られる。以下にそのいくつかを紹介したうえで、人工知能技術の発展および導入によってこれらの効果はどのように変化するのかについて考察する[4]。

　Angrist and Lavy（2002）では、1990年代半ばにイスラエルで大規模に行われた小・中学校に対するコンピュータ購入を支援するプログラム（Tomorrow-98プログラム）の1年間の効果を最小二乗法（OLS）および二段階最小二乗法（2SLS）により推定している。その結果、同プログラムにより教育ICTを利用した指導は増加したが、その指導と4年生の算数のテストスコアとの間には一貫して有意差に近い負の関係があることを確認している。また他学年や他教科においても、コンピュータを用いた指導とテストスコアとの間には統計的に有意な関係ではないが、負の関係を確認している。Leuven et al（2007）では2000年にオランダで実施された、経済的、社会的に不利な条件に置かれた児童の割合が高い小学校に対するコンピュータとソフトウェア購入のための財政支援プログラムを利用して、教育ICTの投資効果を検証している。財政支援の対象校は経済的、社会的に不利な条件に置かれた児童の割合で決められたことから、回帰不連続デザインを応用して推定した結果、教育ICT投資は教育成果に対して負の関係があり、一部の結果では統計的に有意な関係となっている。特に女子児童についてはその関係が強いことを発見している。

　近年ではランダム化比較試験（RCT）を用いた研究も報告されている。Barrera-Osorio and Linden（2009）では2006年にコロンビアで実施されたコンピュータを公立学校に導入するプログラム（Computer for Educationプログラム）を利用して、小学校97校の5,201人の児童を対象としたRCTにより、同プログラムの効果を推定している。その結果によると、学年、教科、性別にかかわらず、児童のテストスコアとコンピュータの導入の間には統計的に有意な関係は確認されなかった。またCristia et al（2017）では2008年にペルーで大規模に実施された1人1台ラップトップ提供プログラム（The One Laptop per Child（OLPC）プログラム）の15か月間の効果を、地方の小学校318校を対象としたRCTにより推定している。その結果、算数と言語のテストスコアに対するラップトップパソコンの導入の効果はみられなかった。ただ

---

[4] なお、ここでの実証分析の紹介はBulman & Fairlie（2016）のサーベイを参考に指定している。

し、レーヴン漸進的マトリックスで測定された認知能力に対して、一部の推定結果では正の効果を持つことを確認している。この結果からは、ラップトップパソコンの導入は標準的なテストでは観測できない能力やスキルに対して影響している可能性が考えられる。さらに ICT 利用型物的教育資源が物的教育資源を代替した場合の効果を推定した研究として Bando et al（2017）がある。Bando et al（2017）は 2013 年にホンジュラスで大規模に実施された貧困地域の学校の児童に 1 人 1 台コンピュータを提供するプログラム（Educatracho プログラム）を利用して、小学 3 年生と 6 年生に教科書の代わりにコンピュータを提供した場合の効果を RCT により推定している。その結果、コンピュータを与えられた児童と教科書を与えられた児童の間に、算数や言語のテストスコアの統計的有意差は確認されなかった。

　学力や認知能力以外の成果指標に着目した研究として、Cristia et al（2014）がある。この研究では、ペルー政府が 2001 年から大規模に実施した学校への教育 ICT 導入プログラム（Huascaran プログラム）が中等学校の留年、退学、進学に与える効果を分析している。学校レベルのデータを用いて、差の差の推定法を適用して分析した結果、教育 ICT 導入プログラムの効果は確認されなかった。

　教育 ICT への投資はコンピュータやタブレットの購入だけでなく、通信環境の整備もある。Goolsbee and Guryan（2006）では 1998 年から始まった米国政府のネットワーク環境整備支援プログラム（E-Rate プログラム）を利用して、インターネット接続が初等中等学校の教育成果に与える効果を推定している。学校レベルのデータを用いて回帰不連続デザインによる推定を行った結果、インターネット接続による算数、読解、理科の教育成果への効果はみられなかった。

　以上の先行研究からは、教育 ICT の効果がほとんど確認されていない。その理由として、ICT 利用型教育資源は従来からの学校資源に比べて教育成果に対して効果的ではないという直接的な指摘や、教育 ICT が導入されてもカリキュラムのなかに取り込まれずあまり活用されていない、教員が教育 ICT を有効活用するスキルや経験を有していないなど、教育 ICT の利用可能性を十分に引き出せていないという指摘がされている。

　教育 ICT の正の効果を確認した研究として Machin et al（2007）が挙げられる。この研究では英国政府による 2001 年の ICT 投資配分の方針変更を利用して、教育 ICT への投資が地方教育当局レベルの教育成果に与える影響を推定している。その結果、教育 ICT 資源の増加は小学生の言語と理科のテストスコアに対して正の効果があることを確認している。効果がみられた理由として、英国の学校は 1990 年代から ICT

インフラの整備を進めており、学校が教育 ICT の有効な利用方法を理解していたために、増加した資源を効率的に活用できた点を指摘している。

欧米諸国に比較して、日本国内の教育 ICT 投資の効果を検証した研究は少ないのが現状である。例外として、篠崎（2008）では一時点のクロスセクションデータである全国学力・学習状況調査の千葉県の個票データを用いて、教育 ICT と学力の関係を最小二乗法（OLS）で推定している。その結果、教育 ICT の設備と教育成果の間には統計的に有意な関係は確認されなかった。

以上みてきたように、ICT 利用型教育資源の効果については、投入された ICT 利用型教育資源の内容、対象学年、国、時代、期間、識別戦略などはさまざまであるため単純に比較することは難しいが、ほとんどの研究において教育 ICT への投資が追加的に行われ、従来からの教育資源の減少を伴っていないケースを対象としているにもかかわらず、教育 ICT の効果は確認されていない。これらの結果からは、教育 ICT への投資そのものが観測可能な教育成果の改善に直接結び付いていると結論づけるのは容易ではないことがわかる[5][6]。

(2) 人工知能の影響

教育 ICT への投資が教育成果に対してはっきりとした効果をもっていないという先行研究の結果は、教育 ICT が本来もつ利用可能性を十分に活かしきれておらず、そのため既存の指導方法を上回るだけの効果を生み出すことができていないことを示唆している。学校への教育 ICT の導入は、それを児童生徒さらには教員が使いこなすことができて初めて効果を発揮するものと考えられるが、先行研究で指摘されているように、カリキュラムのなかに教育 ICT の活用が十分に組み込まれていない、教員の ICT を活用した指導力が成熟していないといった理由によって、その効果は限定的なものとなっている可能性が考えられる。

人工知能技術の導入は、それが教育 ICT の活用のしやすさを大幅に改善してくれ

---

[5] Falck et al（2018）では TIMSS のデータを用いて、アイデアや情報について調べるためにコンピュータを使用することは教育成果に対して正の効果があるが、技能や手順を練習するためにコンピュータを使用することは教育成果に対して負の効果があることを発見している。この結果を踏まえて、先行研究において教育 ICT の教育成果が全体として正の効果をもたない理由として、これらの正負の効果が組み合わさっている可能性を指摘している。

[6] 高等教育での教育 ICT の利用の効果を分析した研究として、Carter et al（2017）および Patterson and Patterson（2017）では大学での授業におけるコンピュータの活用は学業成績に負の効果があることを発見している。

るのであれば、投資効果を大きく改善する可能性をもっている。そもそも、人工知能技術を活用した教育を行ううえでは、コンピュータやネットワークといった教育ICTハードウェアが必要不可欠であり、そのICTハードウェアの生産性は新たな人工知能技術の向上によりさらに高まる。つまり人工知能技術とICTハードウェアとは補完的な関係がある。教育ICTが今まではその利用可能性を十分に発揮できていなかったとしても、人工知能技術の開発・導入によって、教育ICTの投資効果は高まっていくことが予想される。

3 CAIの効果

(1) 実証分析

　特定の教育ソフトウェアを用いた指導は、経済学や教育学の分野ではComputer-aided instruction（CAI）と呼ばれている。CAIを用いると集団一斉授業では実施が難しい個々の児童生徒の習熟度に合わせた指導や、教員が個別対応しているときにCAIによる指導を実施することで他の生徒への指導時間を確保することが可能となる。そのため、CAIは直接的に個々の児童生徒の教育成果に対して影響が及ぶインプットになることが期待される。以下では、CAIの効果を実証的に分析した研究を紹介したうえで、人工知能が導入されたときにCAIの効果がいかに変化しうるかを考えてゆく[7]。

　CAIの効果の実証分析はRCTによるものが多く報告されている。Rouse and Krueger (2004) では2001年にアメリカ都市部で英語が母国語ではない児童の割合が高い小学校4校の児童を対象にして行われた、"Fast For Word" とよばれる言語と読解の教育プログラムの効果をRCTにより推定している。この介入では処置群は通常授業から抜け、CAIによる指導を受けるというものであった。しかしながら、処置群の児童が抜けた授業は必ずしも言語と読解ではなかったので、基本的には処置群の児童は言語・読解の追加的な指導をCAIにより受けた効果を推定していると考えられる。分析の結果、CAIは言語スキルの一部に対して正の効果をもつことが確認されたものの、言語や読解の総合的なテストスコアに対しては効果がみられなかった。その理由として、CAIは従来からの指導と比較して効果的ではない、教員がCAIの効果的な利用方法について理解していない、CAIをカリキュラムに組み込むことが難しい環境が学校にあるなどの可能性を指摘している。数学のCAIの効果を推定した研究としてBarrow

---

[7] なお、ここでの実証分析の紹介はBulman & Fairlie (2016) のサーベイを参考にしている。

et al（2009）がある。この研究では、2003-2005 年にアメリカの都市部のマイノリティの割合が大きい3地域に所在する中学校および高校を対象として行われた数学（代数）の CAI の効果を、RCT により推定している。その結果、CAI による指導を受けた生徒は従来からの指導を受けた生徒に比べて、代数のテストスコアが少なくとも 0.17 標準偏差高くなることを確認している。さらにクラスサイズが大きい場合にその効果が大きくなることも発見している。

　途上国においても CAI を用いた介入実験が行われている。Banerjee et al（2007）では 2002 年から 2004 年にインドで行われた算数の CAI の効果を RCT により推定している。対象は2都市のスラム街の小学4年生で、処置群には研修を受けた指導者がつき、CAI が週2時間実施された。1時間は通常授業内に、残りの1時間は授業外に行われた。推定の結果、CAI は算数のテストスコアを 0.47 標準偏差高めることを確認している。従来からの指導と置き換わって実施された CAI と、追加的に実施された CAI の効果を実証的に比較分析した研究として Linden（2008）がある。この研究では 2004 年から 2005 年にインドの小学2、3年生に対する授業内と授業外での算数の CAI の効果を RCT により推定してした結果、授業内に従来からの指導を CAI に置き換えて実施した場合は、算数のテストスコアに対して 0.57 標準偏差の負の効果があることを確認している。一方、授業外に追加的な CAI を受けた児童は、平均的に算数のテストスコアが 0.28 標準偏差高くなったものの、統計的に有意な関係ではなかった。授業内での CAI に負の効果があった理由として、CAI が実施された学校は NGO が運営する学校であり、従来からの指導方法が比較的効果的であったため、置き換わった従来からの指導が使用されたソフトウェアよりも質が高かった可能性を指摘している。この結果からは、CAI の効果検証においては、代替されうる従来からの指導の質もまた CAI の効果を決める重要な要素であることがわかる。

　以上の実証研究からは、CAI の教育効果は全体としては一貫した結果が得られていない[8]。しかしながら、前節ではコンピュータなどのハードウェアに対する教育 ICT 投資の効果はほとんどみられなかったのに対して、CAI への投資は教育成果に対して

---

[8] その他に途上国での CAI の効果を RCT により検証した研究として、Carrillo et al（2010）、Mo et al（2014）がある。Carrillo et al（2010）では 2007 年から 2008 年にエクアドルの小学校で実施された算数と言語の CAI の効果を検証し、算数のテストスコアに対して 0.30 標準偏差の正の効果を確認しているが、言語のテストスコアに対しては効果が確認されなかった。また算数の CAI の効果は特に習熟の早い児童に対して大きいことも発見している。Mo et al（2014）では、中国の地方の小学校で実施された算数の CAI の効果を検証しており、算数のテストスコアに対して正の効果があることを確認している。

正の効果をもつ場合もあり、CAIはハードウェアに対する教育ICT投資を教育成果に結びつける1つのチャンネルとなりうることが示唆される。

(2) 人工知能の影響

従来からのCAIは、あらかじめコンピュータに設定されたプログラムに沿って実施され、児童生徒は自らの習熟度に合わせた指導を段階的に受けるものであった。児童生徒は段階ごとに理解度測定テストを受け、達成度が一定の水準を上回れば次の段階に進み、そうでなければ過去の内容に戻り学習し直すということが繰り返されるものであった。

CAIに人工知能技術が付加されると、児童生徒の習熟度だけでなく、過去の回答結果、回答時間、適性などの情報も考慮することで、これまでのCAI以上に個に応じた指導が実現する。例えば、生徒Aと生徒Bが仮に同じ問題を間違えたとしても、その間違い方や過去の回答情報などから、それぞれの生徒に必要な情報を人工知能が解析し、次に提示される解説や問題が異なるといった指導が可能となる。そういう意味で、人工知能技術の発展はCAIをより効果的なものとすると考えられる。

このように人工知能技術とCAIの間には非常に強い補完性があり、CAIの効果を高めるうえで人工知能技術を活用してゆくことは必要不可欠であろう。実際に人工知能技術を活用した学習ソフトウェアは日本においても登場している。現在の学習ソフトウェアで活用されている人工知能は、情報処理を人間の脳のように意識や自我をもって行うという意味での「強いAI」ではなく、問題の中からパターンを認識して、最適解を導出するという「弱いAI」に依拠するものであるが、教員との分業を進めるうえでは有効な教育資源である。その活用によって教員は教員にしかできない業務に集中して取り組むことを可能にするであろう。その意味において、人工知能技術を活用したCAIは以下で議論する教員の生産性上昇にも寄与しうる補完的な教育資源であると考えられる。

4 教員効果

児童生徒の教育成果に対して影響を与える教員の属性のことを、教育経済学ではしばしば「教員の質」と呼ぶことがある。教育の生産関数におけるインプットのなかでも、教員の質の効果は多くの研究によって注目されている。しかしながら、教員の属性のうち、観測される要因は（初期の教歴を除いて）あまり強い効果をもってはいないとする実証研究結果が多い（例えば、Hanushek and Rivkin（2006）を参照）。その

一方で、児童生徒の教育成果の決定要因において、教員の付加価値が大きいとする研究もある。

教育の主な目的のうちの1つは児童生徒の学力育成であるという点から考えると、教科指導は教員の重要な役割である。前節でみたように、この教科指導にもICTのみならず人工知能の導入が始まっており、教員の質と児童生徒の学力との関係も変わってゆく可能性が高い。本節では、既存の教員の質の効果に関する実証分析を紹介し、人工知能の導入によって教員の質の効果がどのように変わりうるのかについて考察する。

(1) 実証分析

教員は算数や国語をはじめとする教科指導を児童生徒に対して直接行うのみならず、児童生徒の学習環境を整えるために学級経営を行うため、その質は教育の生産関数における主要なインプットのうちの1つであるといえる。日本の小学校においては基本的にクラス担任が全教科を教えることとなっており、教員の質が児童の学力をはじめとする教育成果に対して与える影響は絶大であると考えられる。

この教員の質の効果を分析するために、教員の年齢や性別、学歴といった観測できる属性がテストスコアを初めとする教育成果に与える影響を推定することが行われてきた。1970年代から80年代半ばにおいては、1時点のクロスセクションデータを用いて児童生徒のテストスコアを教員属性変数や観測可能な共変量に回帰する研究が主流であり、そういった研究のいくつかはHanushek（1986）によってレビューされている。また、1980年代半ばから2000年の研究では、児童生徒の複数年度のデータを用いてテストスコアの伸びを教員属性変数や観測可能な共変量に回帰する付加価値モデルの推定が行われるようになった。付加価値モデルを用いて教員の効果を分析した研究は、例えばWayne and Youngs（2003）やHanushek and Rivkin（2006）によってレビューされている。

クロスセクションデータを用いた分析でも、パネルデータを用いた分析においても問題となる点は、教員と児童生徒の間のマッチングによる内生性である。児童生徒の生まれもった能力など、一般的に観測が難しい児童生徒固有の効果を考慮できない場合、教員と児童生徒のマッチングの際に生じるセレクションバイアスにより、教員の効果と児童生徒の効果の識別が難しくなってしまう[9]。このセレクションバイアスに

---

9) 例えばClotfelter et al（2006）は高学歴で教職経験の長い教員ほど、習熟の早い生徒とマッチングしていることを確認している。

対処するため、2000年ごろからの研究ではパネルデータを用いた児童生徒固定効果モデルの推定や、教員と児童生徒のマッチングがランダムである実験または自然実験を利用した教員効果の推定が行われている。例えば、Harris and Sass (2011) では生徒固定効果、教員固定効果、学校固定効果を制御することで、学校間および学校内の教員と生徒のマッチングにおける内生性に対処したうえで教員属性の効果を推定している。その結果、小中学校の教員の教歴は国語と算数、数学の教育成果の向上に対して正の効果があり、初期の教歴だけでなく10年目以降の教歴についてもその効果を確認している。一方で、教歴以外の観測可能な教員属性の効果については一貫した結果が得られておらず、教員のキャリアにおいて修士号以上の学位の獲得や研修の受講は、中学生の数学のテストスコアに対する効果を除き正の効果はみられなかった。また教員の入職前の状況が教員の生産性に与える影響を確認するために、推定された教員固定効果を教員が大学生のときに履修したコースとSAT（大学進学希望者を対象とした共通試験）のスコアに回帰しているが、一貫した結果は得られていない。実験を利用した研究として、Krueger (1999) では、幼稚園から小学3年生までの児童と教員をランダムに配置したTennessee's Student Teacher Achievement Ratio (STAR) projectのデータを用いて、教員属性が児童の教育成果に与える影響を推定した結果、教歴の正の効果は確認されたがその大きさは小さく、人種、修士号の効果はほとんど確認されなかった。

上で紹介した研究では、教員の質を観測できる教員の属性から探るという手法が用いられているが、近年の研究では教員の質を児童生徒の学力の伸びから計測するアプローチが取られている。このアプローチは「成果にもとづいた質の計測アプローチ」と呼ばれるもので、ここでは「質」の高い教員とは、特定の教育成果を伸ばしてくれる教員と定義される。そういったアプローチを用いた研究の1つとしてRockoff(2004)が挙げられる。この研究では、アメリカ、ニュージャージー州の小学校に通う児童約1万人の1989年から2001年までのパネルデータを用い、これらの児童を指導した約300人の教員の（固定）効果を推定している。それによると、固定効果として推定された教員の質が1標準偏差上昇すると、児童の国語と算数のテストスコアが約0.1標準偏差上昇することが報告されている。また、Rivkin et al (2005) では、アメリカテキサス州の3年生から7年生までの児童約20万人のデータを用いて、教員の質は算数と国語のテストスコアに対して大きな影響を与えることを発見している。またその効果は大きく、教員の質を1標準偏差上昇させることはクラスサイズを十人分縮小させるのと同じ効果を持つと報告している。

また、近年の研究としてChetty et al（2014b）では、アメリカの匿名化された行政データを用いて教育データと課税データをマッチングさせることで、教員の質が将来の所得に与える影響を推定している。Chetty et al（2014a）の方法を用いた教員の質（付加価値）を推定し、質の高い教員に教わることは生涯所得に正の影響を与え、下位5％の教員を平均的な教員に置き換えると、1クラス当たりの生徒の生涯所得の割引現在価値を25万ドル増加させることを報告している。

　欧米諸国に比較して、日本国内の研究の蓄積は多くないのが現状である。また、国内の研究ではクロスセクションデータを利用した回帰分析が中心となっているが、そのなかでもHojo（2012）、Hojo and Oshio（2012）は2007年のTIMSSのデータから、教員が女性であることと中学2年生の数学のテストスコアの間に正の統計的に有意な関係があることを確認している。二木（2012）は2003年のTIMSSデータを利用して推定した結果、女性教員は中学2年生の理科の非認知能力に対して正で統計的に有意な関係がある一方、中学2年生の数学の非認知能力に対しては負で統計的に有意な関係があることを確認している。また、近年の研究のうち、井上・田中（2017）ではTIMSSのデータを用いて、教員属性のうち自然科学専攻に着目し、理科教員が自然科学を専攻していた場合はそうでない場合に比べて、中学2年生の理科のテストスコアが統計的に有意に高いことを報告している。

　成果にもとづいた質の計測アプローチを日本の小学校のデータを用いて推定した研究としては、Tanaka et al（2018）がある。そこでは、大規模自治体の児童個票パネルデータを用いて、児童固定効果、学校固定効果、および年度固定効果をコントロールしたうえで教員固定効果の分布を推定している。推定の結果として、教員固定効果の1標準偏差の上昇は、国語のテストスコアを0.23標準偏差、算数のテストスコアを0.26標準偏差上昇させることが明らかにされている。

(2) 人工知能の影響

　それでは人工知能の活用により教員の質の効果はどのように変化するであろうか。この点を論じる前に、人工知能の活用によって教員の役割がどう変化するのかを確認しておく。

　現在の小中学校における教員の役割は、程度の差こそあるものの概ね教科指導と生徒指導を行っている。教科指導のなかには、国語や算数といったものから体育や音楽・美術といったものまで幅広く含まれている。人工知能が得意とする分野は（現在の人工知能の発達程度から鑑みるに）国語や算数といった科目のなかでも、特に成果

を定量化しやすい内容であろう。人工知能による指導においては、成果の定量化が指導方法の最適化のために不可欠であるため、成果が定量化できる分野においては、既存の教員の指導を代替する可能性があるかもしれない。しかしながら、そもそも定量化の難しい分野では人工知能による概念の獲得そのものが困難なため、既存の教員を代替することは難しいであろう。逆にいうならば、テストスコア化できる分野に関しては、今までの教員以上にその力を発揮する可能性をもっている。そうすると、人工知能によって教えることができる分野と、人工知能では教えることが難しい分野との間で、人工知能と教員の分業・特化が起こるであろう。

それでは、成果の定量化が可能な教科指導は人工知能で行い、それ以外は教員が行うといった完全な分業は可能かというと、おそらくそれも困難であることが予想される。どの教科においてもそうであるように、程度の差こそあれ、それぞれの学習内容は定量化できる部分とそれが難しい部分が含まれている。結果として、おそらくすべての分野において分業が必要となり、教科毎での完全分業とはなりにくいと思われる。例えば教科指導においても、個々の習熟度に応じて教科の内容を教えることや、理解度を測定することは人工知能が担うことは可能であっても、児童生徒の教科学習のモチベーションや自己肯定感を高めることなど、児童生徒の心情を理解し、共感をもって接することが求められる役割を人工知能が担える日が来るとしても、それはまだだ先のことであろう。

このようにどの教科においても教員にしか担えない分野は必ずあり、そのような指導においては、教員の属人的な技能に頼らざるをえないため、人工知能の導入によって指導方法における教員の異質性はなくなりはしないであろう。しかしながら、人工知能技術を用いて、児童生徒のみならず、教員の指導上の得意・不得意を把握し、それに応じて最適な指導法のアドバイスを行うことができるようになれば、教育機会の平等化という観点からも望ましい結果を残すことができるようになるかもしれない。少なくとも人工知能と教員は分業を通じてさらに補完的な関係を強くするといえるであろう。

5 参照グループと家庭環境の効果

第Ⅲ節でみたように、教育の生産関数のインプットの中で、学校教育資源以外のものとしては家庭環境に関するもの X と参照グループに関するもの P があった。本節では、参照グループと家庭環境の効果に関する既存の実証分析を紹介し、人工知能の導入によってその効果がどのように変わりうるのかについて論じる。

(1) 参照効果

　教育の生産関数における参照グループとしてもっとも注目を集めているのは、クラスメイトの効果である。どのような仲間と共に学ぶのかによって、本人の学習成果が異なるという考えにもとづいて、クラスメイトの学力や行動が、個々の児童生徒の教育成果に与える影響を分析するのである。この効果は、クラスメイトを参照（ピア）することによって生み出されるという意味で、「参照（ピア）効果」と呼ばれ、教育経済学においても数多くの研究がなされている。

（A）実証分析

　参照効果の実証分析は非常に強い関心を集めているにもかかわらず、その効果の推定には Manski（1990）の指摘する反射問題（reflection problem）という本源的な難しさがあるために、あまり決定的な分析結果は得られていない。この反射問題とは、自分に影響を与えるクラスメイトもまた自分からの影響を受けている時には、自分の教育成果が高いのはクラスメイトの成果が高いからなのか、それとも自分の成果が高いのでクラスメイトの成果も高くなっているのかの識別ができないというものである。また、もう1つの難しい問題として、（学校選択などによって）似た者同士がクラスメイトになりやすい場合には、本来はお互いの参照効果はなくても、教育成果がクラスメイト間で似通ったものになるというものである（これはセレクション問題と呼ばれる）。後者の問題に関しては、くじ引きによる学校やクラスメイトの割り当てという実験的な状況を用いることで対処できる。例えば、Sacerdote（2014）のサーベイでは、実験的な方法を用いた参照効果の研究が数多く紹介されている。セレクション問題はこのような実験的な方法によって対処は可能であるが、反射問題には同時性による内生性が発生してしまうため、対処が難しいことが知られている。

（B）人工知能の影響

　クラスメイトは自分の学習に対して重要な影響を与えるということに異議を唱える人は少ないであろうが、教育 ICT や人工知能技術が導入されることで、これまで重要であると考えられてきたピア効果はどのように変化すると考えられるであろうか。ICT の導入により、もし遠隔での授業が可能となるのであれば、ピアの概念そのものが大きく異なりうる。クラスサイズの効果の議論においても論じたように、ピアは学習環境の重要な要因であるので、もし個々人が隔離された状況で学習を行うようになるのであれば、教室の中におけるピアからの影響は（教員等が意図的に与えない限りは）なくなる。しかしながら、従来と同じように学校の教室に集まって学習を行うのであれば、ピアとの関連は必ず生じるため、やはりクラスメイトの存在は重要である。

ただし、クラスサイズの議論においても指摘した負のピア効果、つまり問題行動等による悪影響に関しては、児童生徒間を隔離することで減らすことができるかもしれない。

　人工知能の導入がピアの概念を大きく変えうるもう1つの場合は、人工知能（またはそれにもとづいた仮想的なクラスメイト）がピアとなる場合である。果たして、人工知能自体が児童生徒に対してピア効果をもたらしうるであろうか。現時点における筆者たちの答えは「否」である。ピア効果の基礎をなす感情は「共感」であり、クラスメイトやルームメイトの間でピア効果が生まれる1つの理由は、同じ環境にいるという仲間意識である。現状の人工知能やロボットのように、人間と同等の身体性をもたない人工知能にこういった共感をすることは困難であることを考えると、やはり人工知能により参照集団を置き換えることは難しいであろう。

　ICTや人工知能技術の導入は、従来の学校やクラスといった概念そのものに変容を迫るものとなる可能性はもっている。しかしながら、クラスサイズの箇所で論じたように、実際に学校や学級において集団で学ぶことの意味はなくなることはない。むしろ、参照集団としての生身のクラスメイトは共感の対象としてその重要性をより一層高めるであろう。

(2) 家庭への情報提供による効果

　第Ⅲ節の教育の生産関数でも議論したとおり、家庭環境は教育成果に影響を与える重要な要因の1つであり、将来の経済的利益にも大きな影響がある（e.g., Heckman 2006; Cunha et al 2006）。子どもの学習活動への保護者の関与は家庭毎に大きな差がある。特に経済的に不利な家庭における保護者の関与の低さは深刻であり[10]、世代を超えた教育格差、所得格差の固定化が懸念されている。こうした家庭環境の格差を解消するための政策的介入として、例えば特定の児童生徒を対象とした放課後の補習授業や、経済的不利な家庭への教育バウチャーの提供などが実際には行われている。しかし、追加人員が必要な政策や、家庭への直接的な経済支援を行う政策は高コストとなる場合が多い。他方で、保護者の情報不足等の認知的制約に対して情報提供を行

---

10) 日本においても家庭の社会経済的背景により子どもの学習への保護者の関与に差があることは報告されている。垂見（2014）は家庭の社会経済的背景が有利な層と不利な層では、「子どもと博物館や科学館によく行く」「保護者が本を読む」「子どもと一緒に図書館に行く」「保護者が新聞の政治や社会問題に関する記事を読む」「子どもに本や新聞を読むようにすすめている」「子どもと美術館や劇場によく行く」「計画的に勉強するよう子どもにうながしている」「子どもと読んだ本の感想を話し合ったりしている」という点で特に差があることを確認している。

うという教育ICTによる介入はEメールなどにより行われるため、低コストで済む。そのため、その効果が確かなものであれば政策的にも有益なアプローチになりうる。以下では、特に教育ICTによる保護者への情報提供が教育成果にどのような影響があるかを分析した実証研究を概観したうえで、将来的に人工知能が情報提供するようになった場合の変化を考察する。

（A）実証分析

　保護者への情報提供の効果を検証した近年の研究として、York et al（2018）が挙げられる。この研究では"READY4K!"というプログラムの効果を検証している。同プログラムでは就学前の子どものいる保護者に対して、子どもの言語能力向上のためのヒントが記載されたテキストメッセージが毎週送信される。2013、2015年度の2年間にサンフランシスコのある校区の1,031名の保護者を対象として、ランダムに処置群と対照群を選び、処置群に1年間メッセージを送った結果、同プログラムを受けた保護者はそうではない保護者に比べて、子どもの言語活動への関与、学校への関与が増えたことを確認している。さらに処置群の子どもは対照群の子どもに比べて言語のリテラシーが0.11標準偏差高く、特に基礎学力が低い子どもにとって効果が大きいことも発見している。なお、この介入にかかるコストは非常に低く、1年間で1家族1ドル以下で実施された[11]。

　さらに、情報提供の内容は一般的な内容よりも個別具体化された内容が効果的であることも確認されている。Doss et al（2018）では就学前の子どもの保護者に対するメッセージとして、子どもの習熟度に合わせた個別化されたものと一般的なものを送ったときの効果をRCTにより検証したところ、個別化されたメッセージを受け取った保護者の子どもは一般的なメッセージを受け取った保護者の子どもよりも読解レベルが上がることを確認している。またBergman（2015）ではロサンゼルスの低所得地域のある公立学校で宿題提出状況を個別具体的にEメール・電話等で保護者に情報提供したときの効果をRCTにより検証した結果、情報を受け取った保護者の子ども（高校生）はそうではない保護者の子どもよりもGPAが0.21標準偏差高くなり、宿題の達成率が25％高まり、欠席が28％減ったことを確認している。さらに、Kraft and

---

[11] その他、保護者への情報提供の効果をRCTにより検証した研究として、就学前児童の保護者を対象とした研究はMayer et al（2018）、小学生の保護者を対象とした研究はKraft and Monti-Nussbaum（2017）、中学生・高校生の保護者を対象とした研究はBergman and Chan（2017）が挙げられる。いずれの研究もYork et al（2018）と同様、保護者への情報提供は、子どもの学習活動への保護者の関与や子どもの教育成果を高めるうえで効果があることを確認している。

Rogers（2015）では個別化されたメッセージをさらに細分化し、よかった点に関するメッセージを受け取った保護者の子（高校生）よりも、改善点に関するメッセージを受けとった保護者の子のほうが教育成果に対する効果が大きいことを発見している。

(B) 人工知能の影響

以上のように、教育ICTによる保護者への情報提供は、情報の受け手の行動変容を通じて教育成果の改善に寄与することが先行研究で確認されている。さらにそのメッセージが個に応じたものであるほうがその効果が高いという結果からは、人工知能技術を活用することで、よりその効果を高めることができる可能性を示唆している。個別メッセージを人工知能が作成することによって、児童生徒および保護者が抱くメッセージへの共感は薄れることもあるかもしれないが、正確な情報提供の効果が十分に大きければ、全体として正の効果は期待できる。特に、人工知能を活用することで個に応じたメッセージをリアルタイムで、かつ、低コストで伝えられるメリットは大きいであろう。

V 人工知能の普及とこれからの教育像

人工知能技術が学校教育に与える影響は、今後人工知能技術がどこまで発展してゆくかによって大きく異なるが、従来考えられてきた学校資源とは異なる、新たな教育資源として活用される日はそう遠くないだろう。そうなれば、人工知能技術は従来の教育資源と補完的な関係をもつインプットの効果を高めるであろうし、また代替される教育資源に関しては、さらなる分業を可能とすることで、より効果的な学校教育活動を実現するであろう。本章ではこのような教育経済学的な観点から、人工知能技術が教育現場に導入されたときの既存の教育資源の影響の変化について議論してきた。最後に、人工知能技術を応用した教育ICTが普及するこれからの社会において、教育経済学的観点からどのような教育像が描けるかについて、一言述べて結びとしたい。

科学技術の進化は今後も止まることなく、むしろ加速していくであろう。その恩恵を学校教育が享受し、将来を担う子どもたちの育成に活かしていくには、新たな科学技術がもたらす変化に柔軟に対応し、教育制度や教員の役割を柔軟に変えていくことが不可欠である。例えば、人工知能技術が教育現場に導入され、同じ教室内でも個の習熟度に応じた指導が実践されるようになると、同じ授業において、個々の児童生徒が達成すべき教育成果が異なる状況が生まれる。現在の集団一斉授業では、基本的に授業毎に児童生徒が修得すべき内容が同一のものとして設定されているが、（学習指

導要領で定められているナショナル・ミニマムの内容は最低限保証しながらも）指導内容の上限下限を設けず、個々の状況に応じて学年を超えた内容も指導していくなど、授業毎に修得すべき内容が個々によって異なる教育のあり方も求められよう。またそうした教育現場での実践を機能的にするには、制度との整合性も必要になるであろう。日本の小・中学校においては、一定の年限を教育機関で過ごせば教育課程を修了できるという、いわゆる「履修主義」が採用されているが、教育課程修了のためには一定の成果を上げることを必要とする、いわゆる「修得主義」の観点も制度のなかに取り入れるなど、児童生徒が積極的に学習するインセンティブを確保する制度設計も重要な論点となる。

　また教員の役割については、人工知能の技術水準の変化とともに変化していくため、いつの時代であっても教員の役割は何かということは常に論点となる。その際、たとえ教員のほうが人工知能技術よりも優れていると思われる業務であっても、有限である教員のエフォートを有効に活用するために、人工知能技術が担える内容であれば人工知能に任せて、教員は教員にしかできないことを中心に担うという比較優位の観点にもとづいて、全体として効率性を高めていくことが求められる。そして超長期的には、人間の脳のように意識や自我をもって情報を処理するという意味での「強いAI」が開発・導入されたとしても、人間と同等の身体性を確保できない限り、最後の最後まで教員に残る仕事は、ほめる、おこる、励ますといった、児童生徒の心情を理解し、相手に共感されないと効果が見込めない類の指導であると考えられる。そうした人間味に溢れた指導に優れた教員を確保するための教員の養成・採用・研修のあり方が、人工知能技術が進展すればするほど強く求められるようになるであろう。

　本書の他章で詳細に論じられているように、人工知能技術の活用により生産活動や人々の働き方も大きく変わってゆく。それにより、必要とされる能力や技能も変わってゆく。将来世代に求められる能力としては、計算や暗記といった、機械の得意とする技能ではなく、分析力や知識を組み合わせる力、またそれに必要とされるコミュニケーション力であろう。大学をはじめとする高等教育機関で、労働市場において必要とされる技能や知識を身につけさせるようになるのであれば、そういった流れは初等中等教育にまで波及してくるであろうし、それによって義務教育段階においてさえも、児童生徒たちへの教育観や指導内容の変化も必要となってくることであろう。その時に、学校教育で必要とされるのは、やはり人工知能技術を有効に活用することで既存の教育資源の有効性を高めるだけではなく、教員と人工知能の役割分担を積極的にすすめることである。人工知能にできる分野は人工知能に任せ、教員は教員にしかでき

ない分野に特化するという分業の深化により、よりよい教育の達成を目指すことこそがアダムスミスの末裔である筆者たちの描く未来の学校教育像である。

参考文献

Akabayashi, H. and R. Nakamura (2014) "Can Small Class Policy Close the Gap? An Empirical Analysis of Class Size Effects in Japan," *The Japanese Economic Review*, 65, pp. 253-281.

Angrist, J. D. and V. Lavy (1999) "Using Maimonides' Rule to Estimate the Effect of Class Size on Scholastic Achievement," *The Quarterly Journal of Economics*, 114, pp. 533-575.

Angrist, J., and Lavy, V. (2002) "New evidence on classroom computers and pupil learning," *The Economic Journal*, Vol. 112, No. 482, pp. 735-765.

Bando, R., Gallego, F., Gertler, P., and Fonseca, D. R. (2017) "Books or laptops? The effect of shifting from printed to digital delivery of educational content on learning," *Economics of Education Review*, 61, pp. 162-173.

Barrera-Osorio, F., and Linden, L. L. (2009) "The use and misuse of computers in education: evidence from a randomized experiment in Colombia," Policy Research Working Paper, 4836, Impact Evaluation Series No. 29, The World Bank.

Banerjee, A. V., Cole, S., Duflo, E., and Linden, L. (2007) "Remedying education: Evidence from two randomized experiments in India," *The Quarterly Journal of Economics*, Vol. 122, No. 3, pp. 1235-1264.

Barrow, L., Markman, L., and Rouse, C. E. (2009) "Technology's edge: The educational benefits of computer-aided instruction," *American Economic Journal: Economic Policy*, Vol. 1, No. 1, pp. 52-74.

Bergman, P. (2015) "Parent-child information frictions and human capital investment: Evidence from a field experiment," CESifo Working Paper, No. 5391.

Bergman, P., and Chan, E. W. (2017) "Leveraging technology to engage parents at scale: Evidence from a randomized controlled trial," CESifo Working Paper, No. 6493.

Bulman, G., and Fairlie, R. W. (2016) "Technology and education: The effects of computers, the Internet and computer assisted instruction on educational outcomes," Manuscript to be published in the Handbook of the Economics of Education, ed 5, pp. 239-280.

Carrillo, P. E., Onofa, M., and Ponce, J. (2010) "Information technology and student achievement: Evidence from a randomized experiment in Ecuador," Inter-American Development Bank Working Paper, 223.

Carter, S. P., Greenberg, K., and Walker, M. S. (2017) "The impact of computer usage on academic performance: Evidence from a randomized trial at the United States Military Academy," *Economics of Education Review*, 56, pp. 118-132.

Chetty, R., Friedman, J. N., and Rockoff, J. E. (2014a) "Measuring the impacts of teachers I: Evaluating bias in teacher value-added estimates," *American Economic Review*, Vol. 104, No. 9, pp.

2593-2632.

Chetty, R., Friedman, J. N., and Rockoff, J. E. (2014b) "easuring the impacts of teachers II: Teacher value-added and student outcomes in adulthood," *American Economic Review*, Vol. 104, No. 9, pp. 2633-79.

Clotfelter, C. T., Ladd, H. F., and Vigdor, J. L. (2006) "Teacher-student matching and the assessment of teacher effectiveness," *Journal of Human Resources*, Vol. 41, No. 4, pp. 778-820.

Coleman, James S., Ernst Q. Campbell, Carol J. Hobson, James McPartland, Alexander M. Mood, Frederic D. Weinfeld, and Robert L. York. (1966) "Equality of educational opportunity," Washington, DC: U. S. Government Printing Office.

Cristia, J., Czerwonko, A., and Garofalo, P. (2014) "Does technology in schools affect repetition, dropout and enrollment? Evidence from Peru," *Journal of Applied Economics*, Vol. 17, No. 1, pp. 89-111.

Cristia, J., Ibarrarán, P., Cueto, S., Santiago, A., and Severín, E. (2017) "Technology and child development: Evidence from the one laptop per child program," *American Economic Journal: Applied Economics*, Vol. 9, No. 3, pp. 295-320.

Cunha, F., Heckman, J. J., Lochner, L., and Masterov, D. V. (2006) "Interpreting the evidence on life cycle skill formation," Handbook of the Economics of Education, 1, pp. 697-812.

Doss, C., Fahle, E. M., Loeb, S., and York, B. N. (2018) "More than Just a Nudge: Supporting Kindergarten Parents with Differentiated and Personalized Text-Messages," *Journal of Human Resources*, 0317-8637R.

Falck, O., Mang, C., and Woessmann, L. (2018) "Virtually No Effect? Different Uses of Classroom Computers and their Effect on Student Achievement," *Oxford Bulletin of Economics and Statistics*, Vol. 80, No. 1, pp. 1-38.

Goolsbee, A., and Guryan, J. (2006) The impact of Internet subsidies in public schools," *The Review of Economics and Statistics*, Vol. 88, No. 2, pp. 336-347.

Hanushek, E. A. (1979) "Conceptual and empirical issues in the estimation of educational production functions," *Journal of human Resources*, pp. 351-388.

Hanushek, E. A. (1986) "The economics of schooling: Production and efficiency in public schools," *Journal of economic literature*, Vol. 24, No. 3, pp. 1141-1177.

Hanushek, E. A. (1997) "Assessing the effects of school resources on student performance: An update," *Educational evaluation and policy analysis*, Vol. 19, No. 2, pp. 141-164.

Hanushek, E. A., and Rivkin, S. G. (2006) "Teacher quality," Handbook of the Economics of Education, 2, pp. 1051-1078.

Harris, D. N., and Sass, T. R. (2011) "Teacher training, teacher quality and student achievement," *Journal of public economics*, Vol. 95, No. 7, pp. 798-812.

Heckman, J. J. (2006) "Skill formation and the economics of investing in disadvantaged children," *Science*, Vol. 312, No. 5782, pp. 1900-1902.

Hojo, M. (2012) "Determinants of Academic Performance in Japan," *Japanese Economy*, 39, pp. 3-29.

Hojo, M. (2013) "Class-size effects in Japanese schools: A spline regression approach," *Economics Letters*, 120, pp. 583-587.

Hojo, M. and T. Oshio (2012) "What Factors Determine Student Performance in East Asia? New Evidence from the 2007 Trends in International Mathematics and Science Study," *Asian Economic Journal*, 26, pp. 333-357.

Kirkpatrick, H., and L. Cuban (1998) "Computers Make Kids Smarter — Right?" *Technos*, Vol. 7, No. 2, pp. 26-31.

Kraft, M. A., and Monti-Nussbaum, M. (2017) "Can schools enable parents to prevent summer learning loss? A text-messaging field experiment to promote literacy skills," *The ANNALS of the American Academy of Political and Social Science*, Vol. 674, No. 1, pp. 85-112.

Kraft, M. A., and Rogers, T. (2015) "The underutilized potential of teacher-to-parent communication: Evidence from a field experiment," *Economics of Education Review*, 47, pp. 49-63.

Krueger, A. B. (1999) "Experimental estimates of education production functions," *The quarterly journal of economics*, Vol. 114, No. 2, pp. 497-532.

Leuven, E., Lindahl, M., Oosterbeek, H., and Webbink, D. (2007) "The effect of extra funding for disadvantaged pupils on achievement," *The Review of Economics and Statistics*, Vol. 89, No. 4, pp. 721-736.

Linden, L. L. (2008) "Complement or substitute? The effect of technology on student achievement in India," World Bank Working Paper, 44863.

Machin, S., McNally, S., and Silva, O. (2007) "New technology in schools: Is there a payoff?" *The Economic Journal*, Vol. 117, No. 522 pp. 1145-1167.

Manski, C. F. (1993) "Identification of endogenous social effects: The reflection problem," *The review of economic studies*, Vol. 60, No. 3, pp. 531-542.

Mayer, S. E., Kalil, A., Oreopoulos, P., and Gallegos, S. (2018) "Using Behavioral Insights to Increase Parental Engagement: The Parents and Children Together Intervention," *Journal of Human Resources*, 0617-8835R.

Mo, D., Zhang, L., Luo, R., Qu, Q., Huang, W., Wang, J., Qiao, Y., Boswell, M. and Rozelle, S. (2014) "Integrating computer-assisted learning into a regular curriculum: evidence from a randomised experiment in rural schools in Shaanxi," *Journal of development effectiveness*, Vol. 6, No. 3, pp. 300-323.

Patterson, R. W., and Patterson, R. M. (2017) "Computers and productivity: Evidence from laptop use in the college classroom," *Economics of Education Review*, 57, pp. 66-79.

Rivkin, S. G., Hanushek, E. A., and Kain, J. F. (2005) "Teachers, schools, and academic achievement," *Econometrica*, Vol. 73, No. 2, pp. 417-458.

Rockoff, J. E. (2004) "The impact of individual teachers on student achievement: Evidence from panel data," *The American Economic Review*, Vol. 94, No. 2, pp. 247-252.

Rouse, C. E., and Krueger, A. B. (2004) "Putting computerized instruction to the test: a randomized evaluation of a "scientifically based" reading program," *Economics of Education Review*, Vol. 23, No. 4, pp. 323-338.

Sacerdote, B. (2014) "Experimental and quasi-experimental analysis of peer effects: two steps forward?" *Annu. Rev. Econ.*, Vol. 6, No. 1, pp. 253-272.

Tanaka, Ryuichi; Bessho Shun-ichiro; Kawamura, Akira; Noguchi, Haruko, and Koichi Ushijima

(2018) "Do Teachers Matter for Academic Achievement of Students? Evidence from Administrative Panel Data," mimeo.

Wayne, A. J., and Youngs, P. (2003) "Teacher characteristics and student achievement gains: A review," *Review of Educational research*, Vol. 73, No. 1, pp. 89-122.

York, B. N., Loeb, S., and Doss, C. (2018) "One step at a time: The effects of an early literacy text messaging program for parents of preschoolers," *Journal of Human Resources*, 0517-8756R.

井上敦・田中隆一 (2017)「自然科学を専攻した教員が中学生の理科の学力に与える影響について─日本の国際学力調査データを用いた分析─」RIETI Discussion Paper, 17-J-052.

篠崎武久 (2008)「教育資源と学力の関係」千葉県検証改善委員会『平成19年度「全国学力・学習状況調査」分析報告書』第7章, 73-97頁

妹尾渉・篠崎武久・北條雅一 (2013)「単学級サンプルを利用した学級規模効果の推定」『国立教育政策研究所紀要』第142集, 89-102頁

妹尾渉・北條雅一・篠崎武久・佐野晋平 (2014)「回帰分断デザインによる学級規模効果の推定─全国の公立小中学校を対象にした分析─」『国立教育政策研究所紀要』第143集, 89-102頁

垂見裕子 (2014)「保護者の関与・家庭の社会経済的背景・子どもの学力」国立大学法人お茶の水女子大学『平成25年度全国学力・学習状況調査（きめ細かい調査）の結果を活用した学力に影響を与える要因分析に関する調査研究』第2章(2), 42-56頁

二木美苗 (2012)「学級規模が学力と学習参加に与える影響」『経済分析』No. 186, 30-49頁

第 4 章　金融──金融ビジネスとその変容

小倉義明

I　フィンテックの勃興

　インターネット上の商取引拡大とソーシャルネットワークサービス（SNS）の浸透により、リアルタイムで蓄積される膨大かつ多様な個人情報、すなわち「ビッグデータ」が利用できるようになった。この結果、人工知能（artificial intelligence：AI）、とりわけ機械学習（machine learning）の精度が高まり、これらの技術の応用可能性が急激に拡大している。このようなビッグデータを活用した新たな金融ビジネスは「フィンテック」と呼ばれ、金融業のあり方をこれまでにないレベルで大きく変革する可能性をもつことが多くの論者により指摘されている。「フィンテック」とは、ファイナンス（金融）とテクノロジー（技術）を組み合わせた造語である（柏木 2016）。フィンテックの登場により、伝統的金融機関はこれまでとは全く異なる新たな競争的脅威にさらされている。その一方で、大手金融機関を中心にこれらの新技術を積極的に取り込むことでさまざまな業務を自動化し、人材の効率的な活用、あるいは店舗・人員の削減を進める動きがこれまでにない規模で進みつつある。例えば、米国の四大銀行は、2012 年以降の 5 年間で店舗を 2 割、人員を 1 割削減している[1]。国内でも 3 メガバンクグループが相次いで業務削減あるいは人員削減計画を公表している[2]。フィンテックが、金融業の「創造的破壊者」として既存業者を破壊してしまう不安と、より効率的な金融仲介を実現する可能性への期待が交錯している。

---

[1]「米銀にデジタル化の波」日本経済新聞 2018 年 1 月 6 日朝刊 7 面。
[2] 2016 年 11 月に、三菱東京 UFJ フィナンシャルグループが 9,500 人分、三井住友フィナンシャルグループが 4,000 人分の業務量を削減し、より有効な人材活用を目指すことを公表している。みずほフィナンシャルグループはさらに、今後 10 年の間に 1 万 9,000 人の人員削減と、20％程度の店舗削減を行う計画を公表している（「5 大銀、稼ぐ力なお弱く」日本経済新聞 2017 年 11 月 15 日朝刊 7 面）。

本章では、まず既存文献にもとづいて、フィンテックとして分類される新たな金融ビジネス（第Ⅱ節）と、その背後にある機械学習（第Ⅲ節）を概観し、それらが金融業の経済効率性に与える影響について論点整理（第Ⅳ節）を行う。続いて、新たな金融ビジネスのうち、特に金融業の核となる金融仲介業務、すなわち、多くの人々から小口資金を集めて分散投融資するという業務に挑戦し、急成長を遂げつつある「クラウドレンディング」と呼ばれる新たな金融仲介モデルに焦点を当てて、その急成長の要因、経済厚生的な意味、および持続可能性を探る（第Ⅴ節）。検討にあたっては、すでに株式市場への上場を果たしていて公開情報が充実している米国最大手のLendingClubをモデルケースとして、ケーススタディを行う。この検討を通して、クラウドレンディングが、金融危機時に問題となったシャドーバンキング（影の銀行）と同様の問題を抱えている一方で、投資家の自由度を最大限に確保した投資形態による安価なリスク資金供給の仕組みを生み出しつつあることを明らかにする。

Ⅱ　フィンテック（FinTech）の概要

Financial Stability Board（FSB）[3]は、フィンテックを「Technology-enabled innovation in financial services（新技術により可能となった金融サービスのイノベーション、筆者訳）」と説明している[4]。フィンテックの主な舞台は、①クラウドファンディングによる金融仲介、②暗号通貨・電子決済、③個人資産管理である。以下、それぞれについて概観する。

1　クラウドファンディング

クラウドファンディングとは、インターネットを通して不特定多数の資金提供者から資金を募る資金調達方法である。一般に、①融資型、②投資型、③購入型、④寄付型の4タイプがあるといわれている。金融危機後の低金利を背景に、特に①融資型が急成長している。

融資型は、インターネット上で個人が個人あるいは企業に対して直接小口融資を行うものであり、クラウドレンディング、あるいはpeer-to-peer（P2P）レンディングと呼ばれている。世界中のクラウドファンディング経由の資金調達額のほとんどがこ

---

[3] 金融規制の国際協調を強化するために2009年に設立された機関。G20に参加する主要国の金融規制当局が参加している。
[4] FSB（2017b）1頁4行目。

の形態によるものである。LendingClub（2008年設立、米国）やYirendai「宜人貸」（2012年設立、中国）のようにすでに株式上場を果たしたプラットフォームもある。後述のビッグデータと機械学習を活用した低コストで精度の高い与信審査の仕組みを導入しているプラットフォームも多いとみられ、商業銀行の伝統的融資業務に対する挑戦者として注目されている。

　投資型は、インターネット上での株式の売り出し、あるいはそれらを組み入れた投資信託の売り出しにより資金を募るものである。購入型は、投資家に商品企画をプレゼンテーションし、商品を予約販売することで資金を集めるものを指す。資金調達だけではなく、事前の市場調査も兼ねている点が特徴である。国際的に有名な代表例はKickstarter（2009年設立、米国）である。寄付型は、資金提供の見返りは特になく、純粋に寄付を募るものである。ただし、ボランティア活動の資金調達を目的として、その活動報告書を予約販売するなどのケースもあり、購入型と寄付型の違いは曖昧である。

2　暗号通貨、電子決済

　暗号通貨（crypt currency）として最も有名なものはビットコインと、そこから分岐したビットコインキャッシュやビットコインダイヤモンドなどである。そのほかにも、イーサリウムなど複数の暗号通貨が存在している。暗号通貨を決済に利用できる小売店や電子商取引サイトは多数あるものの、実際には投機の対象として保有される傾向が強い。最近では、暗号通貨による将来の配当支払いを約束した「トークン」と呼ばれる仮想株式を一般投資家にネット上で公募発行することで暗号通貨による資金調達を行う、initial coin offering（ICO）も実施されている[5]。2017年12月17日にシカゴマーカンタイル取引所においてビットコイン先物が上場するなど、取引市場の整備が進みつつあるものの、通貨価値は極めて不安定である。1ビットコインの円建価格はこの先物取引開始当日に223.6万円という最高値を付けている[6]。この半年前は概ね30万円程度で取引されていたので、半年で7倍以上も値が跳ね上がったことになる。その後、1月には185万円程度まで値が下がっている。2019年3月末時点では、さらに低下して、45.6万円で取引されている。このように価値変動が激しいため、貨幣としての一般受容性（すべての人が商品提供の代価として貨幣を喜んで受け取る

---

[5] 中国や韓国など、一部の国では禁止されている。
[6] 日本のビットコイン取引所大手Bitflyerのウェブサイト（https://bitflyer.jp/ja/　2018年1月5日閲覧）より。

状況、つまり、あらゆる財と交換することができる状況）や価値保蔵性（時間が経過しても価値を減耗させずに保管できる性質）を備えているとはいえず、現在のところ、これが既存の貨幣に取って代わるとは考えにくい状況である。

　しかし、暗号通貨がベースとしているブロックチェーン技術の応用可能性はかなり広いとみられている。特に分散型記帳による記録改竄防止の仕組みが注目されている。分散型記帳とは、簡単に言えば、個々の取引の記録をすべての参加者の端末に共有保管する仕組みである。一旦共有された記録を事後的に書き換えるためには、改竄箇所以降について、膨大な暗号計算を伴う認証をやり直さなければならないため、改竄は難しい。この仕組みは、中央集権的なサーバーなど大規模設備投資をしなくても信頼性の高い決済システムを運営できることを意味しており、金融機関間の債券取引システムへの応用[7]、あるいは国際援助物資の配給システムなどへの応用[8]が検討され、実際に利用されているケースもある。また、中央銀行による電子貨幣の発行を、この技術を応用して行うことを検討している国もある（例えば、スウェーデンの e-Krona 構想（Sveriges Riksbank 2017））。電子貨幣であれば、時間とともに価値が目減りする仕掛けを組み込むことで、貨幣に対するマイナス金利を設定することも容易であり、マイナス金利による金融緩和政策の効果が高まる可能性が指摘されている（ロゴフ 2016）。

　他方、携帯電話やスマートフォンなどモバイル端末の普及に伴い、モバイル端末による決済が、途上国や新興国を中心に急速に浸透しつつある。先進国ではすでに銀行口座をほとんどの人が保有し、クレジットカードやデビットカードが十分に普及しているために、こうしたモバイルによる決済の普及はさほどでもない。しかし、中国（アリペイ「支付宝」）[9]や、東アフリカのケニア（M-PESA）[10]では広く浸透し、開発金融における長年の課題であった金融包摂（financial inclusion）、すなわち、銀行口座をもたない低開発地域の人々への金融市場アクセスの付与を見事に達成しつつあ

---

[7] 世界食糧計画（WFP）はシリア難民への支援金配布にブロックチェーン技術を応用した電子マネーを用いている（「国連、難民支援に活用」日本経済新聞 2017 年 11 月 25 日夕刊 3 面）。

[8] 日本の大手行も含む世界の主要金融機関がブロックチェーン技術を応用した債券発行・取引システムの共同実験を行っている（「仮想通貨技術で債権発行を実験」日本経済新聞 2016 年 3 月 6 日朝刊 3 面）。

[9] アリペイの利用者数は 5 億人を超えている（「5 億人の決済牛耳る」日本経済新聞 2017 年 12 月 5 日朝刊 7 面）。2017 年 7-9 月期の他社も含む中国国内のスマートフォンによる決済額は約 30 兆元（日本円で約 500 兆円）に達している（「中国スマホ決済　500 兆円」日本経済新聞 2017 年 12 月 28 日朝刊 11 面）。

る。

　また、クレジットカードに関しては小売店がサービスに加盟し、端末を導入する必要があるなどの追加コストが、小規模小売店へのクレジットカード普及への障壁となっていた。このようなコストをかけずとも、手持ちのスマートフォンに安価な専用器具を取り付けるだけでクレジットカード端末として利用できるようにするサービスを提供するビジネスで急成長を遂げた企業がある（米国の Square, Inc.）。同社は 2015 年 11 月にニューヨーク証券取引所への株式上場を果たしている。

3　個人資産管理

　本人と金融機関の了解にもとづいて、オープン API という仕組みを介して、方々に散らばった銀行・証券口座の情報を1つにまとめて管理するアプリケーションを提供する会社、さらにその情報を利用して AI による投資アドバイスを行うロボアドバイザーなど、個人の資産管理を効率化するサービスも次々と登場している。そうしたサービスを提供する会社の中にも株式上場を果たすものも出てきている[11]。

III　機械学習とフィンテック

1　機械学習とは

　個人あるいは企業の商取引、金融取引、資産管理などありとあらゆる取引の多くがインターネット上で行われるようになった結果、これまでになく多様かつ膨大な個人情報をリアルタイムで入手し、活用できるようになりつつある。SNS への投稿など、人々のインターネット上の発言も同様にリアルタイムで入手し、活用できる情報である。このようにリアルタイムに入手できる膨大なデータは、「ビッグデータ」と呼ばれる。

　ビッグデータの蓄積の結果、精度の高い機械学習が可能となってきている。機械学習とは、数字、文章、画像、音声を含む多様なデータから一般的な傾向を抽出し、そこからある事象が生じる確率や、ある変数の値を予測する手法であり、AI の一分野

---

[10]　ケニアの成人のうち、金融サービスを受けることができている人の割合は 2009 年に 40％であったが、2016 年には 75％まで増加している。M-PESA がこの増加に寄与したことが指摘されている（FSB 2017b、38 頁）。

[11]　例えば、マネーフォワード（2017 年 9 月 29 日　東証マザーズ上場）。

として位置付けられている。基本的に統計学的手法であるため、データのサイズが大きいほど精度が上がる。

　機械学習には、「教師あり学習」（supervised learning）と「教師なし学習」（unsupervised learning）がある。前者の場合は、モデル推定用（学習用）のデータ（教師）が用意されており、そのデータを用いて推定されたモデルに、予測対象のデータを外挿することで予測を行う。倒産確率を例にとれば、以下のようになる。過去の倒産情報とその企業の利益率や資産規模などの属性変数が存在するとする。前者を y と呼び、倒産した企業については y=1、倒産しなかった企業については y=0 と記録されているとする。属性変数を x_e と呼び、実数値をとるとする。これらのデータを用いて、倒産確率関数 y=f(x_e) を統計的に推定する。このように推定された関数 f に予測対象となる企業の属性変数のデータ x_p を外挿して f(x_e) を計算することで、対象企業の倒産確率を予測する。回帰分析など伝統的な統計的手法とほぼ同じである。ただし、使うべき属性変数の選択問題にさまざまな工夫がこらされている点が異なる。また、予測精度の向上のみに注力して手法が開発されている点が、x と y の相関関係だけではなく因果関係についても深く注意を払う計量経済学と異なる。教師なし学習では、y のような予測対象となる変数はなく、したがってモデル推定用のデータもない。属性データを用いて対象を分類するなど、データを探索的に整理することを目的とした手法である。

　イメージをしやすくするために、教師あり機械学習のひとつである、Least Absolute Shrinkage and Selection Operator（LASSO）を簡単に紹介しておく。この手法は経済学でも最近応用されるようになっている[12]。以下の解説は、Varian（2014）、Mullainathan and Spiess（2017）にもとづいている[13]。観察個数 n の学習用データを用いて、y の値を q 個の属性変数 x_1、x_2、…、x_q で予測する場合を考える。LASSO では線形予測モデル、すなわち、

$$y_i = \beta_0 + \sum_{j=1}^{q} \beta_j x_{ij}$$

を仮定する。この場合、モデルを推定するとは、係数 β_0、β_1、β_2、…β_q を推定することを意味する。このような推定に際してまず想起するのは、統計学でおなじみの線

12）例えば、Belloni et al（2014）、Burlig et al（2017）。
13）James et al（2013）第 6 章にも詳しい解説がある。

形回帰である。線形回帰では、誤差の2乗の合計を最小化するように係数を選択する。すなわち、以下のような最小化問題を解くことで、これらの係数を推定する。

$$\min_{\beta_0, \beta_1, \ldots, \beta_q} \sum_{i=1}^{n} \left(y_i - \beta_0 - \sum_{j=1}^{q} \beta_j x_{ij} \right)^2$$

しかし、予測の観点からこの手法には限界がある。例えば、ビッグデータでは利用可能な属性変数の数（この例では q）が膨大であることから、学習用データ内で線形モデルの当てはまりを極限まで高めることができる。しかし、このようなモデルは、学習用データにあまりにも当てはまりすぎているがゆえに、学習用データの特殊事情までも反映したモデルとなってしまう。したがって、学習用データから離れて、予測用データを外挿したときに予測がそれほどうまくいかない、いわゆる過学習（オーバーフィッティング）の問題が発生する。

この問題を避けるために、予測に用いる属性変数を絞るとともに、特定の係数が極端に高い影響力をもつことを防ぐ必要がある。そこで、LASSO では、上記の誤差の二乗和に、係数の絶対値に関するペナルティを加えたものを最小化するように係数を選ぶ。つまり、

$$\min_{\beta_0, \beta_1, \ldots, \beta_q} \sum_{i=1}^{n} \left(y_i - \beta_0 - \sum_{j=1}^{q} \beta_j x_{ij} \right)^2 + \lambda \sum_{j=1}^{q} |\beta_j|$$

を解くことで、係数を推定する。第2項がペナルティであり、レギュラライザー（regularizer）、あるいはチューニングパラメーターと呼ばれる。$\lambda (\geq 0)$ の値を高くすることで過学習の問題を抑制することができる。しかし、高すぎると逆にアンダーフィッティングの問題が生じる。このため、チューニングパラメーターの選択に十分に注意を払う必要がある。

2 機械学習の金融への応用

前節でみたとおり、教師付き機械学習は本質的にデータを活用した予測技術であるため、金融業のさまざまな業務において広く活用が進みつつある。FSB（2017a）は、与信審査、保険価格付、対顧客助言サービスなどのフロント業務、金融機関のリスク管理、証券取引戦略策定、ポートフォリオ管理などのバックオフィス業務、および、

マネーロンダリング対策など金融機関の規制対応（RegTech）や監督当局による監視（SupTech）の分野で機械学習の応用が始まっていることを指摘している。いずれも、業務自動化による金融機関のコスト削減や意思決定のスピードアップに寄与するものとして期待されている。

これらの応用のうち、特に広く浸透しつつあるのが、与信審査における活用である。実は、1990年代後半から、個人向けあるいは零細企業向けの小口融資について、過去の信用履歴など、さまざまな定量・定性データにもとづいて債務不履行確率を推定し、これを点数化（スコアリング）し、これにもとづいて与信審査と金利設定を行う融資手法が米国や日本で導入されてきた（小野 2007）。小口融資は1件当たりの利益が小さいため、人件費など融資審査コストを極力抑えるニーズが従来から強かった。2000年代までのスコアリングモデルでは、企業の過去の財務データや、個人の過去の所得や、クレジットカード等信用履歴といった、改訂頻度が低いものであったため、スコアリングの精度についてはしばしば疑念が提示されてきた。しかし、近年のインターネット取引やクラウドサービスの増加とそれに伴うビッグデータへのアクセスが、新たなスコアリング手法の道を開いている。先述のクラウドレンディングでも与信審査にこのようなビッグデータが活用されているとみられている。

例えば、個人であれば、携帯電話料金の支払い状況、電子商取引プラットフォームでの注文、決済状況などの情報がリアルタイムで蓄積されているので、こうしたデータへのアクセスさえできれば、これを活用した機械学習に基づく与信審査が可能である[14]。企業についても、消費者向けあるいは企業間取引向け電子商取引プラットフォームでの日々の受発注情報や売上高、あるいはクラウド会計ソフトウェアを介して収集された各種会計情報など、リアルタイムで入手でき、かつ信頼性の高い情報を活用した与信審査が可能である。実際にクラウド会計ソフトウェア上の情報を金融機関と共有し、金融機関による機械学習を活用した融資審査に活用する試みがすでに始ま

14）日本では、例えば、みずほ銀行とソフトバンクが共同で、ネット購買歴を活用したAI融資審査を開始することが公表されている（「ネット購買歴使い融資」日本経済新聞社 2017年12月22日朝刊1面）。

15）例えば、横浜銀行や千葉銀行など地方銀行・グループ4社とオリックス子会社の会計ソフト大手の弥生が、クラウド会計システム上の財務情報や取引データを共有しAIを活用した少額融資を2018年に開始することを公表している（「地銀勢、AI使い融資─横浜銀や千葉銀　中小零細に資金」日本経済新聞 2017年4月14日朝刊7面）。中国でも、先述のアリペイを活用して、AIによる与信審査を組み込んだ小規模事業者向けの小口無担保融資サービスが提供されている（「Maga Player アリババ（中）」日本経済新聞 2017年12月6日朝刊9面）。

っている[15]。このような仕組みにより、人件費を節約しつつ、精度の高い与信審査を迅速に行うことが可能となれば、これまで金融市場から排除されていた潜在的な利用者を取り込むことができるようになる。

また、自然言語処理技術の活用も注目されている。SNS上に投稿された各企業の評判に関わる文章などを自然言語処理の技術により、単語や文節に分解し、あらかじめ設定された辞書によって、これらがポジティブであるかネガティブであるかを判定する。従来は単語を企業ごとに集計することでネガティブな傾向があるか、あるいはポジティブな傾向があるかを識別するにとどまっていたが、最近では深層学習と呼ばれる手法を応用して、単語の組み合わせから文脈を判断することも可能となってきている。この技術を応用した景況感指数の計測が提案されている（五島・山田 2017；山本 2017）ほか、金融機関規制当局の中には、この情報をモニタリングに活用する試みを始めているものもある。例えば、イタリア銀行（Banca d'Italia）はSNSへの人々の投稿から銀行システム不安の指標を計算する試みを始めている[16]。

Ⅳ　フィンテックの経済厚生への影響：これまでの経済学的議論

1　効率化による金融仲介コストの低下と金融包摂の進展

フィンテックの普及に伴い、利用者との接点が店舗やATMから、利用者自身のスマートフォンなどモバイル端末に移行することで、店舗維持費用や人件費を節約して、より効率のよい安価な金融仲介サービス提供が可能となることが期待されている。この点は、特に開発金融の課題である金融包摂（financial inclusion）、すなわち、銀行口座をもたず金融市場へのアクセスがない人々をいかにして金融市場に包摂していくかという問題への1つの解を示唆している。先述のとおり、東アフリカ諸国など、金融機関の支店網が発達する前に携帯電話が普及した地域では、モバイル決済を専業とする新規参入企業が、預金サービスや融資サービスにも進出することで金融包摂を実現しつつある。

発達した金融市場をもつ経済であっても、新規参入企業や零細企業は、個々の融資規模が小さいゆえに、固定費用である融資審査コストを回収できるほどの金利収入が期待されず、融資対象にならない場合があった。日々蓄積されるビッグデータに機械

---

[16] FSB (2017a) 22頁。

学習を応用することで、低コストで比較的精度の高い融資審査が可能となれば、このような企業層への融資可能性が向上するかもしれない。

2 金融業への新規参入と市場競争の活性化

　Philippon（2015）の試算によれば、1880年代以降2010年代までの130年間、米国における金融業が預金・貸出・証券発行業務、決済業務、M&A 仲介業務からなる金融仲介業務から生み出す経済的付加価値は、これらの業務の合計取扱額に対して、ほぼ変わらず概ね2%程度で推移してきた。これは、単位当たりの金融仲介コストが、130年間ほぼ変化していないことを意味している。130年間に情報通信技術や情報蓄積技術が飛躍的に向上し、金融機関は情報技術投資に長年にわたって莫大な資金を投じ続けていたことを顧みると、これは驚くべき結果である。

　この結果の原因として Philippon（2016）は、競争政策上の問題点を指摘している。資金量の大きい大銀行ほど分散投資によるリスク低減が可能であるため、より多くの預金を引き付けることができる。結果として、金融業は自然に任せておくと独占に陥ってしまう、いわゆる、自然独占的な傾向をもつ（Yanelle 1997）。これに加えて、Philippon は、大銀行による「大きすぎてつぶせない（too-big-to-fail）」地位を濫用した低利での資金調達、および金融規制が複雑になりすぎて規制遵守の方法に習熟する追加コストが新規参入銀行にとって過大であることが、参入障壁になってしまっている可能性を指摘している。同様に、Vives（2016）[17]は、伝統的な銀行が、預金保険制度による明示的な公的保護や暗黙の公的保護を受けていることから、非常に安い金利で資金調達ができること、および、安定した顧客基盤を先行して確保していることによる先行者利益が、銀行業への新規参入を妨げている可能性を指摘している。決済口座の情報を独占的に入手することで、融資先のリアルタイムの資金繰り状況を把握できることから派生する伝統的銀行の情報優位性が、このような顧客基盤の固定化、および融資競争緩和につながっていることは既存研究で明らかにされているとおりである（例えば、Dell'Ariccia et al 1999; Norden et al 2010; Ioannidou and Ongena 2010）。

　これらの自然独占的な傾向と、先行者利益の結果、伝統的銀行グループが預金・貸出・証券発行業務、決済業務、M&A 仲介業務を一手に引き受けて寡占的に活動してきたのが、これまでの金融業の姿である。情報通信技術の発達によって、これらの業務を切り分けて運営する（アンバンドリング）ことが可能となれば、特定の業務に特

---

17) Section 2.2. Business Models and the Challenge to Traditional Banking.

化した形での参入ができるので、金融業への新規参入が活性化すると予想されている（柏木2016）。また、アンバンドリングが進めば、預金サービスを提供しない形での参入が可能なので、複雑な銀行規制を回避して、効率的にサービスを提供することが可能となるとする意見もある（Philippon 2016）。また、電子商取引やクラウド会計システムを通したこれまでにないビッグデータを用いた与信審査システムにより、電子商取引プラットフォームなど伝統的金融業以外の業種に属する企業が、伝統的銀行の情報優位を克服して融資市場に参入することが、以前よりも容易になる可能性も指摘されている（Bhchak et al 2017）。個別業務に特化し、組織構造や規制対応が単純な新規参入企業が増えれば、金融仲介コストは低下すると期待される。上述のような既存金融機関の先行者利益を勘案して、新規参入のフィンテックに対する規制は緩めに設定して、新規参入を後押しするべきであるとの主張もある（Philippon 2016；Bank of Japan 2017）。

既存の金融機関は、情報システム、規制、組織構造などについて、過去の遺産を引きずっており、これが新技術導入の妨げとなって、金融仲介コストが低下しない可能性もPhilippon（2016）は指摘している。新技術の浸透は、新規参入企業により迅速に実現される。

3　新たなリスク

以上のメリットの一方で、新たなリスクも指摘されている。FSB（2017a）は、ビッグデータ提供者など金融規制の対象外の主体への金融市場の依存度が高まること、機械学習に用いられるモデルのブラックボックス化、あるいは多くの主体が類似の機械学習モデルとデータを利用することに伴う隠されたシステミックリスクの発生への規制的対策の必要性を指摘している。また、ビッグデータは個人情報であり、情報セキュリティの問題に関する新たな規制の枠組みの必要性も指摘されている（Bank of Japan 2017）。

クラウドレンディングに代表される、ネットワーク上で与信審査を行い、融資を斡旋するタイプのフィンテックは、2007-09年の金融危機で問題視された「影の銀行」（シャドーバンキング：shadow banking）と似たスキーム、すなわち融資実行後に融資債権を他の投資家に転売する、いわゆるOTD（originate-to-distribute）モデルを採用するものが数多く含まれている。融資債権組成時点で仲介手数料を稼ぎ、後の債権回収リスクは投資家に転嫁されるので、融資債権を粗製乱造する誘因が潜在する点に問題がある。伝統的銀行については、金融危機後の規制強化により、住宅ローン

（モーゲージ）債権に対する要求自己資本が引き上げられ、融資組成にかかる資本コストが高くなっている。これがモーゲージ関連フィンテックの成長につながっている。Buchak et al（2017）は、伝統的銀行の規制対象となるリスク調整済み自己資本比率（融資シェアでの加重平均）が2008年から2015年にかけて大きく上昇した銀行の支店が多い地域において、このような新たなシャドーバンクへのシフトが進んだことを報告している。フィンテックの隆盛は、新たな規制回避（regulatory arbitrage）の側面ももち合わせている点に注意が必要である。

V　クラウドレンディングの挑戦[18]

1　急成長を遂げたクラウドレンディング

　フィンテックのうち、伝統的金融機関の根幹的業務である、多数の人から資金を集めて、これを分散投融資するという金融仲介分野で挑戦を仕掛けているのが、クラウドファンディングである。さまざまな形態のうち最も成長著しいのは、融資型、いわゆるクラウドレンディングである。以下では、このクラウドレンディングについて詳しく検討し、このビジネスモデルのもたらす便益とリスク、および持続可能性について評価を試みる。

　筆者の知る限り、最も古いクラウドレンディングプラットフォームは、英国のZopa社が2005年に提供し始めたものである。Zhang et al（2018）の調査によれば、発祥の地英国におけるクラウドファンディングのほとんどは、融資型に属するもの（表4-1の最初3項目）で、2015年に約24億ポンド、2017年には約46.6億ポンド（1ポンド150円換算で、それぞれ約3,600億円、約7,000億円）の融資が実行されている。2015年から2017年の2年間で約2倍の成長を記録している。また、同調査によると、事業者向けP2P融資による2017年の調達額は、同年の英国内の零細企業向け融資の約3割を占めるに至っている。なお、表中にある「インボイス売買」は、オンラインでの売掛金売却による資金調達であり、オンライン・ファクタリングとでも呼ぶべきものである。

　米国でも融資型が圧倒的シェアを占めている（表4-2、Cambridge Center for Alter-

---

[18] 本節は、平成27年度金融調査研究会（全国銀行協会）報告書、第4章「クラウドレンディングの潜在力」を加筆・修正したものである。

表 4-1　英国のクラウドファンディングによる資金調達額（100万ポンド）

タイプ	2015年	2016年	2017年
P2P融資（事業者向け）	881	1,232	2,039
P2P融資（消費者向け）	909	1,169	1,403
P2P融資（不動産）	609	1,147	1,218
インボイス売買	325	452	787
株式投資型	245	272	333

出所：Zhang et al（2018），12頁をもとに筆者が作成。

表 4-2　米国のクラウドファンディングによる資金調達額（10億米ドル）

タイプ	2014年	2015年	2016年	2017年
P2P融資（消費者向け）	7.6	18.0	21.1	14.7
B/S融資（消費者向け）	0.7	3.1	2.9	15.2
P2P融資（事業者向け）	1.0	2.6	1.3	1.5
B/S融資（事業者向け）	1.1	2.3	6.0	6.7

注：投資型、寄付型など他の形態のクラウドファンディングはいずれも調達額が少ないため省略した。
出所：Cambridge Center for Alternative Finance（2018），56頁，図「US Alternative Finance, Market Volume by Model, 2014-2017」をもとに筆者が作成。

native Finance 2018）。融資型以外の形態による資金調達額は小さいため、表 4-2 では省略されている。英国に比べると、事業者向けの比率は低く、圧倒的に消費者向けの融資が多い点が異なる。2017年中の消費者向け融資額は約 300 億ドルもの規模となっている。1 ドル 110 円換算で約 3.3 兆円であるので、日本の中堅地方銀行並みの融資量である。表中の「B/S 融資」とは、次節で紹介する、クラウドレンディング運営会社の貸借対照表上で直接融資を行う、直接融資モデル（後述）と呼ばれる形態による融資である。

また、詳細な内訳情報はないものの、中国でのクラウドレンディングによる資金調達額は 2015 年に約 1,000 億米ドル（1 ドル 110 円換算で約 11 兆円）であったと報告されており、世界最大のクラウドレンディング大国となっている（BIS and FSB 2017, 7 頁，Table 1）。ちなみに、同レポートによれば、日本のクラウドレンディング市場の規模は約 3.3 億ドル（1 ドル 110 円換算で約 363 億円）となっている。国別順位でみれば、中国、米国、英国に次ぐ規模ではあるが、調達額でみると英国の 12 分の 1 に

も満たない。

　クラウドレンディング向けのプラットフォームを提供する会社の中には、すでに新規株式公開を果たしたものもある。2014年12月16日にニューヨーク証券取引所に上場したLendingClub（2008年設立、米国）と、2015年12月18日に同取引所に上場したYirendai「宜人貸」（2012年設立、中国）である。前者は設立から6年程度、後者は設立から3年というスピード上場である。

2　クラウドレンディングのビジネスモデル

　米国財務省のレポート（U. S. Department of the Treasury 2016）は、クラウドレンディングの金融仲介スキームを、(1) 直接融資モデルと、(2) プラットフォーム融資モデルの2種類に分類している。

(1) 直接融資モデル（Direct Lender Model）

　クラウドレンディングプラットフォームの運営会社が、個人投資家からオンラインで集めた資金、あるいは機関投資家から集めた資金を、個人・企業にオンラインで融資する形態である。プラットフォームの貸借対照表に計上する形でこれらの取引を行う。

　例えば、先述のZopaは、個人向け融資の束で構成された投資信託を個人投資家向けに販売する形態をとっており、直接融資モデルに近い形態である。また、日本のクラウドレンディングの多くもこのように投資信託を販売する形態をとっている[19]。

(2) プラットフォーム融資モデル（Platform Lender Model）

　直接融資モデルとは異なり、プラットフォーム運営会社の貸借対照表を介することなく融資を仲介する形態である。運営会社と提携する銀行が存在し、これがクラウドレンディング融資申請者の与信審査を行い、融資を行う。この融資は1件毎に証券化され、プラットフォームを経由して融資提供を希望する投資家に売却される。機関投資家がまとめて購入する場合もある。借り手からの利払いと返済は、この証券の保有者に渡る。プラットフォーム運営会社は、貸し手と借り手のマッチング機会を提供するだけで、実際の融資・証券化は背後にいる銀行が行う。運営会社の収入は、マッチ

---

[19] 例えば、Maneo（2007年設立）、SBIソーシャルレンディング（2010年設立）、クラウドクレジット（2013年設立）。

ングの仲介手数料である。米国最大級のクラウドレンディングである LendingClub と Prosper はこの形態を採用している[20]。

3 事例研究：LendingClub

インターネット上で資金の貸し手と借り手をマッチングすることがクラウドレンディングプラットフォームの役割であるが、実際にどのようなスキームでこれを行っているのであろうか。公開情報が豊富な米国最大手 LendingClub の例について、以下、さらに詳しく検討する。

図 4-1 は、同社の証券発行目論見書やウェブサイト上の解説を参考にして、筆者が融資スキームを図示化したものである。まず、借入希望者が LendingClub のウェブサイト上で融資申し込みを行う。借入希望者は、希望金額、満期、資金使途、また信用格付（スコアリング）に必要な年収や持家の有無などの個人情報をウェブサイト上で入力する（図4-1①）。金額は 1,000 ドルから 3 万 5,000 ドルの範囲、満期は 36 か月か 60 か月のいずれかに選択肢は限られている。入力情報、および蓄積・共有されている信用情報（例えば、FICO スコア[21]）などから算出される信用スコアにもとづいて LendingClub が信用格付を付与するとともに、この格付に応じた信用コストを加味した融資金利を設定する。FICO スコアが 660 に満たない、いわゆるサブプライム層はこの段階でふるい落とされる。

初期スクリーニングを通過した融資申請は、融資金利、格付、資金使途、希望金額、満期などの情報とともに投資家閲覧用のウェブページに掲示される（図4-1②）。投資家用のページには、初期スクリーニングを経た融資申請がすべてリストアップされる（図4-2）。投資家は画面上で、25 ドル刻みで希望貸付額を各案件に対して割り振ることで、貸し付けの申し込みをする（図4-1③）。つまり、投資家は 25 ドル単位で自由自在に個人向け融資のポートフォリオを設定できる。

2 週間程度の募集期間内に希望調達額を満額調達できた場合にのみ、融資が実行される。これは、希望額に満たないにもかかわらず融資を実行した場合、当初の資金使途とは異なる目的に使われる可能性が高いためである。この融資の時点で Lending-

---

20) Prosper は、融資申込者の情報を掲示して、これに対して融資提供を希望する個人投資家によるオークションで融資金利と融資可否の決定を行う仕組みを採用していたが、2010 年 9 月以降は LendingClub と同じ方式を採用している（Wei and Lin 2016）。
21) 1956 年に設立された消費者信用格付会社である FICO 社が提供する消費者個人の信用格付。米国内では、クレジットカードや住宅ローンなどの個人向け融資の審査に広く活用されている。

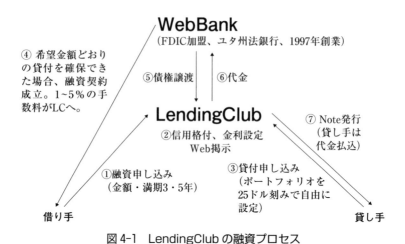

図 4-1　LendingClub の融資プロセス

出所：LendingClub のウェブサイト（2015 年 11 月 6 日閲覧）、同社の SEC filing form S-1/A（November 17, 2014）などを参考に筆者作成。

Club は融資総額に対する 1～5％程度の手数料を得る（図 4-1 ④）。これが LendingClub の収入となる。したがって、融資金利に最大 5％の手数料を加えたものが、借り手にとっての資金調達コストとなる。

　以上がユーザー（貸し手、借り手）からみえるプロセスである。実はこのプロセスの背後では 1997 年から商業銀行として営業し、預金保険制度の対象でもある WebBank が重要な役割を果たしている。契約上、図中の借り手に直接貸し付ける主体はこの WebBank である（図 4-1 ④）。これは LendingClub 本体が直接貸し付けることにより、同社が貸金業者としての規制に服さなければならないことを避けるための工夫であると推測される。

　こうして WebBank が組成した個人向け債権が LendingClub に転売される（図 4-1 ⑤⑥）。転売された個人向け債権各々を担保として、LendingClub は Note と呼ばれる証券を発行する。この Note には、借り手が毎月返済する返済元本と利息を受け取る権利が付与されている。投資家（貸し手）はウェブサイト上で入力した貸付希望額を払い込むと同時に、対象となる融資案件に対応した Note を払込金額に応じた持分で受け取る（図 4-1 ⑦）。こうして、投資家が借り手に融資を行い、その返済元利を投資家が受け取るというお金の流れが生成される。

　このような債権の購入者には、オンラインで貸し付けを申し込んだ個人だけではな

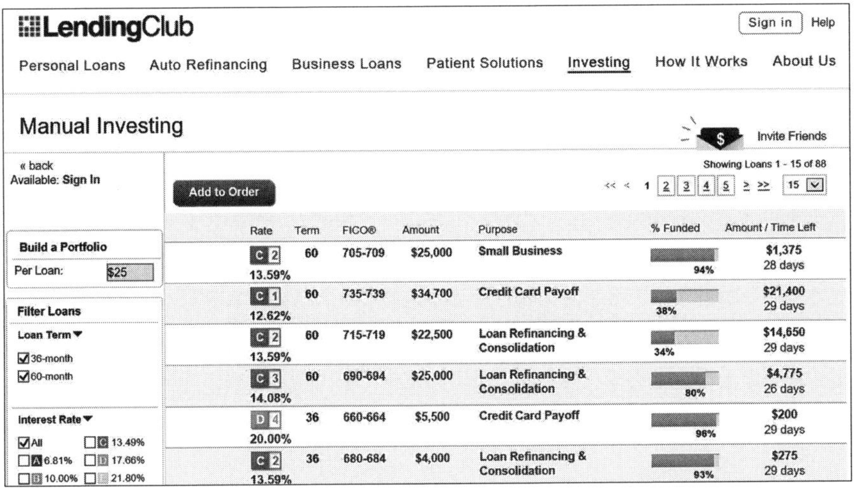

図4-2 LendingClubの個人投資家用ポートフォリオ構築画面

出所：LendingClubウェブサイト（Browse Loans）https://www.lendingclub.com/browse/browse.action（2017年12月8日閲覧）。

く、大手銀行も含む機関投資家も含まれる。例えば、2015年2月には、アライアンス・パートナーズ（米国の約200のコミュニティバンクの連合体であるバンカライアンスの運営主体）と提携を結んだほか、同年4月にはシティバンクと提携を結ぶなど、機関投資家への債権売却のルートを拡充している。2016年2月には、J. P. モルガン・チェース銀行が約10億ドルの債権を購入したとの報道もあったところである[22]。LendingClubで組成された融資総額の半分が機関投資家に転売されているといわれている[23]。

4 伝統的銀行融資との違い

以上の情報を踏まえて、伝統的銀行融資とクラウドレンディングの違いを整理すると以下のようになる。

---

[22] "J. P. Morgan Acquires Nearly $1 Billion Worth of Lending Club Loans; Sale is being watched by credit markets as an indicator of the health of the market for online personal loans," 2016年2月1日、Wall Street Journal（online）.

[23] "LendingClub's Ties to Fund Under Fire; Investments by CEO, company in outside fund intended to boost demand for loans," 2016年5月11日，Wall Street Journal（online）.

(1) 資金提供者

　伝統的銀行融資の源泉となる資金は預金者からの預金である。一時的に資金を預けているだけの預金者もいれば、投資機会を待って預金を預けている人もおり、これらの人々がどの程度のリスク許容度をもっているのかは明らかでない。預金の多くは要求払い預金であるので、なにか問題があればすぐに預金を引き出すことで預金者はリスクを抑えることができる。したがって、銀行預金についてリスクを認識することはさほどない。一方、クラウドレンディングに資金提供を行う投資家は、自分がどのようなリスクをとっており、どの程度までなら許容できるかを自覚したうえで資金を投じている。したがって、クラウドレンディングへの資金提供者のほうが、リスク許容度が高いと想定するのが自然である。このように個人向け融資の文脈で、リスク許容度の高い資金を見出だし、供給する仕組みを生み出した点が注目される。

(2) 信用リスクの担い手

　伝統的な銀行融資の場合は、銀行自身が融資審査を行い、融資を組成し、その後のモニタリングや債権回収を行う。債務不履行が発生した場合は、銀行自身が損失を被る。つまり、銀行が信用リスクをとる。

　一方、クラウドレンディングの場合は、審査・回収主体と、信用リスクをとる主体の関係が異なる。上述の資金の流れを見れば、結局、投資家が直接に借入希望者に資金を提供し、後日返済元利を受け取ることになっているので、借り手が債務不履行に陥った場合、損失を被るのは資金を投じた投資家であって、クラウドレンディングプラットフォームや、その背後にいる銀行ではない。一方、融資審査のプロセスのうち、格付・金利設定を行うのがクラウドレンディングプラットフォームであり、最終的に融資の意思決定をするのが各投資家である。また、事後的に回収業務を担うのが背後にある銀行である。

　このように審査・モニタリング主体と信用リスクを担う主体が異なる状況は、審査主体が審査基準を緩める誘因を生み出す。つまり、融資を組成すれば 1～5％の手数料がプラットフォームに入ってくる一方、デフォルト時の損失はすべて投資家が引き受けることになるので、格付を甘くするなど審査基準を緩めて融資を粗製濫造するほうが、プラットフォームの利益を大きくすることができる。この問題は、金融危機時に問題となった、CDO（債務担保証券、Collateralized Debt Obligation）などの証券化商品におけるオリジネーターのモラルハザード（Pennacchi 1988, Keys et al 2010）と同様の課題をこのスキームが抱えていることを示唆している。ただし、最終の融資

表4-3　クラウドレンディングと銀行融資の違い

	クラウドレンディング	銀行融資
資金提供者	リスク許容度の高い投資家	リスク許容度が低い預金者
信用リスクの担い手	一般投資家	銀行
ポートフォリオ選択の自由度	高い（セルフサービス）	低い
債権管理・回収のインセンティブ	弱い	強い

決定は、リスクの担い手である投資家に委ねられているため、この問題は証券化商品ほど深刻ではないかもしれない。格付が甘ければ、投資家はそれを認識して、融資の意思決定時に格付の要求水準を引きあげる、あるいは格付に応じた金利の要求水準を引き上げることが期待されるからである。ただし、そのように認識を改訂するのに、どの程度時間がかかるのかが問題である。

(3) 資金提供者のポートフォリオの自由度

銀行融資では、預金者が直接に融資案件を選別することはない。したがって、資金提供者にとってのポートフォリオの自由度はない。他方、クラウドレンディング、とくに LendingClub が提供しているタイプのものでは、上述のとおり、自由に融資案件を選択することができる。このように資金提供者のリスク許容度に応じたポートフォリオ設計を可能にしている点は注目に値する。投資家のポートフォリオ選択から、その投資家のリスク回避度を推測することができ、それを活用することがより安価なリスク資金供給につながる可能性がある。

(4) 債権管理・回収のインセンティブ

伝統的銀行融資の場合は、債権回収を担うのは信用リスクの引受主体である銀行自身である。一方、クラウドレンディングの場合、回収主体はプラットフォームの背後にいる銀行であり、信用リスクの引受主体である投資家自身ではない。債権回収を怠けたとしても、その損失を被るのは投資家であるので、債権回収のインセンティブは伝統的な銀行融資よりも弱くなると予想される。投資家の観点からは望ましくないことではあるが、過去に厳しすぎる債権回収が社会問題化したことがある消費者金融の文脈では、回収のインセンティブが弱いことはむしろ望ましいかもしれない。投資家

側はこのような回収の弱さも考慮に入れて融資決定をすればよい。

5 LendingClub の業況

前節で述べたように、伝統的銀行融資と比べて、クラウドレンディングは、安価なリスク資金の供給の点では優れているとみられるものの、融資審査のインセンティブについては不安が残る。クラウドレンディングの代表格である LendingClub のこれまでの実績をみることでこの点に関するヒントを本節で探る。用いるデータは、特に断りがない限り、同社が公表している実行融資の条件や借り手の属性に関する個票データ（融資データ）を集計・加工したものである[24]。

(1) 融資実績

融資実行額は 2012 年以降急激に増加している。2016 年上期には、創業者 CEO の辞任を伴う一連の不祥事に見舞われ、一時的に融資が止まったが、下期には再び増勢に転じている。2015 年通年で約 64 億ドル、2016 年通年で約 58 億ドルとなっており、日本の中堅信用金庫並みの規模となっている（図 4-3）。

1 件当たりの融資額は、上述のとおり、最小 1,000 ドル、最大 3 万 5,000 ドルである。どの期も平均、中央値は概ね安定して、1 万 2,000 ドルから 1 万 5,000 ドル程度の融資サイズとなっている（表 4-4）。融資件数は、2012 年から 2017 年の 6 年間に約 8 倍の増加をみている。

資金使途の内訳をみると、興味深いことに、85％を超える圧倒的多数が、クレジットカードローンなどの個人ローンの借り換えを目的としたものである（表 4-5）。2016 年以降は住宅関連が増えている。

LendingClub が設定する格付は、信用力が高い順にAからGまでのアルファベットで示されている。実行された融資の格付の分布を半年毎に示したものが表 4-6 である。2013 年から 2015 年にかけては分布に大きい変化はみられなかったが、2016 年に後述する特殊要因で、信用リスクが高めのものを中心に融資組成が一時的に滞ったとみられ、最上位格付Aの比率が 2016 年上期に上昇した後、下期に急落している。その後は以前と同様の水準で推移している。

約定金利について、融資額を加重として格付毎に加重平均したものが図 4-4 に示さ

---

[24] https://www.lendingclub.com/info/download-data.action から利用可能である（2017 年 12 月 8 日現在）。

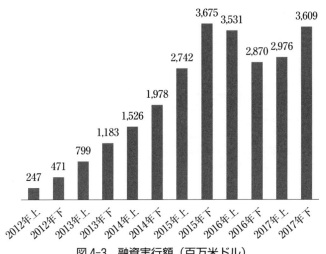

図 4-3 融資実行額（百万米ドル）

出所：LendingClub 融資データから筆者集計。

表 4-4 1 件当たりの融資金額

期間	件数	平均	標準偏差	25% 分位点	中央値	75% 分位点
2012 年上	18,523	13,332	8,216	7,000	11,700	18,000
2012 年下	34,844	13,517	8,004	7,200	12,000	18,250
2013 年上	53,374	14,972	8,086	8,875	14,000	20,000
2013 年下	81,382	14,535	8,103	8,400	12,700	20,000
2014 年上	102,759	14,853	8,389	8,400	13,000	20,000
2014 年下	132,870	14,883	8,476	8,100	13,000	20,000
2015 年上	180,101	15,227	8,481	8,875	14,000	20,000
2015 年下	240,992	15,250	8,638	8,425	14,000	20,000
2016 年上	97,853	14,750	8,946	8,000	12,500	20,000
2016 年下	306,210	14,158	9,110	7,000	12,000	20,000
2017 年上	202,230	14,718	9,440	7,200	12,000	20,000
2017 年下	241,349	14,952	9,790	7,200	12,000	20,000

出所：LendingClub 融資データから筆者集計。

表4-5 資金使途の内訳

期間	借り換え	住宅関連	大型消費	その他	中小企業向け
2012年上	75.3%	7.8%	5.3%	6.6%	4.9%
2012年下	83.7%	5.5%	3.5%	4.9%	2.4%
2013年上	87.2%	6.5%	2.4%	2.9%	1.1%
2013年下	87.7%	5.4%	2.1%	3.7%	1.1%
2014年上	87.0%	6.1%	2.0%	3.8%	1.2%
2014年下	87.5%	5.4%	2.1%	4.0%	1.0%
2015年上	87.2%	5.9%	2.1%	3.8%	0.9%
2015年下	86.4%	6.3%	2.4%	4.1%	0.8%
2016年上	81.0%	8.3%	3.2%	6.2%	1.3%
2016年下	82.3%	7.4%	3.0%	5.9%	1.3%
2017年上	81.5%	8.3%	3.1%	5.8%	1.2%
2017年下	79.4%	8.5%	3.5%	7.2%	1.4%

出所：LendingClub 融資データから筆者集計。各分類の元データでの分類は以下のとおり。「個人ローン借り換え」：credit card、debt consolidation、「住宅関連」：house、home-improvement、「大型消費」：major purchase、wedding、vacation、「その他」：educational、medical、moving、others、「中小企業向け」：small business、renewable energy。

表4-6 信用格付の分布（％）

期間	A	B	C	D	E	F	G	計
2012年上	20.9%	30.4%	19.4%	14.2%	9.6%	4.5%	1.0%	100.0%
2012年下	14.8%	30.7%	22.4%	16.7%	9.9%	4.6%	0.9%	100.0%
2013年上	14.1%	31.0%	28.9%	13.1%	7.8%	4.3%	0.8%	100.0%
2013年下	13.4%	29.4%	28.4%	15.1%	8.4%	4.2%	1.1%	100.0%
2014年上	13.7%	24.4%	28.4%	20.5%	9.5%	2.7%	0.8%	100.0%
2014年下	5.9%	23.9%	26.8%	19.1%	10.1%	3.2%	1.1%	100.0%
2015年上	16.9%	25.0%	27.2%	16.3%	10.5%	3.3%	0.8%	100.0%
2015年下	16.7%	26.9%	28.1%	15.0%	9.7%	2.9%	0.6%	100.0%
2016年上	20.9%	28.0%	27.7%	13.1%	6.7%	2.7%	0.8%	100.0%
2016年下	11.0%	28.3%	33.8%	17.1%	6.6%	2.4%	0.7%	100.0%
2017年上	15.2%	26.8%	36.3%	12.9%	5.7%	2.2%	0.9%	100.0%
2017年下	17.9%	28.9%	31.7%	14.1%	4.7%	1.5%	1.3%	100.0%

出所：LendingClub 融資データから筆者集計。金額ベース。

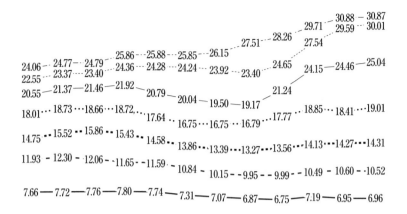

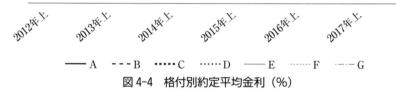

図4-4 格付別約定平均金利（％）

出所：LendingClub融資データから筆者集計。

れている。最も低いのがAランクで、7％前後で安定的に推移している。以下、格付が下がるにつれて、約定平均金利が上昇する。FやGでは、20％を超える金利が設定されている。日本での利息制限法上の上限金利は20％であり、債権者にはこれを超える利息を請求する権利はない。米国では、これが州によって異なる。例えば、ニューヨーク州では16％が上限であるが、ユタ州では上限が設定されていない。この点に関して、2015年5月に、貸金回収業者は銀行から購入した債権に付された上限金利を超える利息について、債務者にその支払いを求めてはならないとする判決が裁判所より出されている（Madden v. Midland Funding LLC事件）。これを受けて、LendingClubは債権残高のうち約10％がこの判決の影響を受けることを公表している[25]。この判決は、特に機関投資家によるローン債権購入を抑制する効果をもつとみられた。

約定金利がどの程度信用コストをカバーできているかを確認するために、各期の信

---

[25] "LendingClub to Change Its Fee Model; Shift will see online lender give up some revenue to avoid being blocked by state usury laws," 2016年2月26日, Wall Street Journal (online).

V　クラウドレンディングの挑戦　　**149**

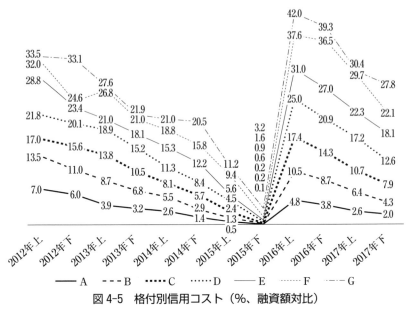

図 4-5　格付別信用コスト（%、融資額対比）

出所：LendingClub 融資データから筆者集計。

用コストを概算し、融資実行額で割ったものを信用コストとして、格付毎に図 4-5 に示した。個票データ上で、default（債務不履行）とされているものについては融資実行額全額を、charge-off（減免）とされているものについては回収可能額が記載されているので、もとの融資額と回収可能額の差額を、それぞれの融資実行年における信用コストとして試算した。

　最も信用力が高いAで信用コストが最小で、以降格付が下がる毎に信用コストが上昇する。2015 年下期までは年々低下し続けていたが、2016 年上期に不祥事をきっかけとして、融資債権評価の見直しが行われた結果、信用コストが急増している。図 4-4 の約定金利と図 4-5 の信用コストの差が、投資家にとってのリスク調整後の利鞘となる。これを格付別に計算整理したものが表 4-7 である。2014 年上期までは、特にB、Cの高位格付で利鞘が大きくなっていたが、2015 年では、E、F、Gの低位格付のほうで利鞘が大きい。これは主に信用コストの変化によるものである。2016 年の信用コスト急増の後、2017 年下期には 2014 年上期までと同様に、B、Cの格付で利鞘が大きい状態に戻っている。また、格付が低いほど、満期が長く、融資額が大きい傾向がある（図 4-6、4-7）。

表 4-7 格付別の約定平均金利（図 4-4）と信用コスト（図 4-5）の差

期間	A	B	C	D	E	F	G
2012 年上	0.63	−1.53	−2.28	−3.77	−8.22	−9.48	−9.42
2012 年下	1.68	1.35	−0.08	−1.41	−2.03	−1.20	−8.28
2013 年上	3.90	3.34	2.02	−0.27	0.50	−3.40	−2.78
2013 年下	4.58	4.88	4.92	3.55	3.86	3.38	3.95
2014 年上	5.09	6.09	6.44	6.33	5.51	5.51	4.89
2014 年下	5.87	7.91	8.12	8.40	7.88	8.46	5.34
2015 年上	6.56	8.89	10.98	12.27	13.86	14.47	15.00
2015 年下	6.81	9.80	13.03	16.16	18.25	21.82	24.27
2016 年上	5.11	6.42	6.95	6.32	5.36	5.07	5.02
2016 年下	6.47	8.91	11.34	13.97	16.93	16.49	16.92
2017 年上	4.36	4.23	3.60	1.23	2.13	−0.08	0.44
2017 年下	4.96	6.18	6.42	6.44	6.98	7.90	3.08

出所：LendingClub 融資データから筆者集計。

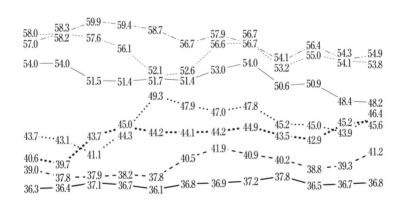

図 4-6 格付別平均満期（単純平均、か月）

出所：LendingClub 融資データから筆者集計。

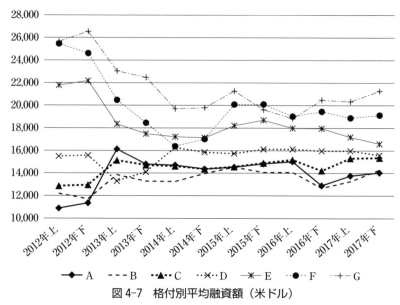

図 4-7　格付別平均融資額（米ドル）

出所：LendingClub 融資データから筆者集計。

(2) 収益性と株価

融資件数や融資額は急成長しているものの、利益や株価はあまり振るわない。税引き前利益は上場前年の 2013 年を除いて赤字である（図 4-8）。特に不祥事が発覚した 2016 年は 15 億ドルもの赤字を計上している。利益が出ない状況は、同業の最大のライバルである Prosper でも同様であり、産業自体に構造的な弱点がある可能性を示唆している。株価も 2014 年 12 月以降下落基調が続いており、2018 年末現在では上場当初の約 10 分の 1 の水準で推移している（図 4-9）。株価は将来の予想の反映であるとすれば、この株価の推移は投資家による厳しい先行き見通しを示すものであるといわざるをえない。

(3) 2016 年 5 月の創業者 CEO の辞任と事業の立て直し

2016 年 5 月 9 日、創業者 CEO であったルノー・ラプランシュ氏が突如解任された[26]。

---

26) この事件に関する記述は、"LendingClub's Ties to Fund Under Fire; Investments by CEO, company in outside fund intended to boost demand for loans," 2016 年 5 月 11 日、Wall Street Journal（online）にもとづく。

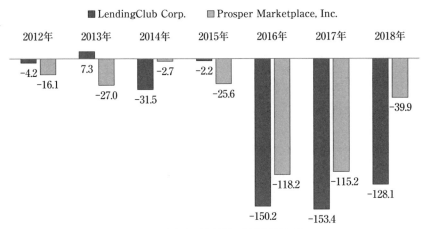

図 4-8　税引き前利益（百万米ドル）

出所：各社の 10-K report.

図 4-9　LendingClub の株価（米ドル、日次終値）

出所：Yahoo Finance.

この年の4月に投資ファンドCirrix Capital LPにLendingClubの融資債権を購入させることを目的として、LendingClubから1,000万ドル、ラプランシュ氏個人から400万ドルの出資が同ファンドに対して行われた。これに際し、同氏がこれよりも前に自身の資金を同ファンドに投じていることを、LendingClubの取締役会に隠したまま、出資を決めてしまったことが問題視された。Cirrix Capitalの運用成績が当時低迷していたこと、クラウドレンディングが拡大するにつれて機関投資家向け債権売却への依存度が高まっていたことが背景にあったとされ、ラプランシュ氏に利益相反の疑いがもたれた。また、同時期に、大手銀行であるゴールドマンサックスと投資会社ジェフリーズLLCが、LendingClubから購入した債権について、本来の投資基準を満たしていなかったことが事後的に判明したことを理由にLendingClubからの債権購入を停止し、他の主要機関投資家もこれに追随したことが、さらに問題を深刻化させた[27]。

　機関投資家が次々に手を引く中、個人投資家からの資金を引き付けるために、LendingClubは融資金利を平均で0.55％引き上げた[28]。しかし、図4-3でみたとおり、2016年上半期については融資量の激減は免れず、従業員の12％を削減するという大リストラを断行するに至っている。その後、徐々に機関投資家による債権購入が再開され、2016年下期には融資量が再び前年同期比で成長し始めている。

6　クラウドレンディング急成長の理由とその持続可能性

　以上の情報を踏まえて、クラウドレンディングが急成長した原因を探るとともに、その持続可能性について検討してみよう。融資市場にはすでに旧来からの銀行やその他貸金業者がひしめいており、参入は難しいと考えられる傾向があるが、実際には参入の隙が相当程度あることをこの現象は示唆している。

(1) 消費者金融市場の特性：競争原理が作用しにくい

　金融危機以降の前例のない規模の量的金融緩和のために、米国債利回りを始めとす

---

[27] "Goldman, Jefferies Put LendingClub Deals on Hold; Banks' review of events leading to ouster of CEO Renaud Laplanche could jropardize securitization deals," 2016年5月11日, Wall Street Journal (online). "Community Bank Group Suspends LendingClub Purchases; Banks are reviewing events that led to the ouster of LendingClub's CEO," 2016年5月12日, Wall Street Journal (Online).

[28] "LendingClub Postpones Annual Shareholder Meetingm Loses Investor; Baillie Gifford, one of the online lender's largest stockholders, sold its entire stake," 2016年6月7日, Wall Street Journal (online).

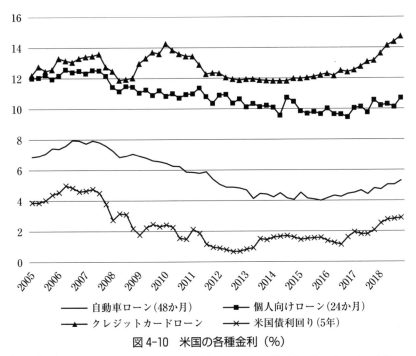

図 4-10　米国の各種金利（％）

出所：いずれも Federal Researve Bank, Board of Governer ウェブサイト、Data Download Program, G.19 Consumer Credit, H. 15 Selected Interest Rates。ローン金利はいずれも商業銀行ベース。

る長期利回りが大幅に低下した。金融危機前ピークの 2006 年 6 月と金融危機後ボトムである 2012 年 7 月を比較すると、4.45% 程度低下している（図 4-10）。この間、消費者向け融資金利のうち、自動車ローンや個人向けローン金利は国債利回りと同程度に下落しているものの、クレジットカードローンは、危機前ピークである 2007 年 8 月と危機後ボトムである 2014 年 8 月の差は 1.77% にとどまり、高位で安定している。このようなクレジットカードローン金利の高さが、特に信用力が高い層のクラウドレンディングへの移行を促した可能性がある。Jagtiani and Lemieux（2017）の実証研究では、伝統的銀行の集中度が高く競争が緩い地域で、LendingClub による融資の浸透度が高いことを明らかにしている。つまり、融資市場における競争が不十分であったことが LendingClub 成長の要因の 1 つであったことをこの結果は示唆している。

これに関連して、米国の銀行監督機関の 1 つである通貨監督局（Office of Comptroller of Currencies）が収集した 850 万件分の消費者向けクレジットカードローンの

データからなるCreditMetricと呼ばれるデータベースを用いたAgrawal et al (2015) による実証研究が示唆に富む結果を明らかにしている。米国の金融緩和に対して、クレジットカードを提供する銀行は、金利を下げるのではなく、融資枠を拡大することで対応していた。特に信用力が高い層に対して融資枠を拡大し、低い層に対しては、信用コストの上昇が大きく、銀行の利益につながりにくいため、融資枠の拡大はみられなかった。このような銀行の対応により、クレジットカードローンの金利は高止まりし、高格付であれば7%程度という格段に低い金利で借りることができるクラウドレンディングでの借り換えが急増したとみられる。

　消費者向けのクレジットカードローンの場合、個々の買い物は少額であり、かつ極めて短期間の借入であることから、消費者が金利コストを軽視する可能性が高いと推測される。また、このようなクレジットカードローンを利用する状況では、細かい金利の差よりも、迅速な決済の可能性のほうが重視されると推測される。この結果、他社との金利比較がなされることが少なく、消費者向け融資市場における競争圧力が弱い可能性がある。もしそうだとすれば、LendingClubがこのような競争の欠如の一部に風穴を開けたといえる。

　また、投資家の観点からは、金融緩和策に伴う各種証券の利回り低下が、クラウドレンディングでの運用を相対的に魅力的にした可能性も無視できない。2016年以降、米国の量的金融緩和縮小に伴い、このような魅力が薄れてきている点については注意が必要である。クラウドレンディングへの株式市場の評価が厳しいのは、このようなことが背景にあるかもしれない。

(2) 投資家のリスク耐性に応じた資金運用

　銀行が提供するクレジットカードローンが10%を超えるのに対し、クラウドレンディングでは、7%という格段に低い金利で借り入れができるのはなぜであろうか。通常は、できる限りポートフォリオを大きくして、さまざまなタイプの運用先に薄く広く分散投資するほうが、リスク分散が効いて、安い金利での融資を提供できると考えるが、クラウドレンディングでは逆のことが生じているようにみえる。

　LendingClubに特有のサービス形態である、投資家がさまざまな融資案件を同一画面で簡単に比較検討しつつ、自由自在にポートフォリオを組めるという投資形態が、安価なリスク資金供給に寄与している可能性がある。この点を明らかにするために、以下のような単純な例を考えてみよう。

　返済が確実でリスクが全くない融資Aと返済にリスクがある融資Bを比べる。前者

(a) リスク回避度が高い投資家

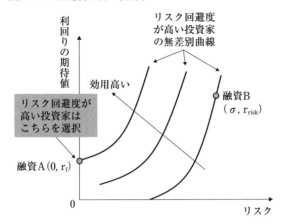

(b) リスク回避度が低い投資家

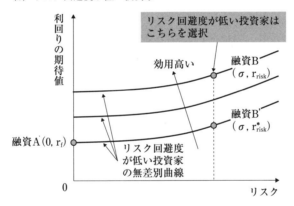

図4-11　投資家のリスク回避度と融資選択

は、リスクがゼロで、期待利回りが r_f（>0）、後者はリスクが σ（>0）で、期待利回りが r_{risk}（>r_f）である。図4-11の2つのパネルにある融資Aと融資Bの2点がこれらに該当する。図4-11は最適ポートフォリオ理論の平均分散アプローチで用いられるもので、横軸がリスク（利回りの標準偏差）、縦軸が利回りの数学的期待値を表す。右上がりの曲線は、リスク回避的な投資家の効用に関する無差別曲線である。無差別曲線とは、投資家に同レベルの期待効用（満足度）をもたらす期待利回りとリスクの組み合わせの軌跡である。いわば、期待効用の等高線である。リスク回避的なので、

期待利回りを一定として、リスクを減少させると期待効用は高くなる。また、リスクを一定として利回りを増やすと、やはり期待効用は高くなる。したがって、平面の左上方向に行くほど期待効用は高く、そちらに近い証券を投資家は好むことを意味している。パネル（a）の無差別曲線と比べるとパネル（b）のそれは傾きが緩やかである。これはパネル（b）で表される無差別曲線をもつ投資家のほうが、リスク回避度が小さい、つまりリスク耐性が高いことを意味している。

パネル（a）では、リスクのない融資Aのほうが、リスクのある融資Bよりも高い効用水準をもたらすので、こちらの投資家は融資Aを選択する。一方、パネル（b）では、逆にリスクのある融資Bが選択される。極めて単純な議論ではあるが、このように異なる期待利回りとリスクの組み合わせを列挙し、その中から自由に投資家に選択させることで、投資家がどの程度リスク許容的なのかを推察することができる。これは銀行預金や投資信託のように、ポートフォリオの自由度が低い商品では十分にはできなかったことである。専門用語を用いれば、銀行は預金者のリスク回避度に関する情報の非対称性にさらされているが、LendingClubのような自由選択型の投資形態がリスク回避度に関するスクリーニングを可能にするといえる。

このスクリーニングが、より安価なリスク資金の提供の道を開く可能性がある。例えばパネル（b）のリスク回避度が低い投資家に対しては、融資Bの提示する r_{risk} よりももっと安い金利を提示しても、リスクレベル σ の融資を実行してくれるはずである。具体的には融資Bから垂直に下がった地点にある融資B'の提示する金利 r^*_{risk} をわずかでも上回る金利を提示すれば、この投資家の期待効用は安全融資Aよりも、リスキー融資B'のほうが高いので、投資家は喜んでリスキー融資B'を選ぶ。一方、パネル（a）のリスク回避度が高い投資家にリスク σ の融資に参加してもらおうとすると、先ほどと同じロジックによれば、図のはるか上方の利回りを提示しなければ、応じてくれないであろう。このように、リスク耐性のある投資家をうまく識別することができれば、リスク資金供給をそのような人に任せることで、比較的低い金利でのリスク資金供給が可能となる。このように、LendingClubの自由選択形式の投資方式は、より効率的なリスク資金供給の道を開く可能性を秘めているといえる。

Ⅵ　フィンテックの功罪と今後

本章では、フィンテックの中でも、金融業の核心をなす金融仲介業務に参入を果たしたクラウドレンディングに焦点を当てて、その成長要因とその持続可能性を検討し

た。先進国を中心に、世界金融危機以降 10 年近くにわたり続いた量的金融緩和の結果、有利な運用先に悩む個人投資家の投資ニーズを追い風として、また、競争の緩さから金融緩和の恩恵を受けることができずにいる個人向け融資市場の隙をつく形で、クラウドレンディングが、2013 年以降、極めて短期間のうちに急成長した。2016 年前半に一連の不祥事のために一時的に成長は止まったものの、その後再び成長を続けている。満期の長い融資が多いことから信用コストも含めたクラウドレンディングビジネスの成否については、もうすこし時間をおいて観察する必要がある。また、世界金融危機の際に問題となった証券化と似たスキーム、すなわち originate-to-distribute モデルを採用しているため、危機時に問題となったオリジネーターのモラルハザード問題を回避する工夫がどの程度施されているのかとの点について、筆者の知る限り明確な情報は提供されていない。さらに、アメリカが金融引き締めの局面に入り、市場金利が上昇する中、投資家にとってクラウドレンディングが依然として魅力的な投資先であり続けるかとの点については不透明感が増している。このような疑念は残るものの、このビジネスモデルには個々の投資家のリスク回避度の識別を可能にする仕組みが組み込まれており、これをうまく活用することでより安価なリスク資金供給の道を開拓しつつあるといえる。今後の動向が注目される。

参考文献

Agarwal, S., S. Chomsisengphet, N. Mahoney, and J. Stroebel (2015) "Do Banks Pass Through Credit Expansions? The Marginal Profitability of Consumer Lending During the Great Recession," *NBER Working Paper*, 21567.

Bank for International Settlements and Financial Stability Board (2017) *FinTech Credit: Market Structure, Business Models and Financial Stability Implications*.

Belloni, A., Chernozhukov, V., and Hansen, C. (2014) "Inference on treatment effects after selection among high-dimensional controls," *Review of Economic Studies*, Vol. 81, No. 2, pp. 608-650.

Buchak, G., G. Matvos, T. Piskorski, and A. Seru (2017) "Fintech, Regulatory Arbitrage, and the Rise of Shadow Banks". *NBER Working Paper Series*, 23288.

Burlig, F., C. Knittel, D. Rapson, M. Reguant, and C. Wolfram (2017) "Machine Learning from Schools about Energy Efficiency," *NBER Working Paper Series*, 23908.

Cambridge Center for Alternative Finance (2018) *Reaching New Heights-The 3rd Americas Alternative Finance Industry Report*, Judge Business School, University of Cambridge.

Dell'Ariccia, G., E. Friedman, R. Marquez (1999) "Adverse Selection as a Barrier to Entry in the Banking Industry," *RAND Journal of Economics*, 30, pp. 515-534.

Financial Stability Board (2017a) *Artificial Intelligence and Machine Learning in Financial Services*.
Financial Stability Board (2017b) *Financial Stability Implication for FinTech*.
Ioannidou, V., and S. Ongena (2010) "'Time for a Change': Loan Conditions and Bank Behavior When Firms Switch Banks," *Journal of Finance*, Vol. 65, No. 5, pp. 1847-1877.
Jagtiani, J., and C. Lemieux (2017) "Fintech Lending: Financial Inclusion, Risk Pricing, and Alternative Information," Working Paper No. 17-17, Federal Reserve Bank of Philadelphia.
James, G., D. Witten, T. Hastie, and R. Tibshirani (2013) *An Introduction to Statistical Learning with Applications in R*, Springer.
Keys, B., Mukherjee, T., Seru, A., and V. Vig (2010) "Did securitization lead to lax screening? Evidence from subprime loans," *Quarterly Journal of Economics*, Vol. 125, No. 1, pp. 307-262.
Bank of Japan (2017) "AI and the Frontiers of Finance," Governor Haruhiko Kuroda's Remarks at the Conference on "AI and Financial Services/Financial Markets," April 13.
Mullainathan, S., and J. Spiess (2017) "Machine Learning: An Applied Econometric Approach," *Journal of Economic Perspectives, Vol. 31, No. 2*, pp. 87-106.
Norden, L., and M. Weber (2010) "Credit Line Usage, Checking Account Activity, and Default Risk of Bank Borrowers," *Review of Financial Studies*, Vol. 23, No. 10, pp. 3665-3699.
Pennacchi, G. (1988) "Loan Sales and the Cost of Bank Capital," *Journal of Finance*, 43, pp. 375-396.
Philippon, T. (2016) "The Fintech Opportunity," *NBER Working Paper Series*, 22476.
Sveriges Riksbank (2017) *Riksbankens e-krona, 14 March 17 Project plan*.
U. S. Department of the Treasury (2016) *Opportunities and Challenges in Online Marketplace Lending*.
Varian, H. R. (2014) "Big Data: New Tricks for Econometrics," *Journal of Economic Perspectives*, Vol. 28, No. 2, pp. 3-27.
Vives, X. (2016) *Competition and Stability in Banking*, Princeton University Press.
Wei, Z., and M. Lin (2016) "Market Mechanisms in Online Peer-to-Peer Lending," *Management Science*, forthcoming.
Yanelle, M-O (1997) "Banking Competition and Market Efficiency," *Review of Economic Studies*, Vol. 64, No. 2, pp. 215-239.
Zhang, B., T. Ziegler, L. Mammadova, D. Johanson, M. Gray, and N. Yerolemou (2018) *The 5th UK Alternative Finance Industry Report*, Cambridge Center for Alternative Finance, Judge Business School, University of Cambridge.
柏木亮二 (2016)『フィンテック』日本経済新聞出版社
五島圭一・山田哲也 (2017)「経済ニュースと AI を用いたリアルタイム景況感指数」『経済セミナー』12月1日号, 41-45頁
ロゴフ, ケネス S. (2017)『現金の呪い：紙幣をいつ廃止するか？』(村井章子訳) 日経 BP 社
山本裕樹 (2017)「AI による景況間の指数化：テキストデータのディープラーニングによる解析」『経済セミナー』12月1日号, 36-40頁

第5章　交通——自動運転技術の社会的ジレンマ

森田玉雪・馬奈木俊介

I　身近となる人工知能：自動運転

　近年の人工知能技術の目覚ましい発展により、人々は知らず知らずのうちに人工知能と接する環境に置かれている。総務省は平成28年の情報通信白書で人工知能の特集を組んだが、そこでは日常生活に浸透する人工知能の例として、インターネットの検索エンジン、スマートフォンの音声応答アプリケーション、音声検索や音声入力機能、掃除ロボットなどを挙げている（総務省 2016, 233頁）。迷惑メールの振り分けや、インターネットサイトでの購買履歴にもとづいたお薦め商品の表示のほか、全面ディスプレイの自動販売機が購入者の顔認識を行って商品に「おすすめ」マークを付けるところにまで、機械学習という人工知能の一種が用いられている（牧野 2017）。

　そのような環境下にあって、最近急速に実用化が進む乗用車の自動運転機能は、利用者が「人工知能とわかって」利用する典型的な機能となろう。自動運転車にはすでにアンチロック・ブレーキ・システム（ABS）など人工知能が部分的に使われているものの、利用者が人工知能であると認識しにくい部分も多い（図5-1）[1]。しかし、ハンドルを握らなくても走行する「自動運転自動車」（以下、自動運転車と称する）に乗ることになれば、人々は人工知能を利用していることを明確に認識することになる。すでに国内の公道でも自動運転車の実証実験が始まっており、自動運転車の実用化は現実味を帯びてきた。人々は、人工知能が満載された自動運転車をどのように受け入れるのであろうか。

---

[1] 自動運転車に用いられている人工知能について Eliot（2017）は、技術的な現状や社会問題を、学生・一般社会人向けに平易に説いている。西村（2017）は自動運転車を取り巻く国内外の動きをまとめているほか、日本の自動車メーカーを中心に自動運転車技術の動向を紹介している。小木津（2017）は自動運転がもたらす社会変革を2040年までを視野に入れて論じている。

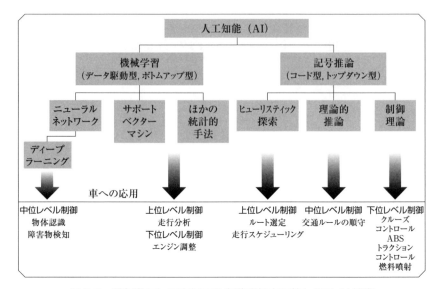

図 5-1　運転者なしで走行する自動運転車に使われる AI 技術
出典：リプソン＝カーマン（2017）234 頁、図 8.2。

　自動運転車は乗用車としてだけではなく、シェアカーとして用いられたり、公共交通機関として利用されたりする可能性も高いが、筆者らは自動運転車を個人が購入するケースを想定して研究を行った。なかんずく、自動運転車の購入時の選択基準を左右する 1 要因となるであろう「トロッコ問題」と、それがもたらす社会的ジレンマに着目した。トロッコ問題には複数のパターンがあるが、一例として「自動車の運転者が、自分を犠牲にして複数の通行人を救うか、自分を助けるために複数の通行人を犠牲にするかのどちらか片方しか選べない状況に置かれたとき、運転している人間がどのような判断を下すべきか」という議論がされてきた[2]。自動運転車に運転を任せるようになれば、人工知能がどのような判断を下すべきか、を論じなくてはならなくなる。自動運転車の普及が緒に就いたばかりの現在、人々は、自動運転車がトロッコ問題にどのように対応することが望ましいと考えているのであろうか、そして、自動運転車が市場に出たとき、人々はどのような判断を下す自動運転車を購入しようとするのであろうか。

---

[2] 医療の例でトロッコ問題を議論した Foot（1978）に対して、Thomson（1985）が複数の想定をして詳細にコメントしている。トロッコ問題に対する考え方に興味のある方は Thomson（1985）を参照されたい。

自動運転車のトロッコ問題とそれがもたらす社会的ジレンマを扱った先行研究として、サイエンス誌2016年6月24日号に掲載された、トゥールーズ大学のジャン・フランソワ・ボネフォン教授らが米国居住者を対象に行ったアンケート調査がある（Bonnefon et al 2016）。Bonnefon et al（2016）は、①人々は道徳的には通行人を救うべきと考えている反面、通行人を犠牲にして自分たちを救う自動運転車を購入するであろうという道徳観と購買行動のギャップ、並びに、②自分を犠牲にしてでもより多人数の通行人を救うべきであるという道徳観をもつ反面、そのように法制化することはさほどを望まないという道徳観と規制のあり方のギャップ、などの複数の社会的ジレンマを指摘した。このような社会的ジレンマの存在を放置すれば、人々が望む社会を実現できないことにつながる。筆者らは日本に同様の現象が生じるかどうかに関心を抱き、Bonnefon et al（2016）の結果と極力比較可能な形で国内の1万8,000人を対象としたインターネットアンケート調査を行った。

　本章の目的は、自動運転車が日本でも社会的ジレンマを生み出すことを検証することである。トロッコ問題を抱えざるをえない自動運転車に対する消費者の意識を、米国における先行研究との比較を含めて調査分析する。加えて、日本で消費者の意識を決めている要因を分析し、自動運転車の普及に伴う課題を明らかにする。

　以下、第Ⅱ節で自動運転の歴史、第Ⅲ節で人工知能と倫理・道徳、社会的ジレンマ、および、自動運転車の受容性についての先行研究を示し、第Ⅳ節で筆者らが行った研究を紹介し、第Ⅴ節にまとめと継続的な議論の必要性を述べる。

Ⅱ　自動運転の歴史

　自動運転のコンセプトが初めて世に問われたのは、約70年前、ニューヨーク万国博覧会（1939-40年）に、アメリカのゼネラル・モーターズ社（GM）が展示した20年後のアメリカを題材にしたジオラマであったとされる。ジオラマ上には自動運転道路が敷設され、事故や渋滞や騒音のない移動手段として無線操縦の車が走っていたという（井熊・井上 2017）。しかし、その20年後の1960年代においても自動運転の普及は夢のままであり、実現していなかった。

　津川（2015）は世界の自動運転技術開発の歴史を以下の4期に分類している[3]。

---

[3] 津川（2015）は具体的な自動運転技術の詳細を説明しながらその発展の歴史を簡潔にまとめた文献である。

第 1 期：1950 年代～ 1960 年代
道路に誘導ケーブルを敷設してラテラル制御（横方向制御）を行う協調システムの研究。

第 2 期：1970 年代～ 1980 年代
マシンビジョン（テレビカメラとコンピューターを組み合わせた人口の眼）を用いた自動運転システムの研究。

第 3 期：1980 年代後半～ 1990 年代後半
ITS システム（Intelligent Transport Systems：高度道路交通システム。最先端の情報通信技術などを用いて、人と道路と車両とを一体のシステムとして構築することにより、安全・環境・利便の面から交通社会を改善するシステム）の研究。隊列走行や、バス・大型トラックも研究対象。

第 4 期：21 世紀以降
トラックや路線バスで実用化を目指す研究。自動車各社も自動運転車両の販売を開始。

　第 1 期には、日本でも 1967 年には通商産業省工業技術院機械技術研究所が電子制御道路上での電磁誘導方式の自動操縦に成功したが、自動運転道路にはインフラ整備の制約があり広汎な実用化は難しく、公道で実用化されることはなかった。

　第 2 期には、工業技術院が、道路ではなく自動車そのものを知能化する「知能自動車」の開発を始め、道路交通システムの技術を蓄積していく。矢田部他（1991）によると、障害物検出機能と自動航行機能をもった知能自動車がガードレールを検出しつつ直線走行で 30km/h、曲線走行でも約 20km/h の速度でテストコースを走行したという。

　第 3 期には各国が ITS プロジェクトを始めたことで、知能自動車と共存する道路交通システムの開発が盛んになった。日本でも、建設省が、1997 年頃には自動運転道路システムのプロジェクトから、走行支援道路システムへと方向転換を図った。自動車業界によって ABS や定速走行・車間距離制御装置（ACC: Adaptive Cruise Control）などの高度制御技術の実装が進められたものの、完全な自動運転の実用化は現実味をもってこなかった[4]。

---

[4] 後述する筆者らの調査のプレテスト（2017 年 2 月 23 日（木）～ 2 月 27 日（月）に実施、全国の 20-69 歳の男女対象、サンプル数 815、回収率 11.3%）においても、ABS 機能が自動運転機能の 1 つであることを知っていた回答者は全体の 39.3％にすぎなかった。

第4期に至り、公的プロジェクトで、トラック・路線バス・小型低速車両の自動運転の実用化に向けた開発が行われるようになった（津川 2015, 11 頁、Bishop 2005）。開発競争に一石を投じたのはアメリカの Google 社であるとされる（井熊・井上 2017）。同社はアメリカの国防高等研究計画局が実施したロボットカーレース出場者の技術向上を目にして、2009 年に Self-Driving Car Project（のちに WAYMO が継承）を立ち上げ、2014 年にはハンドルのないコンセプト・カーを造り、自動運転のテスト走行を重ねた。同年には中国のバイドゥがドイツのダイムラーと提携して実証実験を始め、2015 年にはダイムラーもコンセプト・カーを発表した。さらに大手自動車メーカーのみならずアメリカの Uber、Apple、テスラ・モーターズ、中国のアリババ、日本の DeNA、ソフトバンク、NTT ドコモなどが相次いで自動運転開発に参入した。

　日本政府も 2015 年に「世界最先端 IT 国家創造宣言」を閣議決定し、「2020 年までに世界で最も安全な道路交通社会を実現する」ために「車の自律系システムと車と車、道路と車との情報交換等を組合せ、2020 年代中には自動走行システムの試用を開始する」として、政策的な支援を明確化した（内閣府 2015）。2016 年 9 月には警視庁が、①実験車両が道路運送車両の保安基準の規定を満たしていること、②運転者が運転者席に乗車して、常に周囲の道路交通状況や車両の状態を監視し、緊急時等には安全を確保するために必要な操作を行うこと、③道路交通法を始めとする関係法令を遵守して走行すること、の3条件を満たせば現行法上で実証実験が可能である（警視庁 2016 より要約）とのガイドラインを示し、公道実証実験を支援した。これを受けて、2017 年夏の時点で国内 13 か所での実証実験が予定された。2017 年 12 月には東京都と株式会社 ZMP が全国初の遠隔型自動運転システムによる公道実証実験を行った。さらに 2018 年 8 月末には自動運転車両を用いたタクシーの公道営業実証実験が行われるに至っている。

　自動運転の適用には段階があり、本章の執筆時点において各国とも米国自動車技術会（SAE: Society of Automotive Engineers）による表 5-1 の定義をもとに議論を行っている。レベル 3 以降は安全運転に係る監視および対応の主体が運転者から人工知能のシステムに移行しており、レベル 2 からレベル 3 への変化は非連続である。レベル 3 以降が本格的な自動運転の時代への転換点となる。ただし、レベル 3 は、あらゆる状況で自動運転車がすべての運転を行うのではなく、システムにトラブルが生じたときなどに人工知能が運転者の介入を要求することがあるため、条件付き自動運転と呼ばれる。

　日本の今後の動向として、自動走行ビジネス検討会（2017, 4 頁）が、乗用車にお

表5-1 米国自動車技術会(SAE)による自動運転レベルの定義

レベル	概要	安全運転に係る監視、対応主体
運転者が全てあるいは一部の運転タスクを実施		
SAE レベル0 運転自動化なし	・運転者が全て運転タスクを実施	運転者
SAE レベル1 運転支援	・システムが前後・左右のいずれかの車両制御に係る運転タスクのサブタスクを実施	運転者
SAE レベル2 部分運転自動化	・システムが前後・左右の両方の車両制御に係る運転タスクのサブタスクを実施	運転者
自動運転システムが全ての運転タスクを実施		
SAE レベル3 条件付運転自動化	・システムが全ての運転タスクを実施(領域※限定的) ・システムの介入要求等に対して、予備対応時利用者は、適切に応答することを期待	システム (フォールバック中は運転者)
SAE レベル4 高度運転自動化	・システムが全ての運転タスクを実施(領域※限定的) ・予備対応時において、利用者が応答することは期待されない	システム
SAE レベル5 完全運転自動化	・システムが全ての運転タスクを実施(領域※限定的ではない) ・予備対応時において、利用者が応答することは期待されないシステム	システム

原注:ここでの「領域」は、必ずしも地理的な領域に限らず、環境、交通状況、速度、時間的な条件などを含む。
訳注:フォールバックとは縮退運転のことで、システムの機能や性能を部分的に停止させた状態で稼動を維持することである。主にシステムに障害が発生した場合の運用手段である。
資料:自動走行ビジネス検討会(2017, 1頁)。

ける自動運転機能を「高速道路においては、2020年までに、運転者が安全運転に係る監視を行い、いつでも運転操作が行えることを前提に、加減速や車線変更が可能なレベル2を実現し、2020年以降に高レベルの自動走行を実現する見込み。一般道路においては、2020年頃に国道・主な地方道において、直進運転のレベル2を実現し、2025年頃には、対象道路拡大や右左折を可能にするなど自動走行の対象環境を拡大する。」と予測している。

海外ではより速いペースで自動運転技術の実用化が進んでいる。ドイツのアウディが、市販車で初めてとなる「レベル3」相当の自動運転機能を搭載した新型セダンを発売することを2017年7月に発表した。同社が同年秋のモーターショーで「レベル4」と「レベル5」のコンセプト・カーも公開するなど、高レベルな自動運転自動車

（自動運転車）の普及が現実化しつつある。

III 先行研究

本節では、第IV節での研究内容に関連する、人工知能と倫理、社会的ジレンマ、自動運転車に対する社会的受容性の3つの観点から先行研究を紹介する。

1 人工知能と倫理

自動運転車に限らず、人工知能の開発においては、ロボットが人間と共存していくための倫理的問題を切り離すことはできない。タフツ大学・ブラウン大学・レンセラー工科大学（Rensselaer Polytechnic Institute）・米海軍は共同で、倫理的に正しい判断を下すことができる人工知能（robots to do the right thing）の開発プロジェクトを行っている。Goldsmith and Burton（2017）はアメリカ人工知能学会（AAAI）で、人工知能に倫理を教えることの重要性を強調している。イギリスでは、倫理的方針の標準化を目指すガイドラインである British Standard（BS）8611: 2016, Robots and Robotic Devices: Guide to the Ethical Design and Application of Robots and Robotic Systems を設定している。国際的な技術者団体であるアイ・トリプル・イー（IEEE: Institute of Electrical and Electronics Engineers）も倫理問題への対応の標準規格化への取り組みを行っている（Bryson and Winfield 2017）。もともとは遺伝子組み換えの倫理問題を議論するために形成されたアシロマ会議も、2017年1月の会議で「AIに関するアシロマ原則」（表5-2）を提示した。原則には2018年末時点で世界1,273名のAI・ロボット工学研究者およびその他の2,541名が賛同の署名をしている。アシロマ原則では10）価値観の調和、11）人間の価値観において人間との価値観の整合性を目指すべきであるとしているが、今後は本章の結果からも明らかになる「人間自身が有する価値観と行動の非整合性」への対処法まで考慮に入れなくてはならなくなるであろう。

表5-2 AIに関するアシロマ原則

研究課題
1）研究目標：研究の目標となる人工知能は、無秩序な知能ではなく、有益な知能とすべきである。
2）研究資金：コンピュータサイエンスだけでなく、経済、法律、倫理、及び社会学にお

ける困難な問題を孕む有益な人工知能研究にも投資すべきである。そこにおける課題として、以下のようなものがある。
- 将来の人工知能システムに高度なロバスト性を持たせることで、不具合を起こしたりハッキングされたりせずに、私たちの望むことを行えるようにする方法。
- 人的資源及び人々の目的を維持しながら、さまざまな自動化によって私たちをより繁栄させるための方法。
- 人工知能に関わるリスクを公平に管理する法制度を、その技術進展に遅れることなく効果的に更新する方法。
- 人工知能自身が持つべき価値観や、人工知能が占めるべき法的及び倫理的な地位についての研究。

3）科学と政策の連携：人工知能研究者と政策立案者の間では、建設的かつ健全な交流がなされるべきである。
4）研究文化：人工知能の研究者と開発者の間では、協力、信頼、透明性の文化を育むべきである。
5）競争の回避：安全基準が軽視されないように、人工知能システムを開発するチーム同士は積極的に協力するべきである。

倫理と価値
6）安全性：人工知能システムは、運用寿命を通じて安全かつロバストであるべきで、適用可能かつ現実的な範囲で検証されるべきである。
7）障害の透明性：人工知能システムが何らかの被害を生じさせた場合に、その理由を確認できるべきである。
8）司法の透明性：司法の場においては、意思決定における自律システムのいかなる関与についても、権限を持つ人間によって監査を可能としうる十分な説明を提供すべきである。
9）責任：高度な人工知能システムの設計者及び構築者は、その利用、悪用、結果がもたらす道徳的影響に責任を負いかつ、そうした影響の形成に関わるステークホルダーである。
10）価値観の調和：高度な自律的人工知能システムは、その目的と振る舞いが確実に人間の価値観と調和するよう設計されるべきである。
11）人間の価値観：人工知能システムは、人間の尊厳、権利、自由、そして文化的多様性に適合するように設計され、運用されるべきである。
12）個人のプライバシー：人々は、人工知能システムが個人のデータ分析し利用して生み出したデータに対し、自らアクセスし、管理し、制御する権利を持つべきである。
13）自由とプライバシー：個人のデータに対する人工知能の適用を通じて、個人が本来持つまたは持つはずの自由を不合理に侵害してはならない。
14）利益の共有：人工知能技術は、できる限り多くの人々に利益をもたらし、また力を与えるべきである。
15）繁栄の共有：人工知能によって作り出される経済的繁栄は、広く共有され、人類すべての利益となるべきである。

16) 人間による制御：人間が実現しようとする目的の達成を人工知能システムに任せようとする場合、その方法と、それ以前に判断を委ねるか否かについての判断を人間が行うべきである。
17) 非破壊：高度な人工知能システムがもたらす制御の力は、既存の健全な社会の基盤となっている社会的及び市民的プロセスを尊重した形での改善に資するべきであり、既存のプロセスを覆すものであってはならない。
18) 人工知能軍拡競争：自律型致死兵器の軍拡競争は避けるべきである。

長期的な課題
19) 能力に対する警戒：コンセンサスが存在しない以上、将来の人工知能が持ちうる能力の上限について強い仮定をおくことは避けるべきである。
20) 重要性：高度な人工知能は、地球上の生命の歴史に重大な変化をもたらす可能性があるため、相応の配慮や資源によって計画され、管理されるべきである。
21) リスク：人工知能システムによって人類を壊滅もしくは絶滅させうるリスクに対しては、夫々の影響の程度に応じたリスク緩和の努力を計画的に行う必要がある。
22) 再帰的に自己改善する人工知能：再帰的に自己改善もしくは自己複製を行える人工知能システムは、進歩や増殖が急進しうるため、安全管理を厳格化すべきである。
23) 公益：広く共有される倫理的理想のため、及び、特定の組織ではなく全人類の利益のために超知能は開発されるべきである。

資料：The Future of Life Institute「アシロマの原則」https://futureoflife.org/ai-principles-japanese/（2018 年 6 月 15 日閲覧）

2 社会的ジレンマ

　社会的ジレンマとは、個人の利益が集団的利益と相反する状況のことである（International Encyclopedia of the Social & Behavioral Sciences。Van Lange, 1989, p. 14276)。個人にとって短期的な利得が高くなるような、個人にとっては魅力的な非協力的な行動は、仮に全員がその行動をとった場合には、（中長期的に）全員が協力して行動した場合より各自の利得が少なくなるという状況である[5]。Dawes (1980) は 1970 年代から盛んになった社会的ジレンマの議論として、資源枯渇、公害、人口過剰を挙げている。多くの社会で、個人としては、資源をふんだんに使い、環境を汚染し、子どもをたくさん育てる[6]ことが有利となるが、地球の構成員が全員そのような行動をとれば、資源は枯渇し、環境汚染は拡大し、人口が過剰となり、人類全体が苦

---

[5] Van Lange et al (2013) は、社会的ジレンマの心理に関する文献サーベイである。
[6] 子どもに対しては、多いほうがよいとは限らない地域があるが、全世界をみれば依然として子どもが多いことを望む社会があると、原注で述べている。

難に陥ることになると指摘している。本章で扱う自動運転車のトロッコ問題も、消費者が購入したいものを購入していくと、人々の道徳観とは乖離した自動運転車が普及することにつながってしまう。

　Bicchieri and Sontuoso（forthcoming）によると、社会的ジレンマのような混合動機（mixed-motive、相衝突する動機とも呼ばれる）状況のゲームにおいて、「社会的規範[7]」が現れてくるという。Sugden（1986）、Bicchieri（1993）が指摘するように、社会的規範はグループに特有な解として表出する[8]。Bicchieri and Sontuoso も、Cappelen et al（2007）、Ellingsen et al（2012）が指摘するように、「公正で適切な行動を決めるもの」は文化や状況によって異なってくるという。Benjamin et al（2010）は、社会的アイデンティティにもとづき人々が異なる効用を示すことを提示した。日本と米国という文化の異なる国では、類似した社会的ジレンマの状況を想定した場合でも、社会的規範が異なるであろう。日米の差だけでなく、国内でも個人属性が異なると規範も異なることが予想される。Hannikainen et al（2018）は、時系列パネルデータを用いて道徳的なイデオロギーは世代に特有なものであるという指摘をしているが、年齢は影響するのかも検討する必要がある。本章では、日本の社会的ジレンマを強める属性と弱める属性も見出だす。

3　自動運転車に対する社会的受容

　自動運転車に係る技術的な論文や、新聞・雑誌等での一般向けの特集記事は枚挙に暇がないが、自動運転の社会的受容に係る先行研究は国内では目下僅かである。山本（2016）は自動運転のシェアカーについて、主に供給側から普及可能性のシミュレーションを行うと同時に、自動運転シェアカーに対する消費者意識を調査した。自動運転車が普及したら自分で所有したい人が55％、所有して貸したい人が13％、シェアカーで借りるだけの人が32％であった[9]。筆者らは後述するアンケートの別の設問で、自動運転機能と環境配慮型燃料とをオプションとして選択するときの追加的な支払意思額（WTP: willingness to pay）を推計し、自動運転レベル5でハイブリッドのオプションには31.5万円の支払意思を認めた（森田・馬奈木 2018, 9-22頁）。

　海外ではすでに1990年代末には自動運転の受容に関する各種の調査が行われてい

---

[7]　社会的規範とは、複数均衡がある相互作用において、人々の期待を調整する役割をもつものである。

[8]　時間経過とともに、外部環境の変化や、個人の主観的な認識および期待の変化によって、規範が変化することもある（Young 2008）。

た[10]。WTP など消費者需要の推計が相次いで行われるようになったのは 2010 年代に入ってからである。Bansal et al（2016）はテキサス州での調査で、ネットワークにつながっている自動運転車（CAV: Connected autonomous vehicles）の部分的自動運転には 3,300 米ドル、完全自動運転には 7,253 米ドルの追加的な WTP があるとした。Daziano et al（2017）は自動運転への需要は高・中・なしの 3 段階にほぼ分類されるとした。金銭的には部分的自動運転には 3,500 米ドル、完全自動運転には 4,900 米ドルの WTP があり、需要の高い層は 1 万米ドル払う意思があるとした。WTP は求めていないが、Payre et al（2014）はフランスの調査で、日常的に運転する人の 68％が完全自動運転車を受容し、特に混雑時の自動運転、自動駐車、飲酒時の乗車に期待されていることを指摘した。Schoettle and Sivak（2015b）も日常的に運転する人の選好に注目しているが、ここでは完全自動運転車よりも部分的自動運転車、それよりさらに従来型の普通車が好まれる傾向を示した。逆に König et al（2017）は自動運転車のような急速な技術革新には人々の心理的抵抗が存在することを示した。自動運転機能、音声認識、ネットワーク接続などへの選好と同時に燃料への選好を聞いたアンケートの結果を示したのは Shin et al（2015）であるが、森田・馬奈木（2018）とは異なり、自動運転機能と燃料は組み合わせずに質問したものである。

自動運転車への選好を多国間で比較した文献としては、Schoettle and Sivak（2014）や Kyriakidis et al（2015）がある。また、Bazilinski et al（2015）は 112 か国を対象としたアンケートから、クラウドソースを利用して 15 文字以上の自由回答を分類し、自動運転に肯定的なコメントが否定的なコメントの約 1.7 倍存在したとしている。

消費者の属性に配慮した研究としては、Hohenberger et al（2016）が性差に注目し、

---

9) 本章ではシェアカーとしての自動運転車の利用を直接研究対象としていないが、自動運転シェアカー（SAV : shared-autonomous vehicle）についての海外での研究として、Shoettle and Sivak（2015a）では、「帰宅」モードの完全自動運転車がシェアされることになれば、自動車保有率が低下し、個人の走行距離が長くなるとの結果を示し、Krueger et al（2016）は、消費者が SAV を評価する重要なポイントとして、移動費用・移動時間・待ち時間を挙げ、Haboucha et al（2017）は通勤に従来型の自動車・自家用の自動運転車・SAV のいずれを使うかを選択するとしたら、44％は従来型を選び、仮に SAV が完全に無料であったとしても SAV を利用したい人は 75％にとどまったとしている。Zmud and Sener（2017）ではオースティン市民で自動運転車を利用しようと考える人の 41％がシェアカーやタクシーでの利用を望んだといい、フランスでは、自動運転車が実用化されたら利用しようと考えている回答者のうち 4 分の 3 が自家用車とし、4 分の 1 がシェアカー・カープール・タクシーなどの形で利用したいと回答した（Piao et al 2016）。

10) Bekiaris and Brookhuis（1997）など。

自動運転の利用意思が男性より女性のほうが低いことを示した。年齢別の分析を行っている文献には、全米の 18-85 歳を対象として 4 世代に分類し、世代ごとに求める自動運転車の姿が異なることを指摘した Owens et al（2015）や、より定性的な高齢世代へのインタビューを通じて、自動運転機能が高齢者に安心感を与えることを示した Gish et al（2017）、自動運転の受容性についてアンケート回答者を懐疑者、中立、熱狂者の 3 種に分けたところ 60 代では懐疑者の比率が最も高く、18-29 歳では熱狂者の比率が最も高かったことを示した Nielsen et al（2018）などがある。

その他、Clark et al（2016）は学術的文献に限らず、自動運転車の受容性について広く先行文献のサーベイを行っている。Becker and Axhausen（2017）は、手法比較まで踏み込んで先行研究の比較をしている。Milakis et al（2017）は、自動運転車の影響を第 1 次（交通、走行費用、交通手段選択）、第 2 次（所有とシェア、土地の選択と利用、交通インフラ）、第 3 次（エネルギー消費、大気汚染、安全性、社会的公平性、経済、公衆衛生）の 3 段階の影響に分類して、先行研究のサーベイを詳細に行っている。

本章で対象とする道徳観と自動運転車の関わりを正面から分析したものは、Bonnefon et al（2016）および同じ 3 名の著者らによる Shariff et al（2017）を端緒として増えており、それらに対する批判的検討（Martin et al 2017、Ziao et al 2016 など）もある。河島他（2017）は、日本における郵送方式での質問調査で、Bonnefon et al（2016）や本章と同様の社会的ジレンマの可能性を指摘するほか、自動運転プログラムのあり方についての詳細な調査を行っている。

Ⅳ 消費者の道徳観の分析

本節では、筆者らが国内で実施したアンケート調査の概要および回答者属性を示し、分析手法の説明を行う。調査結果としては、対象となる設問への回答の単純平均と信頼区間を掲載するほか、回答者の属性を用いて、回答に影響を与える要因を分析した結果も示す。その後、日本の消費者の道徳観を米国との比較も含めて簡単に記述する。

1　調査の概要

本章で用いたデータは、平成 28 年度「自動運転の潜在需要に関する Web 調査」の結果である。同調査は、独立行政法人経済産業研究所が株式会社日経リサーチに委託して実施した（以下、「自動運転車の潜在需要に関する Web 調査」とする）。同社

の提携先を含む日経リサーチのインターネットモニターから、18歳以上69歳以下の男女を対象として、住民基本台帳の人口構成比にもとづき送信数を設定した。調査手順は、モニターに参加案内メールを送信し、対象者が調査サイトにアクセスして回答するものである。2回のプリテストを経たのちの本調査の調査期間は2017年3月16日（木）〜3月21日（火）であり、有効な1万8,526件の回答を得た（回収率12.6%）。

2　回答者の属性

　回答者の基本的な属性（表5-3）のうち、男女比は56.7%対43.3%であり、平成28年9月1日現在の人口比48.7%対51.3%と比較すると男性のほうがやや多い。アンケートのタイトルに「自動運転」とあるため、車への関心が高い男性の回答率が高かったものとみられる。年齢構成は20代が低めで50代が高めとなっているが、地域構成は概ね人口構成と近い。

　学歴と年収に関しては、インターネット調査全般に指摘される学歴・年収の問題が払拭されていない。学歴では、回答者は人口比よりも高卒までの比率が低く、大卒の比率が高い。特に年収は、300万円台以下の比率が少なく、500-1000万円台までの層の比率が高い。それでも、自動運転車の購買層は年収の高い層になることが考えられるため、購入意思も含めて質問をする今回の調査では、回答者の偏りは大きな問題とはならないものと判断される。

　回答傾向にバイアスが生じないよう、職業を尋ねる際に「自動車製造又は自動車販売にかかわる仕事」であるかどうかを重ねて質問した。該当したのは全体の3.5%のみであり、以下のいずれの分析においても統計的に有意な特徴が現れなかったため、以下では特に分類を行わない分析結果を示す。

　その他、人々の自動運転車に対する認識に関連する要因を4(2)(B)、4(3)(B)、4(4)項で推計する際に利用する消費者属性のうちの5つを、変数名（斜体で表示）とともに紹介する。

(1) *ガジェット好き*

　人工知能を利用した心臓部によって動く自動運転に対する選好は、回答者がガジェット（電子機械）を好むかどうかに依存すると予想される。回答者がガジェット好きであるかどうかを、図5-2に示す6項目で尋ね（複数回答）、これらを合成してガジェット好きの変数を作成した。具体的には図5-1に描かれた各問の選択肢「6 使ったことがない」を選択肢「3 どちらともいえない」に含め、各回答者のガジェットへの

表5-3　回答者の分布と人口分布の対比

	本調査	人口分布		本調査	人口分布
性別			最終学歴		
男性	56.7	50.2	小学・中学	1.0	9.8
女性	43.3	49.8	高校・旧制中	19.4	44.6
年収			短大・高専	15.2	9.8
100万円未満	3.1	6.4	大学	49.0	22.3
100万円台	3.4	13.7	大学院	7.0	2.1
200万円台	7.1	14.0	その他	7.2	7.1
300万円台	11.4	13.1	年齢		
400万円台	11.9	9.8	20代	11.4	15.5
500万円台	11.9	8.8	30代	16.4	19.1
600万円台	10.1	7.3	40代	24.5	23.5
700万円台	8.6	6.3	50代	25.9	19.1
800万円台	7.7	4.7	60代	21.8	22.9
900万円台	6.6	3.9	居住地域		
1,000万円～1,100万円未満	6.1	2.8	北海道	4.5	4.3
1,100万円～1,200万円未満	2.5	2.4	東北	4.9	7.1
1,200万円～1,300万円未満	2.1	1.5	関東	40.3	33.7
1,300万円～1,500万円未満	3.2	2.4	中部	15.1	16.9
1,500万円～2,000万円未満	2.8	2.1	近畿	20.0	17.8
2000万円以上	1.7	1.0	中国	4.8	5.9
答えたくない	11.9	—	四国	2.2	3.0
			九州・沖縄	8.2	11.4

資料：「自動運転者の潜在需要に関するWeb調査」、総務省統計局「人口統計」(性別、年齢、地域)、厚生労働省「国民生活基礎調査」(年収)、厚生労働省「就業構造基本調査」(最終学歴)

選択番号をすべて合計した値を変数とした。図では、ガジェットの種類を、各項目の好き (4 好き＋5 とても好き) の比率から嫌い (2 やや嫌い＋1 とても嫌い) の比率を引いた値が大きい順に上から並べてある。インターネット調査の影響もあってか、パソコンやスマートフォン、タブレット類が好まれる傾向にあるが、ロボットに対しては嫌いが好きを上回っている。自動運転の人工知能が声掛けに反応するロボットに近くなったときに、受け入れられにくい可能性もあろう[11]。

(2) 事故を起こしたことがある

　自動運転は交通事故を減らすことを目的として導入されることから、回答者の事故

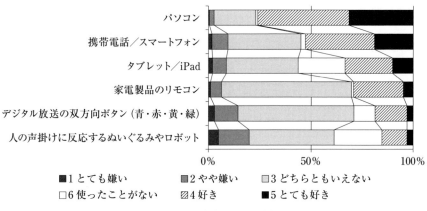

図5-2　回答者のガジェットに対する好み

資料:「自動運転車の潜在需要に関するWeb調査」

経験が自動運転車の選好に影響するとみられる。事故経験がある人は、事故を回避できる自動運転車に購入意欲が高いことが予想されるのである。回答者の事故経験を複数回答で尋ねた。このうち、のちの推計で有意に影響が出たのは回答者全体の3割強を占める「交通事故を起こしたことがある」の選択肢であった（図5-3）。自己の過失のある事故経験をもつ回答者を、事故を起こしたことがあると定義する。

(3) 自動運転で事故が減る

回答者が自動運転車に対して「自動運転が導入されれば交通事故が減る」という認識をもっているか否かも重要な要素となろう。「あなたは、国内のすべての自動車が完全に自動運転されるようになったら、交通事故は減ると思いますか。」という問いに対して、まったくそう思わない（0）〜とてもそう思う（100）で回答してもらったところ、平均値が64.55（標準偏差21.75）、中央値が68で平均的には事故が減ると思われているものの、どちらともいえないに相当する「50」の回答は13.9％、50未満の回答も15.4％あり、両者を合わせて約3割の回答者は今のところ信頼感をもってい

---

11) Waytz et al (2014) は、普段運転する人を対象にした調査で、自動運転機能がより擬人的になるほど運転者の信頼感が高まったことを示した。筆者らの調査では、ロボットが好きかどうかの平均値が後記本項 (4) の分類における、「免許なし」→「免許あり・その他」→「免許あり・運転好き」の順に有意差をもって高まっており、Waytz et al が対象としている免許所有者の間では擬人化されたロボットが好まれることも説明がつくものと考えられる。

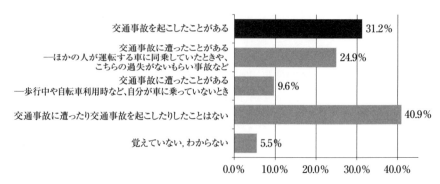

図 5-3　回答者の交通事故経験

資料:「自動運転車の潜在需要に関する Web 調査」

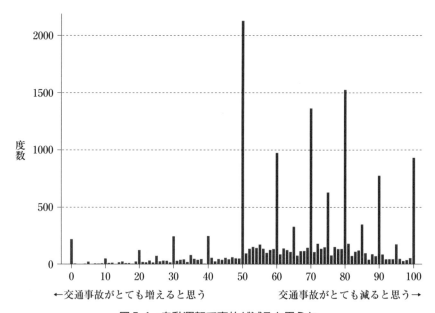

図 5-4　自動運転で事故が減ると思うか

資料:「自動運転車の潜在需要に関する Web 調査」

ない（図 5-4）。なお、筆者らの調査は、回答者の判断を容易にするために自動運転車そのものの機械的なミスはないことと想定して回答してもらうことから、*自動運転で事故が減る*という変数は自動運転車に対する（役割の達成という意味での）信頼感と解釈することもできる。

(4) *運転好き／運転免許なし*

　完全自動運転車は、現行の免許がない人でも単独で乗車できるという効用をもたらす反面、運転を楽しみとしている人から運転の機会を奪うという不効用ももたらすであろう。Sivak and Schoettle（2015）は、米国では、自動運転車の導入で、これまで運転しなかった人が乗車するようになり、自家用車の利用が最大11％増える可能性があると指摘している。しかし、運転することそのものが好きな人は、自身の裁量の余地がなくなる自動運転車に乗車したくないのではないかと予測される。免許の有無はもとより、免許をもつ人が自分で運転することが好きかどうかは重要な属性である。さらに、それらの属性毎に、自動運転車の移動以外の利用目的も異なるであろう。

　そこで免許をもつ人に自分で運転することが好きかを「とても嫌い（1）～とても好き（10）」の 10 段階で尋ね、運転が特に好きであると考えられる 8～10 を回答した回答者を、「運転好き」に分類した[12]。図 5-5 では、1～7 を回答した人を「その他」、免許をもたない回答者を「運転免許なし」として 3 分類し、「もしあなたが、ご自身で運転する必要がない自動運転車に 1 時間ほど乗るとしたら、乗車中の車内でどのようなことがしたいですか。安全な自動運転であることを前提にお答えください。」という問いに対する各分類内での回答比率を求めた。質問毎に、分類間に統計的有意差がない場合には棒グラフの色を同色にしている。

　運転好きなグループでは何かをやりたいと思う比率がいずれも相対的に高い。右から 2 番目の選択肢「わからない」を選択した人も最も少なかった。注目されるのは右端の「自動運転車には乗りたくない」という選択肢への回答である。Sivak and Schoettle（2015）の結果から類推すると、免許のない人こそ自動運転車に乗りたいと考えていそうであるが、今回の調査では免許のある人よりも乗りたくない回答者の比率が高い。また、同じ免許をもつ人のなかでは、運転好きな人のほうがその他の人よりも自動運転車に乗りたくない比率が高い。ここから、自動運転車が普及すると運転好きな人が車離れをする可能性も示唆される。

12）3つの分類の比率を示す記述統計は後掲表 5-4 に示した。

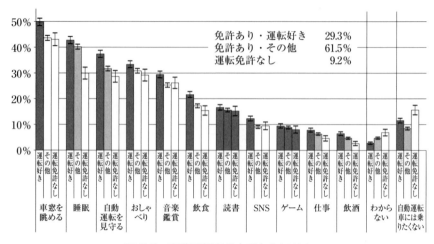

図 5-5　自動運転車の中でしたいこと

注1：棒グラフ上の高低線は 95% 信頼区間をあらわす。
注2：各項目内で同色の棒は平均値に 5% 水準で有意差がないことを示す。
注3：複数回答であるが、「わからない」および「自動運転車には乗りたくない」は排他。
資料：「自動運転車の潜在需要に関する Web 調査」

　Sivak and Schoettle（2016）の調査では回答者の 62％が、自動運転になっても車内で仕事をするなどの形での運転者の生産性は上がらないと考えており、その理由としてうち 23％は自動運転車に乗らず、36％は車窓を眺めるからであるとしている。筆者らの複数回答での調査では車窓を眺めるとの回答が全体の平均で 44.7％、自動運転車に乗りたくないが 10.6％ となっており、Sivak and Schoettle（2016）の調査よりは自動運転車に乗りたくない比率が低いものの、車窓を眺める比率は高いことから、自動運転車に乗車することによる運転者の生産性の上昇には期待できない点は共通しそうである。

3　調査手法

　本研究では、回答者には自動運転車の乗員になった場合を想定して回答を行ってもらう。イギリスにおける Hulse et al（2018）の調査では、人々は、もし乗員になるのであれば「人が運転する車より自動運転車のほうが危険だ」と考え、もし通行人になるのであれば「人が運転する車より自動運転車のほうが安全だ」と考えることが示された。自分が乗員であることを想定するか通行人であることを想定するかによって、

あなたが【①ひとりで ②同僚または知人とふたりで ③家族とふたりで】【a. 自動車を運転している状況 b. 自動運転車に運転を任せて乗っている】状況を想像してください。免許のない方も、ご自身が運転していることをイメージしてください。

一車線の橋の上であなたの目の前に突然 10 人の通行人が現れたとします。通行人を避けて車を転回すると車が橋から落下し、【①あなた ②あなたと同僚または知人 ③あなたと家族】の命が犠牲になるとします。車がそのまま直進すれば、【①あなた ②あなたと同僚または知人 ③あなたと家族】は助かり、通行人全員の命が犠牲になるとします。

図 5-6　倫理問題の条件文及びイラスト

注1：説明文中の下線部分は、「免許がない」と回答している回答者だけ表示した。
注2：イラストは、著者らの許可を得て、Bonnefon（2016, 補足資料 Figure S1(a)）のイラストを、日本に合わせて左右反転し、和訳を付けたものである。
資料：「自動運転車の潜在需要に関する Web 調査」

回答者の自動運転車に対する見方は変わるであろうが、本研究は Bonnefon et al（2016）に倣ってトロッコ問題に対して乗員としてどのような意識をもつかを調査した。Bonnefon et al（2016）は本章とは異なり、各回 2～300 名の回答者に対して、6 回のインターネットアンケートを行ったものである。本研究には 1 回しか本調査を実施できないという制約があったため、彼らと同一の研究はできないが、彼らの許可を得て、比較可能な部分を取り入れて、同一回答者に複数回の質問を行う形式での調査を行った。

　はじめに図 5-6 のような説明文およびイラストを示した。続いて、回答者を 12 のパターンに振り分けて質問を表示した。具体的には、表 5-4 の Q1～Q6 の【※】を乗員のパターン別に表 5-4 最上段①～③の 3 つに分け、さらに a. 自分で運転と b. 自

表 5-4　倫理問題の設問と記述統計量

	平均値		95%信頼区間		標準偏差	最小値	最大値	度数
	統計量	標準誤差	下限	上限				
※① あなたが（運転または乗車）	0.330	0.003	0.330	0.340	0.472	0	1	18,526
※② あなたと同僚または知人が（運転または乗車）	0.330	0.003	0.330	0.340	0.472	0	1	18,526
※③ あなたと家族が（運転または乗車）	0.330	0.003	0.330	0.340	0.471	0	1	18,526
Q1. この状況で、あなたが最も道徳的と考える行動は、下の0〜100のどの位置にありますか。損害賠償の費用は保険が考慮する必要がないものとしてください。[※] が数われ、10人の通行人が犠牲になる（= 0）〜 [※] が犠牲になり、10人の通行人が救われる（= 100）	59.090	0.209	58.680	59.500	28.511	0	100	18,526
Q2. 先ほど (Q1) の状況に置かれたときに、常に転回して10人の通行人が救われるようにプログラムされた、完全自動運転車が販売されたとします。あなたはそれを買うと思いますか。	33.080	0.220	32.640	33.510	30.011	0	100	18,526
Q3. 先ほど (Q1) の状況に置かれたときに、常に [※] が救われ10人の通行人が犠牲になるようにプログラムされた、完全自動運転車が販売されたとします。あなたはそれを買うと思いますか。	34.820	0.227	34.370	35.260	30.912	0	100	18,526
Q4. 道徳的にお考えください。「すべての完全自動運転車は、車に乗っている人と通行人とで、車に乗っている人を犠牲にすることになっても人数の多い方を救うようにプログラムをするべきだ」という考えにどのくらい賛成できますか。	41.240	0.211	40.820	41.650	28.651	0	100	18,526
Q5. 日本は、「すべての完全自動運転車は、車に乗っている人と通行人とで、車に乗っている人を犠牲にすることになっても人数の多い方を救うようにプログラムすること」と法律で規制するべきだと思いますか。	37.290	0.214	36.870	37.710	29.158	0	100	18,526
Q6.1. 法律の規制によって、「車に乗っている人と通行人とで、必ず車に乗っている人を犠牲にする方を救う」とプログラムされるかどうかを消費者メーカーが選べる完全自動運転車が販売されたとします。あなたはそれを買うと思いますか。	31.460	0.295	30.880	32.040	28.417	0	100	9,286
Q6.2.「車に乗っている人と通行人とで、車に乗っている人を犠牲にするかどうかをプログラムするかどうかを消費者メーカーが選べる完全自動運転車が販売されたとします。あなたはそれを買うと思いますか。	32.770	0.295	32.190	33.350	28.337	0	100	9,240

注1：Q1〜Q3の隅付括弧【　】内には、上段※欄で示された①〜③の主語のうち、ランダムに割り当てられたパターンにしたがって1つの主語のみが回答者に提示される。

注2：Q6.1とQ6.2の標本数が異なっているのは、回答者を半数に分けて片方の質問のみを聞いているため。

資料：「自動運転車の潜在需要に関するWeb調査」

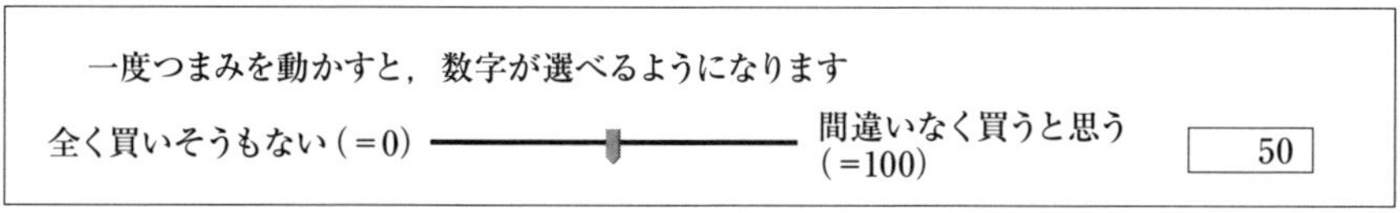

一度つまみを動かすと、数字が選べるようになります		
全く買いそうもない（=0） ———————— 間違いなく買うと思う（=100）		50

図 5-7 スライドバーの例（Q2、Q3、Q6_1、Q6_2 の場合）
資料：「自動運転車の潜在需要に関する Web 調査」

動運転で二分し、Q6 で Q6_1（法規制ありの場合の購入意思）および Q6_2（法規制なしの場合の購入意思）を半々の回答者に提示し、3×2×2＝12 のパターンとした。

Q1 ～ Q6 までの質問に対して、回答者は 1 ～ 100 の間の数字を、スライドバーを動かしながら回答した。図 5-7 は購買の可能性を尋ねる設問の例であるが、他の設問でも同じスライドバーを利用し、左端（=0）と右端（=100）の説明を設問に合わせて変えている。スライドバーを動かすと、右の四角形の中に対応する 0 ～ 100 の数字が表示され、回答を選べるようになっている。四角形の中に数字を直接入力することも可能である。

4　調査結果

筆者らは Bonnefon et al（2016）が行った研究のうちの 2 種（Study 3[13]）と Study 6[14]）に類似した質問を行って米国と対比した。以下、小項（1）と（2）で通行人を救うことと自分を含む乗員を救うことのどちらが道徳的かという道徳観とそれにまつわる購入意思を示す。小項（3）で人数の多いほうを救うようにプログラムされた自動運転者が道徳的かという道徳観と、規制の是非、および購入意思を示す。

---

[13] Study 3 は回答者に次の文章を読ませ、道徳性や購入意思を尋ねるものである。
You and [a family member / a coworker] are in the car traveling at the speed limit down a main road on a bridge. Suddenly, 20 pedestrians appear ahead, in the direct path of the car. The car could be programmed to: swerve off to the side of road, where it will impact a barrier and plunge into the river, killing you and your [family member / coworker] but leaving the pedestrians unharmed; or stay on you current path, where it will kill the 20 pedestrians, but you and your [family member/ coworker] will be unharmed.
　なお、Bonnefon et al（2016）は乗員が回答者 1 人のときは 10 人の通行人、誰かと 2 人のときは 20 人の通行人というように 1:10 の比率を維持した設問をしているが、通行人を例えば 10 人で固定してもよいと述べている（Bonnefon et al 2016, Supplementary Material, 4 頁）。そこで筆者らはインターネットアンケートサイトの設計を過度に複雑化しないために 10 人で固定して質問を行っている。

[14] Study 6 は回答者に Study 3 と同じ文章（ただし同僚の代わりに子どもと同乗することを想定）を読ませ、道徳性や規制すべきか否か、および購入意思を尋ねるものである。

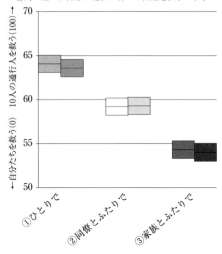

図 5-8　道徳観 1（Q1）に対する見解

注：各項目の中心線が平均値。
　　上下の線（塗りつぶし範囲）は 95% 信頼区間をあらわす。
資料：「自動運転車の潜在需要に関する Web 調査」

(1) 道徳観 1

　図 5-6 のトロッコ問題で、転回して通行人を救うことと直進して自分を含む乗員を救うことのどちらが道徳的かという道徳観を問う Q1 では、図 5-6 の表示直後に「この状況で、あなたが最も道徳的と考える行動は、下の 0 〜 100 のどの位置にありますか。損害賠償の費用は保険に含まれており、あなたが考慮する必要はないものとしてください。0 〜 100 のうちあなたのお考えに最も近い値を選んでください。」と尋ねた。以下ではこれを「道徳観 1」と称する。スライドバーの左端には「車を転回せずに、【①〜③のいずれか】が救われ、10 人の通行人が犠牲になる（=0）」を、右端には「車を転回して、【①〜③のいずれか】が犠牲になり、10 人の通行人が救われる（=100）」を表示した。例えば①が割り当てられた回答者に対しては、スライドバーの左端に「車を転回せずに、あなたが救われ、10 人の通行人が犠牲になる（=0）」と表示される。
　図 5-8 には、①〜③の分類別に a. 自分が運転している場合を想定してもらった回答者（全体で 9,290 名）と、b. 自動運転車に乗車している場合を想定してもらった回答者（全体で 9,236 名）との回答の平均値およびその 95%信頼区間を並べて描いている。自分が運転している場合の回答と自動運転車に乗車している場合の回答の平均値

はいずれも危険率5%水準での統計的有意差（以下有意差という）がなく、自分たちの運転の判断に対する道徳観と自動運転車の判断に対する道徳観では差が生じないことがわかった。これより、運転者が人間であろうと人工知能であろうと、トロッコ問題に対する見解に大差が生じないであろうことが窺える。

図5-8では、①〜③のすべての回答で平均値が50を超えており、人々は乗車している自分たちを救うことよりも10人の通行人を救うことのほうがより道徳的であると考えていることがわかる。想定する同乗者別にみると、1人で乗車している場合が最も高く、同僚または知人と同乗している場合はそれに次ぎ、家族と同乗している場合が最も低い。親密度が高い人と同乗しているときを想定したほうが、自分たちを救うべきである、という考えが明確に強まる。

(2) 道徳観1と購入意思

(A) 平均値

Q1の道徳観1に対する回答およびQ2、Q3の自動運転車のプログラム別購入意思をBonnefon et al（2016）のStudy 3の結果と比較した図5-9は、自動運転車の社会的ジレンマの一端を示している。Q2、Q3では、自動運転車のプログラムが常に通行人を救うようにプログラムされている場合（Q2）と常に乗員（自分たち）を救うようにプログラムされている場合（Q3）で、それぞれの自動運転車をどのくらい購入してもよいと考えているかを0〜100で表してもらった。図5-8パネル1が本章におけるQ1〜Q3の回答の平均値と信頼区間であり、パネル2が米国での同様の質問Study 3の平均値と信頼区間である。Bonnefon et al（2016）は筆者らと異なり、1回のアンケートの設問数を少なくして、サンプル数の少ない複数回のアンケートを実施している。Study 3は259人が対象で、①、②、③に相当するサンプル数がそれぞれ85、81、93であるため、パネル2においては信頼区間がかなり広くなっている。

図5-9の各パネル左列3つのボックスは、道徳観1である。パネル1では、図5-8のa.自分が運転している場合とb.自動運転車に乗車している場合の回答者を合わせた平均値を示している。パネル2の米国ではもともとaとbの分類はしていない。回答傾向は日米で類似しており、道徳観1の平均値は①の自分のみ乗車している想定の場合に最も高くなり、③の家族と乗車している想定の場合に最も低い。いずれの平均値も米国のほうが高く、日本の平均値は米国での信頼区間の下限値近傍に位置している。概して米国のほうが通行人を救うべきであるという気持ちが強いようである。

図5-9各パネルの中列3つ、右列3つのボックスが自動運転車のプログラム別購入

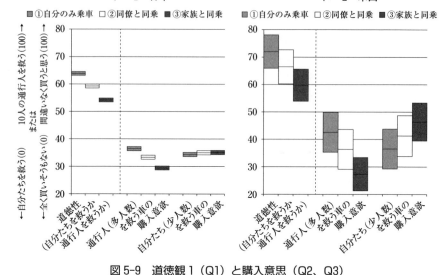

図 5-9 道徳観 1（Q1）と購入意思（Q2、Q3）

注1：各ボックスの中心線が平均値。上下の辺（塗りつぶし範囲）は95%信頼区間をあらわす。
注2：パネル2はScience誌のHPで公開されている補足資料を利用して著者らが作成。データが公開されていなかった部分はScience誌の図からスケールを合わせて掲載した。
資料：「自動運転車の潜在需要に関するWeb調査」（パネル1）、Bonnefon et al（2016）（パネル2）

意思である。ここでは全員に「完全自動運転車」に乗る状況を想定してもらい、「常に転回して10人の通行人が救われて、【①～③のいずれか】が犠牲になるようにプログラムされた完全自動運転車を購入すると思うか（Q2）」と、「常に【①～③のいずれか】が救われ10人の通行人が犠牲になるようにプログラムされた完全自動運転車を購入すると思うか（Q3）」とを尋ねた[15]。日本では、①～③の各グループ内でQ2とQ3の平均値には有意差があり、自分ひとりが乗車する場合であれば通行人を救う車の購入意思のほうが高い反面、同乗者がいる場合は自分たちが救われる車の購入意思のほうが高く、特に家族が同乗者である場合は差が大きくなる。自分たちを救う車の購入意思（Q3）にはグループ間での値に有意差がない。米国についてはQ2に相当する原データが公開されていないことから有意差検定はできないが、家族と同乗して

---

[15] Bonnefon et al（2016）では、回答者に10人または20人の通行人を前提とした例が示されている。注3）に記述したとおり、本章では10人に統一している。

いる③のグループだけは、通行人を救う車より自分たちが救われる車の購入意思が有意に高いものと看取される。日本と異なり、自分たちが救われる車の購入意思のグループ間では、①と③の関係において有意確率 5.5% で差がみられる。身近な同乗者を守りたいという気持ちは米国のほうが強そうである。

図示されていないが、①〜③を平均した値では、日本では通行人を救う車の購入意思の平均値は 33.1、自分たちを救う車の購入意思の平均値が 34.8 と平均値に 1.7 の有意差がある。自分たちを救う車の購入意思のほうが高い傾向は米国の例でも同じであるという（Bonnefon et al 2016, 1574）。人々は道徳的には通行人を救うべきと考えているものの、市場に出る完全自動運転車を選ぶ際には自分たちを救うプログラムが組み込まれたものを購入するであろうという、社会的ジレンマの一端が日米両国において表れたのである。

（B）道徳観および購入意思の決定要因

道徳観1および関連する購入意思の決定要因を明らかにするため、回答者の属性を説明変数とし、被説明変数を 0〜100 で打ち切られたデータとして扱うトービット分析[16]を行った。例えばQ1であれば、

$$Q_1 = \alpha_1 + x'\beta_1 + e_1$$

（ただし Q_1 はQ1への回答、α_1 は定数項、x は回答者の属性をあらわすベクトル、β_1 は属性のQ1に対する影響をあらわす係数ベクトル、e_1 は誤差項）という関係をもとに、Q1の実際の回答が 0〜100 の範囲に限られた値であることを考慮しての推計を行っている。

表5-5は要約統計量、表5-6が推計結果である。被説明変数間の相関係数は付表に示した。推計結果の左側のブロックは、回答者の属性をあらわす変数のうち、被説明変数との相関が高いすべての変数を説明変数としたもの、右側のブロックはステップワイズ法により 10% 以下で有意な変数を選択したものである。ここでは、収入のデータが得られるサンプル（N=16,327）のみを利用している。

Q1の回答が 100 に近いこと、すなわち通行人を救うべきと考える傾向が強いことを便宜上「道徳観が高い」と表現すると、日本では女性が男性と比較して明確に道徳観が高いが、米国では男性のほうが高そうである。そのほか年齢が高いこと、交通事故を起こしたことがあること、自動運転車で事故が減ると考えていること、利他性が

---

[16] トービット分析の詳細は Amemiya（1985）などを参照されたい。

表 5-5　トービット分析で用いた変数の記述統計量

	変数名	定義	平均値	標準偏差	最小値	最大値	度数
独立変数	Q1	表 5-4 を参照	59.180	28.740	0	100	16327
	Q2		33.075	30.150	0	100	16327
	Q3		34.973	31.061	0	100	16327
	Q4		41.374	28.805	0	100	16327
	Q5		37.375	29.254	0	100	16327
	Q6_1		31.431	28.519	0	100	8227
	Q6_2		32.930	28.440	0	100	8100
社会人口統計学的属性	男性	男性 =1、それ以外 =0 の二値変数	0.582	0.493	0	1	16327
	年齢	1 歳区切り	47.880	12.597	18	69	16327
	年齢（2 乗）	年齢の 2 乗	2451.130	1182.096	324	476	116327
	大学卒	最終学歴が大学 =1、それ以外 =0 の二値変数	0.499	0.500	0	1	16327
	大学院卒	最終学歴が大学院 =1、それ以外 =0 の二値変数	0.072	0.259	0	11	6327
	世帯所得	世帯所得、対数値	6.339	0.717	3.912	8.161	16327
	単身	単身で生活している人 =1、それ以外 =0 の二値変数	0.168	0.374	0	1	16327
	子どもと同居	小学生以下の子どもと同居している人 =1、それ以外 =0 の二値変数	0.181	0.385	0	1	16327
自動車・自動運転等に関する属性	運転免許なし	運転免許を所有していない人 =1、それ以外 =0 の二値変数	0.092	0.290	0	1	16327
	シェアカーに反対	シェアカーへの抵抗を全く感じない(1)〜とても感じる(10) の 10 段階のうち、8 〜 10 の人 =1、それ以外 =0 の二値変数	0.311	0.463	0	1	16327
	ガジェット好き	6 種類のガジェットについて、とても嫌い =1、やや嫌い =2、どちらでもない及び使ったことがない =3、好き =4、とても好き =5 として単純集計した合成変数	20.286	3.073	6	30	16327
	車所有にプライド感	車を所有していることにプライドを全く感じない(1)〜とても感じる(10) の 10 段階のうち、6 〜 10 の人 =1、それ以外 =0 の二値変数	0.260	0.439	0	1	16327
	国産車所有	国産車を所有している人 =1、それ以外 =0 の二値変数	0.694	0.461	0	1	16327
	輸入車所有	輸入車を所有している人 =1、それ以外 =0 の二値変数	0.053	0.224	0	1	16327
	走行距離	年間走行距離（千 km）	5.029	5.995	0	40.5	16327
	運転好き	免許を保有する人のうち、自分で車を運転することがとても嫌い(1)〜とても好き(10)のうち 8 〜 10 の人 =1、それ以外 =0 の二値変数	0.293	0.455	0	1	16327
	事故を起こしたことがある	交通事故を起こしたことがある人 =1、それ以外 =0 の二値変数	0.322	0.467	0	1	16327

	変数名	定義	平均値	標準偏差	最小値	最大値	度数
心理的属性	自動運転車で事故減	国内のすべての自動車が完全に自動運転されるようになったら、交通事故がとても増えると思う(0)〜交通事故がとても減ると思う(100)の101段階の変数	65.134	21.681	0	100	16327
	利他性	「人が困っているときには、自分がどんな状況にあろうと助けるべきである」という意見に非常に反対(1)〜非常に賛成(5)の値	3.116	0.828	1	5	16327
	募金したことがある	ときどき募金に協力する、よく募金に協力する、自動引き落としなどで毎年一定額の協力をしている、のいずれか=1、それ以外=0の二値変数	0.630	0.483	0	1	16327
	倫理問題に好感	自由回答で倫理問題を含む当アンケートに好感を示す記述をした人=1、それ以外=0の二値変数	0.130	0.337	0	1	16327
	倫理問題に反感	自由回答で倫理問題を含む当アンケートに反感を示す記述をした人=1、それ以外=0の二値変数	0.214	0.410	0	1	16327
居住地	北海道地方		0.046	0.210	0	1	16327
	東北地方		0.048	0.213	0	1	16327
	関東地方		0.406	0.491	0	1	16327
	中部地方		0.150	0.357	0	1	16327
	近畿地方		0.199	0.399	0	1	16327
	中国地方		0.048	0.213	0	1	16327
	四国地方		0.022	0.146	0	1	16327
	(九州・沖縄地方)		0.081	0.273	0	1	16327

注：走行距離の平均値は国内の自家用車平均とされる10千キロより短いが、これは走行しない回答者（全体の約27%）を含むためである。

資料：「自動運転車の潜在需要に関するWeb調査」

高いこと、募金したことがあること、倫理問題に好感を示すコメントを書いていることが道徳観にプラスになっている。地域では、（九州沖縄地方と比較して）東北地方がプラスである。

　道徳観1にマイナスに働くのは、同僚や家族と同乗していることを想定した場合であり、図5-8や図5-9パネル1に示した単純平均と同様に、より近い関係にある家族と同乗しているときのほうが係数のマイナス幅が大きい。実際に子どもと同居していることもマイナスに働くことから、身近に守るべき存在があるときには、通行人を救うべきという度合いが弱まるといえる。車の所有にプライド感があると道徳観が下が

表5-6 トービット分析の結果（Q1～Q3）

		今回の推計						Bonnefon et al (2016)の結果[注]		
		全変数			10%以下の水準で有意な変数のみ					
		Q1 (道徳観)	Q2 (通行人を救う車の購入意思)	Q3 (自分達を救う車の購入意思)	Q1 (道徳観)	Q2 (通行人を救う車の購入意思)	Q3 (自分達を救う車の購入意思)	Q1 (道徳観)	Q2 (通行人を救う車の購入意思)	Q3 (自分達を救う車の購入意思)
乗員	②同僚と同乗	-5.891*** (0.652)	-4.431*** (0.833)	1.494+ (0.840)	-5.893*** (0.652)	-4.423*** (0.833)	1.494+ (0.840)	-5.54 (4.45)	4.50 (5.29)	-6.40 (5.18)
	③家族と同乗	-11.951*** (0.654)	-10.496*** (0.840)	1.552+ (0.843)	-11.955*** (0.653)	-10.477*** (0.840)	1.57+ (0.843)	-13.07*** (4.35)	10.29* (5.18)	-15.98** (5.07)
一般的属性	男性	-6.889*** (0.608)	5.087*** (0.781)	10.629*** (0.786)	-6.736*** (0.581)	5.275*** (0.772)	10.685*** (0.778)	1.08 (3.68)	2.10 (4.38)	1.24 (4.29)
	年齢	0.226*** (0.024)	0.201*** (0.031)	-0.214*** (0.031)	0.226*** (0.023)	0.193*** (0.030)	-0.211*** (0.029)	2.71 (1.81)	-2.94 (2.15)	1.92 (2.11)
	短大・高専卒	-0.542 (0.870)	3.337** (1.113)	5.011*** (1.126)		3.33** (1.113)	4986*** (1.126)			
	大学卒	-1.258+ (0.657)	-1.483+ (0.845)	3.221*** (0.851)	-1.116+ (0.578)	-1.474+ (0.842)	3.22*** (0.849)			
	大学院卒	-4.333*** (1.156)	-3.844** (1.493)	5.418*** (1.485)	-4.201*** (1.101)	-3.714* (1.485)	5.399*** (1.483)			
	世帯所得	-0.1 (0.424)	-1.062+ (0.544)	1.218* (0.547)		-1.264* (0.509)	1.202* (0.544)			
	単身	0.268 (0.820)	0.968 (1.051)	2.022+ (1.055)			2.364* (0.995)			
	子どもと同居	-2.217** (0.756)	-1.863+ (0.976)	-0.42 (0.975)	-2.168** (0.727)	-2.101* (0.947)				
自動車・自動運転車に関する感覚	運転免許なし	-0.343 (1.007)	2.062 (1.288)	2.309+ (1.296)		2.061+ (1.243)	2.544* (1.248)			
	シェアカーに反対	-0.086 (0.601)	-5.654*** (0.776)	-4.418*** (0.779)		-5.709*** (0.770)	-4.473*** (0.774)			
	ガジェット好き	-0.034 (0.090)	0.453*** (0.115)	0.572*** (0.116)		0.45*** (0.115)	0.573*** (0.116)			
	車所有にプライド感	-1.69* (0.666)	5.281*** (0.857)	5.774*** (0.860)	-1.651* (0.610)	5.043*** (0.817)	5.583*** (0.830)			
	国産車所有	0.569 (0.771)	-0.783 (0.990)	-0.973 (0.993)						
	輸入車所有	-0.374 (1.391)	-1.926 (1.795)	-3.514+ (1.800)			-2.671+ (1.584)			
	運転距離	0.031 (0.052)	0.076 (0.066)	0.036 (0.066)						
	運転好き	-0.181 (0.646)	-9.604*** (0.836)	-8.775*** (0.839)		-9.546*** (0.828)	-8.756*** (0.831)			
	事故を起こしたことがある	1.006+ (0.608)	-4.143*** (0.784)	-5.385*** (0.787)	1.114* (0.593)	-4.097*** (0.780)	-5.396*** (0.783)			
	自動運転車で事故減	0.075*** (0.013)	0.105*** (0.016)	0.225*** (0.016)	0.074*** (0.013)	0.103*** (0.016)	0.225*** (0.016)			
	利他性	5.271*** (0.333)	6.86*** (0.430)	-2.422*** (0.429)	5.256*** (0.330)	6.866*** (0.430)	-2.419*** (0.428)			
	募金したことがある	4.725*** (0.578)	1.654* (0.744)	-3.616*** (0.745)	4.709*** (0.573)	1.611* (0.743)	-3.641*** (0.744)			
	倫理問題に好感	3.516*** (0.802)	-0.959 (1.032)	-0.058 (1.036)	3.51*** (0.800)					
	倫理問題に反感	-1.105+ (0.663)	-11.288*** (0.864)	-8.804*** (0.867)	-1.102+ (0.662)	-11.381*** (0.860)	-8.823*** (0.863)			
地域	北海道地方	0.772 (1.554)	1.108 (1.994)	-0.878 (2.015)	0.759 (1.553)	1.145 (1.994)	-0.86 (2.014)			
	東北地方	3.293* (1.544)	3.057 (1.979)	0.147 (1.995)	3.348* (1.542)	3.052 (1.979)	0.15 (1.994)			
	関東地方	-2.992** (1.053)	-0.002 (1.354)	2.53+ (1.362)	-3.234** (1.032)	-0.048 (1.339)	2.627+ (1.347)			
	中部地方	-2.524* (1.165)	1.789 (1.498)	2.098 (1.508)	-2.526* (1.161)	1.764 (1.498)	2.098 (1.508)			
	近畿地方	-1.834 (1.119)	1.641 (1.438)	2.885* (1.447)	-1.977+ (1.112)	1.561 (1.434)	2.949* (1.442)			
	中国地方	0.398 (1.540)	3.22 (1.977)	-0.865 (1.997)	0.441 (1.539)	3.271+ (1.976)	-0.849 (1.997)			
	四国地方	-1.518 (2.029)	5.185* (2.607)	6.608* (2.612)	-1.475 (2.029)	5.209* (2.607)	6.605* (2.612)			
定数項		39.161*** (3.641)	-7.416 (4.670)	8.79* (4.689)	38.253*** (1.932)	-5.817 (4.362)	8.013* (4.618)	72.93*** (3.98)	37.72*** (4.74)	43.68*** (4.63)
サンプル数		16327	16327	16327	16327	16327	16327	259	259	259
疑似決定係数		0.008	0.009	0.009	0.008	0.009	0.009	0.04	0.02	0.04
対数尤度		-68590	-60247	-60247	-68592	-60249	-61802			

注：Bonnefonらの結果は最小二乗法を用いていること、性別を「女性」で推計していること（比較の便宜上男性の欄に女性のマイナス値を記載しているが、一部の無回答があるため正確な値ではない）から、今回の研究との厳密な比較はできないが、傾向をみるために参考として掲載している。
注2：括弧内は標準偏差。*** は 0.1%、** は 1%、* は 5%、+ は 10% 水準で有意であることを示す。
資料：「自動運転車の潜在需要に関する Web 調査」および Bonnefon et al (2016)

り、さらに、大学卒→大学院卒と最終学歴が高くなるほど道徳観 1 の係数のマイナス幅が大きくなることは注目に値する。地域は（九州・沖縄地方と比較して）関東と中部がマイナスとなった。

Q2 の通行人を救う車に対する購入意欲の係数がプラスになるのは、年齢が高いこと、利他性があること、募金をしたことがあることであり、いずれも Q3 の自分たちを救う車にはマイナスの係数を示した。これらの属性をもつ人は、日本の平均的な道徳観に整合的な行動をとるといえる。他方で、通行人を救う車にマイナスであるのは、世帯所得が高いこと、子どもと同居していることである。この 2 属性は自分たちを救う車には統計的に有意な傾向を示さなかったが、同僚や家族と同乗している場合[17]、および、大学卒と大学院卒は、さらに自分たちを救う車にプラスの購入意思を示している。同乗者を想定したり学歴が高くなったりすると、道徳観が下がり、通行人を救う車の購入意欲が低くなり、自分たちを救う車の購入意思が高くなっている。

Q2 の通行人を救う車も Q3 の自分たちを救う車もともに購入意思の係数がプラス、つまりいずれの車であっても購入意思が高い属性は、男性、短大・高専卒、運転免許がないこと、ガジェット好き、車の所有にプライド感があること、自動運転車で事故が減ると考えていること、地域では四国地方である。通行人を救う車も自分たちを救う車もともに購入意思にマイナスに働き、購入意思が低いと考えられる属性はシェアカーに反対であること、運転好きであること、事故を起こしたことがあること、倫理問題に反感を示すコメントを書いていることである。

(3) 道徳観 2 と法規制
（A）平均値

Q4 の道徳観に対する回答および Q5 の法規制に対する考え方、Q6_1、Q6_2 の購入意思を米国の結果と比較したものが図 5-10 であり、道徳感と法規制への姿勢および購入意思の差という、(2) 項とは異なる社会的ジレンマを示している。

図 5-10 各パネルの最左列 3 つのボックスが Q4 の『道徳的にお考えください。「すべての完全自動運転車は、車に乗っている人と通行人とで、車に乗っている人を犠牲にすることになっても人数の多い方を救うようにプログラムをするべき」という考えにどのくらい賛成できますか。』という問いの答え（まったく賛成できない (0) ～と

---

[17] 米国の結果も単純平均からでは同様になると予測されたが、Bonnefon et al (2016) による最小二乗法の結果では逆になっていた。

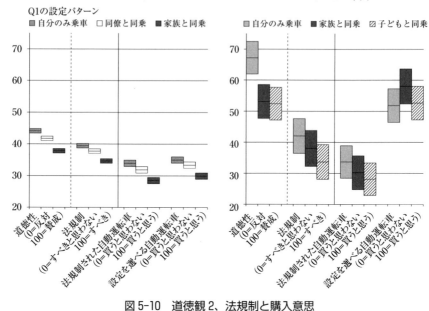

図 5-10 道徳観 2、法規制と購入意思

注 1：各ボックスの中心線が平均値。上下の辺（塗りつぶし範囲）は 95% 信頼区間をあらわす。
注 2：パネル 2 は Science 誌の HP で公開されている補足資料を利用して著者が作成。米国では前問と異なる回答者を対象としていることと、同乗者の条件が異なっていることからパネル 1 とパネル 2 を直接比較することはできない。
資料：パネル 1 =「自動運転車の潜在需要に関する Web 調査」、パネル 2 = Bonnefon et al（2016）

ても賛成できる（100）、のスライドバーによる選択）を示している。この Q4 の回答を道徳観 2 とする。米国のケース（Bonnefon et al 2016, Study 6）では Study 3 とは別の回答者 393 名に質問しており回答者が前問の影響を受けていないこと、同乗者の設定が異なること（家族／知人または同僚、ではなく、家族／子ども、としている）、などから日本のケースと厳密な比較はできないが、概ねの比較をしてみる。人数が多いほうを救うという功利主義的な考え方に対して米国のほうが賛同する傾向が強く平均値が 50 を超えているが、日本はいずれも平均値が 50 未満と反対する傾向が強い。米国との類似点は、自分だけ乗車しているときのほうが、家族で乗車しているときと比較して、人数の多いほうを救うことに賛成する度合いが高い点である。ここに、日本と米国の社会的規範の差が現れたといえよう。

同じ功利主義的な条件であっても、道徳的に考えたときと、法規制すべきかどうか

（左から2列目の3つのボックス）を考えたときでは、日米ともに各グループで法規制すべきという度合いのほうが有意に低い。特に米国では顕著な差がみられる。人間の道徳的な判断と法規制に対する判断は必ずしも一致しないという社会的ジレンマが日本よりも強いものと考えられる。米国では自動運転機能に対する法設計に際して、注意が必要となる。

　法規制が購入意思に与える影響をみるため、人数が多いほうを救うように法規制でプログラムされた自動運転車を購入するかどうか（右から2列目の3つのボックス）と、人数が多いほうを救うようにプログラムするか否かを消費者やメーカーが選べる自動運転車を購入するかどうか（最右列の3つのボックス）も質問している。米国では同じ対象者に両方の質問をしているが、日本では十分なサンプル数を得られることから、回答者を分割して法規制と自由選択を半々に質問した。日本ではQ1で1人で乗車していることを想定したグループ①で法規制と民間選択との有意差がなく、他のグループでは民間で選択できるほうが僅かながら有意に高かった。グループ平均でも法規制が31.5、民間選択が32.8で民間選択のほうが0.5〜2.1（95%信頼区間）だけ高い。この傾向は米国で際立っている。平均では法規制が30.7で日本の値と近いが、民間選択は54.1と高く、その相違は19.2〜27.5（95%信頼区間）もある。政府による規制を好まない国民性の現れであろう。ここには、道徳観とは異なる意味での社会的規範の相違が看取された。日本では選択の自由があるとかえって人々の迷いが強くなることも察せられ、法規制が米国よりは受け入れられやすい様子である。

(B) 道徳観及び規制に関する考え方と購入意思

　表5-7がトービットによる要因分析の結果である。Q4の道徳観2（便宜上「人数の多いほうを救うようにプログラムするべき」という考え方が強いほうを、「道徳観2が高い」とする）と、Q5の人数の多いほうを救うように規制するべきかという考えとを比較してみると、係数のプラスマイナスが逆になるものはなく、道徳観が高いほど規制すべきと考えており、方向性は同じであった。道徳観と規制の差という社会的ジレンマは、日本ではさほど大きくないものと考えられる。プラスに効くのは、男性、年齢が高いこと、ガジェット好き、車の所有にプライド感があること、自動運転車で事故が減ると考えていること、利他性があること、である。募金したことがあること、倫理問題に好感を示すコメントを書いたことは道徳観にのみプラス、短大・高専卒と運転免許なし、運転距離が長い、は規制のみにプラスである。マイナスに効くのは、Q1で同僚や家族と同乗するシナリオを読んでいること、シェアカーに反対、運転好き、交通事故を起こしたことがある、倫理問題に反感をもったこと、である。

表 5-7　トービット分析の結果（Q4 〜 Q6）

		全変数				10%以下の水準で有意な変数のみ			
		Q4 (道徳観)	Q5 (規制への考え)	Q6_1 (規制した車の購入)	Q6_2 (民間選択できる車の購入)	Q4 (道徳観)	Q5 (規制への考え)	Q6_1 (規制した車の購入)	Q6_2 (民間選択できる車の購入)
乗員	②同僚と同乗	-2.809** (0.687)	-1.514* (0.744)	-2.897** (1.086)	-1.866+ (1.060)	-2.783*** (0.687)	-1.502* (0.744)	-2.996** (1.085)	-1.787+ (1.061)
	③家族と同乗	-8.249*** (0.691)	-6.143*** (0.748)	-7.479*** (1.094)	-6.902*** (1.067)	-8.269*** (0.690)	-6.134*** (0.748)	-7.461*** (1.094)	-6.809*** (1.067)
一般的属性	男性	3.404*** (0.642)	4.743*** (0.696)	7.623*** (1.015)	7.907*** (0.999)	3.283*** (0.610)	4.588*** (0.680)	7.865*** (0.986)	8.004*** (0.917)
	年齢	0.157*** (0.025)	0.18*** (0.027)	0.049 (0.040)	0.002 (0.039)	0.151*** (0.025)	0.193*** (0.025)		
	短大・高専卒	-0.134 (0.919)	1.717+ (0.994)	5.057*** (1.453)	-0.398 (1.426)		2.368** (0.889)	4.867*** (1.300)	
	大学卒	-1.946** (0.695)	-1.101 (0.753)	0.566 (1.099)	-1.444 (1.078)	-1.809** (0.578)			
	大学院卒	-1.281 (1.222)	-1.262 (1.325)	-2.947 (1.965)	-1.002 (1.860)			-3.499* (1.784)	
	世帯所得	-0.235 (0.448)	-0.753 (0.486)	-0.183 (0.708)	-0.212 (0.694)		-1.029* (0.446)		
	単身	0.886 (0.866)	0.495 (0.937)	-0.077 (1.357)	1.446 (1.348)				
	子どもと同居	-2.529** (0.802)	-1.073 (0.868)	-2.462+ (1.276)	-1.184 (1.232)	-2.894*** (0.772)		-2.839** (1.179)	
自動車・自動運転車に関する感覚	運転免許なし	1.121 (1.063)	2.038+ (1.149)	3.059+ (1.709)	1.005 (1.609)		2.334* (1.120)	2.797+ (1.635)	
	シェアカーに反対	-4*** (0.636)	-4.87*** (0.690)	-7.632*** (1.015)	-7.337*** (0.984)	-4.043*** (0.630)	-4.899*** (0.684)	-7.366*** (0.997)	-7.327*** (0.965)
	ガジェット好き	0.489*** (0.095)	0.55*** (0.103)	0.612*** (0.150)	0.503*** (0.146)	0.496*** (0.095)	0.565*** (0.102)	0.577*** (0.149)	0.500*** (0.145)
	車所有にプライド感	3.085*** (0.705)	4.962*** (0.764)	6.672*** (1.114)	6.947*** (1.092)	2.775*** (0.668)	4.786*** (0.740)	6.673*** (1.068)	6.286*** (1.033)
	国産車所有	0.026 (0.815)	-0.453 (0.883)	-0.433 (1.284)	-1.178 (1.262)				
	輸入車所有	-1.822 (1.472)	-3.109* (1.598)	-4.937* (2.396)	-3.879+ (2.229)		-2.723+ (1.406)	-4.712* (2.106)	
	運転距離	0.002 (0.055)	0.129* (0.059)	0.067 (0.087)	0.131 (0.084)		0.121* (0.057)		
	運転好き	-6.13*** (0.684)	-8.665*** (0.743)	-11.778*** (1.095)	-10.587*** (1.061)	-6.280*** (0.672)	-8.617*** (0.743)	-11.729*** (1.086)	-11.631*** (1.038)
	事故を起こしたことがある	-2.252*** (0.643)	-4.263*** (0.698)	-4.705*** (1.022)	-3.476*** (0.996)	-2.337*** (0.633)	-4.243*** (0.696)	-4.315*** (1.001)	-3.392*** (0.967)
	自動運転車で事故減	0.127*** (0.013)	0.064*** (0.014)	0.156*** (0.021)	0.163*** (0.021)	0.125*** (0.013)	0.064*** (0.014)	0.157*** (0.021)	0.159*** (0.021)
	利他性	4.883*** (0.352)	5.399*** (0.382)	6.39*** (0.561)	3.823*** (0.543)	4.905*** (0.352)	5.455*** (0.377)	6.401*** (0.560)	3.700*** (0.535)
	募金したことがある	2.115*** (0.612)	0.571 (0.663)	2.073* (0.976)	-0.973 (0.939)	2.002** (0.608)		2.349* (0.955)	
	倫理問題に好感	2.608** (0.845)	0.395 (0.918)	-1.485 (1.352)	-0.321 (1.306)	2.621** (0.845)			
	倫理問題に反感	-7.040*** (0.704)	-9.24*** (0.766)	-9.163*** (1.122)	-12.012*** (1.102)	-7.027*** (0.704)	-9.222*** (0.761)	-9.100*** (1.109)	-12.121*** (1.087)
地域	北海道地方	-3.123+ (1.641)	-4.048* (1.780)	-1.970 (2.581)	-1.794 (2.587)	-3.016+ (1.641)	-3.943* (1.780)		
	東北地方	-0.217 (1.628)	0.008 (1.761)	0.511 (2.600)	3.768 (2.497)	-0.215 (1.627)	0.123 (1.760)		
	関東地方	-1.580 (1.112)	-1.873 (1.204)	-0.777 (1.762)	2.238 (1.727)	-1.744 (1.090)	-1.872 (1.194)		
	中部地方	0.496 (1.230)	0.126 (1.332)	1.086 (1.952)	3.723+ (1.908)	0.35 (1.226)	0.108 (1.332)		
	近畿地方	0.268 (1.181)	-0.659 (1.279)	0.298 (1.877)	3.158+ (1.830)	0.132 (1.175)	-0.699 (1.276)		
	中国地方	-0.370 (1.626)	0.537 (1.759)	2.455 (2.564)	3.064 (2.529)	-0.452 (1.625)	0.497 (1.758)		
	四国地方	2.413 (2.136)	5.418* (2.315)	6.608*** (3.356)	6.150* (3.322)	2.440 (2.136)	5.400* (2.316)		
定数項		5.309 (3.848)	3.127 (4.167)	-15.047* (6.081)	0.109 (5.956)	4.482 (2.739)	3.158 (3.875)	-13.413*** (3.683)	0.387 (3.525)
サンプル数		16327	16327	8227	8100	16327	16327	8227	8100
疑似決定係数		0.007	0.007	0.011	0.010	0.007	0.007	0.011	0.010
対数尤度		-66800.1	-64154.0	-30209	-30500.6	-66803.6	-64157.0	-30215.7	-30512.5

資料：「自動運転車の潜在需要に関する Web 調査」

なお、子どもと同居と大学卒は道徳観のみがマイナスになっており、輸入車を所有していることと世帯所得が高いことは規制のみがマイナスになっている。

人数の多いほうを救うように Q6_1 規制した車か Q6_2 民間選択できる車か、の比較においても記号の逆転はなかった。両方にプラスに効いているのは男性、ガジェット好き、車の所有にプライド感がある、自動運転車で事故が減ると考えている、利他性が高い、であり、短大・高専卒と運転免許を持っていないことは規制のみプラスである。マイナスに効いているのは、シェアカーに反対、運転好き、事故を起こしたことがある、倫理問題に反感をあらわすコメントを書いたこと、である。世帯所得が高い、子どもと同居、輸入車を所有している、が規制車のみにマイナスに効いている。

(4) 社会的ジレンマに影響しやすい要因

(2) では回答者の道徳的な判断と購入意思に差があること、(3) では道徳的な判断と法規制に対する判断に小さいながらも差があること、による社会的ジレンマの可能性が見出だされた。そこで、そのような差に回答者の属性で説明できる部分があるかどうかを検証した。具体的には、各個人の Q2 と Q3 の回答の差、および、Q4 と Q5 の回答の差を、-200 ～ 200 で打ち切られたトービットとして分析を行った。

{Q2-Q3} の推計において係数がプラスである属性をもつ回答者は、通行人を救う車の購入意思のほうが、自分たちを救う車の購入意思より、高い傾向にある。表5-8 から、女性、年齢が高い、利他性がある、募金したことがある、という属性が当てはまる。逆に、自分たちを救う車の購入意思が比較的に高く、回答者全体の平均的な道徳観と逆行し社会的ジレンマを強めうる要因となるのが、同僚や家族と同乗している想定のとき、男性、大学卒、大学院卒、世帯所得が高い、倫理問題に反感をもっていること、である。

{Q4-Q5} の決定要因をみてみる。女性、運転好き、事故を起こしたことがある、募金したことがある、倫理観に好感または反感を抱く、の係数がプラスで、道徳観と比較して規制すべきとの考えが低そうである。逆に道徳観よりも規制すべきという考えのほうが強いのが、同僚や家族と同乗している想定、男性、子どもと同居、車をもつことにプライド、運転距離が長い、である。

(5) 購入意思の共通要因

購入意思を属性別に推計した (2)(B) 項および (3)(B) 項に共通な要因も見だされた。想定された Q2、Q3、Q6 のすべての購入意思にプラスに働く要因は、自動運

表 5-8　回答傾向の決定要因

		購入意思の差 |Q2-Q3|	プログラムすべきかと 規制すべきかの差 |Q4-Q5|
乗員	②同僚と同乗	−4.112 ***	−0.999 *
		(0.691)	(0.462)
	③家族と同乗	−8.221 ***	−1.960 ***
		(0.693)	(0.464)
一般的属性	男性	−3.341 ***	−0.936 *
		(0.606)	(0.403)
	年齢	0.310 ***	
		(0.023)	
	大学卒	−2.747 ***	
		(0.622)	
	大学院卒	−5.584 ***	
		(1.178)	
	世帯所得	−1.507 ***	
		(0.411)	
	子どもと同居		−1.119 *
			(0.495)
自動車・自動運転車に関する感覚	車所有にプライド感		−1.099 *
			(0.447)
	運転距離		−0.067 *
			(0.034)
	運転好き		1.607 ***
			(0.447)
	事故を起こしたことがある		1.450 ***
			(0.423)
	自動運転車で事故減	−0.080 ***	0.050 ***
		(0.013)	(0.009)
	利他性	6.132 ***	
		(0.348)	
	募金したことがある	3.472 ***	1.279 **
		(0.611)	(0.396)
	倫理問題に好感		1.545 **
			(0.567)
	倫理問題に反感	−1.899 **	1.240 **
		(0.698)	(0.466)
定数項		−14.229 ***	0.866
		(3.077)	(0.737)
サンプル数		16327	16327
疑似決定係数		0.006	0.001
対数尤度		−81696.06	−81700.91

資料:「自動運転車の潜在需要に関する Web 調査」

転車に対する購入意思が元来高いことを指すと考えられ、すべてにマイナスに働く要因は自動運転車に対する購入意思が元来低いことを指すと考えられる。

　車所有にプライド感がある人はいずれの購入意思にもプラスであった。これはZhao and Zhao（2015）の調査が指摘するように、一般に、車の所有にプライド感がある人のほうがそうでない人より新しく高級な車を志向する傾向にあるからであろう。自動運転で事故が減るという予想も、いずれの購入意思にもプラスに働くという関係がみられている。ここから、当然のことではあるが、自動運転車の普及には安全の確保が大前提であることが再確認された。この点については、ドイツでHohenberger et al（2017）が行った調査において、自動運転車に対する評価が高い人は購入意思が高く、不安を感じている人は購入意思が低く、不安が高い人ほどに自動運転車への評価が下がることが確認されている[18]ことと整合的であり、自動運転車の安全・安心を確実に担保していくことが不可欠である。

　いずれの設問でも購入意思が低くなった属性に、運転好きがある。これは、Bansal and Kockman（2016）や森田・馬奈木（2018）によるWTPの推計で、運転経験の長い免許所有者が自動運転や無線通信などの新しい技術に低い支払意思を示したことと共通している。Rödel et al（2014, 8）も、アンケートの結果から、自動運転機能には「愉快で、これぞまさに運転という運転経験（pleasurable and authentic driving experience）」をともなう必要があると述べている。自動運転車の導入に向けては、自分自身で運転することを楽しむ層の人々にメリットを与えられるかどうかが課題となる。

　シェアカーに反対（抵抗がある）、と、事故を起こしたことがある、も購入意思が低かった。シェアカーに賛成の人のほうが個人で所有したいという嗜好がなく購入意思が低いものと思われたが、逆の結果となった。事故を起こしたことがある人も、自分が運転しなくてもよい自動運転車であれば購入してもよさそうであるが、こちらも予想とは逆で、積極的に自動運転車を購入したいとは考えていないようである。

5　日本における道徳観と人工知能

　日本の回答者を米国と比較すると、米国の回答者に概ね類似した傾向をもっていたが、日米における社会的規範の相違として、日本では「人数が多いほうを救う」とい

---

[18] さらに、自己高揚（self-enhancement）が低い人ほど不安の大きさに応じて評価が下がりやすいという結果も指摘している。これは見落とされがちな点であるが、マーケティングでは考慮すべきポイントであろう。

う功利主義的な思考に対する評価が低いことと、人数が多いほうを救うようにプログラムするかどうかを規制せずに民間に選択させることへの評価が高くないことが明らかとなった。

　功利主義的な思考に対する評価は、日本の回答者には相当困難な判断であったようである。今回のような人命に関わる倫理問題に回答することそのものを忌避している様子は、アンケートの最後の自由回答からも窺えた。表5-4の記述統計にも示したとおり、倫理問題への評価として、「数字で答えるのが難しかった」「判断に困った」「考えるのが辛かった」などのネガティブな記述をした回答者が21.4%に上り、「面白かった」「役に立った」などのポジティブな記述をした回答者（13.0%）の約1.5倍となった[19]。両方のコメントを書く、アンビバレントな感情を抱いた回答者もいた。今回のトロッコ問題のような単刀直入な質問は国内では稀有であるため、大手リサーチ会社のパネルを対象としたにもかかわらず、このような質問に回答するのは初めてという回答者も多かった。自由回答ではほかに提案として、「どのような状況下であっても、乗員・通行人のどちらも犠牲にしない方策を取れる人工知能が必要である」との声もあった。

　米国と異なり、日本では「自己を犠牲にして他者を救うべきか」あるいは「功利主義的により多くの人数を救うべきか」などについて日常的に考える機会が少ないことから、現在のところ道徳観が比較的低めに出ていることが考えられる。それでも、道徳観と購入意思や、道徳観と求める法に対してそれぞれギャップが生じていることには変わりなく、日本においても、自動運転車は確実に社会的ジレンマを生み出すであろう。

---

[19] 第Ⅱ節の質問は機微情報に近いことから、アンケートの依頼時に以下の告知を表示して納得した回答者のみに回答してもらっているが、それでも不快に感じた回答者が散見された。
　「この調査は、独立行政法人経済産業研究所の委託を受けて（株）日経リサーチが実施しています。
　調査は、自動運転にまつわる交通事故についてお伺いする設問が一部あります。お答えになりにくい質問もあるかもしれませんが、回答されるみなさまが全体としてどのようなお考えをお持ちかという傾向を知るための設問です。
　皆さんにお答えいただいた内容は、研究公表時には集計されたもののみ用います。皆さんの氏名や年齢などの個人情報を用いることはございませんので、率直にお答えください。
　上記をご理解いただき、ご協力いただける方は、アンケートへお進みください。
　本アンケートでは、自動運転の学術的研究のために、みなさまに「交通事故が避けられない場合、状況に応じて犠牲者をどのように選択するか」お伺いする設問がございます。
　回答ができない場合や、万が一、設問を読んでご気分がすぐれなくなった場合は、回答を中止することを推奨いたします。（残酷な写真や映像が表示されることはありません。）」

V 継続的な議論の必要性

　本章では、自動運転車の急速な技術革新と政策的な推進を背景として、日本全国1万6,000以上のサンプルによるインターネットアンケート調査を用いて、自動運転車の普及の過程で社会的ジレンマが生じうることを検証した。自動運転車に搭載された人工知能が直面せざるをえない道徳的ジレンマ——運転者が自分を犠牲にして通行人を救うべきか、自分を助けるために通行人を犠牲にするべきかというトロッコ問題——に対する消費者の意識を、米国における先行研究との比較を含めて分析した結果、日米双方において、消費者の道徳観と購買行動の間には、人々は道徳的には通行人を救うべきと考えているものの市場に出る完全自動運転車では自分たちを救うプログラムを購入するであろうというギャップが、また、消費者の道徳観と望む法制度の間には、自動運転車により多くの人を救わせるべきであると道徳的に望むほどには法制化を望まないというギャップが生じるため、自動運転の普及が社会的ジレンマを生み出しうることが指摘された。このことは、アルゴリズム設計や法制度設計を行ううえで看過できない問題である。自動運転車がもたらす倫理的問題・法律的問題は、自動運転の普及度合いに応じて、想定しうるさまざまな局面について研究することが必要となってこよう。

　日本と米国で社会的規範が異なる側面もあることから、米国に相応の自動運転車をそのまま日本で実用化できないことも指摘される。日本には日本に合った形での自動運転車の開発が求められている。

　残された課題として、本章ではマイカーとしての購入意思を尋ねているが、完全自動運転車はその性質上、これまでのようなマイカーとしての存在ではなくシェアカーとして主に存在するようになる可能性もある。前掲注9に示したように、シェアカーとしての自動運転車の受容性の研究も進められている。あるいは、公共交通機関のみで運用されることになるかもしれない。普及の方向に合わせた問題の分析が必要である。また、本章では、自動運転車に対する信頼感を「自動運転車の普及により交通事故が減ること」という側面から定義したが、Hohenberger et al (2016) は、人工知能を搭載した機械の普及を決める要因として、操作上の安全性およびデータの安全性（情報漏洩やハッキングなどの防止）に対する信頼感の重要性を指摘している。これらの要因についても検討されるべきである[20]。最近では高齢の運転者が引き起こす交通事故が増えていることから、今回の調査で対象とすることができなかった70代

以上の人々の需要調査も必要であろう。

　世界的に自動運転車の開発競争が進んでいるものの、自動運転レベル3以降への転換には困難が伴いそうである。すでに2018年1月22日にテスラ社の自動運転車がオートパイロットモードで走行中に停車中の消防車に追突している。事故車の車体は、各国での規制をクリアすれば、ソフトウェア次第で完全自動運転が可能とされる車体であったという。ハードウェア上では完全自動運転車が可能であるとしても、ソフトウェアや各国における法律的な受け入れ態勢を対応させるまでには相当の時間が必要であろう。同年3月18日にはUberの自動運転車がアリゾナ州で、暗闇の中で自転車を引いて現れた歩行者を認識できずに死亡させた事故も発生した。その5日後の同月23日にはテスラの自動運転車も高速道路の中央分離帯に衝突する死亡事故を起こした。Bansal and Kockelman（2017）は、シミュレーションを通じて、米国で、通信網につながれた自動運転車（CAV：connected and autonomous vehicles）が2045年までに普及するためには、多数の人々の支払意思の高まりや、自動運転車利用の法律的な義務付け、自動運転車の製造コストの極端な低下がない限りは困難であると予測している。その意味で、自動運転車の受け入れを問う時間的猶予はまだ残っている。これからも引き続き研究を蓄積していく必要がある。

謝辞

　本稿は、独立行政法人経済産業研究所におけるプロジェクト「人工知能等が経済に与える影響研究」およびJSPS科研費26285057の成果の一部である。貴重な討論をくださった早稲田大学教授の有村俊秀氏、経済産業研究所のプロジェクトメンバーの方々に深謝の意を表する。本章の不備はすべて筆者の責に帰すものである。

参考文献

Amemiya, T.（1985）*Advanced Econometrics*, Harvard University Press.
Bansal, Prateek, and Kara M. Kockelman（2016）"Are We Ready to Embrace Connected and Self-Driving Vehicles? A Case Study of Texans" in *Transportation*, doi:10.1007/s11116-016-9745-z.
Bansal, Prateek, Kara M. Kockelman, and Amit Singh（2016）"Assessing Public Opinions of and In-

---

20）Choi and Ji（2015）は人々の自動運転車の安全性に対する評価と信頼について複数の側面から検証している。

terest in New Vehicle Technologies: An Austin Perspective," in *Transportation Research Part C: Emerging Technologies* 67, pp. 1-14. doi:10.1016/j.trc.2016.01.019.

Bansal, Prateek, and Kara M. Kockelman (2017) "Forecasting Americans' Long-Term Adoption of Connected and Autonomous Vehicle Technologies," in *Transportation Research Part A: Policy and Practice* 95, pp. 49-63. doi:10.1016/j.tra.2016.10.013.

Bazilinskyy, Pavlo, Miltos Kyriakidis, and Joost de Winter (2015) "An International Crowdsourcing Study into People's Statements on Fully Automated Driving," in *Procedia Manufacturing*, 3, pp. 2534-2542. doi:https://doi.org/10.1016/j.promfg.2015.07.540.

Becker, Felix, and Kay W. Axhausen (2017) "Literature Review on Surveys Investigating the Acceptance of Automated Vehicles," in *Transportation*, Vol. 44, No. 6, pp. 1293-1306. doi:10.1007/s11116-017-9808-9.

Bekiaris, E., Petica, S., and Brookhuis, K (1997) "Driver needs and public acceptance regarding telematic in-vehicle emergency control aids," in *Conference Paper no. 2077, 4th World Congress on Intelligent Transport Systems*, Berlin. Brussel: Ertico, pp. 1-7.

Benjamin, Daniel J., James J. Choi and A. Joshua Strickland (2010) "Social Identity and Preferences," in *American Economic Review*, Vol. 100, No. 4, pp. 1913-1928.

Bicchieri, Cristina. and Alessandro Sontuoso "Game-Theoretic Accounts of Social Norms," in Mónica Capra, Rachel Croson, Tanya Rosenblatt, and Mary Rigdon ed., *The Handbook of Experimental Game Theory*, Edward Elgar Publishing, forthcoming.

Bishop, R. (2005) *Intelligent Vehicle Technology and Trends*, Boston & London, Artech House.

Bonnefon, J. F., Azim Shariff, and Iyad Rahwan (2016) "The Social Dilemma of Autonomous Vehicles," in *Science*, Vol. 352, No. 6293, June 24, pp. 1573-1576.

Bryson, Joanna, and Alan Winfield (2017) "Standardizing Ethical Design for Artificial Intelligence and Autonomous Systems," in Computer Vol. 50, No. 5, pp. 116-19. doi:10.1109/MC.2017.154.

Cappelen, Alexander W., Astri Drange Hole, Erik Ø. Sørensen and Bertil Tungodden (2007) "The Pluralism of Fairness Ideals: An Experimental Approach," in *American Economic Review*, Vol. 97, No. 3, pp. 818-827.

Choi, Jong Kyu, and Yong Gu Ji (2015) "Investigating the Importance of Trust on Adopting an Autonomous Vehicle," in *International Journal of Human-Computer Interaction* Vol. 31, No. 10, doi: 10.1080/10447318.2015.1070549.

Clark, B., Parkhurst, G. and Ricci, M. (2016) *Understanding the Socioeconomic Adoption Scenarios for Autonomous Vehicles: A Literature Review. Project Report*. University of the West of England, Bristol, Available from: http://eprints.uwe.ac.uk/29134

Dawes, R. M. (1980) "Social dilemmas," *Annual Review of Psychology*, Vol. 31, pp. 169-193.

Daziano, Ricardo A., Mauricio Sarrias, and Benjamin Leard (2017) "Are Consumers Willing to Pay to Let Cars Drive for Them? Analyzing Response to Autonomous Vehicles," in *Transportation Research Part C: Emerging Technologies*, Vol. 78, pp. 150-164. doi:10.1016/j.trc.2017.03.003.

Eliot, Lance (2017) *Advances in AI and Autonomous Vehicles: Cybernetic Self-Driving Cars, Practical Advances in Artificial Intelligence (AI) and Machine Learning*. LBE Press Publishing.

Ellingsen, Tore, Magnus Johannesson, Johanna Mollerstrom and Sara Munkhammar (2012) "Social

Framing Effects: Preferences or Beliefs?" in *Games and Economic Behavior*, Vol. 76, No. 1, pp. 117-130.

Foot, Philippa (1978) "The Problem of Abortion and the Doctrine of the Double Effect," in *Virtues and Vices and Other Essays in Moral Philosophy*, 19, University of California Press.

Gish, Jessica, Brenda Vrkljan, Amanda Grenier, and Benita Van Miltenburg (2017) "Driving with Advanced Vehicle Technology: A Qualitative Investigation of Older Drivers' Perceptions and Motivations for Use," in *Accident Analysis and Prevention*, Vol. 106, doi:10.1016/j.aap.2016.06.027.

Goldsmith J, and E Burton (2017) "Why Teaching Ethics to AI Practitioners Is Important," in *Proceedings of the Thirty-First AAAI Conference on Artificial Intelligence (AAAI-17)*, pp. 4836-4840.

Haboucha, Chana J, Robert Ishaq, and Yoram Shiftan (2017) "User Preferences Regarding Autonomous Vehicles," in *Transportation Research Part C: Emerging Technologies*, Vol. 78, pp. 37-49. doi: https://doi.org/10.1016/j.trc.2017.01.010.

Hannikainen, Ivar R, Edouard Machery, and Fiery A Cushman. (2018) "Is Utilitarian Sacrifice Becoming More Morally Permissible?" Cognition 170, pp. 95-101. https://doi.org/10.1016/j.cognition.2017.09.013.

Hengstler, Monika, Ellen Enkel, and Selina Duelli (2016) "Applied Artificial Intelligence and Trust-The Case of Autonomous Vehicles and Medical Assistance Devices," in *Technological Forecasting and Social Change* 105, pp. 105-20. doi:10.1016/j.techfore.2015.12.014.

Hohenberger, Christoph, Matthias Spörrle, and Isabell M Welpe (2016) "How and Why Do Men and Women Differ in Their Willingness to Use Automated Cars? The Influence of Emotions across Different Age Groups," in *Transportation Research Part A: Policy and Practice*, Vol. 94, pp. 374-85. doi:https://doi.org/10.1016/j.tra.2016.09.022.

Hohenberger, Christoph, Matthias Spörrle, and Isabell M. Welpe (2017) "Not Fearless, but Self-Enhanced: The Effects of Anxiety on the Willingness to Use Autonomous Cars Depend on Individual Levels of Self-Enhancement," in *Technological Forecasting and Social Change*, Vol. 116, pp. 40-52. doi:10.1016/j.techfore.2016.11.011.

Hulse, Lynn M., Hui Xie, and Edwin R. Galea (2018) "Perceptions of Autonomous Vehicles: Relationships with Road Users, Risk, Gender and Age," in *Safety Science* 102, pp. 1-13. doi:10.1016/j.ssci.2017.10.001.

König, M, and L Neumayr (2017) "Users' Resistance towards Radical Innovations: The Case of the Self-Driving Car," in *Transportation Research Part F: Traffic Psychology and Behaviour*, Vol. 44, pp. 42-52. doi:https://doi.org/10.1016/j.trf.2016.10.013.

Krueger, Rico, Taha H Rashidi, and John M Rose (2016) "Preferences for Shared Autonomous Vehicles," in *Transportation Research Part C: Emerging Technologies*, 69, pp. 343-55. doi:https://doi.org/10.1016/j.trc.2016.06.015.

Kyriakidis, M., R. Happee, and J C F De Winter (2015) "Public Opinion on Automated Driving: Results of an International Questionnaire among 5000 Respondents," in *Transportation Research Part F: Traffic Psychology and Behaviour*, Vol. 32, pp. 127-40. doi:http://dx.doi.org/10.2139/ssrn.2506579.

Martin, R., Kusev, I., Cooke, A. J., Baranova, V., Van Schaik, P., and Kusev, P. (2017) Commentary: The Social Dilemma of Autonomous Vehicles. Frontiers in *Psychology*, 8 (Article 808), Retrieved September 8, 2017 from https://www.ncbi.nlm.nih.gov/pmc/articles/PMC5443156

Milakis, Dimitris, Bart Van Arem, and Bert Vanwee (2017) "Policy and Society Related Implications of Automated Driving: A Review of Literature and Directions for Future Research," in *Journal of Intelligent Transportation Systems: Technology, Planning, and Operations*, Vol. 21, No. 4, pp. 324-48. doi:10.1080/15472450.2017.1291351.

Nielsen, Alexander, Thomas, Sick, and Sonja Haustein (2018) "On Sceptics and Enthusiasts: What Are the Expectations towards Self-Driving Cars?" Transport Policy 66, pp. 49-55. https://doi.org/10.1016/j.tranpol.2018.03.004.

Owens, Justin M., Jonathan F. Antin, Zachary Doerzaph, and Susan Willis (2015) "Cross-Generational Acceptance of and Interest in Advanced Vehicle Technologies: A Nationwide Survey," in *Transportation Research Part F: Traffic Psychology and Behaviour*, Vol. 35, pp. 139-51. doi:10.1016/j.trf.2015.10.020.

Payre, William, Julien Cestac, and Patricia Delhomme (2014) "Intention to Use a Fully Automated Car: Attitudes and a Priori Acceptability," in *Transportation Research Part F: Traffic Psychology and Behaviour*, Vol. 27, pp. 252-63. doi:https://doi.org/10.1016/j.trf.2014.04.009.

Piao, Jinan, Mike McDonald, Nick Hounsell, Matthieu Graindorge, Tatiana Graindorge, and Nicolas Malhene (2016) "Public Views towards Implementation of Automated Vehicles in Urban Areas," in In Transportation Research Procedia, Vol. 14, doi:10.1016/j.trpro.2016.05.232.

Rödel, Christina, Susanne Stadler, Alexander Meschtscherjakov, and Manfred Tscheligi (2014) "Towards Autonomous Cars: The Effect of Autonomy Levels on Acceptance and User Experience," in *Proceedings of the 6th International Conference on Automotive User Interfaces and Interactive Vehicular Applications*, pp. 1-8. doi:10.1145/2667317.2667330.

Schoettle, Brandon, and Michael Sivak (2014) "Public Opinion about Self-Driving Vehicles in China, India, Japan, the U. S., The U. K., and Australia," UMTRI-2014-30, The University of Michigan Transportation Research Institute.

Schoettle, Brandon, and Michael Sivak (2015a) "Potential Impact of Self-Driving Vehicles on Household Vehicle Demand and Usage," UMTRI-2015-3, The University of Michigan Transportation Research Institute.

Schoettle, Brandon, and Michael Sivak (2015b) "Motorists' Preferences for Different Levels of Vehicle Automation," UMTRI-2015-22, The University of Michigan Transportation Research Institute.

Shariff, A., J. F. Bonnefon, I. Rahwan (2017) "Psychological roadblocks to the adoption of self-driving vehicles," in *Nature Human Behaviour*, Vol. 1, pp. 694-696

Sivak, Michael, and Brandon Schoettle (2015) "Influence of Current Nondrivers on the Amount of Travel and Trip Patterns with Self-Driving Vehicles," UMTRI-2015-39, The University of Michigan Transportation Research Institute.

Sivak, Michael, and Brandon Schoettle (2016) "Would Self-Driving Vehicles Increase Occupant Productivity?" SWT-2016-11, The University of Michigan Transportation Research Institute.

Shin, Jungwoo, Chandra R Bhat, Daehyun You, Venu M Garikapati, and Ram M Pendyala (2015) "Consumer Preferences and Willingness to Pay for Advanced Vehicle Technology Options and Fuel Types," in *Transportation Research Part C*, Vol. 60, pp. 511-24. doi:10.1016/j.trc.2015.10.003.

Thomson, Judith Jarvis (1985) "The Trolley Problem," in *Yale Law Journal*, Vol. 94, No. 6, pp. 1395-1415. doi:10.1119/1.1976413.

Van Lange, Paul A M, Jeff Joireman, Craig D Parks, and Eric Van Dijk (2013) "The Psychology of Social Dilemmas: A Review," in *Organizational Behavior and Human Decision Processes*, Vol. 120, pp. 125-41. doi:10.1016/j.obhdp.2012.11.003.

Waytz, Adam, Joy Heafner, and Nicholas Epley (2014) "The Mind in the Machine: Anthropomorphism Increases Trust in an Autonomous Vehicle," in *Journal of Experimental Social Psychology*, 52, pp. 113-17. doi:10.1016/j.jesp.2014.01.005.

Young, H. Payton (2008) "Social Norms," in Durlauf, Steven N. and Lawrence E. ed. *The New Palgrave Dictionary of Economics, 2nd edition* Blume. London: Macmillan.

Zhao, Zhan, and Jinhua Zhao (2015) "Car Pride: Psychological Structure and Behavioral Implications," in *TRB 94th Annual Meeting Compendium of Papers*.

Zhao, H., Dimovitz, B., Staveland, B., and Medsker, L. (2017) "Responding to Challenges in the Design of Moral Autonomous Vehicles," The 2016 AAAI Fall Symposium Series: Cognitive Assistance in Government and Public Sector Applications Technical Report FS-16-02, pp. 169-173. Retrieved December 10, 2018 from http://www.aaai.org/ocs/index.php/FSS/FSS16/paper/download/14108/13685

Zmud, Johanna P., and Ipek N. Sener (2017) "Towards an Understanding of the Travel Behavior Impact of Autonomous Vehicles," in *Transportation Research Procedia*, Vol. 25, pp. 2504-23. doi:10.1016/j.trpro.2017.05.281.

井熊均・井上岳一編著（2017）『「自動運転」ビジネス：勝利の法則』日刊工業新聞社

小木津武樹（2017）『「自動運転」革命：ロボットカーは実現できるか？』日本評論社

河島茂生・北村智・柴内康文（2017）「自動運転車の「トロッコ問題」などに関する意識：日本に居住する人に対する質問紙調査を通じて」2017年社会情報学会（SSI）学会大会報告論文（2017年9月17日）

警察庁（2016）「自動走行システムに関する公道実証実験のためのガイドライン（平成28年5月）」

自動走行ビジネス検討会（2017）「自動走行の実現に向けた取組方針 報告書概要」平成29年3月14日　www.meti.go.jp/press/2016/03/20170314002/20170314002-2.pdf

総務省（2016）『平成28年情報通信白書』

津川定之（2015）「自動運転技術の発展」『国際交通安全学会誌』40(2)、6-14頁　https://www.jstage.jst.go.jp/article/essfr/10/2/10_93/_pdf

内閣府（2015）「戦略的イノベーション創造プログラム：自動走行システム研究開発計画」

西村直人（2017）『2020年、人工知能は車を運転するのか：自動運転の現在・過去・未来』インプレス

ホッド・リプソン＝メルバ・カーマン著、山田美明訳（2017）『自動運転車の普及で世界はどう変わるか？ドライバーレス革命』日経BP社

牧野貴樹（2017）「身近なところで使われる機械学習」合原一幸編著『人工知能はこうして創られる』

第 2 章、ウェッジ、72-111 頁

森田玉雪・馬奈木俊介（2018）「自動運転車が生み出す需要と社会的ジレンマ」RIETI ディスカッションペーパー、18-J-004

矢田部輝男・広瀬武志・津川定之（1991）「ビジョンシステムをもつ車両の自律走行制御」『計測と制御』30(11)、1014-1028 頁

山本真之・梶大介・服部佑哉・山本俊行・玉田正樹・藤垣洋平（2016）「自動運転シェアカーに関する将来需要予測とシミュレーション分析」『Denso Technical Review』No. 21、37-41 頁

付表 分析に使用した変数間の相関係数

	男性	年齢	年齢(二乗)	大学卒	大学院卒	世帯所得	一人暮らし	子どもと同居	運転免許なし	シェアカーに反対	ガジェット好き	車所有にプライド感	国産車所有	輸入車所有	走行距離
男性	1.000														
年齢	0.110*	1.000													
年齢(二乗)	0.111*	0.991*	1.000												
大学卒	0.192*	-0.003	0.000	1.000											
大学院卒	0.128*	-0.056*	-0.062*	-0.279*	1.000										
世帯所得	0.033*	0.039*	0.018*	0.148*	0.105*	1.000									
一人暮らし	0.056*	-0.116*	-0.107*	-0.009	0.056*	-0.343*	1.000								
子どもと同居	-0.050*	-0.302*	-0.324*	0.021*	0.044*	0.107*	-0.211*	1.000							
運転免許なし	-0.160*	-0.004	0.010	-0.079*	-0.031*	-0.135*	0.043*	-0.085*	1.000						
シェアカーに反対	-0.017	0.116*	0.116*	-0.038*	-0.047*	0.018*	0.079*	-0.020*	-0.076*	1.000					
ガジェット好き	0.029*	-0.057*	-0.050*	-0.002	-0.012	0.049*	-0.024*	0.015	-0.026*	-0.014	1.000				
車所有にプライド感	0.041*	-0.023*	-0.026*	0.034*	0.010	0.132*	-0.094*	0.068*	-0.121*	0.105*	0.155*	1.000			
国産車所有	0.037*	0.050*	0.049*	-0.035*	-0.026*	0.115*	-0.278*	0.120*	-0.270*	0.167*	0.047*	0.221*	1.000		
輸入車所有	0.021*	0.050*	0.044*	0.045*	0.024*	0.146*	-0.070*	-0.005	-0.043*	0.031*	0.000	0.178*	0.364*	1.000	
走行距離	0.190*	0.029*	0.021*	0.001	0.017	0.128*	-0.112*	0.077*	-0.268*	0.128*	0.049*	0.174*	0.355*	0.033*	1.000
運転好き	0.186*	0.025*	0.023*	-0.023*	0.015	0.079*	-0.041*	0.031*	-0.206*	0.151*	0.170*	0.236*	0.149*	0.079*	0.256*
事故を起こしたことがある	0.194*	0.156*	0.147*	0.013	-0.010	0.034*	-0.030*	-0.008	-0.197*	0.073*	0.022*	0.051*	0.139*	0.022*	0.208*
自動運転車で事故放棄	0.093*	0.075*	0.074*	0.041*	0.032*	0.073*	-0.039*	0.011	-0.045*	-0.022*	0.087*	0.049*	0.018*	-0.036*	0.025*
利他性	0.019*	0.046*	0.050*	0.004	-0.019*	0.031*	-0.021*	0.009	-0.002	-0.015	0.104*	0.046*	0.019*	0.003	0.035*
募金をしたことがある	-0.072*	0.154*	0.157*	0.001	0.002	0.111*	-0.077*	-0.004	-0.015	0.003	0.072*	0.031*	0.063*	0.031*	0.044*
倫理問題に好感	-0.028*	0.018*	0.016*	0.015	-0.006	0.004	-0.009	0.006	-0.017*	0.040*	0.063*	-0.032*	0.001	0.001	0.018*
倫理問題に反感	-0.055*	0.132*	0.132*	-0.004	-0.003	-0.012	-0.027*	-0.029*	0.015	0.009	-0.009	-0.015	0.021*	0.002	0.000
北海道地方	-0.016*	0.011	0.011	-0.059*	-0.025*	-0.070*	0.031*	-0.014	0.009	0.017	-0.004	0.002	0.039*	-0.034*	0.024*
東北地方	0.015	-0.019*	-0.016*	-0.049*	-0.023*	-0.049*	-0.005	-0.003	-0.017*	0.042*	-0.002	0.006	0.077*	-0.019*	0.078*
関東地方	0.020*	0.039*	0.034*	0.092*	0.032*	0.124*	0.038*	-0.034*	0.070*	-0.075*	0.010	0.033*	-0.219*	0.051*	-0.193*
中部地方	0.003	-0.019*	-0.019*	-0.031*	0.004	0.014	-0.035*	0.020*	-0.060*	0.056*	-0.020*	0.021*	0.133*	-0.008	0.119*
近畿地方	-0.002	0.008	0.005	0.004	0.006	-0.015	-0.041*	0.006	0.013	-0.023*	-0.013	0.012	-0.012	0.006	-0.017*
中国地方	-0.010	-0.022*	-0.020*	-0.003	0.002	-0.032*	0.003	0.009	-0.041*	0.024*	0.013	0.016*	0.072*	-0.018*	0.078*
四国地方	-0.004	0.001	0.003	-0.011	-0.009	-0.035*	-0.001	0.005	-0.013	0.030*	0.013	0.002	0.052*	-0.024*	0.040*

	運転好き	事故を起こしたことがある	自動運転車で事故放棄	利他性	募金をしたことがある	倫理問題に好感	倫理問題に反感	北海道地方	東北地方	関東地方	中部地方	近畿地方	中国地方	四国地方
運転好き	1.000													
事故を起こしたことがある	0.180*	1.000												
自動運転車で事故放棄	0.051*	0.069*	1.000											
利他性	0.089*	0.010	-0.002	1.000										
募金をしたことがある	0.057*	0.032*	0.046*	0.190*	1.000									
倫理問題に好感	0.044*	0.022*	0.057*	0.030*	0.081*	1.000								
倫理問題に反感	0.027*	0.040*	-0.004	0.001	0.001	0.104*	1.000							
北海道地方	0.005	0.013	-0.016*	-0.003	0.002	-0.005	0.006	1.000						
東北地方	0.030*	0.015	-0.011	-0.004	0.016*	-0.006	-0.006	-0.049*	1.000					
関東地方	-0.043*	-0.098*	0.014	-0.004	-0.039*	0.021*	-0.003	-0.183*	-0.185*	1.000				
中部地方	0.026*	0.056*	0.004	-0.002	0.014	-0.009	0.002	-0.093*	-0.094*	-0.348*	1.000			
近畿地方	-0.011	0.005	-0.003	-0.006	-0.008	0.009	0.014	-0.110*	-0.112*	-0.413*	-0.210*	1.000		
中国地方	0.017*	0.039*	-0.001	0.013	0.023*	-0.018*	-0.014	-0.050*	-0.185*	-0.185*	-0.094*	-0.111*	1.000	
四国地方	0.012	-0.028*	0.006	-0.012	0.012	-0.002	0.009	-0.033*	-0.123*	-0.123*	-0.063*	-0.074*	-0.033*	1.000

注：* は相関係数が5%水準で有意であることを示す。
資料：「自動運転車の潜在需要に関するWeb調査」

第6章　生産性──イノベーション戦略の重要性[i]

元橋一之

I　汎用的技術としての IT

　情報技術がもたらすイノベーションは、業種横断的でさまざまなビジネス領域でみられる。そのアプリケーションも人事、財務会計といった間接部門を支援するシステムから生産管理や顧客管理、サプライチェーンマネジメントなど多岐にわたる業務に広がっている。人工知能は、これらのさまざまな情報技術のアプリケーションを支える中核的技術の1つである。このような情報技術の汎用的技術（GPT：General Purpose Technology）としての特性は、経済学者の間では20年以上にわたって分析されてきている（Bresnahan and Greenstein 1996; Helpman 1998）。例えば、製造業の工場オペレーションと銀行の金融取引に関する基幹系システムは、情報システムが行うタスクとしては全く異なるものである。しかし、コンピュータの性能向上は、両者においてより高度なタスクを実現可能となるので、ムーアの法則によって幾何級数的に向上する情報技術の進展は経済全体に大きなメリットをもたらすことになる。ただし、汎用的技術としてのコンピュータの処理能力の向上は、あくまでさまざまなアプリケーションの高度化を「可能とする（Enableする）」ものであることに注意が必要である。実際に、ビジネスに適用され、生産性の向上などの経営効果をもたらすイノベーションとして結実するためには、生産現場や銀行などにおいてこれらの技術を使いこなすための対応が必要となるからである。例えば、工場においては生産プロセスを高度にコントロールするプロセス技術、銀行においては生体認証セキュリティシステムなどビジネスイノベーションを伴って、はじめて汎用技術を用いたイノベーションが

---

[i] 本章の第Ⅲ節は元橋（2016b）を加筆修正したものである。また、第Ⅳ節は経団連21世紀政策研究所の報告書（『イノベーションエコシステムの研究』2017年4月）をアップデートしたものである。

結実する（Gambardella and McGahan 2010）。

　現実にIT投資と生産性の関係は、長い間明確な関係がみられず、1980年代半ばにはノーベル賞学者のロバート・ソロー氏に「コンピュータはいたるところにみられる。ただし生産性統計を除いて。」と言わしめた（ソローのパラドックス）。IT投資と生産性の関係が市場においても認識されだしたのは、1990年代半ばになってからである。米国経済は、1990年代前半から長期的な景気拡大局面に入ったが、失業率が低下して労働市場の需給関係がひっ迫しているにもかかわらずインフレ率の上昇がみられなかった。このインプット価格の上昇（賃金の上昇）とアウトプット価格の安定を説明できるのは、生産性の向上である。当時のFRB議長、グリーンスパン氏は、「米国経済は情報技術の進展の恩恵を受けて新たな経済局面に入ってきている。」と述べ、1990年代中頃からニューエコノミーという言葉が喧伝されるようになった。

　IT投資の生産性の関係が「パラドックス」ではなくなり、エコノミストの議論の俎上から完全になくなったのと同時に、インターネットの利用が急速に進んだ。総務省の統計によると、日本においては1997年のインターネット普及率（インターネット利用者の人口に対する割合）は9.2%であるが、5年後の2002年には57.8%まで上昇している（なお、2016年の普及率は83.5%）。ムーアの法則によるコンピュータの処理能力の向上に加えて、コンピュータがネットワークでつながることによって、その効用は格段に向上した。2010年以降は、スマートフォンが普及し、インターネットは我々の生活にとってもなくてはならないものとなった。

　人工知能とそれを取り巻く関連技術であるIoT（Internet of Things: モノのインターネット）やビッグデータの活用とイノベーションに関する議論は、汎用的技術である情報技術の延長線上にある。つまり、これらはイノベーションを実現するためのイネーブラー(Enabler) であり、イノベーションそのものではないということである。イノベーションを実現するためには、ユーザーサイドで経営上価値のある活動に組み立てるビジネスイノベーションが必要となる。汎用的技術（GPT）の特性は、プラットフォーム戦略（Gawer and Cusumano 2013）やビジネスエコシステム（Iansiti and Levien 2004）に関する議論につながっている。汎用的技術を提供する企業がプラットフォーマー(例えばGoogle、Apple) となり、それを利用したビジネスイノベーションに特化する企業（例えばAndroidやiOS端末を活用したヘルスケアサービス）が現れる。このイノベーションの分業（Division of Innovative Labor）は、自己強化的な特徴をもつ。つまり、プラットフォーマーの出現によって、ビジネスイノベーションの新規参入が容易となり、多くのプロバイダーが多様なサービスを提供するシステ

ム（エコシステム）が出き上がる。プラットフォーム上に展開されるサービスの数や種類によってネットワーク効果が発生し、システム全体として垂直統合的な企業（自前の専用機器を用いた機器メーカー）と比べて競争優位をもつことになる。その結果として、垂直統合的な産業構造の水平分業化がますます進むというダイナミックなプロセスがみられる。

　本章では、AI、IoT、ビッグデータといった最新の情報技術の進展がもたらすイノベーションの特徴を整理し、その結果としてイノベーションに関する企業間組織やイノベーションシステムに与える影響について述べる。まず、これらの最新の情報技術がこれまでの技術とどのような点で異なるのかについて明らかにする。ここでは、AI、IoT、ビッグデータという3つのトレンドのそれぞれについて解説し、相互に補完性のある状況について述べる。さらに、これらの技術が、そのようなイノベーションに対するイネーブラーとして有効に機能するのかについて述べる。次に日本の製造業企業における AI、IoT、ビッグデータの活用実態について述べる。ここでは経済産業研究所における企業インタビュー調査やアンケート調査の結果をベースに日本企業がこれらのイネーブリング技術をどの程度ビジネスイノベーションにつなげることができているのか明らかにする。さらに、汎用的技術（GPT）の議論に立ち返り、最新の IT 技術がイノベーションの与える影響について、ビジネスエコシステム、フォームリーダーシップ戦略などの理論的フレームワークを用いて検証する。最後に、これらの理論的研究を踏まえて、日本のイノベーションシステムの特性を踏まえた、日本企業のイノベーション戦略について述べる。

II　ビッグデータ・AI・IoT の補完的関係

1　ビッグデータ

　ここでは、まずビッグデータの内容について議論を整理する。企業において経営上の課題をデータ分析で解決することはこれまでも行われてきた。このような従来型のデータ活用とビッグデータ活用はどのように違うのであろうか。

　企業において、従来から業務用システムに付随するものとしてデータの活用を行ってきた。財務会計システムでは企業の財務データが、人事システム上では、従業員の経歴や給与などのデータが蓄積され、また、サプライチェーンマネジメント（SCM）システムは部材や製品の在庫状況や受発注の記録がデータとして取り扱われるという

具合である。これらのデータはそれぞれ特定の目的のために作成されたものであるという特徴がある。なお、各種業務システムは、企業全体の最適資源管理（ERP: Enterprise Resource Planning）システムとして統合化され、1990年代以降導入が進んでいるが、企業活動のオペレーションの効率化に重きを置いたものとなっている。

それに対してビッグデータは、特定の利用目的のために構築されたものではないという特徴がある。ビッグデータ活用に関するパイオニア的な役割を果たした企業として、アマゾンがよく取り上げられるが、ここでのビッグデータの1つはユーザーの購入記録である。アマゾンはこの情報を利用して、書籍のレコメンデーションを行い、売上の向上に結び付けている。書籍などの物品の購買記録データは、電子商取引を行う企業において自動的に蓄積されるものである。顧客が購入する可能性が高い書籍に関するレコメンデーションを行うために収集されたものではない。また、精度の高いレコメンデーションを行うためには、データの大きさ（ユーザー数、購入履歴数）が必要になる。レコメンデーションの方法は、顧客の購買履歴の特性から今後どのような書籍を購買する可能性が高いか確率モデルにもとづいて推計されるからである。サンプル数が多いほうがその的中率が高くなる。つまり、データの大きさによって、その価値が変わることも特性といえる（Mayer-Schonberger and Cukier 2013）。

ビッグデータを用いたイノベーションモデルの嚆矢であるもう1つの企業グーグルにおいては、同社が提供する検索エンジンの利用履歴がビッグデータのソースとなっている。Googleのビジネスモデルは、この検索エンジンを活用した検索連動型のインターネット広告であるが、上記のアマゾンとの違いはデータとしてテキストデータとなっていることである。これまでのITシステムで用いられてきたデータは数値データが中心であったが、インターネット上には、テキストデータの他、画像データや音声などのさまざまな形態のデータが存在し、これらをデータ化（Datafication）することで、その価値をもたせるということも、これまでのIT活用と違ったビッグデータの特徴といえる。

また、インターネットの進展とその活用だけではなく、最近では各種センサー情報を用いてデータを収集し、それを経済価値化するという活動も進んでいる。例えば、本章の事例研究として取り上げるコマツは、同社の建設機械にGPSや燃料ゲージを搭載し、建設機械の位置や稼働状況に関するデータを収集している。このデータを用いることで、盗難防止機能や燃料コストを抑えた操作方法を推奨するサービスを提供し、競合他社の製品との差別化を行っている。このようなセンサーとしては、各種産業用設備の稼働状況の他、携帯電話や車載GPSから得られる人の移動データなど、

さまざまな分野において収集されており、その用途開発も活発に行われている状況である。

このように企業内の業務システムで生成されたデータに加えて、電子商取引に関する購買記録やインターネット上の情報、またセンサーから得られるさまざまな情報が加わって、多様なデータが利用可能となっている。ビッグデータの特徴は、データサイズが大きいこと（Volume）に加えて、文字、画像、音声などのさまざまな情報がデータ化されること（Variety）、インターネットやセンサーからデータが日々刻々と得られること（Velocity）の3つのVに表される。また、データ活用の方法としては、経営、社会、人間行動などのさまざまな事象がより広範囲・網羅的にみることができることに加えて、そのメカニズムについてミクロレベルで詳細に分析することが可能となっている。

2　AI（人工知能）

AI（Artificial Intelligence: 人工知能）は、ビッグデータから経営的に有益な情報を引き出すための技術を集約した概念である。AIの応用技術としては、画像やテキストデータの認識技術（コンピュータで処理可能なデータへの変換）、対人インターフェース（データの可視化や対話型エージェント）、各種設備機器の診断・監視、データマイニングなどの知識発見技術などに分類される。また、これらの機能を実現するための基礎技術としては、機械学習やファジー制御、遺伝的モデルなどの数学的モデルがシステム上に実装されてきている（特許庁 2015）。

特に、ビッグデータの存在によって機械学習関係の技術的進歩が目覚ましい。機械学習のモデル推計手法として、大きく教師あり学習と教師なし学習に分類することができるが、いずれの方式においてもビッグデータの3つのVは重要である。自然言語処理や画像認識などの用いられる教師データとしては、インターネット上に大量に蓄積されたテキストや画像データが利用可能となっている。例えば、グーグルの翻訳システムは、2か国語以上で書かれた大量の文書（教師データ）を読み込むことで翻訳モデルを構築し、同社のサービスとして提供している。これまでの機械翻訳システムは、対応する言語の構造解析を行った結果をルールとして蓄積し、語彙集（コーパス）を当てはめるルールベースのモデルであったが、機械学習によるモデルは、インプットとして与えられる大量の文書（日英翻訳であれば日本語と英語が対応する文書）からコンピュータが翻訳のためのルールを生成することになる。つまり、翻訳ルールのベースとなる言語学者が行った言語の構文解析という作業をコンピュータが自

動的に行っており、人間の思考作業をコンピュータが置き換えているという点でまさしく AI（人工知能）の１つの例といえる。

　画像認識の世界では、2012 年にグーグルが発表した論文[1]をベースに「コンピュータが猫を識別した」というニュースが世界を駆け巡った。ユーチューブにアップロードされている動画からランダムに 1,000 万枚の画像を取り出して機械学習を行ったところ、猫の特徴をもつ画像をコンピュータが自動的に取り出したというものである。こちらは、猫の画像を集めたものを教師データとしてモデルに与えたのではなく、インプットとしては 1,000 万枚の画像のみの教師なしの機械学習である点が特徴的である。教師データの作成は人間がその認識能力を活用する必要がある。したがって、教師付き機械学習のモデルは、人間とコンピュータの合作でできたものといえるが、グーグルの教師データなし画像認識モデルは人手を介していないという点で画期的である。

　これらの自動翻訳や画像認識のための機械学習モデルは、ディープラーニング（深層学習）の手法を用いて構築されている。ディープラーニングは、多層型のニューラルネットワークを用いた機械学習の手法である。ニューラルネットワークは数十年の歴史をもつ古典的な数理手法で、ネットワーク層を多層化するディープラーニングのアイディアは古くからあった。ただし、多層化することによって増えるパラメーターを推計することが困難であるという問題があった（深層学習、岡谷孝之 2015）。また、計算機の能力が十分でないこともネックになっている。近年、このディープラーニングが見直され、AI 研究のホットスポットとなっているのは、コンピュータの性能が向上したことと、インターネット上に大量の情報が蓄積されることで、モデル推計を推計するためのビッグデータが利用可能になったことによる。最近では、データの種類（例えば画像データかテキストデータか）や特性に応じた推計手法が開発されてきており、産業用ロボット、自律的運転技術などの産業活用のほか、金融機関の融資判断、ファイナンシャルアドバイザー業務、掃除ロボットや AI スピーカーなどの家電製品などさまざまな分野に実装されている。

3　IoT（Internet of Things）

　ビッグデータに関する事例で述べたコマツの建設機械のセンサー情報は、モノを起

---

[1] http://static.googleusercontent.com/media/research.google.com/en//archive/unsupervised_icml2012.pdf

点とする人を介さないデータである。産業機械のほか、電子機器や自動車、工場の生産設備から家電製品に至るまで、物理的なモノの情報がインターネットを介してやり取りされることを IoT (Internet of Things：モノのインターネット) と呼ぶ。IoT のポイントは、さまざまな設備や機器がインターネット上でつながることで、新しいビジネスイノベーションの機会が広がっていることである。

　IoT を実現するためには、個々のモノが IP アドレスのように ID をもって特定されること (Identification)、対象となるモノの状況が計測されデータ化されること (Sensing)、データ通信が行われること (Communication)、モノに関するデータ解析 (Computation)、産業用機械の保守・運用、ビル用エネルギー管理システムなどの具体的なサービスとしての実装化 (Service) といった構成要素が必要となる (Al-Faqaha et al 2015)。ビッグデータはモノのインターネットでやり取りされるデータに着目した概念であり、また AI は上記のデータ解析の際に用いられる技術の重要なコンポーネントといえる。したがって、IoT といった概念は、これらの技術的要素を含み、サービスとしての社会実装も含めたより統合的な概念ということができる。

　IoT は、さまざまなモノそれぞれがセンサーネットワークでつながり、インターネットを介した情報と併せてさまざまなソリューションが可能になること示している。2020 年には 1 兆個 (人口の 100 倍) のモノがつながるともいわれており、ネットワーク化が人からモノに広がったことによって、データ量も飛躍的に上昇する。すべての情報がインターネットを介してやり取りされることは現実的ではないので、ローカルネットワークを形成して分散処理するエッジコンピューティングも注目されている。ただし、これらのローカルネットワークの情報もある程度集約されてインターネットを介してより広域につながることで、より幅広いアプリケーションが可能となる。その結果、大きくいうと世の中のあらゆるモノの情報が、インターネット上でつながっていく世界ができていくことになる。

　このネットワークを構成するシステムとしては、モバイルネットなどの広域ネットワーク、ローカルなエリアネットワーク、これらの通信機器のコアとなるデバイスなどさまざまなハードウェア、ソフトウェアで構成されるが、つながるシステムを作っていくためには標準化が重要である。したがって、IoT ネットワークについてはさまざまな標準機関がフォーラムを結成して標準化に取り組んでいる。その中で注目されるのが、ヨーロッパの ETSI が中心になって進めている oneM2M である。IoT の基本となる M2M (Machine to Machine) の通信技術についてアーキテクチャ、機能要件、セキュリティなどの項目別に技術仕様 (TS：Technical Standard) を決めている。

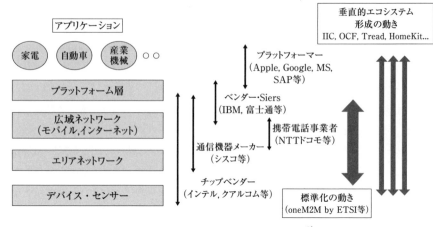

図 6-1　IoT エコシステムの全体像[2]

出典：『イノベーションエコシステムの研究』（経団連 21 世紀政策研究所）

　もともと 2009 年に ESTI の TC（Technical Committee）の 1 つとして始まったものであるが、2012 年には欧米アジアの電気通信系標準団体で構成される国際標準フォーラム（oneM2M）が設立された。oneM2M においては通信インフラだけでなく、具体的なアプリケーションに対応したユースケースの実証、蓄積も行ってきており、IoT エコシステムのネットワーク基盤からプラットフォームレイヤまで含む領域をカバーしている。このように図 6-1 の特に広域ネットワークまでのレイヤーについては、デジュール標準機関が動いており、標準技術が作成されることでさまざまなタイプのネットワークが相互に接続可能となっていくこととなる。

　一方で、家電製品や自動車、産業用機器といった機器毎のアプリケーションを実現するサービスレイヤーにおいては、民間企業のコンソーシアム（企業間連携の集合体）による活動が中心となっている。例えば、家電分野においてはアップルコンピュータが HomeKit という規格を作成し、ホームオートメーションやネットワーク機器関連のメーカーと連携した活動を行っている。同社の iphone を家庭内の照明、家電製品のコントロール、ホームセキュリティシステムのコントロールハブとして活用するという発想にもとづいている。

---

[2]「「IoT/M2M の技術標準化、業界アライアンス最新動向」（日立製作所・木下泰三氏作成の総務省情報通信審議会 2016.4.17 提出資料）を参考に作成。

航空機のジェットエンジンや電力用ガスタービンといった産業用機器については、機器メーカーの活動が活発である。その中でも、GE は同社が展開するジェットエンジン、エネルギー(風力発電装置)、ヘルスケアー、鉄道システムといった各事業部門の横断的な組織として GE データを立ち上げ、PREDIX という IoT システムのためのプラットフォームを開発、提供している。また、同社は IBM、シスコ、インテル、ATT などの情報通信関連企業と IIC (Industrial Internet Consortium) を立ち上げて、同社の事業領域以外の分野にも IoT プラットフォームを広げる活動を展開している。

4 新たなイネーブリング技術としてのビッグデータ・AI・IoT

これまで述べてきたビッグデータ、AI、IoT はそれぞれ相互に補完的な関係にある(図 6-2)。まずインターネットに蓄積されたヒトが起点となる膨大な情報(画像データ、テキストデータなど)に加えて、IoT のセンサーネットワーク技術の進歩によるモノを起点とするデータが蓄積されるようになった。これが、ビッグデータの 3 つの V、つまり Volume(量)、Velocity(速度)、Variety(多様性)を格段に押し上げることとなる。例えば、工場における生産プロセスで発生する 1 日当たりのデータ量は、生産ラインを流れる製品数×生産工程数×データ粒度(データ取得の頻度、例えば毎分)で計算される。このように IoT サービスからは、ヒトの物理的能力をはるかに超えた Volume と Velocity をもったデータが生成される。また、セキュリティサービスや自動運転のための監視用カメラからは、音声や画像といった多様なデータが発生する。このようなビッグデータの利用可能性の拡大が AI の各種技術の進展に大きく貢献していることはすでに述べたとおりである。音声や画像、テキストデータといったそのままでは情報処理に適さない多様なデータが蓄積されることで、音声・画像認識、自然言語処理といった知覚・認識技術の向上につながった。また、大量のデータを活用することで、情報検索やデータマイニングなどの知識・発見技術や深層学習をはじめとした AI に関する各種基盤技術は格段に進歩した。

最後にこれらの AI 関連技術は、スマート工場、スマート家電、スマートシティといった各種 IoT サービスを実現するための重要なコンポーネントとなっている。インターネット上の大量の情報やセンサー情報がデータとして利用可能となっているが、このビッグデータは人為的に特定の目的のために取られたデータではない。つまり IoT センサーによって無意識のうちにデータが収集され、AI 技術によってそれが知覚、解釈され、経済的に価値のあるシステムとなって実現している。これがスマート XXX の「スマート」の源泉である。つまり、これまで人が主体となってコンピュータにデ

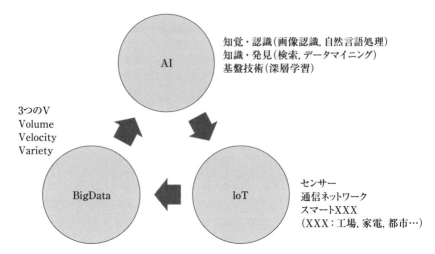

図6-2　ビッグデータ・AI・IoTの関係

出典：筆者作成

ータを与えて処理を支持する形態から、よりコンピュータが主体性をもって人に対するサービスを提供できるようになる。サービスの受け手である人や企業の手を煩わせない、かつ個々の主体にとってより大きな効用をもたらす新しいサービス、これがビッグデータ・AI・IoTによって可能となるイノベーションの特徴といえる。

　具体的には、まず、これまでITが得意としてきた定型的なタスクを効率化するだけでなく、より非定型的なアプリケーションが可能となる。例えば、企業内の財務・会計や人事部門におけるIT活用について考えてみると、これまでは財務会計の計算や人事データベースなどがITシステムの主なタスクであったが、今後は会計基準の改定にあわせた財務会計計算や企業内のポスト特性に応じた人事配置のレコメンデーションシステムなどが可能になっていくであろう。また、営業部門においては顧客情報管理にITの活用が進んでいるが、新規顧客の開発や対象となる顧客セグメントの特定などより戦略的マーケティング活動を支援する方向性に行くと思われる。さらに、スマート家電やスマートシティといったIoTサービスに対する取り組みは、既存のビジネスモデルを超えたサービスイノベーションの萌芽とみることができる。生産性（単位インプット当たりのアウトプット）の向上に際して、これまでのITはインプット縮小（既存業務の効率化）のためのツールとみなされることが多い。しかし、ビッグデータ・AI・IoTの技術的発展によって、ITはアウトプットの拡大のための攻め

のイネーブリング技術として認識すべきものである。

　次に、業界ごとの縦割り構造を脱却し、業種を超えた幅広いプレイヤーを巻き込んだイノベーションの実現を可能とする。実証研究の段階ではあるが、自動車や住宅機器メーカー、電力会社などが共同で取り組むスマートシティはその典型的な事例である。実用化が行われている事例としては、居住者の生活パターンを学習して、家庭内の家電設備のオン・オフを自動でコントロールするネストサーモスタットやグーグルが立ち上げた自動運転車 Waymo による移動サービスなどをあげることができる。このように IoT サービスは、これまで独立して存在したモノが相互につながることで実現する。したがって、業種を超えたメーカー企業や IT 企業、人工知能技術などの特定の技術分野に特化したベンチャー企業などとの共同で行われることとなる。このように新しいイノベーションを生み出すものであるとともに、モノを製造・販売することで収益を上げる従来型の製造業のビジネスモデルを崩壊させる可能性がある。家電製品がネストサーモスタットのようなコントローラーに接続されることで、家電メーカーは最終消費者との接点を失う。つまり、スマート家電サービスのサプライヤー（いわば部品メーカー）の位置に転落することとなる。無人自動車による移動サービスにおける自動車メーカーの立ち位置も然りである。インターネットの普及によって、映画や音楽といったコンテンツ産業のビジネスモデルが大きく変わったように、IoTの波はモノを扱う製造業の業界構造に大きな影響を与える可能性が高い。

Ⅲ　日本のモノづくり企業におけるビッグデータ活用の実態

1　アンケート調査のバックグラウンド

　ビッグデータ・AI・IoT といった新たなイネーブルリング技術の進展は、製造業のモノづくりのあり方を根本的に変革する可能性がある。インターネットや各種センサー技術の普及によって、モノ（製品・部品・材料など）の設計・開発、生産、アフターサービスのそれぞれのレベルで、データ収集・蓄積が可能となり、それを新しいビジネスにつなげることが可能になっている。また、ドイツが主導するインダストリー4.0（第 4 次産業革命）においては、企業間のデータフォーマットの標準化を進めて、企業を超えたデータのやり取りを実現することで、経済社会全体としての効率性を追求することが提案されている（元橋 2016a）。

　このように、日本の製造業を取り巻く環境が大きく変化してきている中で、日本の

モノづくりのあり方を検討し、その結果を個々の企業の企業戦略や政策として実現していくためには、モノづくりにおけるデータ活用の実態を定量的に把握することが必要である。また、ビッグデータを用いたイノベーションについて、データ量や情報技術に関する調査は存在するものの（OECD 2015；総務省 2015）、その利用形態や効果などに定量的に踏み込む事例は見当たらない。このような認識の下、経済産業研究所においては、2015 年 11 月に『モノづくりにおけるビッグデータ活用とイノベーションに関する実態調査』を行った。本節においては、この調査結果を用いて、日本のモノづくりにおけるビッグデータ・AI・IoT 活用の現状について解説する。

2　調査のコンセプト設計とアンケートの概要

　モノづくりのビジネスプロセスにおけるビッグデータ活用の実態を定量的に把握するためには、「モノづくり」という活動の内容を明確化することが必要である。ここでは、「モノづくり」を、製品の設計・開発という工程（Before Product）、市販製品の製造工程（Production）、および製品がユーザーの手に届いて実際に使用される際のサービス（After Product）の 3 つのプロセスに大きく分解することとした。図 6-3 は、これらのそれぞれの工程毎に発生し、利活用が見込まれるデータを例示したものである。なお、ここでは発生するデータの種類を青で、またデータ処理のためのアプリケーション名を緑で表している。また、データは社内で発生するものだけでなく、顧客やサプライヤーといったビジネスパートナーとの取引から得られるものもある。

　まず、設計・開発の工程においては、新しい製品の開発プロセスにおけるシミュレーション結果に関するデータや製品の図面に関するデータが存在する。これらのデータを作成・管理するためのソフトウェアが CAD/CAM（Computer Aided Design/Computer Aided Manufacturing）や CAE（Computer Aided Engineering）というソフトウェアである。これらのデータは製造プロセスに引き渡されて、製品を量産する際にも活用されるが、製品ごとにユーザーサポートまで含んだ製品のライフサイクルを管理するソフトウェアを PLM（Product Life-cycle Management）と呼ぶ。また、ハードウェアになるが、設計・開発のプロセスを効率的に進める機器として 3D プリンターが位置付けられる。

　次に生産工程においては、製品の量産プロセスにおける各種生産設備の稼働状況や物理的環境などの製造プロセスに関するデータが発生する。量産品であっても、個々の完成品毎にそれらが製造された状況を記録することで、製品に不具合が発生した場合の問題点を 1 品毎に特定することが可能となる。このように生産現場における可視

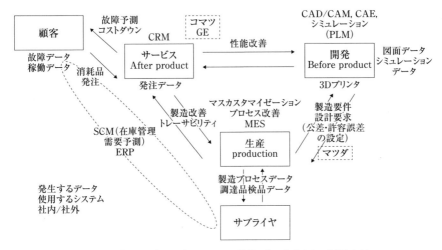

図6-3 「モノづくり」における発生データとその利用方法
出典：元橋（2016b）

化を通じて歩留まりの向上や製品毎のトレーサビリティを確保し、製造プロセスの改善につなげるためのソフトウェアを MES（Manufacturing Extension System）と呼ぶ。また、サプライヤーからの部品・材料に関するデータが入ってくるのもこの生産工程である。

　もちろん、設計・開発と生産の工程は独立したものではない。新製品の設計・開発は、生産コストや歩留まりなど、生産サイドの要件（製造要件）にしたがって行われる。一方、設計・開発からは、生産プロセスにおける公差（Tolerance）に関する情報が提示される。物理的な加工作業においては誤差が必ず発生するが、誤差を許容範囲内に抑えないと十分な製品機能を実現することができないからである。したがって、この両部門が客観的なデータにもとづいて、密接なコミュニケーションを行うことは重要である。例えば、マツダはエンジンの生産工場における詳細や製造プロセスデータを分析し、新しいエンジン（スカイアクティブ）の開発に活用している。また、エンジン部品の加工量を1品毎に調整し、低燃費を実現するための高圧縮比のエンジンの燃焼室の容量を管理している（日経モノづくり2013年7月号）。

　最後にサービス工程であるが、顧客情報や受注に関するデータが発生し、それらを管理するためのシステムが CRM（Customer Relationship Management）である。また、顧客における機器の稼働状況や故障に関する情報が入ってくるのもサービス部門

Ⅲ　日本のモノづくり企業におけるビッグデータ活用の実態　　**217**

である。個々の製品の不具合については、生産工程で一品毎の製造プロセスデータの管理が行われていると、その原因を特定することが容易になり、対策も打ちやすい（トレーサビリティの向上）。また、構造的な結果については、設計・開発部門における新商品の開発プロセスにフィードバックされる。

また、顧客における機器の利用状況に関するデータを収集することで、顧客に対するサービスレベルを向上させることが可能になる。コマツは同社の建設機械にGPSや各種センサーを取り付け、顧客に対する消耗品の交換時期の連絡や省エネ運転の支援などのサービスにつなげている（絹川他 2015）。同種の事例として、GEは同社のジェットエンジンの動作データを分析することで、航空運輸会社に対するメンテナンスサービスを図っている。

顧客やサプライヤーなどのビジネスパートナーとのデータ連携については、従来よりCRMやSCM（Supply Chain Management）といったシステムが存在し、社内外の経営資源を管理するためのERP（Enterprise Resource Planning）としてパッケージ化されている。近年、これらのシステムに加えて、センサー技術の向上と低価格化によって、より粒度が小さく、タイムリーなデータの収集が可能になり、データ利用の形態も高度化している。したがって、モノづくりに関するデータ利用の把握を行う際には、データの種類毎の発生部門と利用部門の把握だけでなく、その利用頻度や利用開始時期に関する情報を取得することが重要である。

上記のコンセプトにもとづいて、以下の4つのテーマについてアンケート調査を行った。

・会社概要
・データ活用に関する体制・組織
・企業内データ収集・利用状況
・企業外データの活用

最初に「会社概要」（企業グループの有無、企業規模、主な事業、ビジネス形態（B2B、B2Cなど）など）について聞いた後、「データ活用に関する体制・組織」についての質問を用意している。今回の調査においては、データ活用の実態について把握するだけでなく、データの活用からビジネス上の価値を生み出すための仕組みとして、企業内組織のあり方についても重要であるとの認識の下、調査項目に加えたものである。ここでは、全社的なデータ活用を推進する部門の有無やデータを活用している部

門名、データ活用責任者の役職、関連するスタッフ数やデータ分析の頻度について調査している。また、データ活用からビジネス価値を引き出すために必要となる人材に関する項目についても調査項目に盛り込んだ。

「企業内のデータ収集・利用状況」と「企業外データの活用」については、第2章で述べたフレームワークにもとづいている。モノづくりのプロセスを「設計・開発」、「生産」および「サービス」の3つに分類し、それぞれのプロセスにおいて発生するさまざまなデータについて、その種類別に発生源と利用部門について調査している。企業外のデータについては、顧客やサプライヤーといったビジネスパートナーとのデータのやり取りを中心に押さえることとした。

調査対象としては、製造業に属する企業とし、すべての上場企業と技術的に優れた未上場企業を合わせた4,112社とした（詳細については元橋（2016b）を参照）。2015年11月から12月にかけてアンケート調査を行い、回収企業数は592社（回答率：14.1%）である。

4 企業全体としてのデータ活用に対する取り組み

まず、日本のモノづくり企業における企業全体としてのデータ活用の実態について述べる。なお、ここで対象としているデータは図6-3で示したモノづくりの各種工程で発生するデータを示している。なお、アンケート調査のタイトルは『モノづくりにおけるビッグデータ活用とイノベーションに関する実態調査』としていることから、調査票において明記しているわけではないものの、SCMやCRMといった従来型のシステムにおけるデータ（スモールデータ）を超えた、より粒度の細かい、収集頻度の大きいデータを念頭に置いた回答となっているものと考えられる[3]。

図6-4aは、企業の従業員規模別に、データ活用が全社的に行われているか、部門毎の活用になっているか、あるいはデータの活用がないのか、それぞれの企業数割合をみたものである。図6-4bは、同様の内容を規模別（300人以下：小、301人以上：大）かつビジネス形態別にみたものである[4]。なお、ここでの全社的活用企業とは、

---

[3] 分析を行う目的や業種によって有効なデータサイズが異なり、ビッグデータをそのデータサイズによって定義することは難しい。このような限界を前提としてビッグデータと呼ばれるものの大きさは、数十テラバイト以上、ペタバイトクラスの場合もある（Mckinsey Global Institite 2011）。

[4] 製造業における中小企業の定義は、常用従業員数が300人以下または資本金が3億円以下の企業である。従って、従業員数が301人以上の企業であっても資本金要件によって中小企業に分類される企業はありうる。ここでは便宜的に従業員数300人以下を中小、301人以上を大企業と呼んでいるが、厳密な定義ではないことに留意されたし。

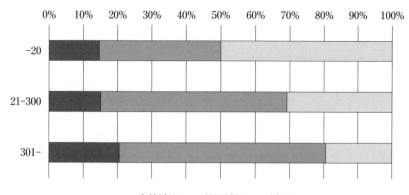

図 6-4a　規模別データ活用度

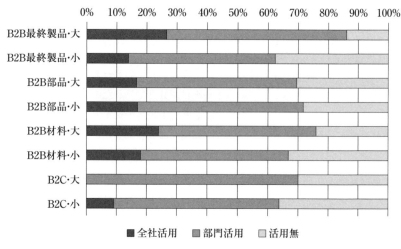

図 6-4b　規模別・ビジネス形態別データ活用度

　全社的にデータを活用している部署・部門がある企業を、部門別活用企業は、全社的な部門は有しないが、企業内におけるいずれかの部門において活用を行っている企業を示している。
　大企業のサンプルでみると約2割の企業が全社的活用に分類され、部門活用の約6割と加えると全体の約8割がモノづくりに関するデータ活用を何らかの形態で行っていることがわかった。このデータ利用率は規模とともに小さくなる。また、ビジネス

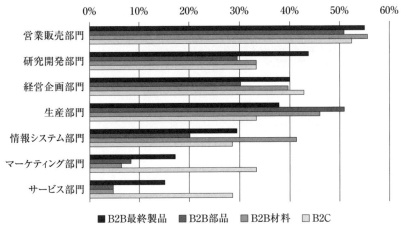

図6-5 データ活用企業における部門別活用状況

形態別でみると、全社的活用企業は、大企業・B2B 最終製品の場合、最も大きくなる。次に大企業・B2B 材料が続き、B2B 部品や B2C ビジネスを行っている企業においては、全社的活用企業の割合は比較的小さくなっている。

次にデータ活用企業において、企業内のどの部門が活用しているかについて、ビジネス形態別にみた（図6-5）。すべての業態において、営業部門における活用度合いが最も高い。そのほかには、研究開発、経営企画、生産部門などが続いているが、B2B 最終製品企業においては研究開発部門の割合が、B2C 企業は経営企画部門、B2B 部品企業は生産部門の割合が比較的高くなっている。また、B2C 企業はマーケティング部門やサービス部門における活用割合が高いことが特徴的である。

社内のデータ活用度と社外データの活用の関係についてみたのが図6-6 である。社内におけるデータ活用度が高い企業においては、より高い確率で社外データについても活用しており、両者には正の関係がみられる。また、社外のデータとしては顧客のデータとサプライヤーのデータの2種類を考えているが、顧客データを活用する企業のほうが多くなっている。

モノづくりに関するデータ活用を効果的に進めるためには、部門毎にバラバラに行うのではなく、全社的にシステマティックに取り組むことが重要である。そのための方策として、全社的なデータ分析部署を設けることの他にも、さまざまな形態で経営層や本社部門がデータ利用にコミットする方策がある。図6-7 はその内容について示したもので、例えば全社的活用企業においては、50％を超える企業がデータ利用に関

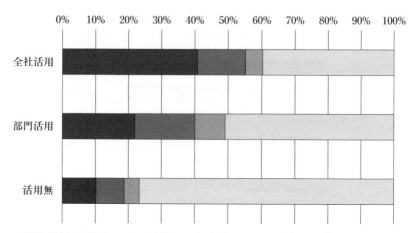

図6-6　社内データの活用度と社外データ活用の関係

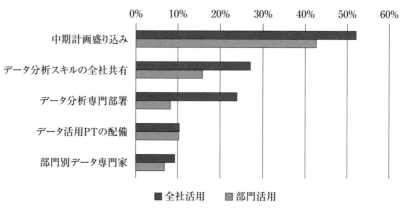

図6-7　データ活用に関する経営層・本社部門の関わり

する事項を中期経営計画に盛り込んでいると答えている。なお、この割合は、部分活用企業においても40％を超えており、多くの日本の製造業企業においてデータ活用は経営戦略上重要な項目であると捉えられている。また、データ分析スキルの全社共有やデータ分析専門部署の設置において、全社的活用企業と部門活用企業の差が大きくなっており、前者の企業はデータ活用に対してよりシステマティックに取り組んでいる。

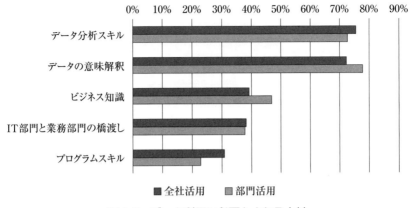

図6-8 データ利用に必要とされる人材

　次にデータ利用に必要とされる人材についてみていきたい。ビジネス現場でのデータ活用には、プログラミングや統計的手法などの技術的スキル、業務知識やビジネスモデル解析などのビジネス知識、IT部門とビジネス部門をつなぐコミュニケーションスキルなどさまざまな能力が必要となる（ダベンポート 2014）。これらのさまざまなスキルのうちどれが必要かについては、全社活用企業と部門活用企業で大きな違いはみられなかった。「データの分析スキル」と「データの意味解釈」が最も重要であるとの認識で、「ビジネス知識」、「部門間の橋渡し」、「プログラムスキル」を必要とする企業の割合は小さくなっている。

　関連して、図6-9ではデータ利用の障害に関する調査結果を示しているが、最も大きな障害となっているのは人材不足である。ここでもやはり、ビジネス活用人材（図6-6のデータの意味解釈と関係あり）、データ分析人材（同データの分析スキルと関係あり）を障害とする企業が多くなっており、データ活用度が高くなるほど、その割合が高くなっている。つまり、データ活用の度合いが進むことによって、より必要とされる人材やスキルが明確化して、現状とのギャップを感じるようになるということである。一方で、活動度が低い企業においては、「収集・蓄積システムが不在」の割合が高く、企業としてのシステマティックな取り組みができていないこと自体が問題になっている。データ活用の必要がないという企業以外においては、まずデータ活用に関する経営資源を配分し、取り組みを開始することが重要である。

　最後に各種システム連携、3Dプリンターの活用、IoTなど、先端的なデータ活用形態に対する取り組みに関する調査結果について述べる。図6-10のとおり、設計・

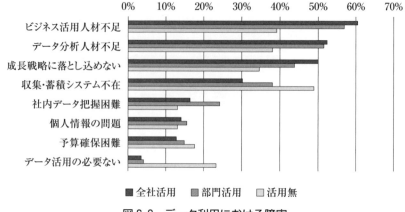

図 6-9　データ利用における障害

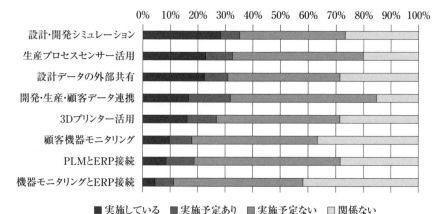

図 6-10　先端的データ活用形態の実施状況

　開発シミュレーションや生産プロセスにおけるセンサー活用など、単体のアプリケーションについては取り組みを行っている企業が相対的に多いが、PLM や機器モニタリングなどの新しいシステムと企業全体の経営資源管理を行う ERP の接続など、システム接続や統合を行っている企業はごく一部に留まっている。
　IoT に対する取り組みについては、規模別・ビジネス形態別にみた（図 6-11）。なお、IoT は「センサー情報などによって、個々の製品、部品、材料などのモノの流れ（生産、アフターサービスなどの）をデータ化し、ビジネス上の付加価値につなげる

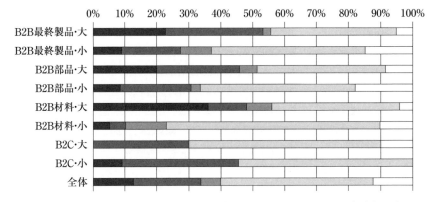

図6-11 IoT に対する取り組み状況

活動」と定義している。全体としては、すでに取り組み中の企業は約1割で、「知っているが関係ない」という企業は1割以下となっている。IoT は、規模や業種を問わずモノづくり企業全体に大きな影響を与えうる概念であると認識されているものの、約半数以上の企業は「聞いたことはあるが未対応」と具体的な検討が進んでいない。業態別にみると、B2B 材料・大企業において4割以上の企業がすでに取り組みを始めていると答えている。全体的な傾向としては、B2B・大企業において、比較的取り組みや検討が進んでいるが、中小企業は遅れている。

5 データ種類別の利用の状況

アンケート調査においては、モノづくりのプロセスを「設計・開発」、「生産」、「サービス」の大きく3つに分類しているが、それぞれのプロセスで発生する12種類のデータの利用実態に関する調査結果を紹介する。

図6-12 は、それぞれのデータが社内のどの部門で利用されているのか(あるいは利用がないのか)をみたものである。まず、利用実績については、図面(CAD)データ、製造プロセスデータ、購買データおよび顧客クレームデータは、何らかのデータ利用企業のうち8割程度が利用している。これらはモノづくりの各工程に必要となる基盤的なデータといえる。一方で、POS データやコールセンターデータは、利用率が半分程度となっているが、これらは B2B 企業にとってはそもそも必要がない場合が多いと考えられる。また、素材ライブラリ、物流位置データ、機器稼働データについ

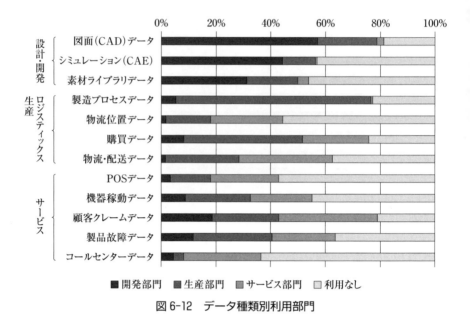

図 6-12 データ種類別利用部門

ても利用率が比較的低く、特定のビジネス形態で主に使われるものである可能性が高い。

　データ種類別の利用部門についてみると、製造プロセスデータのように一部の部門（生産部門）のみで使われるものと、顧客クレームデータのように開発、生産、サービスの 3 部門で幅広く使われるものに分類することができる。図 6-13 はそれぞれのデータの利用部門についてまとめたものである。多くのデータが複数部門で活用されていることがわかる。特に、顧客クレーム、製品の故障、稼働状況といった顧客サイドの情報は、開発、生産、サービスの他部門で利用可能なデータとなっている。また、CAD／CAE や素材ライブラリといった製品機能に関する情報は、開発部門と生産部門で利用され、POS、物流・配送、物流位置、購買といったモノの流れに関する情報は、生産部門とサービス部門で利用されていることがわかった。

　図 6-14 と図 6-15 は、これらのデータに関する、それぞれ利用頻度と利用開始時期について、示したものである。データの種類毎に大きな違いはみられなかったが、それぞれのデータについて、企業毎に利用方法に大きな違いがみられる。例えば、製造プロセスデータは最も利用頻度が高いものとなっているが、1 時間単位で利用する企業が 2 割程度存在する一方で、3 割以上の企業において、1 週間に 1 回かそれ以上の

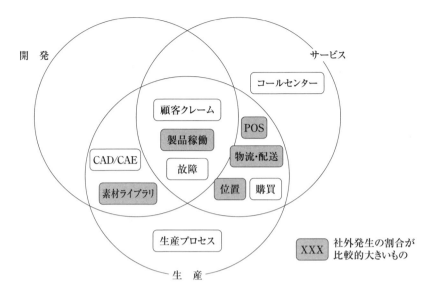

図 6-13　データの種類別利用部門の状況

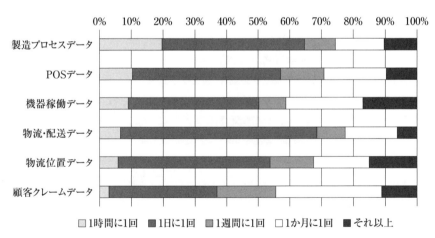

図 6-14　モノに関するデータ利用頻度

Ⅲ　日本のモノづくり企業におけるビッグデータ活用の実態

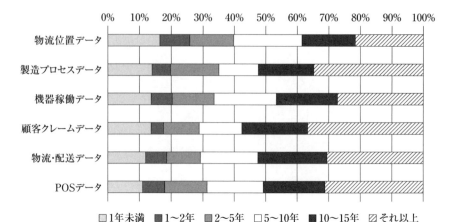

図6-15 モノに関するデータ利用開始時期

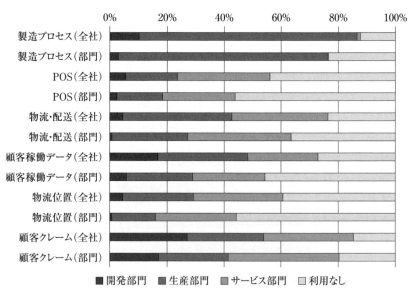

図6-16 企業のデータ利用度と利用部門数の関係

間隔での利用となっている。データの開始時期についても大きなばらつきがある。10年以上前から利用しているという企業が半数近く存在する一方で、利用期間が1年未満という企業も少なからず存在する。

最後にモノづくりにおけるデータ活用を全社レベルで行っているか、部門毎で行っているかによって、利用部門に関して違いがあるかをみた（図6-16）。全社活用企業は、部門活用企業より、すべてのデータについて利用割合が高く、かつ複数部門で利用されている割合が高いことがわかった。全社的なデータ利用を推進する体制を取ることで、データ利用を現場でアドホックに行うのではなく、部門毎の相互融通した高度な使い方ができていると考えられる。

6 データ活用と経営効果の関係

アンケート調査においては、データ活用に関する経営効果についての質問項目を設けており、データ活用に関する組織体制やデータ活用の実態とそれらから得られる経営効果の関係について分析することが可能となっている。図6-17は、データ活用の目的別に経営効果との関係についてみたものである。なお、ここでは、当初からそれぞれの目的があったか否かについても聞いているため、効果の有無と目的の有無を併せてみることが可能である。

まず、当初から目的があり、かつ一定の効果が得られたとされている項目は、「コスト削減」、「顧客開発」、「製造プロセス改善」、「既存製品改良」、「業務革新」などとなっている。一方で、「売上向上」や「新商品開発」は当初の目的とした割合も低くなっているが、一定の効果を上げたとする企業は、比較的少なくなっている。より明確で具体的な目標を掲げて取り組んだほうが経営効果を上げやすいと考えられるが、その一方で予想外の効果を期待できる可能性が低くなる。

図6-18と図6-19は、それぞれのデータ利用目的について、当初の目的があったか、なかったか、また、データ活用が全社的か部門毎かによって、効果の有無をみたものである。まず、目的とした内容については、ほとんどの項目で8割を超える企業が効果ありとしている（図6-18）。また、この状況はデータの全社活用企業と部分活用企業で大きな差はみられない。また、図6-17でみるように、モノづくりのプロセスにおいてデータを活用することで、当初目的としない経営効果がみられたという企業も少なくない。特に、この意図せざる経営効果は、顧客開発、既存商品改良、生産プロセス改善などで高くなっている。また、全社活用企業においては、部門活用企業と比べて、効果があったとする企業割合が高くなっている。全社的なデータ活用を推進す

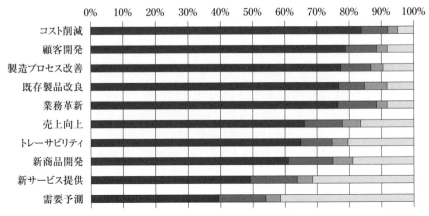

図 6-17　データ活用の目的と効果の有無

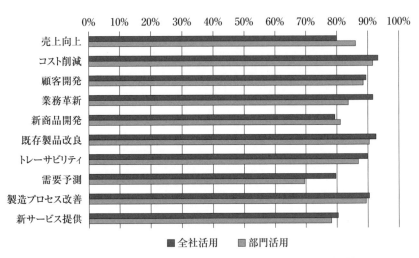

図 6-18　データ活用度別効果あり企業割合（目的あり企業）

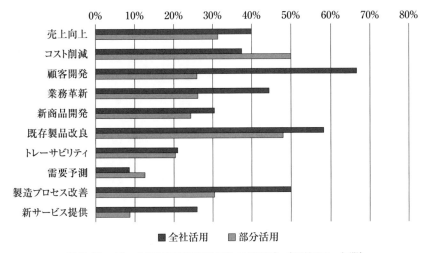

図6-19 データ活用度別効果あり企業割合（目的なし企業）

ることで、異なる部門からデータ活用に対する多様なアイディアが集まり、データ活用の方法についても多様性が高まるものと推測できる。

7 アンケート調査から得られる含意

アンケート調査の結果から、大企業においては約8割の企業が何らかの形態でビッグデータの活用を行っており、多くの企業に浸透していることがわかった。しかし、IoTに対してすでに取り組んでいる企業は約1割にとどまり、その活用実態については大きなバラつきがある。また、中小企業においては、導入企業の割合は小さくなっており、全体として、多くの企業においてモノづくりにおけるビッグデータ活用はいまだ道半ばといった状況といえる。

一方で、ビッグデータ活用に関して全社的な専門部署をおいている企業（大企業において全体の約2割）は、社内におけるデータ利用や社外とのデータ連携に活発に取り組んでおり、先導的な立場にいる。これらの企業においては、ビッグデータの活用によって、売上高増大やコスト削減などの経営効果を実現している割合が高く、特に当初予定していなかった予想外のメリットを感じている企業が多いことに特徴がある。また、全社的な専門部署をおいている企業は、サプライヤーや顧客などのビジネスパートナーとのデータ連携も活発に行っている。IoTによるオープンイノベーションやイノベーションのエコシステムを考える際にビッグデータの連携を行うことは重要で

ある。

　また、データから経営価値を引き出すためには、開発、製造、アフターサービスといった社内のさまざまなファンクションで発生するデータを統合化し、さらにそれを各部署で活用する、データの部門間共有が重要である。開発、製造、アフターサービスのいずれの部門でも活用されているデータとしては、「顧客クレーム」、「故障」、「製品の稼働状況」といった顧客で発生するものであることがわかった。つまり、顧客において、自社製品がどのように活用されているか、問題や課題はないか、といった情報を逐次収集し、開発、製造、アフターサービスのそれぞれの部門で顧客価値につなげる活動にデータが活用されていることを浮き彫りにしている。顧客において発生する自社製品の使用状況に関するデータの収集が重要であることを示唆している。

　最後に、今回の調査で、ビッグデータを活用することで当初目的としていなかった経営効果を得られた企業が少なからず存在することがわかった。また、部門間のデータ相互利用や企業外データの活用などによって、自社データの利用価値が相乗的に高まることが期待できる。つまり、ビッグデータには、利用していくことで価値がさらに高まるオプション価値が存在するということである。また、オプション価値を顕在化させるためには、データの収集→活用→評価→次のアクション（さらなるデータ収取・活用）というPDCAサイクルを速く回すことの必要性を示している。

　これらの調査から得られた企業経営に対する示唆をまとめると、ビッグデータ活用から経営効果を上げている企業の姿として、全社的データ専門部署、顧客連携、現場レベルでの速いPDCAというキーワードが浮かび上がる。この背景には、ビッグデータの戦略的活用に関するトップのコミットメントが必要となる。データ専門部署に対する経営資源の配分やデータドリブンでビジネスイノベーションを創り出す企業内文化の醸成はトップのコミットなしではできない。

Ⅳ　ビッグデータ・AI・IoT時代のイノベーションモデル

1　イシューの洗い出し

　第Ⅱ節ではビッグデータ、AIおよびIoTの相互補完関係を明らかにした。これらのイネーブリング技術の特徴として、①適用範囲が非定型的な業務、特に人間が行ってきたモノゴトの知覚・認識・推論といった領域のタスクを可能とすること（主にAIによってもたらされた機能）、②モノの状態が認識され、その情報が幅広い分野で

共有されることによる業種を超えたイノベーションを可能とすること（主に IoT によってもたらされた機能）の2点を挙げた。また、ビッグデータの3つの V（Volume、Variety および Velocity）はこれらの機能を実現するために AI/IoT 時代で入手可能となったデータの特徴を示したものである。

　第Ⅲ節においては、現状においてビッグデータがどの程度活用されているのか、日本の製造業における実態について述べた。ここでは AI や IoT といったイネーブリング技術がどのようにイノベーションとして結実し、経営効果として現れるかをビッグデータ活用に取り組む企業視点から明らかにした。ここでのポイントは、トップのコミットメントによるビッグデータ活用専門組織に対する投資と現場におけるデータ活用に関する速い PDCA サイクルである。また、企業内部門内のデータ共有やビジネスパートナー、特に顧客とのデータ連携が重要であることがわかった。

　ただし、日本の大企業をみても全社的なビッグデータ専門部署を設けている企業は全体の半分以下であり、IoT に対して取り組んでいると応えた企業は3割強となっている。第Ⅱ節で述べた AI や IoT に関するイネーブリング技術によって、できることの範囲が広がっていることは間違いないが、実際にそれを使いこなしてイノベーションにつなげている企業はまだ一部にとどまっているというのが現状である。

　汎用的技術（GPT）の普及には時間がかかる。しかし、時代が後戻りすることもない。ここでは、ビッグデータ・AI・IoT 時代におけるイノベーションを考えるうえで重要なイシューとして、イノベーションのエコシステムに焦点を当てて検討を進めたい。ビジネスのエコシステム（生態系）を構成しているのは、企業や大学などの非営利組織、起業家やそれを支えるベンチャーキャピタルなどのイノベーションシステムにおけるプレイヤーである。エコシステムは、これらの構成要素が相互補完的になりたっている集合体を考える。AI や IoT といった汎用的技術が進む中、それぞれの企業は自前でイノベーションに取り組むのではなく、汎用的技術に関するプラットフォームを活用しながら、多様なプレイヤーとの協業を模索する必要がある。このオープンイノベーション戦略の根幹をなすコンセプトがエコシステムである。

2　エコシステム論のレビュー

　エコシステムのコンセプトについては、経営学者を中心に検討が進んでいるが、ここでは、まずハーバードビジネススクールのイアンシティ教授らによるビジネスエコシステムについて述べたい（Iansiti and Levien 2004）。ビジネスエコシステムは、エコシステム（ビジネス上の企業間関係ネットワーク）における中心的な役割を果たす

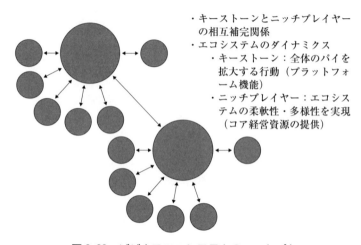

図6-20　ビジネスエコシステムのコンセプト

出典：『イノベーションエコシステムの研究』（経団連21世紀政策研究所）

「キーストーン」とそれ以外のニッチプレイヤーで構成される（図6-20）。

　「キーストーン」の役割は、多くのニッチプレイヤーを引き付け、エコシステム全体の広がりをもたせることである。一方、「ニッチプレイヤー」はそれぞれの独自技術で、エコシステム全体の多様性に貢献する。この相互補完的な関係で、エコシステムが成り立つ。例えば、アップルコンピュータはiPhone上にアップルストアを設けて、消費者の多様なニーズに応えるサービスを展開している。個々のアプリケーション事業者（ニッチプレイヤー）とアップルコンピュータ（キーストーン）が提供する各種サービスの共通的基盤（プラットフォーム）が組み合わさって、全体としての価値をもつようになる。キーストーンの役割は、エコシステム全体でのビジネス価値の向上にあり、ニッチプレイヤーとWin-Winの関係を構築することが重要である。ニッチプレイヤーに対する支配力を強めて、価値を搾取し続けると最終的にはエコシステムを破壊してしまうことになる。エコシステム全体の価値を高めるためには、多様性のあるニッチプレイヤーをひきつけるために、ニッチプレイヤーに対する魅力的な経営資源（上記のアップルの事例でいうと大量の顧客を有するアップルストアというプラットフォーム）を提供できないといけない。一方で、ニッチプレイヤーは他社にはないコア経営資源でエコシステムからビジネス価値を引き出すことに専念する。ただし、キーストーンの存在がないとビジネス価値が享受できないという問題を抱えているため、リスクを分散するため、複数のキーストーンのニッチプレイヤーとなる戦略

(マルチホーミング、例えば、上記の iPhone アプリの事例でいうと Google Play にも自社アプリを載せるようにすること）が有効である。

　また、イノベーションのエコシステムという観点からよりミクロな企業間の補完関係に着目したのはダートマス大学のアドナー教授のワイドレンズ理論である（アドナー 2013）。ここではさまざまなイノベーションプロジェクトの失敗事例が紹介され、イノベーションを実現するための補完的なサービスに対する広い視野（ワイドレンズ）をもつことの重要性が説かれている。例えば、ミシュランタイヤは1990年代にタイヤがパンクしても速度を落とさず一定距離走行できるフラットタイヤシステムを確立した。徹底的なマーケティングリサーチや自動車メーカーとの調整のうえ市場化しようとしたが、思うようにマーケットに広がらなかった。自動車修理業者というバリューチェーンの重要なプレイヤーを見落としており、ランフラットタイヤの修理に対応していなかったからである（アダプションチェーンリスク）。このように新しい製品の価値を提供する際に必要となるバリューチェーン全体の補完的関係を前提とした戦略が必要であることを示唆している。

　さらに垂直的なバリューチェーン全体に対する広い視野のほかに、補完的な財・サービスといった水平方向の広がりにも注目する必要がある（コーイノベーションリスク）。同氏は 3G 携帯においてノキアが製品開発で先行していたものの、イノベーションプロジェクトとしては失敗に終わった事例について述べている。携帯電話における 2G と 3G の違いはその通信スピードである。したがって、従来の通話機能の他、動画のダウンロードなど新しい顧客価値を提供することが可能ではあるが、そのコンテンツを提供するためのストリーミングやデジタル著作権処理など、補完的なイノベーションが不十分であったことで製品利用が進まなかった。

　このように革新的なイノベーションにおいては、ビジネスモデルそのものが変化し、これまで注目を払ってこなかった補完的財・サービスのプレイヤーとの連携が必要になることが多い。場合によっては、補完的技術に対する投資を自ら行い、無償で提供するといったエコシステムのキーストーンのような活動が必要になることもある。このように、イアンシティのビジネスエコシステムと比較すると、より少数のプレイヤーの補完的関係について着目したものといえるが、両者における共通点も多い。

3　プラットフォームとエコシステム

　エコシステムにおけるキーストーンに似た概念としてプラットフォームというコンセプトが使われることがある。プラットフォームは中国語では「平台」であるが、ま

さしくさまざまなプレイヤーがその上の乗ることができる共通的な「台」の機能を示す。よりフォーマルには、「さまざまな派生財、サービスを効率的に生み出すための共通の基盤（技術、財・サービス）ということになる（Gawer and Cusumano 2013）[5]。また、MITのクスマノ教授らはインテルの事例から「プラットフォーム・リーダーシップ」というコンセプトを打ち出している（ガワー他 2005）。インテルはパソコンの中核的部品であるCPUを製品として販売しているが、この機能の向上だけではパソコンの処理が速くならないので、チップセットや入出力機能の技術を公開し、補完的プライヤーを助ける活動をしている。これは、前述したエコシステムの議論との関係でいうと、アダプションリスクを回避するために（ワイドレンズ）、インテルはエコシステムのキーストーンとして共通的な経営資源を提供している（ビジネスエコシステム）ということになる。クスマノ教授のいうプラットフォームをビジネスエコシステムに、リーダーシップをキーストーンに読み替えても大きく意味は変わらない。

　つまり、プラットフォームも、エコシステム同様、幅広い概念を含んだものである。「プラットフォーム・リーダーシップ」におけるクスマノ教授との共著者であるガワー教授（UCL）らは世界のプラットフォームビジネスに関するサーベイ結果を公表している（Evans and Gawer 2015）。こちらでは、プラットフォームのタイプとして、取引仲介（例えばネットフリックスやテンセント）、技術的プラットフォーム（例えばマイクロソフトやSAP）、統合プラットフォーム（両者の機能を統合したグーグル、アマゾン、アップル、アリババなど）および投資プラットフォーム（ソフトバンク）に分類している。いずれも外部に対する共通の財、サービス、技術などを提供しているプラットフォームのリーダー的存在である企業を分析したものである。また、従来型の自社経営資源にもとづいてビジネスを行っている企業がプラットフォームを提供しているAsset Heavy型（GEのPredix、サムソンのTizenなど）、それとは対極的なプラットフォームがメインのAsset Light型（グーグル、ウーバーなど）、その中間的な存在であるMixed（アップル、アマゾンなど）という分類も行っており、Asset（自社経営資源）のサイズとプラットフォームの上にできるエコシステムの大きさは反比例するとしている。

　このようにプラットフォームとエコシステムは類似した概念として使われているが、あえて両者を比較すると、エコシステムのほうが広い概念をカバーしている。プラッ

---

[5] なお、ここでの定義は企業間プラットフォーム（External Platform）であり、同書では企業内のプラットフォーム（Internal Platform）も定義している。こちらは、同様の機能をもつ共通の企業内における経営資源となる。

トフォームで強調されるのは、プラットフォーム上のプレイヤーが増えることによるネットワーク外部効果である。したがって、プラットフォームが平らで広いほうが多くのユーザーが集まり、プラットフォームの価値がますます高まることとなる。エコシステムはこのような平らなプラットフォームを含む概念であるが、キーストーンとニッチプレイヤーの相互補完関係がより強調される。キーストーンは平らなプラットフォームを用意して終わりではなく、ニッチプレイヤーに応じた個別の経営資源を提供する必要に迫られることが考えられる。また、アドナー教授の補完的プレイヤーの議論においては、キーストーン不在の生態系も含まれる。したがって、従来型のインターネット（ヒトのインターネット）の世界で典型的にみられるプラットフォームビジネスと比べて、エコシステムはより小規模で財、サービスの多様性が高いB2Bビジネスにも親和性があると考えられる。

4 AI/IoTによる両者の融合

　企業戦略におけるエコシステム形成とプラットフォーム化は図6-21のように図示できる。エコシステムのコンセプトは、パートナー企業との補完的な関係、双方の密接なインタラクションによる価値創造に力点が置かれており、サプライヤーや顧客企業などのサプライチェーン上の企業との協力や、また、モノとサービスを統合したバリューチェーン全体の付加価値を睨んだ連携（例えば機能性肌着における東レとユニクロの戦略的提携）などが含まれる。一方で、プラットフォーム戦略は、デファクト、デジュールの標準化によって自社ビジネスの水平方向の展開、つまりスケーラビリティの確保を狙ったものである。

　エコシステム形成とプラットフォーム化は、お互いに相いれないところがある。エコシステムにおけるパートナーとの協創を進めるためには、パートナー間で密接な連携、つまり、お互いに関係特殊的（relation specific）な経営資源投資を行うことが必要な場合が多い。このような深い関係があって初めて両者の協創活動からビジネス価値を引き出すことが可能となる。一方で、プラットフォーム戦略は、個々のパートナー毎に提供する経営資源をカスタマイズするのではなく、なるべく共通的な経営資源を提供しながら、パートナーを増やしていくビジネスのスケーラビリティに焦点を当てたものとなる。一言でいえば、エコシステムはパートナーシップに関して、深く、狭い特性があるのに対して、プラットフォームは、広く、浅いという特性がある。このように対立する方向性を同時に満たすことは難しい。

　しかし、AI/IoTの進展は、図6-21の垂直、水平のトレード・オフの関係（両者の

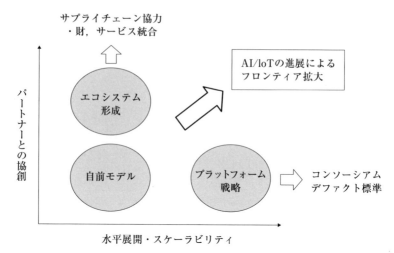

図 6-21　エコシステム形成とプラットフォーム戦略

出典：『イノベーションエコシステムの研究』（経団連 21 世紀政策研究所）

バランスに関する制約条件）を緩める方向、つまり図中の右上の方向の動きを進める働きをもつ。例えば、日立製作所は、エコシステムで重要となる顧客とのインタラクションによるイノベーション協業をシステマティックに行うサービスを提供している[6]。顧客企業において明確になっている課題に対して、日立がソリューションを提供するという一方通行ではなく、双方が共同して、顧客企業において新たな事業価値を見つけ出す双方向のプロセスを効率化する手法とツール（例えばシミュレーションツール、Cyber-PoC）を用意しており、顧客企業における課題を抽出するところから始める。ここでは、定性的、定量的両面のツールを駆使して、PDCA プロセスを速く回す（Iteration）、デザイン思考の考え方を取り入れた IT ソリューションの開発が行われる。これらの具体的な顧客事例から経営効果が確認されたものをユースケースとして取り出し、それを社内に蓄積していくための箱として Lumada という IoT プラットフォーム製品群を用意している。このような顧客企業との協創作業は、対面のコミュニケーションで行うものであるが、AI 技術が進歩することで、事例データベースやシミュレーションツールが高度化し、顧客との緊密なインタラクション（図 6-21 の

---

[6]「NEXPERIENCE」と呼ぶ顧客協創方法論で、「事業機会の発見」、「現場課題の発見」、「経営課題の分析」、「サービスアイディアの創出」、「ビジネスモデルの設計」および「事業価値のシミュレーション」で構成される（石川他 2015）。

上方向）を保ちながら、スケーラビリティの高いサービス（図6-21の右方向）とすることが可能となる。

V　AI/IoTの進展と日本のイノベーションシステム

1　IoTエコシステムに関する最近の動き

　AI/IoTの進展と日本のイノベーションシステムの関係について述べる前に、最近のIoTエコシステムに関するグローバルな動向について整理しておきたい。図6-1のアプリケーション層において、特に日本の製造業に対する影響を考えるうえで重要な動きは、ドイツにおけるインダストリー4.0と米国企業が中心となっているIIC（Industrial Internet Consortium）である。IoTによる製造業の変革が市場において強く認識されるようになったのは、2014年にドイツにおける官民コンソーシアムによるレポート「インダストリー4.0」が公表されてからである。インダストリー4.0とは、インターネットによってモノがつながるIoT（Internet of things）社会において、ドイツが、同国の「ハイテク戦略2020」を実現するための構想として打ち出した国家的イニシアティブである。18世紀末の蒸気機関による「産業革命1.0」、20世紀初頭の電力インフラの普及による「産業革命2.0」、20世紀後半のITによる生産自動化が進んだ「産業革命3.0」の次に来る新たなイノベーションの波を象徴している。多様な製品に対する機能要求に対して、サプライチェーン全体を通した効率的な生産供給システムを構築することで、製造業の競争力向上、少子化による労働力不足へ対応することを目的としている。

　インダストリー4.0の根幹をなすコンセプトはCPS（Cyber Physical System：サイバーフィジカルシステム）で、サイバー上の情報と物理的なモノが融合化し、生産システムの全体的な最適化が図られる。例えば、個々の消費者のニーズ（デザインや機能）をもつ自動車を大量生産方式で効率的に製造することが可能になる。そのためには多様な製品に対して柔軟に工場内の生産設備が対応し（スマート工場）、生産情報がサプライヤーとも共有されて必要な部品が必要なタイミングで納入される。トヨタ生産方式（カンバン方式）は、サプライヤーが顧客のジャストインタイムで部品を納入する要求に対応する必要があるが、サプライヤーにおける生産システムも含めたバリューチェーン全体の最適化を想定している点が異なる。このようなシステムが実現されるためには、受注や生産状況によって工場のオペレーションをトップダウンで

管理することに加えて、部品や製品の1つ1つに情報をもたせ、工場における生産設備と双方向で通信しながら、自律的に組みあがっていくというボトムアップのプロセスも必要となる。この点が、個々の工場のマスプロダクションの効率化にITを使う「産業革命3.0」とは大きく異なる。ロットサイズ1の大量生産を実現するマスカスタマイゼーションをサプライチェーン全体で最適化しようという考え方である。

　実際には、部品メーカーやセットメーカーなど個々の企業は、生産システムやプロセスにおいて競争領域として囲い込みたい領域を有している。これらの標準化やオープン化がどの程度進むのか不透明なところがある。しかし、ドイツにおいては産官学が連携して、インダストリー4.0を実現するためのロードマップを策定し、要素技術の開発や標準化活動などが始まっている。特に工場間や企業間でデータをやり取りするためのシステムの標準化が重要である。生産プロセスに関係する情報システムとしては、サプライチェーンシステムも含んだ経営情報を管理するためのERP（Enterprise Resource Planning）、生産現場における部品や生産工程を管理するMES（Manufacturing Execution System）、個々の生産設備を稼働させるためのPLC（Program Logic Controller）などが存在する。また、製品設計を効率化して生産システムとの連携を行うためには、CAD/CAM/CAEを統合したPLM（Product Lifecycle Management）が重要となる。インダストリー4.0の運営委員会においては、ワーキンググループを設置してこれらのシステムの標準化に向けた検討が進んでいる。

　ドイツにおけるインダストリー4.0が国を挙げたプロジェクトである一方で、GEが主導する民間企業によるIIC（Industrial Internet Consortium）の動きも広がっている。GEは航空機エンジン、鉄道、医療機器などの事業領域において、ビッグデータを活用した顧客サービス向上のためのビジネスを展開している。例えば、航空機の飛行データを解析することで、航空会社に対して効率的な飛行計画の提案が可能となる。このサービスによってアルタリア航空は年間1,500万ドルの燃料コストの削減ができたとのことである。GEは、これらの産業機械にかかるデータ収集や解析システムをパッケージ化して他社へ供給するビジネスモデルを描いている。そのためのプラットフォームを形成するためにIBM、インテル、シスコ、AT&Tなどの情報通信関連企業とともに立ちあげた組織である。

　日本企業も含めた200社以上が参加しており、メーカー＋ITベンチャー＋チップメーカーといった垂直的な連携を推進する母体となっている。具体的な活動としては、参加企業（主にITベンダー）からテストベット（試験用プラットフォーム）の提案を受け、コンソーシアム内で具体的な相互接続試験を行うなど、その先のビジネスに

つなげるためのステップを提供している。ちなみに、日本企業としては富士通が、同社の島根工場における取り組みなどをベースにした「IoTによる工場の見える化」に関するテストベッドがコンソーシアムから承認を受けている。工場内の機械設備におけるセンサー情報から生産プロセスをリアルタイムで把握することで、工場全体の生産効率向上を実現するためのシステムである。また、日立製作所、三菱電機、インテルは、共同で製造現場のFA（Factory Automation）と経営・業務支援のIT（Information Technology）をシームレスに統合するオープンなIoTプラットフォームを検証し、IICのテストベッドとして承認されている。

　図6-21との関係でいうと、GEがリードするIICは、垂直方向の連携（企業間連携で個別ソリューションのレファレンスモデルを作っていく活動）をいろいろな領域で作っていく（つまり、水平方向への拡大）活動であり、GEとしてはそれらの共通的なプラットフォームとしてPredixの利用拡大を狙っている。つまり垂直方向、水平方向両睨みの戦略といえる。一方、ドイツが産官学で推進するインダストリー4.0は、最終的なゴールとして、図6-21の垂直方向、水平方向の両者の最適化が行われる世界をイメージしている。CPS（Cyber Physical System）というコンセプトは、モノ（Physical）のみの世界で分断されていた縦方向のサプライチェーン（例えば自動車産業のサプライチェーン）において、個々のモノ（自動車部品）に情報をもたせてかつ情報のやり取りが相互にできるような標準化を行い、水平方向に広げる動きといえる。このようにIoTサービスの目指す方向はアプローチが異なるとはいえ、やはり図6-21のパートナーとの協創とスケーラビリティのトレード・オフのフロンティア曲線を右上に押し上げる方向を目指している。

2　日本のイノベーションシステムに対するインプリケーション

　日本のイノベーションシステムは、技術力のある中堅企業と大企業が長期的な関係を構築し、イノベーションに関する協業を行う「関係依存型システム」を特徴とする。この特定企業間のネットワークが強固な一方で、大学や公的研究機関と産業界とのリンケージは希薄であった。これは、企業内人材育成が中心で組織を超えた人材の流動性が低い労働システムと関係がある。科学的な知見を創造し、幅広く公表することを目的とする大学と技術の経済価値化を目的とする企業は、そもそも研究開発に対する考え方が大きく異なる。しかし、人材が企業や大学といった組織を超えて動かない。両サイドで人材が固定化されるので、この溝を埋める人材が育たない。産学連携については国立大学の法人化や産学連携推進策の効果もあって、活発に行われるようにな

ってきており、最近では企業におけるオープンイノベーションに対する取り組みも活発である。しかし、企業間や大学などの組織との間の雇用の流動性は低い水準にとどまっており、特定企業との長期的な取引関係という「関係依存型システム」の特性は大きく変化したとはいえない（元橋 2014）。

　一方、市場指向型の経済システムが特徴的なアメリカは、スピンアウト型のイノベーションシステムが特徴である。外部労働市場が発達していることから、企業や大学といった組織からベンチャー企業が生まれる。また、組織を超えて人材が動くことによって、大学と企業の間で共同研究プロジェクトが生まれやすい。日本のイノベーションシステムにおける中堅企業に対して、アメリカのシステムにおいては、ベンチャー企業が存在する。しかし、大企業とベンチャー企業との関係は、相対的にみると日本のように長期的・継続的なものではなく、一定の距離を置いた（アーム・レングス）、契約ベースによるものとなっている。したがって、大企業が、あるベンチャー企業の技術が戦略上重要だと考えると、その会社を買収して内部化することが多い。ベンチャー企業の投資家にとっても、大企業に買われることが重要な出口（Exit）戦略となる。そのため、日本のように技術力のある中堅企業が長期的に存続することはない。知的財産や人材や企業組織といった経営資源が市場取引で売買されるシステムとなっていることが特徴である。

　図 6-21 のイノベーションエコシステムの方向として、日本のイノベーションシステムはパートナー企業との協業に強みをもつ一方、アメリカのシステムはプラットフォーム戦略による水平的展開に比較優位がある。顧客やサプライヤーなどのパートナー企業との協業によるイノベーションと付加価値の創造は、協業企業との間の長期的な関係の上に構築される可能性が高い。例えば、日本の自動車産業のサプライヤーネットワークにおいて、自動車メーカーとサプライヤーの間の協業によって、競争力の高い開発・生産システムを構築していることは国際的にも周知の事実といえる（Dyer 1996）。一方で、プラットフォーム戦略の事例として引き合いに出されるインテルやマイクロソフトなどの企業はアメリカの企業である。最近ではグーグル、アップル、アマゾンなどのプラットフォーム企業がインターネットビジネスで圧倒的な競争力を示している。

　AI/IoT の進展によって、製造業の世界も大きな影響を受けて、アメリカのインターネット企業に飲み込まれるという議論がある。しかし、図 6-21 で示したとおりイノベーションのエコシステムはプラットフォーム企業が価値を総取りするということはない。むしろ、現状においては、ユーザー企業とのインタラクションから生まれる

ビジネスイノベーションによる価値のほうが大きい。もちろん、前節で述べたとおり、AI/IoT の進展は図 6-21 のパートナー協調とスケーラビリティのトレード・オフ曲線を右上に押し上げる効果をもつ。したがって日本のイノベーションシステムの特徴をベースとする戦略としては、強みであるパートナー協調をベースにスケーラビリティのあるイノベーションの方向性を目指すべきである。また、その際には米国におけるプラットフォーム企業との協業によってエコシステムを構築することが有効である。

参考文献

Al-Fuqaha, A., Guizani, M. Mohammadi, M., Aledhari, M. and M. Ayyash (2015) Internet of Things: A Survey on Enabling Technologies, Protocols and Applications, IEEE Communications Surveys and Tutorials.

Breshanan, T. and S. Greenstein (1996) The Competitive Crash in Large-Scale Commercial Computing. In *The Mosaic of Economic Growth*, edited by Ralph Landau, Timothy Taylor, and Gavin Wright, pp. 357-97. Stanford University Press.

Evans, P. C. and A. Gawer (2015) *The Rise of the Platform Enterprise: A Global Survey*, The Emerging Platform Economy Series No. 1, The Center for Global Enterprise.

Gambardella, A. and AM McGahan (2010) Business-model innovation: General purpose technologies and their implications for industry structure, *Long range planning*, 43, pp. 262-271.

Gawer, A. and M. Cusumano (2013) Industry Platforms and Ecosystem Innovation, *Journal of Product Development and Innovation Management*, Vol. 31 No. 3, pp. 417-433.

Dyer, J. H. (1996) Specialized supplier networks as a source of competitive advantage: evidence from the auto industry, *Strategic Management Journal*, 17, pp. 271-291.

Helpman, E (1998) *General purpose technologies and economic growth*, MIT Press, Cambridge MA.

McKinsey Global Institute (2011) *Big Data: The next frontier for innovation, competition and productivity*, Mckinsey and Company, May 2011.

Mayer-Schonberger, V. and K. Cukier (2013) *Big Data: A revolution that will transform how we live, work and think*, John Murray Publisher, Great Britain.

OECD (2013) Exploring Data-Driven Innovation as a New Source of Growth: Mapping the Policy Issues Raised by Big Data, *OECD Digital Economy Papers*, No. 222.

アドナー、ロン (2013)『ワイド・レンズ：イノベーションを成功に導くエコシステム戦略』清水勝彦監訳, 東洋経済新報社

イアンシティ、マルコ・ロイ、レビーン (2007)『キーストーン戦略：イノベーションを持続させるビジネスエコシステム』杉本幸太郎訳, 翔泳社

石川奉孝・石黒正雄・熊谷貴禎・柴田吉隆・森本由紀子・谷崎正明 (2015)「顧客協創方法論「NEXPERIENCE」の体系化」『日立評論』11, 23-28 頁

ガワー、アナベル、マイケル・A. クスマノ (2005)『プラットフォーム・リーダーシップ：イノベー

ションを導く新しい経営戦略』小林敏夫訳，有斐閣
絹川真哉・田中辰雄・西尾好司・元橋一之（2015）「ビッグデータを用いたイノベーションのトレンドと事例研究」RIETI Policy Discussion Paper Series 15-P-015
総務省（2015）『情報通信白書 2015』
ダベンポート・トーマス（2014）『データアナリティクス 3.0：ビッグデータ超先端企業の挑戦』小林啓倫訳，日経 BP 社
特許庁（2015）『平成 26 年度特許出願技術動向調査報告書：人工知能技術』日本特許庁
元橋一之（2016a）「インダストリー 4.0 に対して日本企業はどう対応するか？」『CIAJ JOURNAL』2 月号，4-10 頁
元橋一之（2016b）「日本の製造業におけるビッグデータ活用とイノベーションに関する実態」RIETI Policy Discussion Paper Series 16-P-012
元橋一之（2014）『日はまた高く：産業競争力の再生』日本経済新聞社

第7章　物価——経済変動メカニズムの変容[i]

笛木琢治・前橋昂平

I　はじめに

　　——*The factory of the future will have only two employees, a man and a dog. The man will be there to feed the dog. The dog will be there to keep the man from touching the equipment.*（Warren G. Bennis）

1　第4次産業革命の足音

　このところ、新聞や雑誌を読んでいると、ほぼ毎日といってよいほど、企業がAIを導入したり、ロボット投資を積極化させたりしているとのニュースをみかける。図7-1は、日本経済新聞（朝夕刊）で「AI」という単語がどれだけ見出しに記載されたかを時系列で示したものだが、ここ数年間で掲載件数が急増しており、日本全体として、AIに対する注目度が高まっている様子を窺い知ることができる。

　近年のAI・ロボット投資の積極化は、一般的に、「第4次産業革命」と呼ばれている。世界経済フォーラムの創設者シュワブによると、人類は、これまで4つの産業革命を経験してきた。最初の産業革命は、18世紀から19世紀に、イギリスの繊維産業において、蒸気の力を使って生産を機械化するというものであった。第2次産業革命は、1870年頃から第一次世界大戦までの間、アメリカやドイツにおいて、軽工業から

---

　　i）本章は、Fueki, Takuji and Kohei Maehashi, "Inflation Dynamics in the Age of Robots: Evidence and Some Theory," Bank of Japan Working Paper Series No.19-E-9. を基に作成している。本稿の作成に際しては、日本銀行の一上響氏、宇野洋輔氏、関根敏隆氏からコメントを頂いた。また、一部図表の作成は、加来和佳子氏から協力を得た。記して感謝の意を表したい。ただし、残された誤りは筆者らに属する。また、本稿で示された内容や意見は、筆者ら個人のものであり、現在所属する組織とは関係がない。

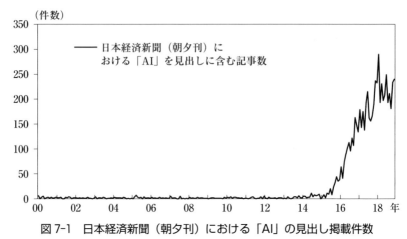

図 7-1　日本経済新聞（朝夕刊）における「AI」の見出し掲載件数

注：2000年1月から2018年11月までの日本経済新聞（朝夕刊）を対象に、「AI」というキーワードが見出しに掲載された回数を月毎にカウントしたもの（検索日：2018/12/21）
出所：日経テレコン記事検索結果をもとに筆者作成

重工業へ産業構造がシフトする過程で生じたもので、電力を用いて大量生産するというものであった。第3次産業革命は、1980年代に冷戦が終結を迎えるなかで、アメリカの軍事技術が民間にも転用されることで起きたもので、電子工学やITを使って生産を自動化するというものであった。そして、シュワブによると、第4次産業革命は、「物理的な世界、デジタルの世界、生命の世界が融合する状況」と定義される。この定義はやや抽象的であるが、シュワブは、第4次産業革命の具体例として、AIやロボットを挙げている[1]。

そこで、実際に、AIとロボットのそれぞれについて、第4次産業革命の進展状況をデータで確認してみよう。図7-2では、日本企業におけるAIの導入状況を示しているが、AIについては、技術的に萌芽期であるほか、AIを受け入れる社会体制が未整

---

[1] シュワブは、第4次産業革命が、電子工学やITを特徴とする第3次産業革命に立脚していることを認めたうえで、第3次産業革命とは、技術進歩の「速度」、「対象範囲」、「システム」の3点で大きく異なるため、第4次産業革命を第3次産業革命の延長と捉えるべきではないと主張している。すなわち、第4次産業革命の技術は、指数関数的「速度」で進歩しているほか、あらゆる産業・国を「対象範囲」としており、生産活動、経営管理、行政といった社会「システム」全般に影響を及ぼしていると彼は述べている。詳細は、参考文献に記載したシュワブの本やシュワブが世界経済フォーラムに寄稿した記事（https://www.weforum.org/agenda/2016/01/the-fourth-industrial-revolution-what-it-means-and-how-to-respond/）を参照。

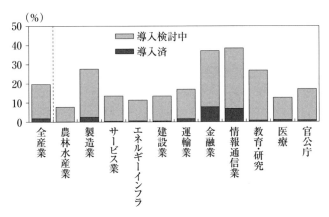

図 7-2　日本における AI の導入状況

注：MM総研が、2017 年 3 月に日本企業約 2,000 社を対象にアンケート調査
出所：MM総研

備であることもあって[2]、現時点での AI 導入率は依然として低い。もっとも、業種別にみると、金融業や情報通信業において、AI を導入済ないし導入検討中と回答した企業の割合が高くなっている。例えば、金融業では、株式や為替の売買において AI による予測やアルゴリズムを用いた取引が増加傾向にあるほか、情報通信業でも、AI による音声認識や画像処理を利用したサービスが広がりをみせている。また、Grace et al（2018）は、AI 研究者の見解として、AI が、2024 年までには翻訳家よりも上手に翻訳を行い、2027 年までにはトラック運転手よりも安全に運転し、2031 年までには小売店の販売員を上回る販売成績を残し、2049 年までにはベストセラー本を書くようになり、2053 年までには外科手術を執り行うことができるようになるとの予測を紹介している。このように、AI については、本章執筆時点で、利活用されている分野が限定的ではあるものの、今後 50 年以内に、さまざまな分野で実装が可能になると見込まれている[3]。

　また、図 7-3 は、世界中のロボットの稼働台数を示しているが、こちらも右肩上がりに増加しており、特に近年、その増加ペースは加速しているようにうかがわれる。日本は、2017 年時点で、世界で 2 番目にロボットの稼働台数が多く、自動車、電気機

2）AI を利活用するための社会体制の整備に関する政府の取り組みについては、総務省（2018）を参照。
3）世界的な AI の普及動向について詳しく知りたい読者は、Shoman et al（2018）を参照。

I　はじめに　247

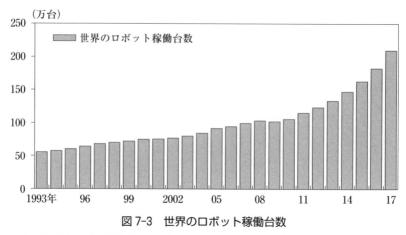

図 7-3　世界のロボット稼働台数

出所：World Robotics 2018（International Federation of Robotics）

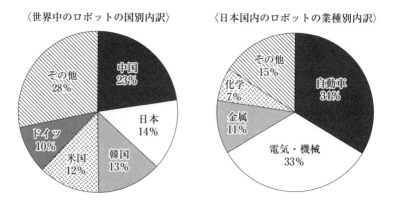

図 7-4　世界中のロボットの国別内訳・日本国内のロボットの業種別内訳

注：2017 年時点。
出所：World Robotics 2018（International Federation of Robotics）

械といった製造業を中心に、生産現場のロボット化が進んでいることがわかる（図 7-4）。こうした産業用ロボットに加えて、近年は、サービスロボットと呼ばれるロボットも普及してきている。産業用ロボットとの違いは、単純にその用途の差異に帰着するが、サービスロボットの例として、家庭用ロボット掃除機、介護ロボット、接客用ロボットなど、普段の生活で身近になりつつあるものも多く含まれている。このように、ロボットは、本章執筆時点でもすでに相応に普及しており、今後も、その拡大

が見込まれている[4]。

2 「AI」、「ロボット」とは？

ここで、いま一度、AIとロボットの定義を確認しておこう。実は、前節では、「AI」や「ロボット」という語句の意味については、あえて読者の理解や一般常識を前提にしていた。しかし、「AI」や「ロボット」という語彙の定義を改めて考えてみると、なんとなくはわかっているものの、果たして何が定義の核となる要素なのか、必ずしも共通認識が形成されていないように見受けられる。ある人は、日本の国民的アニメやハリウッド映画のイメージをもとに、人間と非常に高度なやりとりを行う機械を想起するかもしれない。また、別の人は、将棋の電脳戦で棋士と戦うパソコンやクイズ番組でいち早く答えるマシーンなど、膨大な情報を蓄えて瞬時に最適解を導き出すシステムを想像するかもしれない。より身近なものを引き合いに、工場の産業用ロボットや無人農業機械、スマート家電や携帯電話の音声対話システムをイメージする人もいるだろう。このように、「AI」や「ロボット」といったときの対象にバラつきがあるのは、AIやロボット自体が、現在、急速に進歩を続けているために、「AI」や「ロボット」という語句の表す意味を巡り、識者の間でも幅があるためである。例えば、表7-1は、「AI」の定義を巡る専門家間の認識の差を表したものである。「AI」と言ったときのおおよそのイメージは大きく違わないが、やはり厳密な定義には差異があることがわかる。また、国際的に規格を定めているISO（国際標準化機構）において、「AI」の定義は、本章執筆時点でも、未だ検討中の段階である。

他方、「ロボット」については、ISOにおいて、一応の定義が示されている（ISO 8373: 2012）。それによると、（産業用）ロボットは、自動的に制御されており（automatically controlled）、再プログラム可能で複数の目的に資する（reprogrammable, multipurpose）という定義がなされている[5]。そこで、この抽象的な定義を少し噛み

---

[4] AIとロボットの違いは何か、という点に関心をもつ読者もいるだろう。後記I 2でみていくように、AIとロボットの定義は必ずしも明確ではない。AIとロボットの違いを、有形か無形かという物理的な形状の有無に帰することも可能であるが、差し当たり、本章では、松尾（2015）などと同様に、ロボットの頭脳部分がAIであると捉えておけば十分である。

[5] ISOにおける定義文は、本文に記載した要件のほかに、追加の修飾句が付されているが（"automatically controlled, reprogrammable, multipurpose manipulator, programmable in three or more axes, which can be either fixed in place or mobile for use in industrial automation applications"）、物理的な描写をしている側面が相応にあり、経済メカニズムを考えるうえでは、ポイントにならないため、割愛している。

表7-1 「AI」の定義を巡る研究者間の差異

研究者	AIの定義
中島秀之（公立はこだて未来大学） 武田英明（国立情報学研究所）	人工的につくられた、知能を持つ実体あるいはそれをつくろうとすることによって知能自体を研究する分野
西田豊明（京都大学）	「知能を持つメカ」ないしは「心を持つメカ」
溝口理一郎 （北陸先端科学技術大学院大学）	人工的につくった知的な振る舞いをするためのもの（システム）
長尾真（京都大学）	人間の頭脳活動を極限までシミュレートするシステム
堀浩一（東京大学）	人工的につくる新しい知能の世界
浅田稔（大阪大学）	知能の定義が明確でないので、人工知能を明確に定義できない
松原仁（公立はこだて未来大学）	究極には人間と区別がつかない人工的な知能
池上高志（東京大学）	自然にわれわれがペットや人に接触するような、情動と冗談に満ちた相互作用を、物理法則に関係なく、あるいは逆らって、人工的につくり出せるシステム
山口高平（慶應義塾大学）	人の知的な振る舞いを模倣・支援・超越するための構成的システム
栗原聡（電気通信大学）	工学的につくられる知能であるが、その知能のレベルは人を超えているもの
山川宏（ドワンゴ人工知能研究所）	計算機知能のうちで、人間が直接・間接に設計する場合
松尾豊（東京大学）	人工的につくられた人間のような知能、ないしはそれを作る技術 人間のように知的であるとは、気づくことのできるコンピュータ、つまり、データの中から特徴量を生成し現象をモデル化することのできるコンピュータという意味

出所：松尾（2015）

砕いて、具体的にどのような特徴を意図しているのか、考察してみよう。

　まず、「自動的に制御されている」ということは、人の介入を経ることなく、ロボットがセンサーなどで状況を把握し、所期のタスクを遂行する能力を指す。例えば、自動運転車を考えてみたい。自動運転車は、目的地を指定すれば、そこまでの最短経路を進み、途中に障害物があれば、そこを避けて進むため、自動的に制御されていると考えられる。さて、この自動運転車が普及すると、運転手は必要なくなるだろう。実際、米国では、2030年までに自動運転車が普及し、自分で車を運転する人がほと

んどいなくなるとの予測も披歴されている（Arbib and Seba 2017）。

また、「再プログラム可能で複数の目的に資する」という性質も、さながら労働者が研修や教育を通じて臨機応変に複数の作業に従事するように、ロボットも再プログラムを通して複数のタスクを遂行できるようになるということを表す。したがって、自動的に制御されており、再プログラム可能で複数の目的に資するというロボットの性質は、人との高い代替性を表すものとして解釈することができる。

実は、以上みてきた「ロボット」の性質は、「AI」にも当てはまるとみられる。例えば、松尾（2015）や Frey and Osborne（2017）は、AI の特徴として、機械学習・深層学習を指摘している。つまり、AI は、機械学習や深層学習により、過去の膨大な情報から変数間の関係を学習し、最適な選択を行う。その結果、例えば、医師による診療行為やパラリーガルによる判例の分析業務を代替することができるようになるのである（人との高い代替性）。そこで、本章では、AI とロボットの定義をひとまとめにし、「人との高い代替性」を AI・ロボットの定義の核となる要素として捉え、議論を進めていくことにしたい[6]。

3　本章の構成

AI やロボットについては、第 4 次産業革命と呼称されるだけあって、人々の関心が非常に高く、ここ数年の間、AI やロボットの普及が経済に及ぼす影響を巡って、経済学会でもさまざまな研究が報告されてきた。また、国際機関や政策当局からの情報発信の機会も増えてきている[7]。

もっとも、過去の第 1 次～第 3 次産業革命を巡る評価にも論争があるなかで、現在進行中の第 4 次産業革命に関する議論を裁定することは非常に困難であり、学者や専門家の主張も十人十色の様相を呈している。そこで、本章では、AI やロボットを巡る経済学会での議論（特に、マクロ経済への影響）を多面的に紹介するとともに、筆者たちの知る限り、先行研究でこれまで分析対象として取り扱われてこなかった「AI やロボットが物価変動に及ぼす影響」について、筆者たちが行った最新の研究内容を紹介する。

---

[6]　なお、ロボットが経済に及ぼす影響を分析した関連研究では、ロボットの定義として、本章と同様に、ISO8373: 2012 が用いられており（例えば、Acemoglu and Restrepo（2017a）や Graetz and Michaels（2018）など）、本章のロボットの定義は先行研究とも整合的である。

[7]　例えば、World Bank（2016）や Executive Office of the President of the United States（2016）は、AI と経済の関係について分析や提言を行っているほか、日本銀行は、AI と金融・法制度についてのセミナーや研究会を開催している。

II 先行研究の紹介：2つの流れ

AIやロボットを巡るマクロ経済学者たちの最新の論文を読んでいると、研究対象は、大別して2つの分野に整理することができる。すなわち、AIやロボットが、①労働市場・格差に及ぼす影響、②経済成長・生産性に及ぼす影響である。以下では、そのそれぞれについて、文献を紹介していく。

1 労働市場・格差に及ぼす影響

> ——We are being afflicted with a new disease of which some readers may not have heard the name, but of which they will hear a great deal in the years to come — namely, technological unemployment.
> (John M. Keynes)

AIやロボットが登場する以前から、資本による機械化・自動化が雇用に及ぼす影響は研究されてきた。古くは、第1次産業革命期のラダイト運動を巡る研究であり、最近では、第3次産業革命期のITによる自動化を巡る議論である。例えば、ITによる自動化については、Acemoglu（2002）が、「スキル偏向的技術進歩」という考え方を提唱し、ITをはじめとする20世紀後半の技術進歩が、高スキル労働者に対しては補完的である一方、低スキル労働者には代替的であるため、労働者間の賃金格差を拡大させたと主張した[8]。同様の主張は、Brynjolfsson and McAfee（2014；2011）でもなされている。また、Autor and Dorn（2013）は、米国の労働市場において、1980年代以降、高スキル労働者と低スキル労働者の割合が高まる一方、中スキル労働者の割合が低下していると指摘した（労働市場の二極化）[9]。そして、その原因は、これまで中スキル労働者が行っていたルーティン・タスク（単純事務など）がITによって代替されている一方、高スキル労働者が行うノンルーティン・タスク（専門的な助言サービス、調査・分析など）や低スキル労働者が行うノンルーティン・タスク（サービス業、肉体労働など）は、ITによって代替されないためであると主張した[10]。もっとも、こうした議論は、AIやロボットが労働市場・格差に及ぼす影響について

---

8) スキル偏向的技術進歩と賃金格差の関係については、Krusell et al（2000）も参照。
9) 労働市場の二極化は、米国だけの現象ではない。英国について、同様の現象を指摘した研究として、Goos and Manning（2007）を参照。

示唆を与えるものだが、AIやロボットに特有の性質を明示的に考慮しているわけではなかった。

この点、AIやロボットが労働市場に及ぼす影響を直接的に分析した研究の先駆けは、Frey and Osborne（2017）であろう。彼らは、AIやロボットが、「機械学習（Machine Learning）」と「移動ロボット（Mobile Robotics）」という性質を有しており、既存のITでは代替できなかった法律文書の起案や車の運転をも代替するとして、AIやロボットによる雇用の代替可能性を試算した。具体的には、米国における職業データベースを用いて、労働市場に存在する702の職業それぞれについて、AIやロボットなどへの代替可能性を数値化した[11]。その結果、全労働者の47％は、今後10～20年間に代替される可能性が高いとの試算を公表した[12]。表7-2は、彼らの推計した代替可能性の高い上位20職業である。

Frey and Osborne（2017）は、その後の経済学会におけるAI・ロボット研究の起爆剤としては非常に有益であったが[13]、計算の前提や結果を巡って、やや極端であるとの批判も少なくない。例えば、彼らは、代替可能性を計算する際、職業毎に行っているが、実際に代替されるのは各職業における1つ1つの作業（タスク）であり、代替可能性が高いとされる職業であっても、そのなかに含まれる代替不能なタスクが存在する可能性は無視されているため、代替可能性が高めに計算される傾向がある。この問題を解消するために、各職業をタスク別に細分化し、タスク毎の代替可能性を計算したうえで、各職業の代替可能性を計算したArntz et al（2017）によると、米国で、今後10～20年以内に代替される職業の割合は、全体の僅か9％にまで低下する。また、OECD（2016）も、同様の問題意識から、各職業のタスクに着目した代替可能性の試算を行っている。そこでは、AIやロボットが普及することにより、仕事内容が変化するため、労働者がそうした環境変化に対応する必要性は生じるものの、職業自体が完全に代替され労働者が失業に陥る可能性は低いとの主張がなされている。

10) 各職業をタスク別に捉えたタスクモデルの詳細は、Autor et al（2003）やAutor and Handel（2013）を参照。ルーティンタスクがITにより代替されるメカニズムは、Cortes et al（2017）でも議論されている。
11) 数値化は、あくまで研究者たちの主観的な予測を集約・加工したものにすぎない。
12) 日本で同様の分析を行ったものとしては、野村総合研究所（2015）を参照（日本では、代替可能性の高い職業は、全体の49％を占めるとの結果になっている）。
13) AIやロボットが世界中の労働市場や働き方を激変させると主張した文献としては、Ford（2015）やChui et al（2015）などを参照。Frey and Osborne（2017）は、査読論文に掲載されたのは2017年であるが、ワーキングペーパーとしては2013年に発表されており、その後、暫くの間、研究者たちの高い関心を集めていた。

表 7-2 代替可能性の高い上位 20 職業

順位	代替可能性	職業名
1	99%	電話販売員（テレマーケター）
2		不動産登記の審査員・調査員
3		手縫いの仕立屋
4		数理技術者
5		保険事務員
6		時計修理工
7		貨物運送業者
8		税務申告書類作成者
9		写真処理技術者
10		銀行口座開設担当者
11		図書館技師
12		データ入力係
13	98%	計測器の組立・調整業務従事者
14		保険の審査員
15		証券仲介業者
16		受注係
17		融資担当者
18		保険の損害査定人
19		スポーツの審判
20		銀行窓口係

出所：Frey and Osborne（2017）

　また、AIやロボットは、労働を代替するだけでなく、新たに雇用を創出する可能性があるにもかかわらず、Frey and Osborne（2017）は、こうした点を織り込んでいないとの批判もある。実際、Acemoglu and Restrepo（2018）は、AIやロボットが、生産性の上昇を通じて、自動化されていないタスクに対する労働需要を高めるほか、新たに労働集約的なタスクを生み出すと主張している[14]。また、Lorenz et al（2015）は、ドイツでは、AI・ロボット化の進展によって、2025年までに、35万人分の雇用が増加するとの試算を示している。彼らは、生産部門、品質管理部門、維持修理部門、

[14) Acemoglu and Restrepo（2018）では、新たに労働集約的なタスクが生み出されることの傍証として、経済は、これまで、自動化を経験する度に、全く新たな仕事、活動、産業、タスクを生み出してきたとの経験則に言及している。例えば、20世紀の米国では、農業の機械化によって、農家が田畑を耕す必要がなくなった一方、耕運機などの農機具を生産・販売・維持修理・運転する仕事が必要になったと指摘している。

生産計画部門において雇用が減少する一方（▲61万人）、IT部門、データ分析部門、研究開発部門、ヒューマン・インターフェース・デザイン部門（人間と機械の接点を設計する部門）において雇用が増加する（＋96万人）と主張している。

こうしたなか、Berg et al（2018）は、従来の分析手法とは少し趣向を変え、一般均衡モデルの枠組みを用いて[15]、AI・ロボットが賃金や格差に及ぼす影響を理論的に考察した。彼らは、リアル・ビジネス・サイクル・モデル[16]のなかに、AI・ロボット資本を組み込み、AI・ロボット資本における技術進歩が、短期的には賃金を押し下げる一方、生産性の上昇を通じて、長期的には賃金を押し上げると主張した。ただし、この「長期的」というのは、20～50年程度の期間を指しており、賃金が押し上げられるようになるまでの相当の期間、格差拡大が懸念されると表明した。

格差との関係では、AI・ロボット化の進展が、労働分配率の低下をもたらし、労働者と資本家の格差を拡大させるとの主張もみられる。例えば、Eden and Gaggl（2018）は、米国における1950年代以降の労働分配率の低下の半分以上は、資本によるオートメーションが原因であると主張している。同様に、Karabarbounis and Neiman（2014）は、世界的な労働分配率の低下は、ITの技術進歩による資本財価格の低下が原因であると指摘している。これらをAI・ロボット化の進展に敷衍して考えると、AI・ロボット化も、労働者を代替することで労働分配率を低下させ、格差を拡大させるものと推察される[17]。

ここまでは、AIやロボットが労働市場・格差に及ぼす影響についての試算や理論的研究を中心に紹介してきたが、最近では、AIやロボットに関するデータの蓄積を受けて、実証的分析も行われるようになってきている。Acemoglu and Restrepo（2017a）は、1990年から2007年までの米国の地域別労働市場のパネルデータを用いて、ロボット装備率（雇用者千人当たりのロボット台数）の上昇が、雇用者数と賃金を有意に押し下げているとの推計結果を報告した（米国全体でみて、ロボットを1台導入すると、3～5.6人分の雇用が失われ、ロボット装備率を1台分増やすと、賃金が0.25～

---

15) 従来の分析は、労働市場に焦点を当てた部分均衡分析が中心であったが、Berg et al（2018）は、家計や企業といった複数の経済主体の動学的な最適化行動を想定した一般均衡分析を行っている。
16) リアル・ビジネス・サイクル・モデルの詳細については、McCandless（2008）を参照。
17) AI・ロボット化の進展に伴う格差拡大への政策対応として、ベーシックインカム制度の導入を訴える識者も少なくない（例えば、ブレグマン（2017）など）。ベーシックインカム制度以外にも、AI・ロボット化と格差を巡る政策議論に関心のある読者は、Korinek and Stiglitz（2017）を参照。

0.5％押し下げられるとの結果）。また、Graetz and Michaels（2018）は、1993年から2007年までの主要17か国の業種パネルデータを用いて、AI・ロボット化の進展が雇用に及ぼす影響を分析した。その結果、雇用者数全体に対しては明確な影響を有するわけではないものの、低スキル労働者が労働者全体に占める割合を下押しするとの結果を報告している。

日本を対象にした分析としては、IMF（2018）がある。これまで紹介してきた先行研究の多くが、AI・ロボット化の進展が雇用を減らすということへの懸念を議論の出発点としていたのに対して、IMF（2018）では、日本における高齢化と人口減少への対応策として、AI・ロボットを積極的に導入することの有用性を説いている。IMF（2018）は、都道府県パネルデータを用いて、ロボット化が進んでいる都道府県のほうが、生産性が高く、雇用者数の伸びも高いとの結果を示している。もっとも、こうした関係が成り立つのは製造業のロボット化のケースであり、非製造業のロボット化については、低スキル労働者や女性の雇用を奪うことになりかねないと警鐘を鳴らしている。

2　経済成長・生産性に及ぼす影響

——You can see the computer age everywhere but in the productivity statistics.（Robert M. Solow）

AI・ロボット化の進展が、経済成長や生産性の上昇につながるという議論に、異論の余地はないだろう。マイクロソフト社の創業者であるビル・ゲイツ氏は、2014年に雑誌 The Atlantic での対談で、「技術革新は恐ろしく速いスピードで進行している（Innovation is moving at a scarily fact pace.）」と指摘した[18]。また、カーツワイル（2015）は、21世紀入り後の技術進歩の速度が指数関数的に加速していると主張している。AI・ロボット化の進展に伴う技術進歩は、著名なビジネスパーソンからだけでなく、学者からも指摘されている。前記の Graetz and Michaels（2018）は、AI・ロボット化の進展が、労働生産性の上昇率を0.36％分押し上げたとの推計結果を報告している。

もっとも、ここで問題になるのは、AI・ロボット化に対する高い成長期待とは裏腹

---

[18] 詳しくは、The Atlantic の記事（https://www.theatlantic.com/international/archive/2014/03/bill-gates-the-idea-that-innovation-is-slowing-down-is-stupid/284392/）を参照。

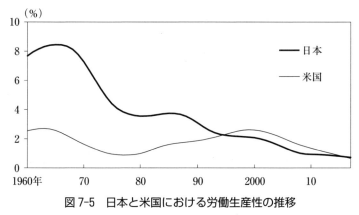

図 7-5 日本と米国における労働生産性の推移

注:雇用者一人当たりの労働生産性（暦年値）の前年比（HP トレンド）をプロット。
出所：The Conference Board Total Economy Database

に、実際に計測されている成長率や生産性はさほど上昇していないということである。図 7-5 は、日本と米国における労働生産性の推移を示したものだが、両国ともに、2000 年以降、低下傾向を続けている。こうした「生産性パズル」に対して、Brynjolfsson et al（2017）は、要因として考えられる 4 つの仮説（① AI・ロボットが生産性を押し上げるということへの期待が高すぎる説、②成長率や生産性の計測にバイアスがある説、③ AI・ロボット化の恩恵が一部の経済主体に偏っており、経済全体には波及していない説、④ AI・ロボット化が生産性の上昇に結実するまでには時間がかかる説）に関する議論を整理し、4 つ目のラグ仮説の可能性が最も高いとして、将来的には AI・ロボット化の進展が、生産性の大幅な上昇につながるはずだと主張した[19]。

「生産性パズル」については、Brynjolfsson et al（2017）のようなラグ仮説のほかに、AI やロボット以外の要因が作用していると指摘する経済学者もいる。Gordon（2018）は、米国において、AI・ロボット化が進展しているにもかかわらず、成長率が低下しているのは、出生率の低下や移民流入の鈍化といった人口動態が経済成長の重石になっているためだと主張している。Gordon（2018）の見解は、裏を返せば、もし AI・ロボット化の進展による技術進歩がなければ、成長率は、現在計測されている値以上

---

[19] なお、2 つ目の仮説（成長率や生産性の計測にバイアスがある説）は、AI やロボットが登場する以前から、先行研究に相応の蓄積がある。この点、Brynjolfsson et al（2017）でも、無形資本である AI をどのように正しく計測するかは非常に重要な問題であると指摘している。

に低下していた可能性があるということを示唆している。

　こうした主張を裏付ける研究として、Acemoglu and Restrepo（2017b）は、理論的には、高齢化が進んでいる国のほうが、一人当たり GDP の成長率が低くなると考えられるにもかかわらず、実際に観察されるデータがそのようになっていない背景として、AI・ロボット化の進展による生産性の上昇が、高齢化による成長率の低下を打ち返している可能性を指摘している。

III　AI やロボット化が物価変動に及ぼす影響：実証的な考察

　第 II 節では、AI・ロボットの普及がマクロ経済に及ぼす影響について、先行研究を 2 つの分野（「労働市場・格差」と「経済成長・生産性」）に整理して紹介した。続く第 III 節と第 IV 節では、これまで先行研究ではあまり分析対象として取り扱われてこなかった「物価変動」への影響を分析した Fueki and Maehashi（2019）の内容を詳しく紹介したい。

　まず、第 III 節では、AI・ロボットの普及と物価変動の関係をデータにもとづき検証する。分析の出発点として、もしも両者が無関係であるならば、わざわざ AI・ロボットの普及と物価変動の関係に焦点を当てて分析を行う必要などないはずである。しかし、実際には、AI・ロボットが普及すればするほど、物価変動は抑制的となる傾向（実体経済の変動との見合いで、物価変動は小さくなる傾向）が確認される。これは言い換えると、AI・ロボット化が進めば進むほど、たとえ景気が良くなり実体経済が好転しても、物価は上がりにくくなるということを意味する。さらに、計量経済学的な手法を用いてより精緻に検証すると、AI・ロボット化の進展により、実体経済のショック（財やサービスの需給環境の変化など）を受けた物価変動がより短期間で元の状態に収束する傾向が観察される。そこで、続く第 IV 節では、AI・ロボット化の進展が物価変動に波及するメカニズムを解明するために、ニューケインジアン・モデルと呼ばれる枠組みを用いて理論的な考察を行う。

1　AI・ロボットの普及度合いを測る指標：ロボット装備率

　AI・ロボット化の進展と物価変動の関係を実証的に考察するためには、① AI・ロボット化の進展度合いを捕捉し、②物価変動を評価するための枠組みが必要となる。そこで、本項において、① AI・ロボット化の進展度合いを捕捉する指標を定義し、後記 III 2 で、②物価変動を評価するための代表的な枠組みを紹介したうえで、それ以

降の項で、AI・ロボット化の進展と物価変動の関係について実証分析を行ったFueki and Maehashi（2019）の内容を紹介していく。

まず、AI・ロボットの普及度合いを測る指標を定義する。本章執筆時点では、AIに関する十分な統計データが存在しないため、ロボットに関するデータを用いる。具体的には、国際ロボット連盟（International Federation of Robotics）が、毎年、世界中のロボットメーカーを対象にサーベイを行い集約・加工しているデータ（本章執筆時点で最新の"World Robotics 2018"）を用いる。"World Robotics 2018"では、世界中で稼働しているロボットの台数が、国別、業種別、暦年別に公表されている。Fueki and Maehashi（2019）の分析では、"World Robotics 2018"を用いて、主に国別にロボットの普及度合いを比較している。

ここで、国別にロボットの普及度合いを測る際、ロボットの稼働台数そのものを単純比較すると、例えば国土面積や経済規模が大きい国ほどロボットの稼働台数は多くなる傾向にあるため、純粋な意味でのロボットの普及度合いとは異なる側面を捉えてしまい、必ずしも適切とはいえない。そこで、国土面積や経済規模の違いなどに起因する影響を調整するため、ロボットの稼働台数を雇用者数で除すことで標準化した指標（以下では、ロボット装備率と呼ぶ）を、ロボットの普及度合いを測る指標として用いることにする[20]。ロボット装備率は、具体的には、以下のようにして計算される。

$$\text{ロボット装備率}_t = \frac{\text{ロボット稼働台数}_t}{\text{雇用者数（千人当たり）}_t}$$

2　物価変動を評価するための枠組み：フィリップス曲線

物価（インフレ率）は、さまざまな要因の影響を受けて決まっている。そうした複雑なインフレ動学を分析するための1つの枠組みとして、標準的なマクロ経済理論では、フィリップス曲線[21]を用いることが多い。フィリップス曲線は、理論的には、横軸に実質限界費用[22]、縦軸にインフレ率をとった右上がりの関係を指すが、実務上、実質限界費用を観察することは困難であるため、その代理変数として、需給ギャ

---

[20] AI・ロボットの普及度合いを表す指標にロボット装備率を用いた先行研究としては、Graetz and Michaels（2018）、IMF（2018）、Acemoglu and Restrepo（2017a）などがあり、本章のアプローチは、先行研究とも同様である。

[21] フィリップス曲線の詳細については、Gali（2015）を参照。

[22] 実質限界費用は、生産を1単位増加させるときに追加的に必要となる名目限界費用を経済全体の物価水準で除したものである。

ップなどが用いられる。需給ギャップは、総需要（実質 GDP）が、景気循環の影響を均してみた平均的な供給力（潜在 GDP）からどの程度乖離しているかを表す指標であり、景気の状態を測る指標としても知られている。したがって、横軸を需給ギャップ、縦軸をインフレ率としたフィリップス曲線は、景気の状態との見合いで物価がどのように動いているかを示す関係として解釈することができる。

例えば、日本銀行が、先行きの経済・物価見通しや上振れ・下振れの要因を点検し、そのもとでの金融政策運営の考え方を整理した「経済・物価情勢の展望」（展望レポート）を読むと、物価について言及した部分で、横軸を需給ギャップ、縦軸を消費者物価指数（除く生鮮食品・エネルギー）の前年比とするフィリップス曲線が用いられていることがわかる（日本銀行（2019））。そこで、以下では、ロボット化の進展が、フィリップス曲線にどのような影響を及ぼすか、という観点から分析を進めていくことにする。

3　フィリップス曲線を用いた観察事実

Fueki and Maehashi（2019）では、世界の主要 18 か国[23]を対象に、過去 20 年間（1998 ～ 2017 年）のデータ（暦年値）を用いて、ロボット化の進展度合いと物価変動の関係を検証している。

まず、18 か国の国別データについて、各国のロボット装備率をもとに、「高ロボット化国グループ」と「低ロボット化国グループ」の 2 つのサブサンプルに分割する。具体的には、各国のロボット装備率（過去 20 年間の平均値）を計算し、その中央値よりも高い国を「高ロボット化国グループ」、逆に中央値よりも低い国を「低ロボット化国グループ」に分類する。その結果、「高ロボット化国グループ」には、オーストリア、フィンランド、フランス、ドイツ、イタリア、日本、韓国、スペイン、スウェーデンの 9 か国が、「低ロボット化国グループ」には、オーストラリア、デンマーク、オランダ、ノルウェー、ポルトガル、スロバキア、スロベニア、英国、米国の 9 か国が分類される[24]。

---

[23] 18 か国の内訳は、オーストラリア、オーストリア、デンマーク、フィンランド、フランス、ドイツ、イタリア、日本、韓国、オランダ、ノルウェー、ポルトガル、スロバキア、スロベニア、スペイン、スウェーデン、英国、米国。

[24] なお、ロボット装備率にもとづく国サンプルの分割では、ロボット化以外の要因によってサンプルを分割している可能性が否めないため、Fueki and Maehashi（2019）では、直接的にロボット化がフィリップス曲線に及ぼす影響を検証するため、需給ギャップとロボット装備率の交差項を説明変数に加えて分析を行い、本章と整合的な結果を得ている。

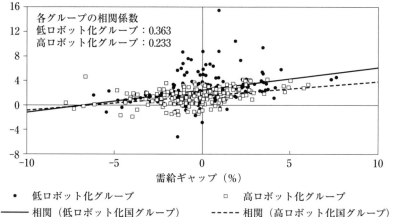

図 7-6　ロボット装備率別にみたフィリップス曲線

注：インフレ率は、GDP デフレーターの前年比により計算。
出所：World Robotics 2018（International Federation of Robotics）、IMF、OECD

　次に、高ロボット化国グループと低ロボット化国グループのそれぞれについて、横軸を需給ギャップ、縦軸をインフレ率とするフィリップス曲線を描く（図7-6）。この図表をみると、高ロボット化国グループのフィリップス曲線は、低ロボット化国グループのフィリップス曲線に比べて、フラットな形状となっていることがわかる。実際、高ロボット化国グループに属する国々をプールしたときの需給ギャップとインフレ率の相関係数は0.233となっており、低ロボット化国グループの国々をプールしたときの相関係数（0.363）に比べて、4割程度低い。この観察事実は、ロボット化が進展している国ほど、需給ギャップに対するインフレ率の反応が弱くなるという関係性を示唆するものである。

　以上のような散布図や相関係数を用いた比較は、直観的な観察事実を捉えるうえでは非常に有用であるが、高ロボット化国グループと低ロボット化国グループが有意に異なるか否かについては十分に検証できていないほか、プールされたサンプルの相関を比較しただけでは、国固有の要因（固定効果）を捉えてしまっている可能性も否定できない。そこで、後記Ⅲ4では、よりフォーマルな検証を行うため、パネル推計を行っている。

4 パネル推計による静的な関係の検証

ここでは、前記Ⅲ3で直観的に示した高ロボット化国グループと低ロボット化国グループの間でのフィリップス曲線の違いをより厳密に検証するため、グループ毎にフィリップス曲線をパネル推計している。具体的には、以下のような推計式を考えた[25]。

$$\text{インフレ率}_{i,t} = \alpha_1 + \beta_1 \text{需給ギャップ}_{i,t} + \beta_2 \text{インフレ率}_{i,t+1} + \beta_3 \text{インフレ率}_{i,t-1}$$

なお、現在のインフレ率の決定に際しては、将来のインフレ率予想や過去のインフレ率実績が作用するとの考え方があるため(例えば、Gali and Gertler(1999)など)、ここでは、将来のインフレ率予想の代理変数として1期先のインフレ率、過去のインフレ率実績として1期前のインフレ率を説明変数に付け加えている。表7-3の推計結果をみると、需給ギャップに係る係数は、高ロボット化国グループにおいて0.043となっており、低ロボット化国グループの0.160に比べて明らかに低い値となっている。これは言い換えると、高ロボット化国グループと低ロボット化国グループの景気が良くなり、どちらのグループも同じ程度だけ需給ギャップが上昇したとしても、高ロボット化国グループと低ロボット化国グループの間ではインフレ率の上昇度合いに有意な差が生じているということを示している。

5 パネルVARによる動的な関係の検証

前記Ⅲ4のパネル推計による検証では、高ロボット化国グループと低ロボット化国グループのそれぞれにおいて、過去に実際に起こった事象(データ)の静的な関係を捕捉していた。本項では、そうした分析をさらに一歩進め、データの時間を通じた動き(動的な関係)を識別し、高ロボット化国グループと低ロボット化国グループにおける違いを考察してみたい。本項で用いる手法は、パネルVARと呼ばれる手法である。VARとは、Vector Autoregression(ベクトル自己回帰)モデルの略であり、分析対象として関心のある変数間の相互作用を加味したうえで、変数間の時間を通じた動きを捉える分析手法である[26]。ここでは、高ロボット化国グループ、低ロボット化国グループともにパネルデータセットとなっているため、VARモデルをパネル推

---

25) 国固有の要因(固定効果)をコントロールするため、推計に際しては固定効果モデルを採用しているほか、時系列方向の固定効果(時代効果)をコントロールするため、時代ダミーを入れて推計している。
26) VARモデルについて、さらに詳しく知りたい読者は、沖本(2010)を参照。

表7-3　パネル推計の結果

	高ロボット化国グループ	低ロボット化国グループ
被説明変数：	インフレ率	インフレ率
説明変数：		
需給ギャップ	0.043	0.160
	(0.034)	(0.086)
1期先のインフレ率	0.530	0.248
	(0.059)	(0.076)
1期前のインフレ率	0.391	0.238
	(0.054)	(0.074)
固定効果	考慮	考慮
時代効果	考慮	考慮
サンプル数	162	162
修正決定係数	0.770	0.202

注：計表の（　）内の数値は、各推計値に対する1標準偏差を表す。
出所：World Robotics 2018（International Federation of Robotics）、IMF

計（パネルVAR）している。

　図7-7は、需給ギャップとインフレ率の2変数を対象とするVARモデルを高ロボット化国グループと低ロボット化国グループのそれぞれにおいて推計したうえで、需給ギャップに＋1％のプラス・ショックを与えたときのインフレ率の反応を示している（マーカー付き実線がインフレ率の平均的な反応、破線がその95％信頼区間を示している）。両者を比較すると、以下の2点が特徴として指摘できる。第1に、需給ギャップ・ショックに対するインフレ率の反応の大きさの違いである。需給ギャップ・ショック直後のインフレ率の反応の大きさを比較すると、高ロボット化国グループは低ロボット化国グループの4分の1程度の反応にとどまっていることがわかる。第2に、需給ギャップ・ショックを受けて上昇したインフレ率が元の状態に収束するスピードの違いである。インフレ率の平均的な反応（マーカー付き実線）を比較すると、高ロボット化国グループは7年程度で収束しているのに対して、低ロボット化国グループでは収束するのに10年程度の期間を要しており、低ロボット化国グループでは需給ギャップ・ショックがより長期間にわたって物価変動に作用している姿が確認される。

　以上、本節では、フィリップス曲線を用いた観察事実、パネル推計を用いた静的な関係の検証、パネルVARを用いた動的な関係の検証を通して、ロボット化の進展が

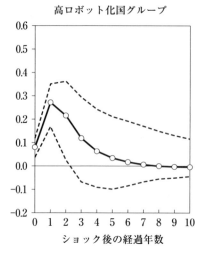
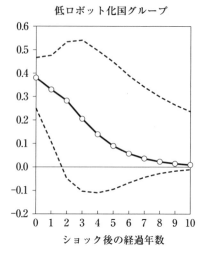

図 7-7　パネル VAR の結果

注：ショックの識別は、コレスキー分解（需給ギャップ、インフレ率の順）に基づく。
　　VAR の推計に際しては、各国の固定効果を考慮している。
出所：World Robotics 2018（International Federation of Robotics）、IMF

物価変動に違いを生むということを議論してきた。そして、いずれの方法でも、ロボット化が進展すればするほど、実体経済の変動（需給ギャップ）見合いで、インフレ率の変動が抑制的になることを確認した。なお、本章で行った実証分析は、現実経済で起こっている現象を評価するうえでは非常に有益な分析手法であるが、そうした現象が起こるメカニズムまでは解明できていない。そこで、次の第Ⅳ節では、理論モデルを用いて、第Ⅲ節で観察された関係が生じるメカニズムを明らかにしていく。

Ⅳ　AI やロボット化が物価変動に及ぼす影響：理論的な考察

　ここでは、AI やロボットが物価変動に及ぼす影響を理論的に考察するために、マクロ経済分析では一般的なニューケインジアン・モデルを用いた分析を行う。ニューケインジアン・モデルとは、家計、企業、政府といった各経済主体が、各種制約のもとで、合理的な行動選択を将来にわたって行うことを定式化したモデル（DSGE[27]

---

[27] DSGE は、Dynamic Stochastic General Equilibrium の略。

モデル）である。なかでも、ニューケインジアン・モデルは、企業の独占的競争と価格の粘着性を特徴としており、金融政策の分析をはじめとするマクロ経済政策の評価において、よく用いられている（ニューケインジアン・モデルの詳細については、Gali (2015) を参照）。

1 モデル・セットアップ

AIやロボットが物価変動に及ぼす影響を分析するためには、標準的なニューケインジアン・モデルにAI・ロボット資本を加える必要がある。Fueki and Maehashi (2019) では、ベースとなるニューケインジアン・モデルとして、Smets and Wouters (2007) に代表される標準的な DSGE モデルを援用している。ここで問題となるのは、AI・ロボット資本を、このモデル上、どのように定義し組み込むか、ということである。

ここで、前記 I 2 において、AIとロボットの定義を議論したことを思い出してほしい。AIやロボットは、人との高い代替性を特徴としていた。つまり、AI・ロボットをニューケインジアン・モデルに組み込む際には、労働との代替性が高い資本を設定するということになる。そこで、この性質を実際に経済モデルに組み入れてみよう。

・労働との代替性が高いAI・ロボット資本

標準的なニューケインジアン・モデルの生産関数は、コブ・ダグラス型生産関数であるが、労働との代替性が高いAI・ロボット資本を組み込むために、Fueki and Maehashi (2019) の生産関数は、「入れ子型 CES[28] 生産関数」を用いている（表7-4）。

まず、入れ子構造の内側に着目すると、(L_t)は、AI・ロボット資本(Z_t)と労働(N_t)の複合（composite）になっていることがわかる。(L_t)は、AI・ロボット資本がない世界では労働に相当する項であるが、AI・ロボット資本が存在することで、労働の一部が AI・ロボット資本に代替されている状況を描写している。そこで、(L_t)のことを、便宜的に、労働サービスと呼ぼう。労働サービス(L_t)を生産する際に必要な AI・ロボット資本(Z_t)のウエイトが(θ_Z)、労働(N_t)のウエイトが$(1-\theta_Z)$となっている。したがって、経済の AI・ロボット化の進展度合いは、(θ_Z)の大きさによって測ることができる。また、AI・ロボット資本(Z_t)と労働(N_t)の代替の弾力性が(ϕ)であり、これまで議論してきたとおり、AI・ロボット資本(Z_t)と労働

---

28) CES は、Constant Elasticity of Substitution の略。

表 7-4　企業の生産関数

(1) 標準的なニューケインジアン・モデル：コブ・ダグラス型生産関数

$$Y_t = A_t K_t^{\beta} N_t^{1-\beta}$$

where. Y_t：生産、A_t：生産性、K_t：通常資本、N_t：労働、β：資本分配率

(2) Fueki and Maehashi（2019）：入れ子型 CES 生産関数

$$Y_t = A_t \left[\theta_K K_t^{\frac{\alpha-1}{\alpha}} + (1-\theta_K) L_t^{\frac{\alpha-1}{\alpha}} \right]^{\frac{\alpha}{\alpha-1}}$$

$$L_t = \left[\theta_Z Z_t^{\frac{\phi-1}{\phi}} + (1-\theta_Z) N_t^{\frac{\phi-1}{\phi}} \right]^{\frac{\phi}{\phi-1}}$$

where. Y_t：生産、A_t：生産性、θ_k：通常資本のウエイト、K_t：通常資本、L_t：AI・ロボット資本と労働の複合（労働サービス）、α：KとLの代替の弾力性、θ_Z：AI・ロボット資本のウエイト、Z_t：AI・ロボット資本、N_t：労働、ϕ：ZとNの代替の弾力性

（N_t）の高い代替性を表すため、$\phi > 1$ を仮定している（AI・ロボット資本（Z_t）と労働（N_t）は代替的）[29]。

他方、入れ子構造の外側は、通常資本（K_t）と労働サービス（L_t）の複合により、生産（Y_t）を生み出すというかたちになっている。基本的には、入れ子の内側と同じ構造であるが、通常資本（K_t）と労働サービス（L_t）の代替の弾力性（α）については、先行研究に倣い、$\alpha < 1$ を仮定している（通常資本（K_t）と労働サービス（L_t）は補完的）[30]。

ここで、改めて問題意識に立ち返ると、我々の関心は、AI・ロボットの普及が物価変動にどのような影響を及ぼすか、ということであった。AI・ロボット化の進展度合いを表す変数は（θ_Z）であり、（θ_Z）が大きくなるほど、生産関数がAI・ロボッ

---

[29] 標準的な生産関数であるコブ・ダグラス型生産関数は、資本と労働の代替の弾力性を1としている。したがって、AI・ロボット資本と労働の代替の弾力性 $\phi > 1$ という前提は、両者の代替性の高さを表すものである。なお、DeCanio（2016）では、AI・ロボット資本と労働の代替の弾力性が1.9を上回ると、AI・ロボット化の進展が賃金を下押しすると指摘している。

ト資本に依存している状況を表す。そこで、次項以降では、(θ_Z) を動かしたときのインフレ動学について考察を深めていく。

2　解析的分析〜インフレ動学のメカニズム〜

(1) ニューケインジアン・フィリップス曲線

標準的なニューケインジアン・モデルにおけるインフレ率の決定メカニズムは、ニューケインジアン・フィリップス曲線と呼ばれる関係式で記述される。ニューケインジアン・フィリップス曲線によると、当期のインフレ率は、インフレ期待と実質限界費用によって決まる。

この点、Fueki and Maehashi（2019）では、経済にAI・ロボット資本を組み込んだとしても、ニューケインジアン・フィリップス曲線の形状自体は変わらないことを報告している。Fueki and Maehashi（2019）では、やや込み入った数式処理も含めて詳述しているが、ここでは、結論を述べるだけにとどめる。数式展開に関心のある読者は、Fueki and Maehashi（2019）を参照してほしい。

(2) 実質限界費用と需給ギャップの関係

前記IV 2(1)でみたように、AI・ロボット資本を組み込んだとしても、ニューケインジアン・フィリップス曲線の形状自体は変わらない。しかしながら、AI・ロボット資本を組み込むと、実質限界費用の決定メカニズムが変わり、結果的にインフレ動学も変わるということがFueki and Maehashi（2019）において指摘されている。

標準的なニューケインジアン・モデルにおける限界費用は、需給ギャップと比例関係にある。他方、Fueki and Maehashi（2019）によると、AI・ロボット資本を考慮したモデルの限界費用は、需給ギャップとの比例関係が失われることが示されている。AI・ロボット資本という労働代替的な生産要素が加わることにより、AI・ロボット化の進展度合い（θ_Z）に依存した追加的な項が加わり、その項が限界費用の変動を景気変動（需給ギャップ）見合いで抑制するように働くのである（表7-5）。モデル上、AI・ロボット化の進展（θ_Zの上昇）は、AI・ロボット資本の生産性の上昇としても

30）資本と労働の代替の弾力性を推計した関連研究としては、Chirinko and Mallick（2017）、Chirinko（2008）などを参照。いずれの研究も資本と労働の代替の弾力性を推計しているが、資本の種類（建物・構造物、機械・設備、ソフトウェアなど）による弾力値の違いを度外視したうえで、資本全体と労働の代替の弾力性を推計すると、弾力性は1より小さい値になると報告している。

表 7-5　実質限界費用と需給ギャップ

(1) 標準的なニューケインジアン・モデル
$$\widetilde{mc}_t = A \times gap_t$$

(2) Fueki and Maehashi (2019)
$$\widetilde{mc}_t = X_1(\theta_Z) \times gap_t + X_{2,t}(\theta_Z)$$

where. mc_t：限界費用、gap_t：需給ギャップ、
A：係数
$X_1(\theta_Z)$、$X_{2,t}(\theta_Z)$：AI・ロボット化の程度（θ_Z）に依存する項
〜は、定常状態からの乖離を表す

解釈することができるが、そうした生産性の高い AI・ロボット資本が労働を代替するようになると、経済全体として必要とされる生産要素の量を抑えることができ、結果的にもコストの上昇を抑えることができるようになるのである。

そして、限界費用が変動しなくなる結果、インフレ率の反応も AI・ロボット化が進展するほど抑制的となる。以上が、AI・ロボット化の進展が物価変動を抑制するようになるキー・メカニズムである。

こうしたメカニズムを定量的に評価するため、図 7-8 では、需給ギャップに影響を及ぼしうる代表的な2つのショック（需要ショック〈選好ショック〉と供給ショック〈TFP[31]ショック〉）に対する限界費用とインフレ率のインパルス応答を図示している[32]。インパルス応答とは、定常状態にある経済に、1単位のショック（この場合は、需要ショックと供給ショック）を与えたときの変数の時間を通じた反応を示す関数である（インパルス応答の計算に関心のある読者は、Fueki and Maehashi (2019) を参照して頂きたい）。

図 7-8 をみると、需要ショックと供給ショックいずれの場合も、AI・ロボット化が進展するほど（θ_Z が大きくなるほど）、限界費用とインフレ率のインパルス応答が

---

[31] TFP は、Total Factor Productivity（全要素生産性）の略。
[32] なお、需要ショックと供給ショックともにプラスのショックを与えている。プラスの需要ショックは限界費用とインフレ率を押し上げる方向に働くのに対して、プラスの供給ショックは限界費用とインフレ率を押し下げる方向に働くため、両者が逆方向に動いている点には留意が必要である。

(1) 限界費用のインパルス応答

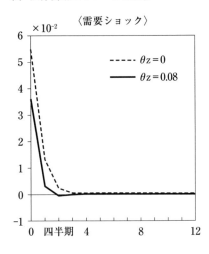
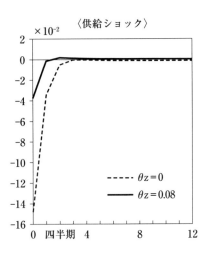

(2) インフレ率のインパルス応答

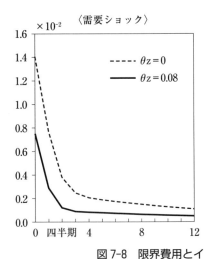
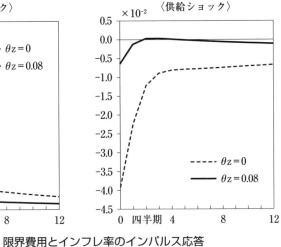

図 7-8　限界費用とインフレ率のインパルス応答

出所：Fueki and Maehashi (2019)

表7-6　フィリップス曲線の傾き（モデル・シミュレーション）

	需要ショック	供給ショック
AI・ロボットが存在しない経済 ($\theta_Z=0$)	0.750 (0.036)	0.714 (0.028)
AI・ロボット化が進展した経済 ($\theta_Z=0.08$)	0.685 (0.028)	0.609 (0.041)

注：モンテカルロ・シミュレーションを行い、データを100期間にわたって人工的に生成した結果を用いて推計している。（　）内は推計値の標準偏差を表す。
出所：Fueki and Maehashi（2019）

弱くなっていることがわかる。すなわち、同じ単位のショックが発生したとしても、AI・ロボット化が進展した経済のほうが、限界費用やインフレ率の変動は抑制的となることがわかる。この結果は、前記Ⅲ5のパネルVARの実証結果とも整合的である。

さらに、表7-6では、このモデルに対して、モンテカルロ・シミュレーションを100期間にわたって行い、前記Ⅲ4と同じ定式化のフィリップス曲線（推計式は、以下のとおり）を推計し、需給ギャップの係数（β_1）を報告している。

$$\text{インフレ率}_{i,t}=\alpha_1+\beta_1\text{需給ギャップ}_{i,t}+\beta_2\text{インフレ率}_{i,t+1}+\beta_3\text{インフレ率}_{i,t-1}$$

これをみると、AI・ロボット化が進展するほど（θ_Zが大きくなるほど）、需給ギャップに係る係数（β_1）が小さくなっていることがわかり、前記Ⅲ4のパネル推計の実証結果とも整合的である。以上のように、AI・ロボット化の進展は、景気変動（需給ギャップ）見合いで限界費用の変動を抑え、インフレ率の変動を抑制しているということがわかった。

Ⅴ　結論

本章では、第Ⅰ節で、AI・ロボット化の進展状況を概観したうえで、第Ⅱ節で、AI・ロボット化が経済に及ぼす影響について、先行研究のサーベイを行った。その際、先行研究を大きく2つの流れ（「労働市場・格差」と「経済成長・生産性」）に分けて整理した。第Ⅲ節からは、筆者たちの知る限り、先行研究でこれまで分析されてこなかった「AI・ロボット化が物価変動に及ぼす影響」について、筆者たちの最新の研究

を紹介した。まず、第Ⅲ節では、実証的な分析として、ロボット化が進展するほど、景気変動（需給ギャップ）見合いでの物価変動が抑制的となることを検証した。第Ⅳ節では、こうした関係の背後にあるメカニズムを解明するために、理論的な分析を行った。AIやロボットは、労働と代替的という特徴を有していると考えられるが、こうした性質を有する資本が経済に普及するようになると、限界費用の変動が抑制され、結果的に物価変動も抑制的になるということを確認した。

　AI・ロボットを巡る研究については、経済学会における本格的な分析がはじまったばかりであり、今回紹介したFueki and Maehashi（2019）の分析結果もAI・ロボットと物価変動に関する研究のスタート地点にすぎない。実際、AI・ロボットが物価変動に及ぼす影響については、本章で紹介した視点のほかにも、価格の粘着性低下（dynamic pricing）や無償サービスの普及に着目した分析が考えられる。今後、さまざまな機会を通して、AI・ロボット化の進展が経済に及ぼす影響についての研究が深まっていくことが期待される。

参考文献

Acemoglu, Daron (2002) "Technical Change, Inequality, and the Labor Market," *Journal of Economic Literature*, Vol. 40, No. 1, pp. 7-72.

Acemoglu, Daron and Pascual Restrepo (2018) "Artificial Intelligence, Automation and Work," *NBER Working Paper Series*, No. 24196.

Acemoglu, Daron and Pascual Restrepo (2017a) "Robots and Jobs: Evidence from US Labor Market," *NBER Working Paper Series*, No. 23285.

Acemoglu, Daron and Pascual Restrepo (2017b) "Secular Stagnation? The Effect of Aging on Economic Growth in the Age of Automation," *American Economic Review*, Vol. 107, No. 5, pp. 174-179.

Arbib, James and Tony Seba (2017) "Rethinking Transportation 2020-2030," A Rethink X Sector Disruption Report.

Arntz, Melanie, Terry Gregory and Ulrich Zierahn (2017) "Revisiting the Risk of Automation," *Economic Letters*, No. 159, pp. 157-160.

Autor, H. David and David Dorn (2013) "The Growth of Low-Skill Service Jobs and the Polarization of the US Labor Market," *American Economic Review*, Vol. 103, No. 5, pp. 1553-1597.

Autor, H. David, Frank Levy and Richard J. Murnane (2003) "The Skill Content of Recent Technological Change: An Empirical Exploration," *Quarterly Journal of Economics*, Vol. 118, No. 4, pp. 1279-1334.

Autor, H. David and Michael J. Handel (2013) "Putting Tasks to the Test: Human Capital, Job

Tasks, and Wages," *Journal of Labor Economics*, Vol. 31, No. 2, S59-S96.

Richard J. Murnane (2003) "The Skill Content of Recent Technological Change: An Empirical Exploration," *Quarterly Journal of Economics*, Vol. 118, No. 4, pp. 1279-1334.

Ball, Lawrence, Gregory N. Mankiw and David Romer (1988) "The New Keynesian Economics and Output-Inflation Trade-Off," *Brooking Papers on Economic Activity*, Vol. 1, pp. 1-65.

Berg, Andrew, Edward F. Buffie and Luis-Felipe Zanna (2018) "Should We Fear the Robot Revolution? (The Correct Answer is Yes)," *Journal of Monetary Economics*, Vol. 97, pp. 117-148.

Brynjolfsson, Erik and Andrew McAfee (2014) *The Second Machine Age: Work, Progress, and Prosperity in a Time of Brilliant Technologies*, W. W. Norton & Company.

Brynjolfsson, Erik and Andrew McAfee (2011) *Race Against the Machine: How the Digital Revolution is Accelerating Innovation, Driving Productivity, and Irreversibly Transforming Employment and the Economy*, Digital Frontier Press.

Brynjolfsson, Erik, Daniel Rock and Chad Syverson (2017) "Artificial Intelligence and the Modern Productivity Paradox: A Clash of Expectations and Statistics," *NBER Working Paper Series*, No. 24001.

Chirinko, S. Robert (2008) "σ: The Long and Short of It," *Journal of Macroeconomics*, Vol. 30, No. 2, pp. 671-686.

Chirinko, S. Robert and Debdulal Mallick (2017) "The Substitution Elasticity, Factor Shares, and the Low-Frequency Panel Mode," *American Economic Journal: Macroeconomics*, Vol. 9, No. 4, pp. 225-253.

Chui, Michael, James Manyika and Mehdi Miremadi (2015) "Four fundamentals of workplace automation," *McKinsey Quarterly*, pp. 1-9.

Constâncio, Vitor (2017) "Understanding and Overcoming Low Inflation," Remarks at the Conference on "Understanding Inflation: Lessons from the Past, Lessons for the Future?" Frankfurt am Main.

Cortes, M. Guido, Nir Jaimovich and Henry E. Siu (2017) "Disappearing Routine Jobs: Who, How, and Why?" *Journal of Monetary Economics*, Vol. 91, pp. 69-87.

DeCanio, J. Stephen (2016) "Robots and Humans – Complements or Substitutes?" *Journal of Macroeconomics*, Vol. 49, pp. 280-291.

Eden, Maya and Paul Gaggl (2018) "On the Welfare Implications of Automation," *Review of Economic Dynamics*, Vol. 29, pp. 15-43.

Executive office of the President of the United States (2016) "Artificial Intelligence, Automation, and the Economy."

Ford, Martin (2015) *Rise of the Robots: Technology and the Threat of a Jobless Future*, Basic Books.

Frey, C. Benedikt and Michael A. Osborne (2017) "The Future of Employment: How Susceptible Are Jobs to Computerisation," *Technological Forecasting and Social Change*, Vol. 114, pp. 254-280.

Fueki, Takuji and Kohei Maehashi (2019) "4th Industrial Revolution: Do Robot and AI Change the Evolution of Inflation and the Monetary Policy Transmission?" Bank of Japan Working Paper

Series No. 19-E-9.

Gali, Jordi (2015) *Monetary Policy, Inflation, and the Business Cycle: An Introduction to the New Keynesian Framework and Its Applications* (2nd Edition), Princeton University Press.

Gali, Jordi and Mark Gertler (1999) "Inflation Dynamics: A Structural Econometric Analysis," *Journal of Monetary Economics*, Vol. 44, pp. 195-222.

Goos, Maarten and Alan Manning (2007) "Lousy and Lovely Jobs: The Rising Polarization of Work in Britain," *Review of Economics and Statistics*, Vol. 89, No. 1, pp. 118-133.

Gordon, J. Robert (2018) "Why has Economic Growth Slowed When Innovation Appears to be Accelerating?" *NBER Working Paper Series*, No. 24554.

Grace, Katja, John Salvatier, Allan Dafoe, Baobao Zhang and Owain Evans (2018) "When Will AI Exceed Human Performance? Evidence from AI Experts," arXiv.

Graetz, Georg and Guy Michaels (2018) "Robots at Work," *Review of Economics and Statistics*, Vol. 100, No. 5, pp. 753-768.

IMF (2018) "Japan SELECTED ISSUES," IMF Country Report NO.18/334.

Karabarbounis, Loukas and Brent Neiman (2014) "The Global Decline of the Labor Share," *Quarterly Journal of Economics*, Vol. 129, No. 1, pp. 61-103.

Keynes, M. John (1963) "Economic Possibilities for our Grandchildren," in *Essays in Persuasion*, W. W. Norton & Company.

Korinek, Anton and Joseph E. Stiglitz (2017) "Artificial Intelligence and Its Implications for Income Distribution and Unemployment," *NBER Working Paper Series*, No. 24174.

Krusell, Per, Lee E. Ohanian, Jose-Victor Rios-Rull and Giovanni L. Violante (2000) "Capital-Skill Complementarity and Inequality: A Macroeconomic Analysis," *Econometrica*, Vol. 68, No. 5, pp. 1029-1053.

Lorenz, Markus, Michael Rüßmann, Rainer Strack, Knud L. Lueth and Moritz Bolle (2015) "Man and Machine in Industry 4.0: How Will Technology Transform the Industrial Workforce Through 2025," Boston Consulting Group.

McCandless, George (2008) *The ABCs of RBCs: An Introduction to Dynamic Macroeconomic Models*, Harvard University Press.

World Bank (2016) "World Development Report 2016: Digital Dividends."

Schwab, Klaus (2017) *The Fourth Industrial Revolution*, Portfolio Penguin.

Schmitt-Grohe, Stephanie and Martin Uribe (2012) "What's News in Business Cycles," *Econometrica*, Vol. 80, No. 6, pp. 2733-2764.

Shoman, Yoav, Raymond Perrault, Erik Bryjolfsson, Jack Clark, James Manyika, Juan C. Niebles, Terah Lyons, John Etchemendy, Barbara Grosz and Zoe Bauer (2018) "The Artificial Intelligence Index 2018 Annual Report,".

Smets, Frank and Rafael Wouters (2007) "Shocks and Frictions in US Business Cycles: A Bayesian DSGE Approach," *American Economic Review*, Vol. 97, No. 3, pp. 586-606.

Solow, M. Robert (1987) "We'd Better Watch Out," *New York Times Book Review*, July 12:36.

Yellen, Janet (2017) "Inflation, Uncertainty, and Monetary Policy," Remarks at the 59th Annual Meeting of the National Association for Business Economics, Cleveland, Ohio.

沖本竜義（2010）『経済・ファイナンスデータの計量時系列分析』朝倉書店
総務省 AI ネットワーク社会推進会議（2018）『報告書 2018：AI の利活用の促進及び AI ネットワーク化の健全な発展に向けて』
野村総合研究所（2015）『日本の労働人口の 49％が人工知能やロボット等で代替可能に』
日本銀行（2019）『経済・物価情勢の展望 2019 年 1 月』
松尾豊（2015）『人工知能は人間を超えるか ディープラーニングの先にあるもの』角川 EPUB 選書
ルトガー・ブレグマン著、野中香方子訳（2017）『隷属なき道 AI との競争に勝つベーシックインカムと一日三時間労働』文藝春秋
レイ・カーツワイル著、NHK 出版編（2017）『シンギュラリティは近い［エッセンス版］人類が生命を超越するとき』NHK 出版

第8章　再分配──ベーシックインカムの必要性

井上智洋

I　AI時代におけるベーシックインカム

　AI（およびロボット）が他の機械と根本的に異なるのは、それが人間に似せること自体を目指した技術だという点にある。蒸気機関は人間の肉体労働を部分的に代替したが、蒸気機関の技術がどんなに発展しても人間のもつ能力と同等にはならない。したがって、あらゆる労働を置き換えるようなことはない。
　ところが、AIは将来的には人間の知的能力と同等になる可能性があるし、人間の知的能力に近づくだけで、多くの雇用がAIによって奪われるだろう。その時労働者は収入を失うので、「ベーシックインカム」のような包括的な社会保障制度なしに社会は成りたたなくなる。「ベーシックインカム」は生活に最低限必要な所得を国民全員に保障するような制度である。
　本章では、まずベーシックインカムとは何かを明らかにし、そのメリットやデメリットについて論じる。次に、それが他の所得保障制度とどのような類似点と相違点をもつのかを示し、特に「負の所得税」や生活保護とどのような関係にあるのかについて論じる。ベーシックインカムの歴史と現状についても紹介し、そのうえでAI時代になぜベーシックインカムが必要となるのかを議論する。
　これまでその手の議論は、混乱していたように見受けられる。というのは、AIをあるタスクに特化された「特化型AI」と人間並みの汎用的な知性をもった「汎用AI」とに分けて考えないからである。今あるAIは基本的にはすべて特化型であり、汎用AIはまだこの世になく本格的な研究が数年前から始まったばかりである。
　汎用AIの実現方法にはいくつかあり、人間の全脳を再現するアプローチとして「全脳アーキテクチャ」と「全脳エミュレーション」が挙げられる。後者は実現の見込みが今のところないが、前者は日本の非営利団体「全脳アーキテクチャ・イニシア

ティブ」によって、研究開発がリードされている。当団体によれば、2030年には実現のめどが立つという。

本章では遠くない未来に人間の知的振る舞いをおよそ真似ることのできる汎用AIが実現するものと仮定する。そのうえで、特化型AIと汎用AIに分けてその影響を考え、どのような意味合いでベーシックインカムが必要となるのかを論じる。

Ⅱ　ベーシックインカムとは何か？

1　ベーシックインカム導入の目的

「ベーシックインカム」（BI：Basic Income）は、収入の水準によらずにすべての人々に無条件に、最低限の生活を送るのに必要なお金を一律に給付する制度である。例えば、毎月7万円のお金が老若男女を問わず国民全員に給付される。世帯ではなく個人を単位として給付されるというのも重要な特徴といえる。もちろん、月7万円が最低限の生活を送るのに十分な額であるか否かは議論の余地がある。

BIは社会保障制度の一種だが、この言葉は公的な収益の分配、つまり「国民配当」という意味でも使われる。例えば、イランの「現金補助制度」や「アラスカ永久基金」は、政府が石油などの天然資源から得た収益を国民に分配する制度であり、これらもBI的な制度として位置づけられる。ただし、最低限の生活保障を目的にしているわけではないので、本章ではあくまでも「BI的」ということにする。

国民配当としてではなく、社会保障制度としてBIを導入する目的は主に2つある。1つはすべての人々を貧困から救済すること、もう1つは社会保障制度を簡素化し行政コストを削減することである。前者の目的は左派（社会主義者）が強調する傾向にあり、後者の目的は右派（新自由主義者、リバタリアン）が強調する傾向にある。左派はBIのもつ「平等性」を、右派は「自由性」を重視しているということもできる。したがって、左派のBI提唱者は、既存の社会保障制度を維持したままBIを導入すべきだと唱えることが多い。それに対し、右派の提唱者は、既存の社会保障制度を全廃したうえでBIを導入すべきだと唱えることが多い。右派は既存の社会保障制度をBIに一元化すべきだと主張しており、左派はその動きに警戒し、弱者の暮らしを破壊するものとして反対しているのである。そうすると、同じ「ベーシックインカム」という名の下に、全く異なった社会保障制度を目指しているということになる。

ただしBI導入の際に、残すべき社会保障制度と廃止すべき社会保障制度があり、

取捨選択すべきだという立場もありうる。筆者は、左派と右派の中間に位置するこの立場をとっている。これは、自由と平等はどちらも重要であり、可能な限りこれらの両立を目指すべきだという考えにもとづいている。取捨選択の基準については後述する。

2 普遍主義的社会保障

BI は「普遍主義的社会保障」と位置づけることができる。その点を強調して BI を「ユニバーサル・ベーシックインカム」（UBI：Universal Basic Income）ということがある。

BI のもつこの普遍性が前述した自由性と平等性をもたらしている。生活保護が「選別主義的社会保障」であるがために、自由と平等の両方を損ねているのとは対照的である。

日本の生活保護は、憲法 25 条で定められた「健康で文化的な最低限度の生活を営む権利」を保障するための制度のはずだが、実際にはそのような役割を果たしていない。いわゆる「水際作戦」がとられて、病気を患っている場合ですら、生活保護の窓口という水際で申請を拒絶されることがある。申請が受理された場合でも、資力調査（ミーンズテスト）が行われ、申請者本人ばかりか家族や親類の収入や貯蓄まで調査され、基準をクリアしなければ実際に受給資格は得られない。生活保護の給付を受けられないものと最初から諦めて、申請しない人も多くいる。そのため、生活保護基準以下の収入しかないのに給付を受けていない世帯が、日本では特に多く、捕捉率は 2 割といわれている[1]。つまり、8 割の人は給付を受ける権利があるのに実際には受けていないのである。

それに対し、BI の給付にあたっては、労働しているかどうか病気であるかどうかは問われない。金持ちであるか貧乏であるかも関係ない。全国民があまねく受給するものだから取りこぼしがなく、誰も屈辱を味わうことがない。それゆえに、BI は普遍主義的社会保障といえるのである。

BI ではまた、貧困の理由が問われることがない。フリードマンは、

　もし目標が貧困を軽減することであるなら、われわれは貧困者を援助することに

---

[1] 捕捉率を明確に算出することは困難であるが、2017 年 3 月の被保護世帯は約 164.2 万であり、生活保護基準以下の世帯約 784.1 万のおよそ 21% である。

向けられたプログラムをもつべきである。貧困者がたまたま農民であるなら、彼が農民だからではなくて貧しいからということで、彼を援助すべき十分な理由がある。すなわち、特定の職業集団、年齢集団、賃金率集団、労働組織もしくは産業の構成員としてではなく、人びとを人びととして援助するようにプログラムは設計されるべきである。(Friedman 1962)

と述べている。農民が貧しいから農民を扶助しようとか、母子家庭は貧しいから母子家庭を扶助しようといった考えは間違っているという。そうではなく、政府が貧困を減らそうとするならば、理由を問わず貧しい者をすべからく扶助すべきだとフリードマンは主張している。

　人は母子家庭や失業といったさまざまな理由で貧困に陥る。現在、こうした理由の明確な貧困に対処するために、児童扶養手当（いわゆる母子手当だが2010年からは父子家庭も対象となっている）や雇用保険が制度化されている。しかし、政府が認めた理由以外で貧困に陥った場合、こうした救済を受けることができない。だが、すべての人が給付の対象となるのであれば、そういった制度は不要になる。そして、BIを導入し既存の社会保障制度を廃止することができれば、社会保障に関する行政制度は極度に簡素化される。社会保障に費やされる事務手続きや行政コストも大幅に削減される。

　ここで注意する必要があるのは、すべての人々を扶助するといっても、BIはあくまでも貧困に対処するものであり、それ以上のものではないということである。

　国民の生活を守るために政府が国民にお金を給付する制度である「所得保障制度」は、目的のみをみるならば、

・貧困者支援（生活保護、雇用保険、児童手当、児童扶養手当）
・障害者支援（年金保険、介護保険、医療保険、特別障害者手当）

の2つに分けられる。小沢修司は『福祉社会と社会保障改革』で、社会保障を「現金給付」と「物的給付」とに分類しているが、それらはおよそ本章における「貧困者支援」と「障害者支援」に対応している（小沢 2002）。

　失業や母子家庭は、「貧困」を招くものとして考えられる。他方、老齢や病気、寝たきり、身体障害は「貧困」を招くばかりでなく、医療費の増加やそれ自体の労苦も問題となるので、「障害」（ハンディキャップ）として分類するのが適当だろう。

BIは、貧困者支援のすべてに取って代わることができるが、障害者や傷病者の支援の代わりにはなりえない。したがって、BIを導入した場合でも、後者についてはこれまでどおりの制度が維持される必要がある。個人的にはもっと手厚い支援がなされるべきだと考えている。これが右派と左派の中間的な立場からBIを提唱している筆者の展望である。

3　メリットとデメリット

　BIの最大のメリットは、上記の目的と重なっているが、すべての人々を貧困から救済できることと社会保障制度を簡素化し行政コストを削減できることである。

　前述したように現行の生活保護は、受給資格のあるはずの人の2割程度しか受給できていない。つまり、8割の人々は貧困に陥っているにもかかわらずそこから脱却できずにいる。生活が困窮していると、「労働環境が劣悪な企業に入っても辞められない」「病気を患っていても働き続けなければならない」「暴力を振るう配偶者と離婚できない」「十分な期間育休をとることができない」といったさまざまな生活上の問題が発生する。

　BIのある社会では、これらの問題をある程度解消することができる。実際に、1974年カナダのドーフィンという町で行われたBIに関する実験では、ドメスティック・バイオレンスが減少し、育休期間が長くなることが確かめられている。そればかりか、「住民のメンタルヘルスが改善される」「交通事故が減少する」「病気や怪我による入院の期間が大幅に減少する」「学生の学業成績が向上する」といった思わぬ効果も現れた（Bregman 2016）。

　一方BIのデメリットして最も頻繁に取り上げられるのは、労働意欲の低下だ。労働しなくても最低限の生活が営められるならば、多くの人が労働しなくなるのではないかということである。これは、BIをめぐる最も大きな誤解でもある。まず、「BIが導入されたら労働意欲は低下するか？」という質問に対して、YESかNOで答えるべきではないだろう。その答えは、給付額に依存する。一般には給付額が多いほど労働意欲は低下するが、少なければそれほど低下しない。月50万円も給付されたら、多くの人々が仕事をやめてしまうだろう。実際、筆者が30人の学生にアンケートをとったところ、全員が月50万円の給付が一生保障されるならば、就職しないと解答した。他方、これまで行われたBIに関する実験では、月当たり日本円にして、3万円から15万円程度の給付がなされてきたが、その程度では労働時間はわずかしか減ることがない。先に挙げたカナダのドーフィンで行われた実験では、全労働時間が男性では1％、

既婚女性では3％ほど減少したに留まった。しかも、理由の多くは、子供と過ごす時間を増やすことや十代の若者が家計を支えるための労働をしなくて済むということだった。要するに、社会的に望ましいと思われるような形での労働の減少なのである。

BIを導入すると人々が堕落するというのもまた誤解といえる。西アフリカのリベリアでは、スラム街に住むアルコール中毒者や麻薬中毒者、軽犯罪者に対し、200ドル（約2万円）を給付する実験が行われた。彼らは、そのお金をアルコールや麻薬ではなく、食料や衣服、内服薬などの生活に必要な商品に費やしたという（Bregman 2016）。

このように、BIにまつわる「労働意欲を失う」「人々が堕落する」という2つの大きな誤解を解くことができれば、BIの実現に向けて私たちの社会は数歩前進することができるだろう。

III　ベーシックインカムと他の所得保障制度との関係

1　所得保障制度の分類

BIは社会保障制度の中でも特に「所得保障制度」の一種として位置づけられる。所得保障制度は一般に、(1)「社会保険」(2)「公的扶助」(3)「社会手当」の3つに分けられる。(1)「社会保険」は、生活上生じる病気や老齢化などのさまざまなリスクに備えるための制度で、「医療保険」や「年金保険」などがある。(2)「公的扶助」は、最低限の生活を保障するための制度で、日本では「生活保護」として具体化されている。(3)「社会手当」は、保険料の徴収なしに給付されるもので、「児童手当」や「児童扶養手当」などがある。これらは、今の制度の形態を考慮した分類であって、そもそもその形態が妥当かどうかという問題がある。例えば、雇用保険や年金保険は、保険料を徴収して保険金（年金）を払う「保険制度」という形態をとる必要は必ずしもない。保険料は税金よりも徴収が容易だが、逆進性が高い。また、税方式のほうが行政機構が簡素化されるので効率がよい。実際、失業者や高齢者に対する給付を、税金でまかなっている国もある。

図8-1では、税方式か保険方式であるかといった形態にもとづいた分類ではなく、所得保障制度を「最低保障ありか否か」と「条件ありか否か」によって分類している。

2）分類に際しFitzpatrick（1999）を参照している。

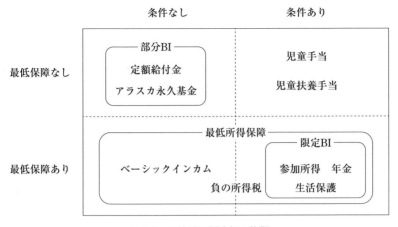

図 8-1 所得保障制度の分類

「最低保障あり」というのは、最低限の所得を保障した制度であることを意味する[2]。「条件あり」というのは、給付に際し子どもであるとか労働意欲があるといった条件が課されているということである。生活保護のような最低限の所得を保障するために、政府が個人に給付する制度を特に「最低所得保障」という。最低所得保障には、生活保護のような既存の制度のみを含め、BIを含めないこともある。だが、ここではBIも最低所得保障に含めることにする。ただし、BIは何の条件も付されることなく給付される点で、既存の最低所得保障とは異なっている。BIを条件なしに国民全員に給付される点を強調して「無条件のベーシックインカム」」(UBI：Unconditional Basic Income) ということもある。「ユニバーサル・ベーシックインカム」と同様の意味をもっており、その略も UBI で同じである。

　イギリスの経済学者ガイ・スタンディングは、「無条件」という言葉には、「所得制限を設けない」「お金の使い方に制約を設けない」「受給者の行動に制約を設けない」という3つの意味が含まれると言っている (Standing 2017)。すなわち、国民全員がいかなる振る舞いをしようが受給することのできる BI という意味をもっている。生活保護は資力調査（ミーンズテスト）をクリアしないと給付されず、年金は一定の年齢を超えないと給付されず、「参加所得」は就労の意志などがないと給付されない。このような給付条件が課されている最低所得保障を「限定BI」という。

　「参加所得」は、イギリスの経済学者アンソニー・アトキンソンによって1995年に提案された制度で、条件付きの BI である (Atkinson 1995)。賃金労働以外に子育て、

高齢者のケア、ボランティア活動、教育・職業訓練への従事といったなんらかの社会貢献、社会参加を行っている人、加えて障害者、高齢者などが給付対象となる。すなわち、障害者や高齢者を除けば社会参加している人のみが給付の対象であり、何の社会参加も行っていない「怠け者」は給付対象から排除されているのである。アメリカの哲学者ジョン・ロールズは、一日中サーフィンをしている連中に公的な給付をすべきではないと主張しており（Rawls 1988）、アトキンソンはそれに賛意を示している（Atkinson 2014）。ロールズのこの主張に対しては、ベルギーの哲学者フィリップ・ヴァン・パレースによる批判（Van Parijs 1995）がある。筆者もロールズの主張に批判的で、サーファーにも怠け者にも公的な給付を行うべきだと考えているが、その議論はここでは省略する[3]。

「負の所得税」は、アメリカの経済学者ミルトン・フリードマンが提唱したことで広く知られるようになった、低所得者が「マイナスの徴税」つまり給付が受けられる制度である。フリードマンの提唱では、個人ではなく世帯が受給対象の単位となるが、その点はさして重要ではない。個人ベースの負の所得税を考えることもできるからだ。その場合、ほとんどの子供は所得がゼロなので税金を払わず給付のみを受けることになる。負の所得税は、一定の収入以上の人には給付されないので、そういう意味では条件ありの制度だが、すべての国民が所得保障の対象となるので、そういう意味では条件なしの制度ともいえる。言い換えれば、全員が所得保障の対象となることと、全員に給付することは異なっているのである。重要なのは前者であり、BIと負の所得税は基本的に同じ効果をもつように設計できる。その点については後で詳細に論じる。

一方、条件が付されておらず国民全員が給付の対象となるが、最低限の生活が保証されていない所得保障制度は、「部分BI」と呼ばれている。アラスカ永久基金や日本で2009年に実施された定額給付金は、部分BIに含まれる。最低限の生活が保証される給付がなされて、初めてその制度は「完全BI」と呼びうる。

通常、単に「ベーシックインカム」といった場合には、無条件で完全なBIを指している。逆に、条件があり最低保障もない所得保障制度も考えられる。それは、児童手当、児童扶養手当などである。

2　ベーシックインカムと負の所得税との関係

BIの財源は一般的には税金であるから、BIの導入とともに増税がなされることに

---

[3] ロールズに対する筆者の批判については井上（2018）を参照。

なる。楽観的な人はBIの給付額にばかり、悲観的な人は増税額にばかり目がいきがちだが、給付額と増税額の差し引きにこそ注目しなければならない。そして、負の所得税というのは、この差し引きの計算を先に行って、差額分だけ給付ないし徴税する制度である。

　まず、BI制度について具体的に設計してみよう。月7万円（年84万円）の給付を行うために、一律25％の所得税（フラット税）を必要とするものと仮定する。なお、単純化のために他の財政支出はなく、この一律25％の所得税のみが徴収されるものとする。図8-2の横軸は年収、縦軸はそれに対応する税額を示しており、年収のちょうど0.25倍が税額となる。現在日本では、個人の平均年収はおよそ400万円である。年収400万円の人は、その内の25％である100万円を税金として納めることになる。ただし、100万円のこの税額は、見せかけの負担だといえる。一人暮らしであれば、年収400万円の人の「純負担」は、税額の100万円から給付額の84万円を引いた残りの16万円にすぎない。同様に考えると、年収336万円の人は一人暮らしならば、税額が給付額と同じ84万円となり、損も得もなくなる。年収が336万円より多い人には「純負担」（損）が生じ、少ない人には「純受益」（得）が生じる。年収60万円の人は、84万円から税額15万円を引いた69万円の純受益が得られることになる。

　次に、上記のBI制度と同じ効果をもつ個人単位の負の所得税を設計しよう。それには、図8-3のように、一律25％の所得税が課されるとともに、84万円の控除ないし給付が得られる制度にすればよい。年収400万円の人は16万円だけ税金を納め、年収60万円の人は69万円の給付を受けることになる。この負の所得税制度の下では、336万円以下の人にしか給付がなされない。したがって、負の所得税のほうがBIよりも遥かに少ない予算で実施が可能である。それにもかかわらず、これら2つの制度は国民に対し全く同じ純受益ないし純負担をもたらし、基本的には同じ効果をもつ。年収400万円の人が、BI制度の下で100万円の税金を払ってその後84万円の給付を受けるのと、負の所得税制度の下で最初から差額の16万円の税金を支払うのとでは本質的な違いはない。したがって、負の所得税に比したBIの実施困難性もまた、見せかけのものにすぎないし、必要とする予算額が大きいか小さいかもそれほど重要な論点ではない。ただ、多くの人々にとって負の所得税のほうが実施が容易に見えるがゆえに、政治的な賛意が得られやすく、手っ取り早く導入できる可能性は高い。

　これまで、イギリスの経済学者ジェイムズ・ミードやイギリスのBI提唱者トニー・フィッツパトリックなどが、BIと負の所得税は異なる制度であると論じてきた（Meade 1972; Fitzpatrick 1999）。フィッツパトリックは、両者には、

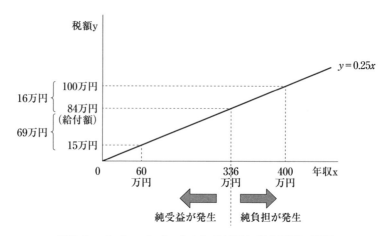

図 8-2　ベーシックインカムにおける年収と税額の関係

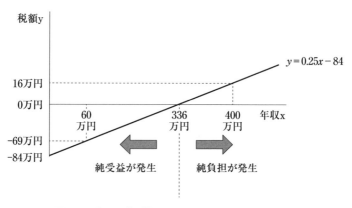

図 8-3　負の所得税における年収と増税額の関係

(1) 資力調査を伴うか否かの違い
(2) 給付対象の単位が個人か世帯かという違い
(3) 給付のタイミングの違い（税額が確定してからの給付か否か）

の3つの違いがあると述べている（Fitzpatrick 1999）。負の所得税は、所得によって給付額が異なってくるので、確かに資力調査を必要とする制度だ。だが、BI制度の下でも、税の徴収のために所得を正確に把握しなければならない。所得をごまかす者が

より多くの可処分所得を得られる点で、両者の制度は変わりない。また、負の所得税制度の下では、資力調査の結果のいかんによって（つまり所得の大きさによって）、受給対象からはずされることがある。前述の例では年収336万円以下の人にしか給付されない。だが、それはBI制度の下で所得の大きい人（336万円以上の人）が、受給額以上の額の税を納めなければならず、純負担が発生するのと全く同じことで、実質的な違いはない。個人か世帯かという違いは議論するまでもない。負の所得税を実施するにあたって、世帯単位にこだわるいわれはなく、世帯単位が不都合であれば、個人単位にすればよいだけのことである。

　給付のタイミングについても、BIと負の所得税で同じ効果をもつように設計することができる。例えば、BIの給付を月毎ではなく年毎にして、納税日と同じ日に行えばよい。負の所得税の給付も納税日に行うと仮定するならば、やはり両者の効果は同じになる。もちろん、12分割して月毎の支払いにすることが可能な点でも両者は変わりない。フィッツパトリックは、負の所得税制度の下では、給付を受けるまでの間に失業したら生活に困るのではないかという問題を提起している（Fitzpatrick 1999）。例えば、前述の制度の下で、2018年の年収が400万円であり、2019年の1月に16万円の税金を納めなければいけない人がいたとする。そして、2019年1月末に失業して、2月から所得がなくなるとする。そうすると、この人は確かに2月から暮らしが困窮する。ところが、BI制度の下でも事情は変わりない。前述したBI制度の下で、年収400万円の人は100万円の税金を払うとともに84万円の給付を受ける。納税と給付が1月の同じ日であり、1月末に失業したならば、2月からの暮らしの困窮ぶりは全く変わらない。84万円が12分割されて月毎に7万円給付される場合、失業しても給付が受けられるので、BI制度のほうが優位に思えるかもしれないが、果たしてそうだろうか？

　負の所得税制度の下で、給付を受ける場合は月毎に振り込まれるものとし、しかも前年の年収を元に給付額が決定されるものとする。そうすれば、2019年1月の時点で負の所得税制度の下では、BI制度の場合に比べて84万円余計に貯蓄していることになる[4]。BIは「事前の給付」で、負の所得税は「事後の給付」なので負の所得税は困窮をもたらす場合があるとフィッツパトリックは指摘しているが、負の所得税も「事前の給付」として設計することができるのである。さらにいうと、もし月毎の納税が

---

[4] この負の所得税制度の下で、例えば2018年の1月に働き始めて2019年の1月に失業したならば、2018年の1年間は月7万円の給付を受けることができるうえに、2019年1月に納めるべき税金は16万円で済む。BI制度の下では2019年1月に100万円納税しなければならない。

可能になれば、BIと負の所得税を全く同じ効果をもつように制度設計することができる。フィンテックが発達し普及すれば、月毎の納税もいずれ可能になるだろう。

BIと負の所得税が同じにみえるのは錯覚であるとフィッツパトリックは論じた。だが、むしろBIと負の所得税が異なるようにみえることこそが、多くの場合錯覚である。もちろん、そうした錯覚が生じるがゆえに人々の感情に及ぼす影響は異なってくるが、実質的な違いはほとんどない。

3　負の所得税と生活保護の関係

次に、負の所得税と生活保護の関係について明らかにしたい。図8-4のように、最低保障額84万円以下の人の税率を100%とすることにしよう。84万円以上の人の税率は、100%だと働くインセンティブがなくなるので、一般的には100%より低いパーセンテージである。ここでは、その税率については問わないことにする。この時、収入がゼロの人は84万円の給付が得られ、収入が60万円の人は24万円の給付が得られる。つまり、84万円に収入が満たない人々は、その差額だけちょうど補填され、可処分所得がみな84万円となる。このような制度を「インセンティブなしの負の所得税」と呼ぶことにしよう。「インセンティブなし」というのは、労働しようというインセンティブが与えられていないという意味である。この場合、84万円以下の給付の人は労働意欲をほとんど完全に奪われてしまう。当初収入がゼロの人が60万円稼ぐようになると、給付は24万円に減らされてしまい、結局可処分所得は84万円のままとなる。一方、今の日本の生活保護は選別的だが、収入が最低保障額（ここでは84万円）以下の人々に対し無条件に給付されるような生活保護を考え、これを「条件なしの生活保護」と呼ぶことにする。ただし、最低保障額に収入が満たない人々は、その差額だけちょうど補填されるものとする。そうすると、「インセンティブなしの負の所得税」と「条件なしの生活保護」は同じものとなる。

現実の生活保護は、完全にインセンティブなしというわけではない。賃金収入の分だけ給付が減らされるのが基本だが、賃金収入に対する控除があって、少しは労働したほうが可処分所得は大きくなる。ただ、その増大分はあまりにも小さいので、今の生活保護はおよそインセンティブなしと見なしてよい。したがって、表8-1のように、生活保護はインセンティブなしで条件ありの最低保障制度として位置づけられる。

逆に、条件ありでインセンティブありの生活保護も考えられる。これは、図8-3のように、45度未満のなだらかの傾斜をもつ。この場合、給付対象者は働いた分だけ、手取り所得を増やすことができるので、労働意欲をもつことができる。ただし、親類

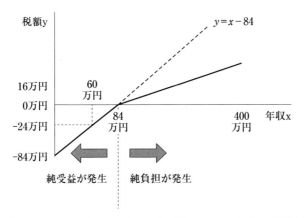

図 8-4 「インセンティブなしの負の所得税」における年収と増税額の関係

に高所得者がいる場合や健康で労働可能な場合は給付が受けられないといった条件を付されている。これを、「インセンティブありの生活保護」と呼ぶことにしよう。インセンティブありという意味で、負の所得税に近いが、負の所得税とは違って条件が付されている。「インセンティブありの生活保護」というのは、「条件なしの負の所得税」と同じことである。要するに、負の所得税は、生活保護に労働インセンティブを付けるとともに、条件を取っ払ったものと位置づけることができる。現行の生活保護は労働インセンティブがほとんどないので、貧困の罠からの脱却を難しくする。生活保護に労働インセンティブを付けることで、その点の改善を図ることができる。

ここまでで、「負の所得税」(＝BI)「インセンティブなしの負の所得税」(＝条件なしの生活保護)「インセンティブありの生活保護」(＝条件なしの負の所得税)「生活保護」という4つの制度の関係性を明らかにした。BIよりも現行の生活保護のほうが優れていると主張する論者は少なくないが、今一度このような関係性を踏まえて議論し直すべきだろう。「生活保護」と「インセンティブありの生活保護」ではどちらが優れているか。条件ありの今の「生活保護」と「条件なしの生活保護」ではどちらが優れているか。生活保護をより望ましい方向に拡充したら「負の所得税」つまりBIと同様の制度になる可能性がある。

表8-1 負の所得税と生活保護の関係

	条件なし	条件あり
インセンティブあり	負の所得税 (ベーシックインカム)	インセンティブありの生活保護
インセンティブなし	インセンティブなしの負の所得税 (条件なしの生活保護)	生活保護

Ⅳ ベーシックインカムの歴史と現状

1 3人のトマスと土地の分配

　BI の歴史を起源に向かって遡ると、イギリス人の思想家である「3人のトマス」に行き着く。『ユートピア』を著したトマス・モア、政治パンフレット『コモン・センス』によってアメリカの独立を促したトマス・ペイン、それからペインの同時代人であるトマス・スペンスだ。
　まず、16世紀にトマス・モアが『ユートピア』という架空の旅行記で、飢えも失業もないユートピアという共和国を描いている (Thomas 1516)。『ユートピア』こそがBI の起源であるとされることが多いが、実際にそこで描かれているのは、むしろ空想的社会主義だ。国民には1日につき6時間だけだが労働の義務があり、生産された財は倉庫に運ばれ、そこから人々はお金も払わずに好きなだけ財を持ち出してよいというような社会である。労働すると否とに関わらず、お金が給付される BI とはかなり異なっている。ただし、登場人物の一人が盗人に対し刑罰を課すよりも生活の手段を与えたほうが犯罪が減るだろうと主張している。その点をもって、『ユートピア』を BI の起源とする見方もある (Standing 2017)。
　18世紀にはトマス・ペインが、『土地配分の正義』で、土地は元々誰の所有物でもなく万人の共有財産であるから、土地を利用する者は地代を収めるべきであると主張した (Paine 1797)。そして、その地代を財源に、21歳になったらすべての人々に15ポンドを給付する制度を提唱した。この制度は定期的に支給する形ではなく一括で支払うものなので、今日では「ベーシック・キャピタル」(基本資産) と呼ばれている。この制度では、15ポンドを元手に資産を運用したり、商売を始めたりすることが想定されていた。ただし、50歳以上の人々に対しては、年10ポンドを給付するものとした。これは今でいう、老齢年金のようなものである。本来であれば、土地を共有財

産とすべきであるが、今さら土地の私有を廃止することはできないので、奪われた共有財産を取り戻す代わりに、万人にいわばその「補償」としてお金を給付すべきだとペインは主張している。ここで、ペインがこのBI的制度を、貧しい人に対する施しではなく、社会的な正義のために行うべきだと言っていることに注意しよう。この制度は、土地から得られる利益を配分するものと解釈することができるので、「社会保障制度としてのBI」というよりも「国民配当としてのBI」なのである。

　土地は共有財産であるという思想はそれほど珍しいものではなく、例えば19世紀フランスの経済学者レオン・ワルラスによっても唱えられている。ワルラスは、本来であれば土地を国有化すべきだが現実には難しいので、地代によってすべての政府支出をまかない、政府が他の課税によって個人の私的所有権を侵害しないようにすべきだと述べている。

　歴史的には土地を国有化し、国民に対する分配を試みた例もある。中国では北魏から唐の時代まで、「均田制」が敷かれていた。これは、田畑が国から人々に給付され、定年になったり死んだりしたら国に返却される制度だ。日本でも、均田制を真似た「班田収授法」が、701年に制定された大宝律令の下で導入された。均田制や班田収授法を、一種のベーシックキャピタルとみなすことができるだろう。資本主義において不平等が拡大せざるをえないのは、共有財産ともみなされる土地が生産に必要な主な投入要素ではなくなり、私有財産としか言いようがない機械＝資本がそれに代わって主な投入要素となったからである。

　ペインやスペンスの時代には、まだ農業が経済の中心であり、土地が主な投入要素であったからこそ、彼らはそれが本来みなの共有財産であることを強調したものと考えられる。産業革命後工業化が進むにつれて、土地ではなく資本＝生産設備を共有する思想が優勢になっていた。その思想とは言うまでもなくマルクスが説いたような共産主義である。

　トマス・スペンスは『幼児の権利』で、教区毎に土地やその他の天然資源から得られる収益を財源とし、そこから公的な支出を行った残りの金を年に4回ほど、老若男女を問わず全員に均等に給付する制度を提唱している（Spence 1797）。スペンスのこのアイディアは、国民全員に定期的に現金を給付する制度という意味でのBIの提案としては最古のものである。ただし、最低限の生活を保障する額が維持されるわけではないので、そういう意味ではまだ部分的なBIにすぎない。

　19世紀になってからもベルギーの社会主義者ジョゼフ・シャルリエ、フランスの社会主義者シャルル・フーリエ、イギリスの哲学者ジョン・スチュアート・ミルなど

Ⅳ　ベーシックインカムの歴史と現状

多くの論者が、BIと同様の制度の導入を主張した。だが、マルクス主義における『共産党宣言』や『資本論』とは異なってBIを提唱したことで有名な思想家や書籍が現れなかった。そのため、19世紀まではBIに関する議論は持続的に継承されていくことがなく、現れては消えていき、忘れた頃にまた現れた。

2　20世紀のベーシックインカム論

　BIの現代的な起源は、クリフォード・ヒュー・ダグラスが1924年に『社会信用論』で提唱した「国民配当」や、ミルトン・フリードマンが1962年の著書『資本主義と自由』で提唱した「負の所得税」にある（Douglas 1924; Friedman 1962）。ダグラスは、BIの提唱者として著名であり、フリードマンは言わずと知れたノーベル賞受賞者である。

　イギリス生まれのエンジニアで思想家であるダグラスの経済に関する学説は、ケインズの『雇用・利子および貨幣の一般理論』（一般理論）で「過少消費説」の一種として批判的に取り上げられている（Keynes 1936）。すなわちこれは、不況の原因は消費が十分に行われていないことにあるとする説であり、投資の不足を重視したケインズの説とは異なっている。ダグラスは、テクノロジーの進歩によって生産性が向上し潜在供給が増大すると、それに比して消費が不足し、需要不足が生じると論じている。そして、その需要不足を解消するために、国民のおよそ全員に「国民配当」として、お金を給付することを提案している。給付額は1家族に当たり300ポンド以上になるとダグラスは計算している。なお、「国民配当を受け取ることができるのは個人だが、国民配当の4倍以上の純個人所得がある人には支払われない」（Douglas 1924）と個人ベースであるものの、所得制限の課された制度として設計している。

　フリードマンは、イギリスの経済学者ジュリエット・リズ＝ウィリアムズから影響を受けている。彼女は、『新しい社会契約』で、18歳以上の男性に21シリング、女性に19シリング、18歳未満の子供に10シリングの手当を給付することを主張している（Rhys-Williams 1943）。ただし、この社会配当は就労の意思がなく家事労働をしない者を対象外としており、無条件のBIではない。フリードマンが提唱した「負の所得税」はすでにみたように、低所得者がマイナスの徴税つまり給付が受けられる制度を指す。フリードマンは、右派の立場の経済学者なので、これを理由にBIや負の所得税を批判する左派の論者は少なくない。

　だが、すでにみたように歴史的には左派（社会主義者）の立場の思想家がBIを論じることも多かった。BIは、右派からも左派かも批判されるが、右派からも左派か

らも支持される。実際、アメリカでは1968年に、ミルトン・フリードマンやフリードリッヒ・ハイエクといった右派からジェームズ・トービンやジョン・ガルブレイスといった左派に至るまで1,200人を超える経済学者が、署名の記された公開書簡を議会に送って、BI（負の所得税）の導入を要求した。書簡を受けた共和党のリチャード・ニクソン大統領は、負の所得税に似た「家族扶助プラン（FAP）」の法案を議会に提出した。ただし、FAPの対象となるのは低賃金労働者であって、そもそも職がない人は除外されていた。したがって、FAPは条件付きのBIすなわち「限定BI」に位置づけられる。1970年、FAPは下院を通過したが、上院では民主党議員が給付額が不十分であると批判して承認されなかった。1971年にも修正された法案が提出されたが、再び下院では通過したものの上院では棄却された。それ以降BIに関する議論は下火になっていく。

3　ベーシック・インカム地球ネットワークと現代の提唱者

　次のBIムーブメントは1986年に始まる。この年に、BIに関する国際的な議論を促進する組織「ベーシック・インカム欧州ネットワーク」（BIEN：Basic Income EuropeanNetwork）が設立されたからである。2004年には「ベーシック・インカム地球ネットワーク」（BIEN：Basic Income Earth Network）と改名しているが、変更されても組織名の略称はBIENのままである。BIENは、1年に1回（2016年までは2年に1回）国際会議を催している。著名なBI提唱者としては、これまでフィリップ・ヴァン・パレースやゲッツ・W・ヴェルナー、ガイ・スタンディングなどがBIENの会議で講演や報告を行っている。

　ベルギーの哲学者ヴァン・パレースは、『ベーシック・インカムの哲学』で、「リアル・リバタリアニズム」（真の自由至上主義）という思想を展開している（Van Parijs 1995）。私たちの社会には政府から干渉されない形式的な自由がある程度は存在するが、好きなことを行う実質的な自由がない。実質的な自由を目指す思想こそが、リアル・リバタリアニズムである。彼は、働きすぎることを「クレイジー」といい、働かないで怠けることを「レイジー」という。リアル・リバタリアニズムは、クレイジーやレイジーになることも、その間のほどほどの労働をすることも認められるような社会を目指している。

　ヴェルナーは、ドイツのドラッグチェーン会社の経営者で、『すべての人にベーシック・インカム』などの著作がある。ヴェルナーは、BIを導入するとともに、税制を消費税に統一して簡素化することを提唱している。

スタンディングはイギリスの経済学者で、その著書『ベーシックインカムへの道』の中で「共和主義的自由」を提唱している（Standing 2017）。これもまた真の自由を意味している。私たちは、たとえ政府から介入されない自由が与えられていたとしても、生活が保障されていないために、妻が横暴な夫から自由になることや労働者が悪質な企業を辞める自由が実質的には得られないことがある。「人物や組織、プロセスによる不当な支配を受けないだけでなく、そのような支配を受ける潜在的可能性もないこと」（Standing 2017）が共和主義的自由であるとスタンディングは述べている。

4　海外でのベーシックインカム実現に向けた試み

BIは、いまだに主要国で本格的に導入されたことはない。だからといって、全くの夢物語というわけでもなく、ここ数年、欧米を中心に実現に向けての動きが巻き起こっている。オランダでは、ユトレヒトやアムステルダムなどのいくつかの都市でBIの試験的な導入が図られており、アメリカではシリコンバレーのベンチャーキャピタルYコンビネータが、大規模な実験を行っている。その他、カナダやインド、イタリア、ケニア、ウガンダなど世界各国でBIに関する実験が行われてきた。

フィンランドは、社会保険庁KELAがBI導入に積極的であり、その要請に応えて政府（中央党などからなる連立政権）はBIの実験的導入を図った。2017年1月から2018年末までの2年間に、抽選で選ばれた失業者2,000人に対して月560ユーロを給付する実験を行った。生活上の振る舞いを観察し、他の給付を受けない失業者2,000人と比較するためだ。政府はBIによって就労を促進し、失業率を下げられるとの期待を抱いており、それを検証しようとしていた。ところが、2018年2月にOECDがBIよりも「ユニバーサル・クレジット」のほうが、雇用の促進や貧困解消に効果があるとの報告書を発表した。それを受けて政府はBI実験を継続しないものと決定した。「ユニバーサル・クレジット」は、住宅手当や雇用手当などの既存の福祉制度を一本化し簡素化した制度であり、2013年にイギリスで導入されている。求職者手当を受ける際には就労義務が課されるので、無条件のBIとは異なる制度だ。フィンランド政府はBIよりもユニバーサル・クレジットにより興味を抱いており、フィンランドは今BI導入にとりわけ積極的な国とは言えない状況にある（山森 2018；BBS 2018）。

スイスでは、アーティストであるエノ・シュミットらの呼びかけによって、BI導入を図る憲法改正案に14万人以上の署名が寄せられ、2016年6月にこの改正案は国民投票にかけられた。この改正案には給付額は記されていなかったが、月額2,500スイスフラン（28万円弱）の給付を訴える提案が流布して、高額すぎるとの誤解が蔓延

した。政界や財界からは経済が崩壊してしまうのではないかという懸念が表明された。反対派からは移民が殺到するとの指摘もなされた。そうした反対意見が強くて結局は否決されたが、その後BIに関する議論はむしろスイスで活発になっている（Standing 2017）。

実際に導入に向かっているのは、インドとフランス、イタリアである。インド政府は2018年2月に2年以内に1つか2つの州で、BIを導入することを発表している。フランスでは、2018年9月にマクロン大統領が2020年にベーシックインカムを法制化するとの方針を表明した。イタリアでは、現在の連立政権の第一党である「五つ星運動」が、BIを公約に掲げていた。2018年に9月にイタリア政府は改めて、公約であるBI導入を実施に移すと明言している。

5　日本におけるベーシックインカム論

日本では、経済学者の小沢修司氏が2002年に出版した『福祉社会と社会保障改革』が、BIに関する先駆的な研究として挙げられる（小沢2002）。日本におけるBIに関する議論は、欧米と比べるとかなり立ち遅れており、BIが衆目を集めるようになったのは2007年頃からだ。2007年に、経済評論家の山崎元氏がブログで、BIを導入し社会保障制度を簡素化することを提案した。続いて、そのブログに影響を受けたライブドアの元社長である堀江貴文氏が2008年からBIの支持を表明し、また同年に、「ベーシック・インカム地球ネットワーク」（BIEN）の主要メンバーだった山森亮氏が『ベーシック・インカム入門』を出版し、社会問題に関心のある多くの人達にBIが知られるようになった（山森2009）。2010年には、「ベーシック・インカム日本ネットワーク」（BIJN）も設立されている。2012年には、大阪市長橋下徹氏が率いる大阪維新の会が公約としてBI導入を掲げた。他にもこれまで、みんなの党や新党日本などが、BIやそれに似た制度を公約として掲げている。これら2007〜2012年までの出来事が、言わば日本におけるBIの第1次ブームを形作っている。哲学者の萱野稔人氏や批評家で哲学者の東浩紀氏、経済学者の飯田泰之氏がBIを盛んに論じていたのもこの時期である（萱野2012）。

それに対し、BIの第2次ブームは、人工知能（AI）が人々の雇用を奪うのではないかという危惧を背景に、2016年頃から巻き起こって現在に至る。筆者は、2014年にネット上のニュースサイト「シノドス」で、「機械が人間の知性を超える日をどのように迎えるべきか？― AIとBI ―」という記事を、続いて2015年に『週刊エコノミスト』に「人工知能が人間を超える日に備えよ」という記事をそれぞれ発表した

（井上 2014；2015）。これらの記事は、AI 時代に BI 導入が不可欠であることを主張している。しかしながら、まだ今日の AI ブームが起きる前だったので、さしたる注目も集めなかった。2015 年には現在日銀審議委員の原田泰氏が『ベーシック・インカム』を出版した（原田 2015）。これは AI を背景にした議論をしているわけではないが、BI の財源をわかりやすく示しており、BI の第 2 次ブームにつながる重要な文献である。

AI ブームが巻き起こったのは日本では 2016 年からで、この頃から AI 時代には BI が必要なのではないか、といった内容のネット上の記事が日本でも見受けられるようになった。2016 年に、筆者は『人工知能と経済の未来』を出版し、かなりの紙幅を使って、AI が高度に発達した未来には BI が不可欠になるのではないかという議論を展開した（井上 2016）。2017 年以降には、BI を論じるにあたって AI は欠くべからざるファクターとなった。2017 年当時小池百合子都知事に率いられていた希望の党は、衆院選向けのパンフレットで、AI 時代にあたって既存の社会保障制度を BI に置き換える必要があると訴えた。現在では、国民民主党と緑の党グリーンズジャパンが BI の導入を主張している。

6　AI 時代に向けたベーシックインカムに関する議論

この節の最後に、AI 時代に向けたベーシックインカムに関する世界的な議論がどのように展開されてきたかをまとめておこう。まず、アメリカの経済学者エリック・ブリニョルフソンとアンドリュー・マカフィーが、2014 年出版の『ザ・セカンド・マシン・エイジ』で BI を批判している。ただし、彼らはテクノロジーの発達が今後多くの失業をもたらすということは認めている。

> 私たちのアンドロイド思考実験が正しいとすれば、長きにわたって続いてきた労働とお金の交換は成り立たなくなる可能性がある。デジタル労働者の能力が向上し、広い範囲で普及すれば、企業は人間の労働者に従来通りの賃金を払おうとしなくなるだろう。それがいやなら、失業するほかない。（Brynjolfsson and McAfee 2014）

AI・ロボットなどの自動化技術が高度に発達した未来において、労働者は自分の労働力を売って所得を得るという今日の資本主義における当たり前の営みが困難になる。そして失業者が増大することで需要が減少し、経済成長が停滞するというのである。ブリニョルフソンとマカフィーは、そうした問題を解消するための手段として

BIがたびたび取りざたされると言っている。

　多くの経済学者が、資本主義のこうした破綻はありうると懸念している。そしてその多くが同じ解決案を提案してきた——人々にお金をあげることだ。手っ取り早いのは、全員に同額の現金を毎年政府が配ることである。お金が必要なのは誰か、誰に多くあげて誰に少なくあげるか、一切審査せずに同額を配るのがいちばん簡単だ。この「ベーシック・インカム」賛成論者は、この方法は単刀直入で管理しやすく、資本主義の中でうまくいっている要素はそのままに残し、労働で生計を立てられない人の問題は解決できると主張している。（Brynjolfsson and McAfee 2014）

そのうえで、BIは優れた解決案ではないとしている。

　私たちが第1に選択するのは、ベーシック・インカムではない。その理由は、冒頭に引用したヴォルテールの名言の中にある。「労働は、人間を人生の三悪、すなわち退屈、悪徳、困窮から救ってくれる」。所得保証は困窮から救ってくれるかもしれないが、他の2つの悪には効き目がない。（Brynjolfsson and McAfee 2014）

　ブリニョルフソンとマカフィーは、BIを導入すると人々が働かなくなるので、望ましくないというのである。彼らは、いくつかの誤解をしている。1つは、人々から雇用を奪うのはAIであってBIではないという点だ。彼らは、BIを導入することで人々が退屈になり悪徳に走るというような主張を遠まわしにしている。だが、AIが雇用を奪うからBIが必要となるのであって、BIが直接雇用を奪うわけではない。
　もちろん、AIに雇用を奪われていない人々が、BIの導入によって怠惰になり労働をしなくなる可能性はある。だが、すでに論じたように、どのくらいの数の人々が無職を選ぶかは給付額に依存しており、月3〜15万円程度の給付額であれば、怠惰はほんとど社会的な問題にならない。ブリニョルフソンとマカフィーは、BIを導入すると人々が必ず怠惰になるとの誤解を抱いているのであり、労働しなくなるか否かは給付額に依存するという点を看過している。
　続いて、彼らはBIではなく負の所得税が最も優れた解決案であると主張している。

　負の所得税は、最低所得保証と就労のインセンティブを組み合わせた措置と言える。所得が分岐点すなわち課税最低限度（1968年には3,000ドルだったが、2013

年ならおそらく2万ドルになるだろう）を下回って負の所得税が払われても、公的扶助を受ける場合とは異なり、自力で稼いで所得を増やすことができる。これなら、たとえ賃金が少なくても、働きたい、働き続けたい、という意欲が湧くことだろう。(Brynjolfsson and McAfee 2014)

ところが、先に論じたように BI であれ負の所得税は同じ効果をもつように設計することができる。労働して所得を増やせるという点でも、BI と負の所得税は変わらない。ブリニョルフソンとマカフィーは、BI と負の所得税が同じ効果をもつ制度であるとは認識していない。おそらく、彼らは BI を日本の生活保護のような公的扶助と同様に、労働して賃金を得るとその分給付額が減らされるがために、労働のインセンティブをもたらさない制度であるとの思い違いをしているのだろう。それは BI にまつわるよくある誤解だ。BI は誤解されやすい制度であるために、その考えは受容されにくい。逆にいえば、誤解が解かれれば、広く受容される可能性がある。

ブリニョルフソンとマカフィーに続いて、AI 時代を背景に BI について論じた論者に、フォード、エイヴェント、ベルグマンがいる。彼らは、ブリニョルフソンとマカフィーとは異なって BI について肯定的に論じている。

アメリカの起業家マーティン・フォードは、2015 年に『ロボットの脅威』で AI 時代に BI 導入が必要であることを説いている。

　教育や訓練校への投資を増やしても問題の解決にはならないという意見を受け入れるとして、なんとか職の自動化の進行を食い止めようという掛け声も非現実的であるとしたら、あとは従来からある政策の先へと目を向けるしかない。私としては、なんらかの最低限所得保証が最も効果的な解決策ではないかと考える。(Ford 2015)

ここでいう「最低限所得保証」とは BI のことである。

2016 年には、エコノミスト誌の経済コラムニストであるライアン・エイヴェントが『デジタルエコノミーはいかにして道を誤るか』で AI と BI によるユートピアの出現を謳っている。

　時とともにテクノロジーが向上し続け、経済が成長し、1 人当たり平均 GDP とベーシックインカムが増加すれば、食べるための仕事を辞めて別の生きがいに取り

組むことに魅力を覚える労働者が増えるかもしれない。ベーシックインカムは、テクノロジーのおかげで人々が遊んで暮らせるユートピアがいずれ徐々に実現する手段となるのかも——ひょっとすると——しれない。(Avent 2016)

同じく2016年には、オランダの歴史家ルドガー・ブレグマンが『隷属なき道』で、AIの普及によって到来する「第二次機械化時代」(セカンド・マシン・エイジ)にはBIが必要になるということを主張している。

　進歩の果実を味わいたいのであれば、より斬新な解決策をみつけなければならない。教育と福祉の革命によって第1次機械化時代を乗り切ったように、第2次機械化時代を乗り切るにも、抜本的な対策が必要だ。例えば、労働時間の短縮と、ユニーバーサル・ベーシックインカムである。(Bregman 2016)

これらの主張に共通しているのは、AIによって雇用が大幅に奪われるので、BIが必要になるということだ。だが、AIがこれまでの技術とどう異なるのか、あるいは異ならないのかは定かでない。AIはこれまでの情報技術(IT)の延長上にある技術なのか、それとも質的に異なる技術なのか。その点についてよりクリアに議論するには、AIを「特化型AI」と「汎用AI」に分けて考えなければならない。イギリスのAI研究者マレー・シャナハンは、

　特化型AIが高性能になるにつれてすぐにも発生する最も明らかな影響は、おそらく労働の領域に現れるだろう。多くの点で産業革命以来の流れの延長上にあるといえ、その影響は良くも悪くも同様である。(Shanahan 2015)

と述べている。確かに、特化型AIが雇用に与える影響は、量的には産業革命以来機械を上回る可能性があるが、質的には同様だろう。それに対して、汎用AIは質的にもこれまでの機械と異なる影響を与えるかもしれない。

V AIが雇用に及ぼす影響

1 特化型AIであっても格差はもたらされる

　今後AIの進歩が加速してもそれが特化型AIである限り、労働市場が円滑に調整されれば、就業率の長期的な低下は避けられるはずだが、そうなる保証はない。さらに、それが円滑に調整される場合でも、格差が拡大し低所得の労働者が増大する可能性は高い。格差を縮小させ、貧困層の底上げを図るには、結局のところBIのような大々的な再分配制度が必要となる。

　スタンディングもこう述べている。

　　雇用のない未来、ましてや仕事をする必要のない未来が訪れる可能性は小さいとしても、テクノロジー革命が不平等をいっそう深刻化させていることは事実だ。強力な企業とその所有者たちがテクノロジーの恩恵の多くを手にし、所得分配の面で富裕層の取り分がいっそう増えている逆進的な結果が生まれている。この点を考えると、新しい所得分配システムの必要性はひときわ大きい。その新しいシステムの土台を成すのはベーシックインカムであるべきだと、わたしは考えている。
　　(Standing 2017)

多くの雇用が損なわれる可能性は低いが、格差は拡大するのでBIが必要だというのである。

2 汎用AIは根こそぎ雇用を奪うか？

　ただし、スタンディングは汎用AIが出現することを排除して議論している。汎用AI（と汎用ロボット）が出現するのであれば、それ以降、多くの人間の雇用が消滅に向かう可能性がある。人間の知性は汎用的なので、潜在的にはいかなるタスクもこなしうる。人間の労働力は軟体動物のように自在に形を変えて、さまざまな職業に対応できるのである。したがって、特化型AIが1つの職業を奪ってしまったとしても、失業者は他の職業に転職することができる。別の言い方をすれば、特化型AIは1つの職業（あるいはその内のいくつかのタスク）と代替的ではあるが、人間そのものと代替的なわけではない。

それに対し、汎用 AI は、汎用的な知性をもった人間という存在そのものと代替的である。汎用 AI のほうも軟体動物のように自在に形を変えて、さまざまな職業に対応できるからだ。そうすると、汎用 AI のコストが人間の賃金よりも低い場合、あらゆる職業において人間の代わりに汎用 AI のほうが雇われることになる。新しい職業が生まれたとしても、汎用 AI はすぐさまその職業に適応し、生身の労働者を駆逐してしまう可能性がある。ただし、汎用 AI に人間の真似事ができたとしても、それが人間と全く同じに振る舞えるとは限らない。

日本の非営利団体「全脳アーキテクチャ・イニシアティブ」は、海馬や基底核、扁桃体などの脳の各部位毎の機能をプログラムとして再現し、そのプログラムを結合させることによって、全体として人間と同じような知的振る舞いのできる汎用 AI を実現しようとしている。「全脳アーキテクチャ」のアプローチは脳の主要な機能を真似ているだけであって、脳を丸ごとコピーしてソフトウェアとして再現する「全脳エミュレーション」とは異なっている。人間には自分自身すら気づかない潜在的な感覚や感性、欲望があって、全脳アーキテクチャ方式で汎用 AI を作ったところで、それらをすべて再現できるわけではない。そういった感覚などのすべてを AI に備わせるには、脳の主要な機能を真似るだけでなく、脳をまるまるコピーしなければならない。つまり、「全脳エミュレーション」が必要となる。全脳エミュレーションを実現するには、人間の脳に含まれる約 1 千億のニューロン（神経細胞）と約百兆のシナプスの完全な図面「ヒト・コネクトーム」をまず手にしなければならない。コネクトームの第一人者であるセバスチャン・スンは、ヒト・コネクトームを人類が手に入れるのは今世紀末だと予想している（Seung 2012）。そうだとすると、全脳エミュレーションが可能になるのはそのもう少し後、来世紀初めくらいということになる。アメリカの経済学者ロビン・ハンソンも、『全脳エミュレーションの時代』でその時代が到来するのは、今から 100 年後だと予測している（Hanson 2016）。

要するに、手っ取り早く汎用 AI を実現するには、脳の機能を真似る全脳アーキテクチャのようなアプローチが有力だが、そういう方式で作った汎用 AI は、人間がもつすべての感覚や感性、欲望を備えるわけではないので、人間と全く同じような判断や振る舞いを行うことはできないということである。

3 クリエイティブ・エコノミーはユートピアをもたらすか？

それゆえ、

・クリエイティヴィティ系（Creativity、創造性）
・マネージメント系（Management、経営・管理）
・ホスピタリティ系（Hospitality、もてなし）

といった3つの分野の仕事はなくならないだろう。こういった仕事では、自分の感性や感覚、欲望にもとづいた判断を必要とするからだ。

「C：クリエイティヴィティ系」は、曲を作る、小説を書く、映画を撮る、発明する、新しい商品の企画を考える、研究をして論文を書く、といった仕事だ。「M：マネージメント系」は、工場・店舗・プロジェクトの管理、会社の経営など。「H：ホスピタリティ系」は、介護士、看護士、保育、ホテルマン、インストラクタなどの仕事である。本章では、これらの仕事をまとめて「CMH」と呼ぶことにする。

とはいえ、CMHの職に就いている人々が、未来においても安泰かというとそうではなく、こういった分野でも、AI・ロボットが進出してきて、いわば「機械との競争」にさらされる。AIは、過去の作品を参考にして創作することはかなり得意になってきている。例えば、マイクロソフトが開発したAIは、17世紀オランダの画家レンブラントの新作であるかのような絵を作ることができる。バッハがいかにも作りそうな曲を作るのは人間よりもAIのほうがうまいくらいである。もし2030年くらいに汎用AIが出現し、十分普及するのが仮に2050年だとしよう（筆者は早くて2045年遅くて2060年と予測しているが、そうした予測にさしたる根拠があるわけではない）。その時残っているのは、クリエイティヴィティ、マネージメント、ホスピタリティ（CMH）に関わる仕事だが、そういった仕事すらも半分くらいは失われていてもおかしくはない。

一方で、これからAIが高度に発達して、たとえ汎用AIが出現したとしても、AIにはできないクリエイティブな職業が増えて、人間がそのような職業に就くようになるので、心配いらないという意見もあるだろう。確かに、近年ユーチューバーやティックトッカーなどの自分の表現を売りにするような職業が続々と増えている。イギリスのAI研究者マイケル・オズボーンは、AIが高度に発達した未来には「クリエイティブ・エコノミー」が到来すると予想している。AIなどの機械にできることは機械に任せて、人々はクリエイティブな仕事に専念できるようになるという意味である。

だが、クリエイティブ・エコノミーが全面化した社会は、やりがいという面からいえばユートピアであるものの、所得の面からいえばディストピアとなるだろう。クリエイティブな産業では、生活しているだけの所得を稼げる人はほんの一部であるから

だ。AIやロボットがどんなに雇用を奪っても、クリエイティブな仕事は残るので、みながそのような仕事に従事するようになるかもしれない。たとえそうだとしても、暮らせるほどに稼げない仕事ならばそれは趣味とさほど変わりなく、失業問題の解消にはつながらない。年収10万円以下の労働がたくさんあったとしても、それは雇用がないのと実質変わりがない。

　汎用AIが遠くない未来に本当に出現するかどうかはわからない。もし、出現するならば「機械の競争」に競り勝った一部のスーパースター労働者しか生活していけるだけの十分な賃金が得られないことになる。その時、例えば企業に課される法人税や一部のスーパースター労働者や株主などの資本家に課される所得税を財源にBIを実施しなければ、多くの労働者は食べていけなくなるだろう。

Ⅵ　ベーシックインカムは不可欠な制度となる

　ベーシックインカムの主要な目的は「すべての人々を貧困から救済すること」と「社会保障制度を簡素化すること」である。メリットとしては、ドメスティック・バイオレンスの減少やメンタルヘルスの改善も挙げられる。デメリットとしては、「労働意欲の低下」が指摘されてきたが、月当たり3万円〜15万円程度の給付では育休期間が長くなるといった望ましい理由での労働供給の減少しか発生しない。

　ベーシックインカムに比べて負の所得税のほうが遥かに財源が少なくて済む。だが、両者は同じ効果をもつように設計できるので、負の所得税に比したBIの実施困難性は、見せかけのものにすぎない。負の所得税は、生活保護に労働インセンティブを付けるとともに、条件を取っ払ったものと位置づけることができる。それゆえ、生活保護を望ましい方向へ拡充すると負の所得税つまりベーシックインカムと同様の制度になる可能性がある。ベーシックインカムの起源は、16世紀のトマス・モアの『ユートピア』や18世紀のトマス・ペイン、トマス・スペンスの提案にまで遡ることができる。だが、現代につながる起源は、20世紀のクリフォード・ヒュー・ダグラスの国民配当とミルトン・フリードマンの負の所得税だ。

　近年はAIが失業を増大させる懸念を背景に、BIに関する議論が活発化している。ただし、これまでの議論は、AIを「特化型AI」と「汎用AI」に分けて考えていない。特化型AIが雇用に及ぼす影響は、これまでの機械の延長上にある。ただし、特化型AIは既存のIT同様に格差を拡大させる可能性がある。

　したがって、汎用AIが出現しなくても、特化型AIが進歩し普及するだけでも、

ベーシックインカムの必要性は高くなる。汎用 AI が出現するかどうかはわからないが、それが出現し普及したならば多くの雇用が消滅するかもしれない。クリエイティヴな仕事などは残るだろうが、クリエイティヴな産業で食べていけるだけの所得を得られる人は、ほんの一握りだ。クリエイティヴな仕事がたくさんあっても、食べていけないのならば雇用がないのも同然である。汎用 AI が出現すれば、多くの労働者が食べていけなくなる。その時、ベーシックインカムが単に必要とされるだけでなく、それなしに社会は立ちいかなくなるだろう。

参考文献

Atkinson, Anthony B.（1995）*Incomes and the welfare state: essays on Britainand Europe*, Cambridge University Press.

Atkinson, Anthony B.（2014）*Inequality: What Can Be Done?* Harvard Uni-versity Press.（山形浩生・森本正史訳『デジタルエコノミーはいかにして道を誤るか』東洋経済新報社，2015 年）

Avent, Ryan（2016）*Wealth of Humans*, Penguin Books.（月谷真紀訳『デジタルエコノミーはいかにして道を誤るか』東洋経済新報社，2017 年）

Bregman, Rutger（2016）*Utopia for Realists*.（野中香方子訳『隷属なき道　AI との競争に勝つ　ベーシックインカムと一日三時間労働』文藝春秋，2017 年）

Brynjolfsson, Erik and McAfee, Andrew（2011）*Race Against the Machine: Howthe Digital Revolution Is Accelerating Innovation, Driving Productivity, andIrreversibly Transforming Employment and the Economy*, Lightning Source Inc.（村井章子訳『機械との競争』日経 BP 社，2013 年）

Brynjolfsson, Erik and McAfee, Andrew（2014）*The Second Machine Age: Work, Progress, and Prosperity in a Time of Brilliant Technologies*, W W Norton & Co Inc.（村井章子訳『ザ・セカンド・マシン・エイジ』日経 BP 社，2015 年）

Cowen, Tyler（2013）*Average Is Over: Powering America Beyond the Age of the Great Stagnation*, Dutton Adult.（池村千秋訳『大格差：機械の知能は仕事と所得をどう変えるか』エヌティティ出版，2014 年）

Douglas, Clifford H.（1924）*Social Credit*.（上岡みお訳『社会信用論』Amazon Services International, Inc. 2018 年）

Fitzpatrick, Tony（1999）*Freedom and Security: An Introduction to the Basic Income Debate*, Macmillan Press.（武川正吾・菊地英明訳『自由と保障：ベーシック・インカム論争』勁草書房，2005 年）

Ford, Martin（2015）*The Rise of the Robots: Technology and Threat of a Jobless Future*, Basic Books.（松本剛史訳『ロボットの脅威：人の仕事がなくなる日』日本経済新聞出版社，2015 年）

Friedman, Milton（1962）*Capitalism and Freedom*, University of Chicago Press.（村井章子訳『資本主義と自由』日経 BP 社，2008 年）

Gordon, Robert J.（2016）*The Rise and Fall of American Growth: The U. S. Standard of Living Since the Civil War*, Princeton University Press.（高遠裕子・山岡由美訳『アメリカ経済成長の終焉 上・下』日経BP社，2018年）

Hanson, Robin（2016）*The Age of Em: Work, love and life when robots rule the Earth*, Oxford University Press.（小坂恵理訳『全脳エミュレーションの時代：人工超知能EMが支配する世界の全貌 上・下』エヌティティ出版，2018年）

Hicks, John Richard（1969）*A Theory of Economics History*, Oxford University Press.（渡辺文夫訳『経済史の理論』講談社，1995年）

Keynes, John Maynard（1936）*The General Theory of Employment, Interest and Money*, Palgrave Macmillan.（間宮陽介訳『雇用・利子および貨幣の一般理論 上・下』岩波文庫，2008年）

More, Thomas（1516）*Libellus vere aureus, nec minus salutaris quam festivus, de optimo rei publicae statu deque nova insula Utopia*.（平井正穂訳『ユートピア』岩波文庫，1957年）

Paine, Thomas（1797）*Agrarian Justice*, in Cunliffe, John and Erreygers, Guido（eds.）（2004）The Origins of Universal Grants An Anthology of Historical Writings on Basic Capital and Basic Income, Palgrave Macmillan.

Rawls, John（1988）"The Priority of Right and Ideas of the Good," *Philosophy and Public Affairs*, Vol. 17, No. 4, pp. 251-276.

Rhys-Williams, Juliet（1943）*Something to Look Forward to. A Suggestion for a New Social Contract*, Macdonald & Co.

Seung, Sebastian（2012）*Connectome: How the Brain's Wiring Makes Us Who We Are*, Houghton Mifflin Harcourt.（青木薫訳『コネクトーム：脳の配線はどのように「わたし」をつくり出すのか』草思社，2015年）

Shanahan, Murray（2015）*The Technological Singularity*, The MIT Press.（ドミニク・チェン、ヨーズン・チェン訳『シンギュラリティ：人工知能から超知能へ』エヌティティ出版，2016年）

Spence, Thomas（1797）*The Right of Infants*, in Cunliffe, John and Erreygers, Guido（eds.）（2004）*The Origins of Universal Grants An Anthology of Historical Writings on Basic Capital and Basic Income*, Palgrave Macmillan.

Standing, Guy（2017）*Basic Income*, Penguin Books Ltd., London.（池村千秋訳『ベーシックインカムへの道：正義・自由・安全の社会インフラを実現させるには』プレジデント社，2018年）

Van Parijs, Philippe（1995）*Real Freedom for All, What（if anything）can justify capitalism*, Clarendon Press, Oxford.（後藤玲子訳『ベーシック・インカムの哲学：すべての人にリアルな自由を』勁草書房，2009年）

Werner, Gotz Wolfgang（2007）*Einkommen fur alle. Der dm-Chef uber die Machbarkeit des bedingungslosen Grundeinkommens*, Kiepenheuer & Witsch, Koln.（渡辺一男訳『すべての人にベーシック・インカムを』現代書館，2009年）

井上智洋（2014）「機械が人間の知性を超える日をどのように迎えるべきか？：AIとBI」シノドス（https://synodos.jp）

井上智洋（2015）「人工知能が人間を超える日に備えよ」『週刊エコノミスト』毎日新聞出版

井上智洋（2016）『人工知能と経済の未来：2030年雇用大崩壊』文藝春秋

井上智洋（2018）『AI時代の新・ベーシックインカム論』光文社

小沢修司（2002）『福祉社会と社会保障改革：ベーシック・インカム構想の新地平』高菅出版
萱野稔人（2012）『ベーシックインカムは究極の社会保障か：「競争」と「平等」のセーフティネット』堀之内出版
原田泰（2015）『ベーシック・インカム』中央公論新社
BBS NEWS JAPAN（2018）「フィンランド、ベーシック・インカム試験運用を延長しないと決定」（https://www.bbc.com/japanese/43875603）。
山森亮（2009）『ベーシック・インカム入門』光文社
山森亮（2018）「フィンランド『ベーシックインカム実験失敗』報道は"誤報"？ 理念とは程遠いその実態」BUSINESS INSIDER JAPAN（https://www.businessinsider.jp/post-166698）

第 9 章 歴史──「大自動化問題」論争の教訓[i]

若田部昌澄

I はじめに:「今回は違う」のか

現代は、夢が実現する時代である。……われわれの眼前で進行しているのはきのうまでの夢がいくつか集まって、重大なというより、むしろ恐るべき現実に転化していく姿にほかならない。……技術進歩の結果、機械が人間に代わって、仕事をうばってしまうのではないかという不安が、近年しだいに高まっている（Theobald 1967, 27-28；邦訳 7、10 頁）。

近年の機械学習・人工知能の台頭で、機械化・自動化がもたらす福音、希望を謳う議論の一方で、人々が仕事や所得を失うのではないかという不安、恐怖、懸念が強く表明されるようになってきた。一般向けの著書でも、「第 2 次機械時代」の到来にいかに備えるかという議論が盛んになっている。そこでは教育・訓練などのミクロ経済学的対応、マクロ経済政策的対応、そして究極の対策としてのベーシックインカム、最低保証所得といったさまざまな提案がなされている（Atkinson 2015; Ford 2015; 井上 2016; Bregman 2017; 本書第 8 章）。

ただし、歴史的にみると機械に対する恐怖や懸念は決して新しい現象ではない。むしろ、近代経済成長は絶えざる変化を特徴としており、経済学はその歴史を通じて機械に対する不安、恐怖、懸念に対応してきたといえる。また、現在議論されているようなミクロ経済学的、マクロ経済政策的な対応、あるいはベーシックインカムは、まさに近代経済成長がもたらす富を前提とし、機械化・自動化に対する反応として登場

---

[i] 資料収集にあたって、デューク大学で在外研究中だった古谷豊東北大学大学院経済学研究科教授のご協力を得た。また、ラダイト運動をめぐる経済史の文献については学習院大学大学院経済学研究科博士後期課程の柿埜真吾氏にご教示頂いた。記して感謝したい。なお、本論文は個人の見解であり、現在所属する組織とは関係がない。また、引用は原則として歴史的記録として原文のまま引用している。さらに引用については邦訳のあるものは参照したが、一部表現を変えている。

してきたものである。経済学は機械の登場が経済に与える影響をどのように論じてきたのか。その影響に対応するためにどのような処方箋を書いてきたのか。本章では、経済と経済学の歴史を参照しながら、機械が経済に与える影響についてさまざまな経済学者たち（その範囲は極めて広いし異質でもある）がこれまで行ってきた議論を概観する。具体的には、1960年代のコンピュータの出現と人工知能の萌芽を背景とした米国での自動化をめぐる論争を中心として取り上げる。本章で問いたいのは、果たして「今回は違う」のかどうかである（Mokyr et al 2015）。歴史を紐解けば現在いわれている機械化・自動化の雇用への不安は極めて古い問題であり、それへの分析や処方箋もすでにかなり出そろっていた。また、機械化・自動化の問題と、ベーシックインカム、最低保証所得などの各種政策処方箋との関連がつけられていた点でも注目に値する。

　1960年代の大自動化問題（the Great Automation Question）論争の研究は、19世紀初頭から中葉にかけての機械問題（the Machinery Question）の研究に比べると、未開拓である[1]。一般向けでは Rifkin（1995）が言及しているものの、学術的なものは少数に限られる[2]。Ford（2015）には、後述する『三重革命』についての記述があるものの、それを大自動化問題論争の文脈に位置付けてはいない（Ford 2015, 29-31）。学術論文としては Hong（2004）、Woirol（1996）、Akst（2013）などがある。Hong（2004）は科学・技術史の観点から、1960年代のノーバート・ウィーナーのサイバネティックス、ルイス・マンフォードや同時代の哲学者らの議論を紹介している。しかし、経済学者を含む社会科学者の議論には触れていない。Bix（2000）は1929年から

---

1) 機械問題をめぐる経済思想史的研究は汗牛充棟である。代表的なものは、Berg（1980）である。これは、アダム・スミスからフリードリッヒ・エンゲルス、ジョン・スチュアート・ミルまでの時代の経済学者、保守派からラディカル派までの社会思想家が機械問題をいかに論じたかを最も包括的に概観している。当時のいわゆる異端派については、Clayes（1987）が詳しい。この本では、ロバート・オーウェンとオーウェン主義者たちを中心として、機械問題への関心が社会主義へと結びついていく経緯をたどっている。これに加えて、デイヴィッド・リカードウの機械論についての研究論文が膨大に存在する。ただし、Uchiyama（2000）が正しく指摘しているように、リカードウの機械論は機械による失業を論じたというよりも、固定資本の導入が一時的に労働需要を減少させる可能性を論じたものであり、自動化の文脈で通常想像される技術的失業の議論とは異なることには注意すべきである。経済史の領域では、Mokyr et at（2015）が便利である。なお、17世紀後半から19世紀後半にかけての文学を含む多彩な領域における機械についての言及を収集したものとして、Jennings（1985）がある。
2) Rifkin（1995）は、原爆の父といわれている物理学者J・ロバート・オッペンハイマーが本章で取り上げる「三重革命」文書と関係していたとするなど、事実関係に誤りがある（Rifkin 1995, 81）。

1981年までの米国における技術的失業をめぐる論争を研究しているが、その焦点は経営者、労働者、エンジニアの議論にあり、経済学的側面はほとんど触れられていない。また、Woirol（1996）は技術的失業と構造的失業をめぐる経済学者の議論を丁寧に展望した研究であるが、大自動化問題論争におけるもう1つの重要な側面である貧困、最低保証所得との関連については言及が少ない。Akst（2013）は、当時の経済学者の議論について最も詳細に検討しているものの、貧困との関連、経済学者についての政策処方箋についての分析はやはり少ない。

　経済思想の観点からすると、大自動化問題論争は、第1に、経済思想の多様な思想の交差点であった。まず経済学における主流派と異端派の対立を挙げることができる。主流派の側には当時の新古典派総合的ケインジアンであるロバート・ソロー、ポール・サムエルソンらがいる。ハーバート・サイモンも、他の点においてはともかく、自動化が雇用に与える影響においては主流派に属する。彼らは、基本的に自動化は失業を増やさないと考えていた。つまり、技術的失業には懐疑的であった。他方、異端派には、ロバート・ハイルブローナー、ベン・セリグマンらがいた。彼らは、短期的には主流派と結論は一致することはあっても、長期的な技術的失業の可能性については懸念をしていた。もう1つの次元は、学界経済学者と非学界経済学者の対立の次元である。非学界経済学者の例として、本章ではドナルド・マイケルとロバート・セオバルドを取り上げる。彼らは当時の論争においては大きな影響力を与えていた。

　第2に、大自動化問題論争は自動化だけをめぐる論争ではなかった。それは自動化、失業、貧困という3つのテーマの合流地点であった。この3つのテーマの合流を理解することが、現代の人工知能・ロボットの台頭をめぐる論争を理解するカギともなる。

　第3に、大自動化論争は優れて政策的な論争であり、それゆえに多様な経済学者が多様な媒体（メディア）において参加し、政策担当者が応答するという形を取った。この点も、現代への教訓を考えるうえで極めて重要である。本章では非学界経済学者のドナルド・マイケルやロバート・セオバルドだけでなく、特にロバート・ハイルブローナーの役割に注目する。ハイルブローナーは経済思想史の入門書など多数の著作で著名であるが、生涯を通じて自動化の影響と技術的失業に関心を抱いていたことはあまり知られていない[3]。自らは思想的には異端派に属しながらも、主流派とも幅広い交友関係を維持していたことから、ハイルブローナーは大自動化論争のさまざまな

3）ハイルブローナーの関心は、Heilbroner（1962）から始まる。しかし、ハイルブローナーの思想を体系的に研究したCarroll（1998）は、自動化、技術的失業についての彼の関与に言及していない。

局面に——あたかも狂言回しのように——関与していた。

本章の構成は以下のとおりである。次の節では、1960年代米国の大自動化論争を取り上げる。最後の第Ⅲ節では、大自動化問題論争から現代に対して何を学べるかを論じる。

Ⅱ 「大自動化問題」論争

機械は、可愛い子ちゃんを例外として、この国ですべてを置き換えようとしており、ケネディ大統領も懸念を表明している（American Assembly 1962, 1 に引用されているジェームズ・レストンの発言）。

1 背景

1960年代の米国では自動化への関心が飛躍的に増大した。Google Books Ngram Viewer を用いて、自動化という言葉が題名に使われている書籍の数を検索すると、1960年代にかけて1つのピークを形成していることがわかる（図9-1）[4]。ちなみに、コンピュータが知能を有して人間に反乱を起こすというスタンレー・クーブリック監督の『2001年宇宙の旅（2001: A Space Odyssey）』が公開されたのは1968年であった。

なぜ1960年代に自動化論争が勃発したのか。第1に、サイバー化（cybernation）についての注目が集まったことがある。「サイバネティックス」という用語はノーバート・ウィーナーの造語ではなかったが、彼が提唱したこの概念は、コンピュータの発達に伴い1950年代を通じて広がりをもち（Hong 2004）、1962年になるとドナルド・N・マイケルは、サイバネティクスと自動化（automation）を組み合わせてサイバー化という言葉を編み出すにいたる（Michael 1962 ; Theobald 1965, 31）。1962年に刊行された彼の『サイバー化』（Michael 1962）は、「自動化に警鐘をならす文献の古典」（Woirol 1996, 95）の地位を占めるに至る。マイケルは20年後にはすべての仕事がコンピュータによって行われ、人間にはコンピュータを運営する技術者の仕事しか残らないと予測し、1962年には自動化の影響を論じる多くの文献が発表された。こうした背景の下、時のケネディ米大統領は、1962年2月14日、「60年代の主要な

---

[4] もう1つのピークは1980年代後半であり、これはRifkin (1995) の刊行と符合する。その後、この用語が用いられなくなったのは、人工知能やロボットといった別の用語に置き換えられたためと思われる。

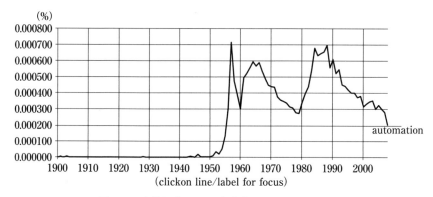

図 9-1 書籍題名に見る自動化への関心の動向

出所：Google Books Ngram Viewer

国内での課題は……自動化が人間を置き換えているときに完全雇用を維持することだ」と述べている[5]。

　第 2 に、貧困問題への注目が集まったことである。民主社会主義活動家のマイケル・ハリントンが 1962 年に出版した『別のアメリカ』(Harrington 1962) は、米国民の 25％ が貧困層に置かれていると宣言して、大きな衝撃を与えた。この本は著名な批評家ドワイト・マクドナルドによって『ニューヨーカー』誌で大々的に紹介された (Macdonald 1963)[6]。また同時期に『ニューヨーク・タイムズ』紙では名物記者ホーマー・ビガートによるケンタッキー州東部の貧困状況についてのルポが掲載された (Bigart 1962)。さらに、1963 年 3 月には著名ジャーナリストのハワード・K・スミスが貧困をテーマにテレビ番組を作成している。これらがきっかけとなって 1964 年、ジョンソン政権で「貧困との戦い」が開始されることになる[7]。

---

5) 発言は記者会見でのもの。https://www.jfklibrary.org/Research/Research-Aids/Ready-Reference/Press-Conferences/News-Conference-24.aspx

6) ケネディ大統領はこの記事とハリントンの本を読み、貧困問題の広汎さと根深さに気が付くようになったという (Hargrove and Morley 1984, 169-170, 180)。

7) ケネディ、ジョンソン政権で「貧困との戦い」に関与した政策担当者たちの証言による (Gillette 1996, 3, 5)。なお「貧困との戦い」については、Russell (2004) が興味深い。この本では、ケインズ派経済学者が主導権を握ったがゆえに、総需要管理政策による失業率減少にケネディ政権の力点が移行し、結果として「完全雇用」は達成されず、貧困問題は放置されたと論じている。むしろ、当時の労働省が論じた構造的失業の議論のほうが正しかったという (Russell 2004, 38-39)。もっとも、ここでいう「完全雇用」は、文字どおり全員が就業することを意味しており、そもそも経済学者の概念と異なることに注意したい。

Ⅱ 「大自動化問題」論争　309

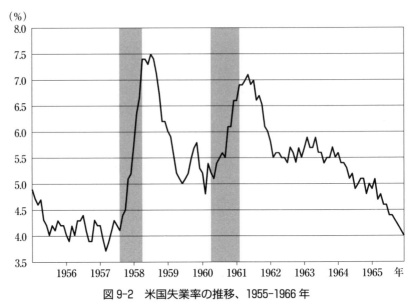

図 9-2　米国失業率の推移、1955-1966 年

出所：米国労働統計局、サンフランシスコ連銀 FRED

　第 3 に、何といっても 1950 年代の後半から 1960 年代の前半まで失業率が高まったことが挙げられる（National Commission on Technology, Automation, and Economic Progress 1966; Lekachman 1966; Akst 2013）。現在では、この時代は高い成長率と低い失業率の時代として知られているが、当時の人々にとっては失業率の高止まりは深刻な問題として受け止められていた。失業率は 1958 年に 7.5％に達し、それから一時下がったものの、1961 年には再び 7％に上がっている（図 9-2）。失業率の高止まりは、当時のケネディ政権にとって大きな課題として認識されていた。ケネディが大統領候補としての指名を獲得した 1960 年 7 月に開催された民主党党大会では、民主党は 5％成長率目標を政策公約としていた。こうした背景の下、ケネディ政権はケインズ的マクロ経済政策の発動（特に減税）、貧困対策、そして自動化問題に取り組むことになる。

2　論争の当事者たち

　論争参加者の一翼を担ったのは、当時「新しい経済学」と呼ばれた新古典派総合の経済学者たちであった。代表的な経済学者はポール・サムエルソン、ジェームズ・ト

ービン、ロバート・ソロー、アーサー・オークン、そしてウォルター・ヘラーといった人々である。このうち、ヘラーは、1961年から1964年まで大統領経済諮問委員会委員長を務め、ここに挙げた経済学者らを糾合し、当時の経済政策形成に大きな影響力を及ぼしていた。彼ら経済学者たちは失業率の高止まりに対しては、総需要管理政策の適切な運用によって下落することができると考えていた。いわゆる構造的失業率についても、完全雇用を継続することで「溶けていく（melt away）」という意見であった（Samuelson 1961）。

それに対して政府部内でも労働省長官W・ウィラード・ワーツらは、高止まりしている失業率を構造的失業率と捉え、その引き下げを要求していた。彼らは構造的失業率の引き下げのために構造的労働政策を提唱していく[8]。

第3のグループは、異端派とでもいうべき人々である。ここには、経済学者のロバート・ハイルブローナー、ベン・セリグマン、そしてアマチュア学者のセオバルドらが入る。彼らは新古典派総合の経済学者たちの提案を評価しないわけではなかったが、彼らは経済学について懐疑的批判的であり、最低保証所得といったより根本的な解決策を志向する。

3　新古典派総合：オークン法則の発見

新古典派総合の経済学者たちは、短期においてはケインズ理論、長期においてはソローの経済成長理論を用いた。失業については総需要管理政策によって失業率を下げることができると考え、構造的失業という概念そのものについて懐疑的であった。サミュエルソンとソローは、失業率と賃金変化率との関係を表したフィリップス曲線を失業率とインフレ率の間に見られるべき理論的関係として読み替え（Samuelson and Solow 1960）[9]、アーサー・オークンは、実質成長率が増えると失業率が下がるという統計的関係、いわゆるオークン法則を発見するに至った（Okun 1962）。

実践面では大統領経済諮問委員会の政策提言にまとめられることになる。ロバート・ソローは後年、1962年の『大統領経済報告』にまとめられた当時の大統領経済諮問委員会の見解を次のようにまとめている。「1962年のマクロ経済政策の主要な任

---

8) Russell（2004）は、ワーツらの側の活動を中心に描いている。
9) 通説では、この論文はインフレ率を許容することで失業率を下げることができるという政策メニューを示したものとされている。ただ、サミュエルソンとソローは、確かに政策メニューについて提示していたものの、物価版フィリップス曲線の関係は安定的とはいえず、曲線がシフトする可能性についても明確に認識していた。そして、彼らは失業率を下げるためのインフレ政策を提唱していたわけでもなかった（Forder 2014, Chapter 2）。

務は、現在の GNP と潜在 GNP の間の『オークン・ギャップ』を埋めることにあった。それ以外では、我々の経済は潜在 GNP に達したとしても投資が少ない状況にあると信じるにたる理由があった」(Solow 2000, 121)。したがって、この報告書では経済の構成を消費から投資に徐々に変えていくことを提案している。具体的には設備投資だけでなく、(公衆衛生、教育そして少数派への機会拡大といった) 人的資本への投資、研究開発 (特に基礎研究) の促進、天然資源の保護改善を提言している。後にみるようにこの考え方は、政府の公式見解に取り入れられていくことになる。とはいえ、ケネディ政権発足時に「新しい経済学」が決して権威として確立し、安泰な地位にあったわけではなかった。ケネディ自身も大統領選は辛勝であったことは忘れてはならない (Hargrove and Morley 1984, 164)[10]。「新しい経済学」は、大自動化問題論争においては、重要ながらも数多くいる登場人物の一つにすぎなかった。

4　『三重革命 (Triple Revolution)』の衝撃

　論争が拡大するきっかけは『三重革命』と題された文書の公開である。この文書は、民間の研究機関である Center for the Study of Democratic Institutions (CSDI) が中心になって作成したものである[11]。巻末にはノーベル化学賞受賞者のライナス・ポーリング、後にノーベル経済学賞を受賞する経済学者のグンナー・ミュルダール、技術史家のジョナサン・ヒューズ、学生運動家として名を成すトッド・ギトリン、トム・ヘイドンら 34 名の賛同者が名前を連ねているが[12]、この文書の作成のイニシアティブをとったのは CSDI のウィルバー・H・フェリーであり、内容面ではロバート・セオバルド[13]とドナルド・N・マイケル (Donald N. Michael, 1923-2000)[14]が

---

10) なお、この時期に「技術進歩の経済学」が始まったことも注目に値する。例えば、Mansfield (1961)、Arrow (1962) 等を参照のこと。アローは、1964 年『大統領経済報告』に関与することになる。

11) 原文は以下で読むことができる。http://scarc.library.oregonstate.edu/coll/pauling/peace/papers/1964p.7-01.html

12) 全員の名簿は、以下のとおり。Todd Gitlin, Roger Hagan, Michael Harrington, Tom Hayden, Ralph L. Helstein, Frances W. Herring, Gerard Piel, Michael D. Reagan, Ben B. Seligman, Robert Theobald, William Worthy, Alice Mary Hilton, Maxwell Geismar, Philip Green, H. Stuart Hughes, Linus Pauling, John William Ward, Hugh B. Hester, Gerald W. Johnson, Irving F. Laucks, Gunnar Myrdal, A. J. Muste, Louis Fein, Stewart Meacham, Everett C. Hughes, Robert Heilbroner, Irving Howe, Bayard Rustin, Norman Thomas, Dwight Macdonald, Carl F. Stover, Donald G. Agger, Donald B. Armstrong, James Boggs.

13) セオバルドは、イギリス人の子としてインドで生まれ、ケンブリッジ大学、ハーヴァード大学などで経済学を学ぶ。

大きく関わっていたとされる（Bell 1976, 462n121）。

　この文書でいう三重革命とは、サイバー化（cybernation）、兵器（weaponry）、そして人権（human rights）の3つである。サイバー化とはドナルド・マイケルが『サイバー化』（Michael 1962）で提唱した造語である。この本は「自動化警鐘論者の古典的著作となり、直ちに広く引用されるようになった」（Woirol 1996, 95）と評価されている。

　『三重革命』はサイバー化を次のように説明している。

　「生産の新時代が到来した。その組織原理は、工業時代のそれが農業時代のそれと異なるように、工業時代の原理とは異なる。サイバー化革命をもたらしたのはコンピュータと自動化された自己制御機械の組み合わせである。その結果、ほぼ無制限の生産能力をもちますます人間の労働を必要としないシステムが生まれた。サイバー化はすでにその必要に合わせて、経済・社会システムを再組織化しつつある」（Ad Hoc Committee on the Triple Revolution 1964, 5）。

　1960年代はまさに冷戦、そして公民権運動の最中であった。しかし、この文書に特徴的でかつ驚くべきことは、著名な学生運動家が参画しているにもかかわらず他の2つの革命についてはほとんど言及せず、全編を通じてサイバー化を集中的に論じているところである。その理由は、他の2つが重要ではないからではなく（だとしたら革命として取り上げなかっただろう）、サイバー化がこの社会の問題を解決するカギを握っているからである。例えば人種の別なくすべての人の人権を保障することが望ましいとしても、人々の仕事が急速に喪失する世界ではそれは難しい、と述べている（Ad Hoc Committee on the Triple Revolution 1964, 5）。

　第1に、サイバー化革命がこれまでの農業革命、産業革命と異なる理由は、その進展のスピードである。そして、このサイバー化は米国で最も進展しているが、世界中で進行中である。第2に、「ほぼ無制限の生産能力」を有しているにもかかわらず、現在の産業社会のシステムは貧困の撲滅を行うことができておらず、国民の多くが最低所得水準以下の貧困ラインの下で暮らしている。現状からサイバー化の果実を国民

---

14) マイケルはハーヴァード大学で物理学の学士号、社会心理学の博士号を取得している。ワシントンDCで統合参謀本部、全米科学財団、ブルッキングズ研究所などを経た後、1967年からミシガン大学自然環境学部で計画・公共政策教授。1981年に引退。略歴については以下を参照した。http://ur.umich.edu/0001/Nov20_00/21.htm

全員にあまねく普及させるには市場に任せておくわけにはいかない。究極的には「社会は、適切な法・政府制度を通じて、あらゆる個人と家族に権利の問題として適切な所得を提供することに、無条件にコミットすること」が必要である（Ad Hoc Committee on the Triple Revolution 1964, 10）。これは最低保証所得の勧めに他ならない。

しかし、そこへの移行期にはそのための計画が必要である。この文書は、移行期について9点からなる提言をしている（Ad Hoc Committee on the Triple Revolution 1964, 11）。

1．教育水準の低い人々向けの大規模な教育体制の構築。そのためには連邦政府が毎年10万人の教員養成を必要とする。
2．雇用創出を目的とした大規模な公共事業。ダム、貯水池、港湾、水・大気汚染除去施設、自治体のリクリエーション施設など。
3．低価格住居を提供する大規模計画。
4．高速交通網の構築。
5．豊富で安価な石炭にもとづいた停滞地域での公共発電体制の構築。
6．陳腐化した軍事施設の民間転用。
7．租税構造の大改訂による再分配の変更。超過利潤税の拡張が重要になる。
8．労働組合の力の活用。
9．政府の許認可権限を用いてサイバー化の速度と方向性を規制し、サイバー化に伴う困難を最小化すること[15]。最低賃金規制と課税能力の活用。

この文書が当時与えた衝撃は、メディアでの反応に限らず、当時の著名人の言動からもうかがわれる。1968年3月31日にマーティン・ルーサー・キング・ジュニア牧師が生前最後に行った日曜説話「大革命の中で覚醒し続けよ（"Remaining Awake Through a Great Revolution"）」にはサイバー化への言及がある（Ford 2015, 29-30）[16]。また、最低保証所得が論壇で大きく取り上げられるきっかけともなった（Steensland 2008, 35-6；Perucci and Pilisuk 1968）。同じキング牧師は、1967年に書いた最後の著作で、最低保障所得を貧困根絶のための「最も単純」で「最も効果的な手段」とみ

---

[15] この提言は、不平等削減のためのアンソニー・アトキンソンの提言1（Atkinson 2015, 115-123; 邦訳131-141頁）に極めて似ている。
[16] キング牧師の日曜説話の原文は以下のHPで入手できる。https://kinginstitute.stanford.edu/king-papers/publications/knock-midnight-inspiration-great-sermons-reverend-martin-luther-king-jr-10

なすようになっていた（Van Parijs and Vanderborght 2017, 89）。

5　政府が反応する（1）：1964 年『大統領経済報告』

　1964 年 1 月に発表された『大統領経済報告』は、新古典派総合の立場からの失業率の高止まり、技術進歩、貧困問題への回答である。これはジョンソン大統領が「貧困との戦い」を真正面から宣言した直後の『報告』であり、第 2 章で「アメリカにおける貧困問題」が取り上げられている。この章を執筆したロバート・ランプマンは、後にジェームズ・トービンによって「貧困との戦いの知的設計者」と呼ばれることになる（New York Times 1997）[17]。後にみるように、ランプマンは負の所得税の提唱者の 1 人となる（Moffit 2004）。

　技術進歩については第 3 章「技術進歩の望みと問題」で取り上げている[18]。本章は、最初に技術進歩のもたらす恩恵について論じた後、急速な技術進歩が完全雇用の達成に及ぼす影響や技術進歩の地域、産業、技能別に与える不均等な影響を紹介し、最後に政府が調整を促進するためになしうるための政策の議論という構成を取っている。

　その背景として、報告は次のように述べる。「技術変化のもたらす数多くの恩恵を認めるからといって、仕事の転換過程でよく生じる人的な犠牲を曖昧にしてはならない。ウエスト・ヴァージニア州の失業した炭鉱労働者、都市のスラム街に密集する地方からの移住者、望まぬ早期退職に追い込まれる高齢労働者、そして技能の陳腐化と先任特権の喪失で稼得力と手当の権利が蚕食されている中年労働者たちのことである」（Economic Report of the Presidet 1964, 85-86）。貧困問題と技術変化の問題が重なっていることがわかる。

　報告は「(1) 我々の生産力は生産物を購入する欲求・必要と能力を上回っており、我々の経済の新しい仕事を創出する能力をも上回っている、(2) 技術変化はかつてよりもはるかに速いスピードで仕事を破壊している」という 2 つの見解を、事実と反しているとして明確に否定する（Economic Report of the President 1964, 94）。とはいえ、もちろん自動的に完全雇用国民生産物が維持できるように総需要が提供されるわ

---

[17] ランプマンは、ウィスコンシン生まれ。ウィスコンシン大学マディソン校にて、エドウィン・ウィッテ（1935 年社会保障法の起草者）の指導の下で 1950 年に経済学博士号を取得している。1962 年から 63 年にかけて大統領経済諮問委員会で働いた後、母校に戻り、Institute for Poverty Research を設立、所長を務めた。

[18] 技術進歩の経済分析についての古典的論文（Arrow 1962）を書いたケネス・アローがスタッフとして関与している。

けではないから、総需要管理政策の役割がある。「幸運にして、経済政策、特に財政・金融政策の一層の精緻化は、こうした目標の達成をこれまで以上に容易にしている」(Economic Report of the President 1964, 95)。さらに、技術変化が経済全体としての失業をもたらさないとはいえ、技術の変化に応じて労働者の置き換えが進むことは間違いない。そこでそうした個別の部門別失業に対する対策は必要である。この章は、次のような言葉で結ばれている。

「技術進歩の脅威を感じている家計にとってそれを恐怖とみなすことは理解できることである。賢明で有効な民間・公的な施策がなければ、そうした恐怖は現実のものとなる。しかし、全体を評価して見れば、過去においても将来においても、技術進歩の利益は明らかであり、公共政策はそれを阻止するのではなく促進しなければならない。機械が我々の主人になる、急速な変化を我々は吸収できず適応できない……といった考え方に屈服すること——こうした敗北主義的な考え方は我々の受け継いできたものとは相いれないし、正当化されない。なぜならば、長年にわたって科学・技術の知識が増大しているように、我々の社会・経済体制と制度についての理解——自由社会における政府の適切な役割も含まれる——も増しているからである。こうした知識を応用することで、すべての市民が急速な変化の果実を享受できるのである」(Economic Report of the President 1964, 111)。

6　経済学者が議論をする (1)：サミュエルソン対ハイルブローナー

『三重革命』に参画したハイルブローナーは、大自動化論争全体を通じて、あたかも狂言回しのような形で、さまざまな場面で関与することになる。その1つは、サミュエルソンとの往復書簡である[19]。サミュエルソンは、まさに新古典派総合の代表者である。自動化問題について直接の論考を書いたことはないが、1961年に上下両院の合同委員会の証言で、循環的失業と構造的失業を明確に区別することはできず、総需要管理政策で失業率を下げることが重要と述べている。また「自動化については専門家ではない」としつつ、生産性について革命的な変化が起きているわけではなく、技術的失業については否定的な意見を述べていた (Samuelson 1961, 142)。一方のハ

---

19) Box 47, Paul A. Samuelson Papers, David M. Rubenstein Rare Book & Manuscript Library, Duke University.

イルブローナーは、伝統的理論には限界があるという立場から、「技術の社会的影響が無害なものという信念は現代の信仰の中でも最も悲劇的なものに終わるかもしれない」（Heilbroner 1962, 25）と書いていた。

最初に書簡というより葉書を送ったのはハイルブローナーであった。1964年4月9日付である。それはハイルブローナーらのグループ（『三重革命』起草に関与した人々）は、サミュエルソンを無償所得受給者リストに入れるのに全員一致で同意した、というものである。もちろん、これは『三重革命』文書にかこつけた冗談である。対して、サミュエルソンは4月13日付書簡で返信をしている。冗談に答えて、私は清教徒ではない（から無償所得を受け取ってもよい）と言ってから、ハイルブローナーらの心情を批判するものではないが、その分析は批判する、と付け加えるのを忘れない。サミュエルソンは、「国の負債について言われていることを除けば、自動化と技術的失業について言われていることほどナンセンスなことはない。『右派』の信じるナンセンスが国の借金だとしたら、『リベラル派』の信じるナンセンスは自動化だ」と手厳しい。

これに対して、ハイルブローナーは直ちに反論を寄せる。4月15日付の書簡で、彼はあの文書に名を連ねた経緯は複雑で、公表されるものとは思っていなかったと前置きしつつ、自分の議論のどこがナンセンスなのかと問いかけ、本題に入る。ハイルブローナーは自身の議論を次の5項目にまとめている。第1に、第1次産業部門の雇用は縮小しており、今後もそうなるだろう。第2に、製造業部門の雇用は一定であり、次の10年間に、年率3-4％で増加すると考えられる労働人口の成長を吸収することは難しい。第3に、第3次産業部門の雇用が過去10年間における新しい雇用の主たる源泉だが、すでに消費支出に占めるサービスの割合は1929年の水準に達し、今後の伸びは難しいだろう。したがって第4に、労働需要の伸びは労働供給の伸びを下回るだろう。第5に、このギャップの解決策として、教育期間の延長と引退の早期化を提言している。「君が『自動化』問題を真剣に捉えていないのは驚きだ。この問題を私は、（a）（労働供給の警戒すべき増大と相まった）労働需要の非弾力性、（b）技術の各部門での雇用創出能力を恒常的に引き下げるのに技術が果たす決定的な役割という意味で理解している」（下線は原文ママ）。最後に、「私はオオカミ少年になっているだろうか」と結ぶ。追伸で「君の意見に興味がある。ぜひ考えを聞かせてほしい」と付け加える念の入れようである。

サミュエルソンの回答は4月24日付である。冒頭で彼は、高失業率を避けることができないことは大きな欠陥だという。ここからは失業率の高止まりが大自動化論争

の背景であることが読み取れる。しかし、事実が示すところでは、自動化の影響は定性的にも定量的にも見当たらない、とハイルブローナーの議論を退ける。第1に、農業部門の雇用は縮小するだろう。第2に、製造業の人・時間数は傾向として減っている。しかし、この「ウィーナーとサイバネティクスの時代」においてもその傾向が加速してはいない。第3に、(1) サービスに対する財生産の減少は、昔からの傾向である。加えて1929年の水準を最高水準とする議論はおかしい。(2) 第1次・第2次部門の雇用が減少しているのに同意するならば、なぜサービス産業の雇用に限界があると考えるのか。財政・金融政策が可処分所得を増やさないと考えているのか。それとも可処分所得が増えても雇用を増やすものに支出をしないと考えているのか。ガルブレイスの本にもかかわらず、需要が飽和しているという証拠はない。(3) データは、(ホワイト・カラー、ブルー・カラーを加えた) 労働力／産出物の比率が過去よりも下がっていることを示しているだろうか。そうでないとしたら議論は成り立たない。そうだとしたら、なぜ可処分所得の上昇によって相殺されていないのだろうか。第4に、結論は政策について何も述べていない。第5に、第3の (3) についての証拠を示さない限り、労働供給が縮小するという議論は成立しない。サミュエルソンの筆致は、容赦がないものであった。ここで前提とされているのは、財政・金融政策の支えがあれば経済の可処分所得は増え、雇用が創出されるというものである。この前提を、当時のケインジアンたちは一貫して保持することになる。

4月28日付書簡で、ハイルブローナーは再反論を試みている。冒頭で彼は、デイヴィッド・リカードウとトマス・ロバート・マルサスの書簡でのやり取りを引き合いに出して、なぜ自分の議論が理解されないのか、と嘆く[20]。その後、ハイルブローナーは自説をくり返し、2人のやり取りは終わっている。ハイルブローナー本人が嘆いたように、この構図はソローとハイルブローナーの議論でも反復される。

7 経済学者が議論をする (2)：ソロー対ハイルブローナー

自動化をめぐる論争は『パブリック・インタレスト』(*The Public Interest*) 誌上での特集に発展した。『パブリック・インタレスト』は現在でも続くオピニオン雑誌だが、「大自動化問題 (The Great Automation Question)」と題された特集の舞台は創刊第1号第1巻であり、この問題に対する当時の関心の高さがうかがわれる。

---

[20] 経済学史上、リカードウとマルサスが長年にわたり書簡を通じて意見交換と論争をくり返してきたことはよく知られている。ハイルブローナーも、『世俗の思想家たち』で取り上げている。

ソローの論文「技術と失業」(Solow 1965) は、当時の主流派経済学者の代表的見解であり、その基本的立場は（ソロー自身はこの言葉を使っていないが）まさに新古典派総合のそれである[21]。冒頭でソローは、「急速な技術変化と高失業率が存在するところでは、この2つは人々の頭の中で必然的に結びつくことになる」と指摘し、大恐慌の頃や現在、技術的失業についての議論が盛り上がっていることは驚くには値しない、という。ただ、大恐慌時にはより切迫した問題があったことだけでなく、経済学者には「全体としての所得と雇用についての使える理論がなかった」(Solow 1965, 17)。しかし、いまや「経済学者はそうした理論を手に入れた」というソローからは、当時の経済学の現状に対する自信のほどがうかがわれる。それにもかかわらず「奇妙なことに、現在の議論は専門的経済学の外部で主に起きているように見受けられる」(Solow 1965, 17) とするソローは、一般向けの議論によくみられる2つの議論のパターン、すなわち、技術革新が職を破壊する以上に職を創り出すという議論も、技術革新が職を破壊するという議論も誤りであるという。「自動化はより多くの職を創り出すか、それとも破壊するか」に対する経済学的に正しい答えは、原理的には答えられるかもしれないが、事実の問題としては答えようがない、というものだ。ソローの結論は明確である。

　「大自動化問題は……答えようがないというだけでなく、間違った問いかけでもある。重要な点は、非常によい第1次近似としては、*合衆国における総雇用量は技術進歩率によっては決まらない*、というものだ。理論も観察も教えてくれるように、現代の混合経済は、適切かつ積極的な財政・金融政策の武器を用いることによって、どのような技術変化率のもとであっても完全雇用を達成することができる」(Solow 1965, 19：斜体は原文ママ)。

　この結論を支えている観察は国際比較である。西ドイツ、イギリス、米国ではそれぞれ技術進歩の速度は違うものの、これまで失業は大きな問題とはなっていない。けれども、ソローの本領は理論的解明にある。自身の成長理論を前提として、経済の生産

---

[21] 周知のとおり、この用語はサミュエルソンの著名教科書『経済学』の第3版 (1955年刊行) から使われ始めた。なお、ソローは、1965年12月21日のハイルブローナー宛書簡では「ケインズ経済学と古典派経済学の標準的な組み合わせ (standard combination of the Keynesian and the classical)」という用語を用いている (Box 1, Robert M. Solow Papers, David M. Rubenstein Rare Book & Manuscript Library, Duke University)。

能力は、労働、資本、そして技術によって決まるとする（Solow 1965, 20）。これは「潜在的」国民総生産、あるいは「完全雇用」国民総生産に該当する[22]。一方、現実の生産は各経済主体の行う支出額、総需要によって決まる。現実の産出高が生産能力よりも緩慢にしか成長しないならば、失業率が上昇し、現実の産出高が能力よりも早く上昇すれば、失業率は下落する。1962年央から63年央にかけて失業率が5.6％にとどまった理由は、実質国民総生産の成長率が3％にすぎなかったためであり、4％成長が達成できるならば、失業率は下がるだろう。この「オークンの法則」（Solow 1965, 22）の観点からすれば、1964年に導入された減税はアメリカ経済政策史上の記念碑的一里塚であり、「寓話に対する経済学の勝利（the triumph of Economics over Fable）」である（Solow 1965, 21）。実際、1963年央から64年央にかけて実質成長率は5％に到達し、失業率は5.7％から5.2％へと下落した。ソローは、オークンの法則の作用をみて、国民経済があたかも時計のように動いているという印象を述べている（Solow 1965, 22）。技術進歩率は異なれども、完全雇用の確保は可能である。ただ、その確保は自動的に起きるものではない。むしろ、財政・金融政策その他の手段を有効に組み合わせなくてはならない（Solow 1965, 23）。

対するハイルブローナーは、まさにソローに代表される主流派経済学に対して明確に懐疑的であった。経済学史の学識を生かして、彼は主流派経済学が技術的失業の問題を無視・軽視してきたことから始めている。機械が人間の仕事を遂行することに対して持続的に懸念してきたのは、ラダイト運動に参加した人々やマルクスといった「経済思想の地下世界」の人々であったと。

ハイルブローナーは、まず次のような事実から出発する。第1に、各産業の生産性の向上で、人間を雇用する必要性がなくなっていること、第2に、これまでとは異なり、新しい技術により「分類、ファイル化、点検、計算、記録、比較、承認」するといったオフィス労働者のこれまで守られてきた技能が脅威にさらされていることである（Heilbroner 1965, 33）。もっとも、技術が雇用を脅威にさらすかどうかは複雑な要因による。労働力人口の増加率が増えれば失業問題は深刻になるし、また経済成長率が上昇すれば問題は軽減される。したがって、経済成長率の加速は1つの解決策である。ただ、ソローとは異なり、ハイルブローナーは経済成長については懐疑的である。まさに技術的失業の観点からは、経済成長率の上昇と失業の増大が両立するかもしれないからだ（Heilbroner 1965, 34）。別の解決策は労働時間の短縮である。とはいえ、

---

[22] ソロー成長理論の歴史的背景については、Boianovsky and Hoover（2014）を参照のこと。

労働時間の調整には労使の合意が必要であり、時間がかかる。最終的には週30労働時間かそれ以下にまで下がるとしても、この「決定的に重要な10年」くらいでは実現可能性が低い。そこで、彼は現在必要なのに充足されていない雇用の拡充を目指す。都市部では適切な住宅供給が不足しており、街路や公園は美観に欠け維持されておらず、市民の治安は低下しており、子供は教育が不足しており、若者、高齢者、病人はケアが不足している (Heilbroner 1965, 36)[23]。こうした事業への雇用増加が求められる。「経済思想の地下世界では、願望と御伽噺が思考と事実にとって代わることが多いが、基本的な予想については正しかったのである」(Heilbroner 1965, 36)。

　2人の理論的な違いは明白である。ソローの理論は新古典派総合のそれであるのに対して、ハイルブローナーのそれは技術的失業の可能性や労使間の調整の難しさなどを考慮した「地下世界の経済思想」であった。こうした理論的な違いから、政策提言も対照的であった。ソローが財政・金融政策による総需要の維持を主眼としたのに対して、ハイルブローナーは市場において供給不足に陥っている財・サービスでの雇用創出に力点を置いていた。

　その後、2人は公表された刊行物で議論を戦わせることはなかったが、直後に往復書簡を交わしている[24]。最初に書簡を書いたのはここでもハイルブローナーであった。ハイルブローナーは、2人の意見の相違は意外に少ないとしつつ、技術は今やオフィス・行政部門の仕事を蚕食しつつあるとして、具体的にどのような雇用が残されているのか、と問いかける。一方のソローも、2人の立場は相いれないものではないとしつつ、市場経済においては部門間の調整が働くので技術的失業の可能性は低いと論じる。もちろん、(1) 変化が大規模で急激な場合には移行期の問題が深刻になる、(2) 平時でも失業は存在するが、波乱が起きると政府の経済安定化の役割は増す、(3) 変化が人口・教育動態よりも急速に変化する場合といった限定条件を付けるのを忘れない。そのうえでソローは、需要が飽和する理論的な可能性はあるものの、その場合は需要が飽和しているのだから問題はないこと、そして生産性が上昇して実質賃金が下落するためには、資本収益率が大きく上昇しなくてはならず、これまでそれは起きていないことや将来もおきにくいと論じる。この関連で、ソローはハーバート・サイモ

---

[23] この認識は、当時一世を風靡したジョン・K・ガルブレイスの『豊かな社会』(Galbraith 1958) とも共通している。ガルブレイスは公的部門、インフラストラクチャーへの過少投資を問題視していた。

[24] Box 1, Robert M. Solow Papers, David M. Rubenstein Rare Book & Manuscript Library, Duke University.

ンの著作『人間と経営に及ぼす自動化の形』（Simon 1965）の参照を求めている。この本にハイルブローナーは批判的書評を書くことになる。

8　経済学者が議論する（3）：ハーバート・サイモンの参戦

サイモンといえば、限定合理性、意思決定理論、人工知能の先駆的研究者としても知られる[25]。そうした経歴から、サイモンの著作は人工知能の発達が人間を淘汰していくといった論調を予想するかもしれない。しかし、サイモンの議論はそうではなかった[26]。議論を整理するために、彼は従来の左派と右派という区別ではなく、「コンピュータと自動化に何ができるか」という技術的側面と、「コンピュータと自動化が経済や雇用や組織形態にいかなる影響をもたらすか」という経済的側面をみることを提唱する。そのそれぞれに急進主義（radicalism）と保守主義（conservatism）を区別すると、次の4類型ができる。第1の技術的急進主義は「コンピュータは人間ができることは何でもできる」、第2の技術的保守主義は「コンピュータは人間がプログラムしたことしかできない」、第3の経済的急進主義は「巨大な生産力が生まれ、特に未熟練技能労働者の大量の失業が発生し、残されたごく少数の人々はシステムの主人となるか、機械の奴隷になっている」社会を予測する。対して、第4の経済的保守主義は「自動化を産業革命の単なる継続したものとみなす。生産性は上昇し続けるが、以前ほど急速ではなくなり、資本がどれだけ利用可能かが上昇率の上限を定め、経済は完全雇用を維持し、経済社会の姿は過去と同じであり続ける」（Simon 1965, xi-xii）。

こうした分類の後、サイモンは自らの立場を技術的急進主義と経済的保守主義の組み合わせという。「私は次のことを信じている。コンピュータは人間ができることは何でもできるようになるだろうし、すでにコンピュータは読むことも、考えることも、学ぶことも、創造することもできる。コンピュータと自動化は生産性上昇に継続的に貢献するが、その上昇率は加速しないし、そうした生産性上昇に面しても完全雇用は維持されるだろう」（Simon 1965, xiii）。

彼の経済学的保守主義の基礎は、新古典派の経済学である。利子率が一定である限り、技術変化による生産性の上昇は実質賃金の上昇をもたらす他はない（Simon 1965, 13）。市場経済では要素価格の変化を通じて調整が働く。実際、事実もこのことを裏

---

25) サイモンの経済思想の位置づけは、Crowther-Heyck（2015）を参照のこと。
26) サイモンの著作は序論と3部から成り立っている。1965年に刊行されているものの、そのうち第Ⅱ、Ⅲ部は1960年時点で出版された論考の収録であり、自動化問題への彼の関心の早さをうかがわせる。

付けている。産業革命以来実質賃金は右肩上がりで上昇しているし、資本の総国民所得に占める割合は一定か、少し下落している（Simon 1965, 19）。しかし、労働の熟練度に差がある場合にはどうなるだろうか。技術変化が特定の労働にのみ有利・不利に働くためには、次の2つの仮定が必要となる。第1に、技術変化がある種の労働を別の種類の労働よりも多く代替しなければならない。第2に、ある種の労働から別の種類の労働に移ることが不可能か、極めて難しいかでなければならない。これらに対して、サイモンは、第1の可能性は事実によって反証されているとする。現代の工場は19世紀の工場と異なるスキルを要するが、その幅は高技能、低技能に偏っているわけではない。第2に、労働者の技能の幅は固定的でなく、異なる種類を移る移動性は低くないという。

第Ⅱ部の「企業は機械によって経営されるか」は、コンピュータが企業組織・経営に与える影響を分析している。サイモンの答えは、技術的急進主義を示すもので、中間経営層でも自動化が進展するというものである。ただし、どの程度のスピードで自動化が進展するかは、技術的要因ではなく経済的要因によって決まるという（Simon 1965, 47）。問題解決という観点からすれば、よく構造化された問題ほど自動化が進みやすくなる。経営者はあまりよく構造化されていない問題、すなわち監督（supervision）に取り組むことになる。こうしたサイモンの儀議論から、自動化された工場は業務を減らすと考えられるかもしれない。しかし、彼は刊行時から20年後に当たる「1985年までは、機械を用いて企業を経営できる技術的能力を有することになるだろう。しかし、1985年でも、我々が従事する業務は現在とほぼ同じだろう」（Simon 1965, 49）という。結局のところ、サイモンは自動化に伴う2つの「恐怖」、技術的失業の恐怖と「R・U・Rの恐怖」を退ける。後者は、ロボットの語源となったカレル・チャペックの古典的作品にちなんで、ロボットが人類を支配するという類の恐怖のことを指している。「私たちはロボットと慣れ親しんでいくことになろうが、それは私たちが現在自動車やショベルカーと慣れ親しんでいるのと同じように、友好的かつ慣れ親しんだものになるだろう」（Simon 1965, 50）。

サイモンは、さらに進んで第Ⅲ部「経営的意思決定の新科学」では、コンピュータが新しい意思決定を可能にし、ルーティーン化されたものは機械によってなされると論じると同時に、企業組織の基本的な構造は変化しないという。組織は、依然として物的な生産・流通システム、物的システムの日々の運営に関わるルーティーンのプログラム化された意思決定過程を扱う部門、プログラム化されない意思決定過程という3つの層から構成されるだろうし、部局の形態は変われども階層構造は残るだろうと

もいう。

　連続性を強調するのは、サイモンが人々の間にある「ロボットのステレオタイプによってよく不必要にも掻き立てられているさまざまな不安」を鎮静化させたいと考えたからでもある（Simon 1965, 109）。しかし、こうした見解の根底にはサイモンの人間観がある。「人間は問題を解決し、技能を利用する社会的動物である。空腹を満たした後には、2種類の経験が重要になる。人間の最も根源的な欲求は、それが何であれ、自分の技能を変化する任務に利用することである。……もう1つの欲求は、他の人間と意味のある暖かい関係を見出だすこと、つまり愛し愛され、経験を共有し、尊敬し尊敬され、共通の任務に取り組むことである」（Simon 1965, 110）。サイモンにとって、こうした経験は自動化・コンピュータ化によっては代替されえないのである。

9　政府が反応する（2）:『技術とアメリカ経済』報告書

　ジョンソン政権は1964年8月14日、委員会の設置を決定する[27]。直接の背景は、1963年の夏、全国的な鉄道ストライキの懸念が発生したことにある。労使仲裁にあたって、ケネディ政権は、技術変化が米国経済に及ぼす影響を検討する大統領委員会の設置を約束していたのである。委員会は「技術、自動化、経済進歩に関する全米委員会」として1965年1月に設立され、翌1966年の1月まで1年余りにわたって討議が続けられた（Bowen and Mangum 1966, 2）。

　委員会の目的は「技術変化の過去の影響と現在および将来の役割とスピードについて検証し評価すること、技術と経済の変化が生産と雇用に及ぼす影響を検証し評価すること、技術変化を促進し、変化に対応し、変化による置き換えられた労働者たちへの衝撃を緩和・予防するための費用を分担する政府の役割について提言を行うこと」などである（National Commission on Technology, Automation, and Economic Progress 1966, xiv-xv）。ただし、その予測期間は10年と限定されていた。委員長ハ

---

[27] ここでも再びハイルブローナーが関与している。彼はジョンソン政権の特別顧問であった歴史家エリック・F・ゴールドマン（Eric F. Goldman, 1916-1989）から、ジョンソン政権の課題と機会についての助言を求められ、1964年1月4日付けで返信している。その中で、彼は4点を提言しており、第1点目の10ないしは20年以内の米国における極度の貧困の根絶を目標とすべきことに加えて、第2点目として技術変化が経済にもたらす広汎な影響について、大統領の諮問する委員会を設置することを提言している。その委員会では、技術変化が主要な産業において雇用を消滅させていくスピード、技術変化の方向、雇用を吸収する産業、職業について研究することを課題として挙げている。こうした彼の提言がどこまで影響力をもったかは不明だが、ハイルブローナーの助言に対してはジョンソン大統領から感謝の書簡が届いている。Robert Heilbroner Papers, New School for Social Research Archive.

ワード・ボーエン（Howard R. Bowen, 1908-1989）は当時アイオワ大学の学長であった[28]。委員は14名で、主として企業経営者や労働組合委員長らから構成されており、学者は法学者のベンジャミン・アーロン、社会学者のダニエル・ベル、そして経済学者ロバート・ソローが加わっている。

1966年1月、委員会は『技術とアメリカ経済』という報告書を提出する。この報告書は、『三重革命』以来の自動化論争に対するアメリカ政府の公式回答と考えることができる。報告書は本文210頁であり、それに大部な付録が6巻刊行されている[29]。また、分量を半分程度に凝縮した要約版（Bowen and Mangum 1966）も市販されている。報告書は序論と11章から成り立っており、その目次は以下のとおりである。

序論
Ⅰ．技術変化の速度
Ⅱ．技術変化と失業
Ⅲ．変化に適応するための環境創出：雇用と所得
Ⅳ．変化への適応の促進：公共政策
Ⅴ．変化への適応の促進：民間施策
Ⅵ．技術と充足されていない人間と社会のニーズ
Ⅶ．社会のニーズに技術を適応する
Ⅷ．技術と労働環境
Ⅸ．公的意思決定の改善
Ⅹ．主要な結論と提言の要約

---

[28] ボーエンは、ワシントン州立大学卒業後、1935年にアイオワ大学で経済学博士号を取得している。1950年にはマッカーシズムの影響で、イリノイ大学の職を追われたこともある。

[29] 本章では原文を参照した。なお、原文とは体裁が異なるものの、以下で全文を読むことができる。http://onlinebooks.library.upenn.edu/webbin/book/lookupname?key=United%20States.%20National%20Commission%20on%20Technology%2C%20Automation%2C%20and%20Economic%20Progress

その付録は、次の6巻からなる。
第1巻：技術変化と雇用の展望
第2巻：技術変化の雇用に与える影響
第3巻：変化への適応
第4巻：技術変化が教育に含意するもの
第5巻：技術を充足されていない欲求に応用する
第6巻：技術変化の影響についての声明
　第1巻と第4巻は上のリンクから読むことができる。

XI. 個別の見解とコメント

　報告書の内容は、折衷的とも包括的ともいえる。その現状認識と予測、分析については、技術進歩を認めつつ、それが技術的失業をもたらしてはいないというものである。第1に、技術進歩のスピードが上がっている。とはいえ、今後10年を考えた時に、適切な公共政策がとられるのであれば、技術進歩のスピードが需要の増大で相殺できる以上に加速するという証拠はない。第2に、朝鮮戦争以降の失業率の上昇は、生産性上昇と労働人口の増大に対して現実の成長率が低すぎたことから生じた。第3に、生産性は高い生活水準を保証するために必要であり、失業の理由は総需要の不足に求められなければならない。現実の成長率を刺激するためには積極的な財政・金融政策が引き続き必要である。第4に、そうはいっても、技術変化が特定の職種、産業、地域の特定個人に影響を及ぼす可能性はある。第5に、そうした個人のうち最も影響を受けるのは教育を受けていない人々である。第6に、雇用の見通しは政策に依存する。

　次に政策提言は広範かつ多岐にわたるので、代表的なものを挙げる。第1に、過去2年間のより適切な財政政策は技術進歩と労働人口の増大にもかかわらず、失業を減らすことができる能力を示した。今後は、公共投資支出にも注力すべきである。第2に、財政・金融政策に最善を尽くしたとしても、教育、技能、経験の欠如、あるいは差別でハンディを背負った人々はいる。公的雇用の拡充によって政府が「最後の雇用者」となることを提言している。第3に、繁栄を享受できない人々のために、最低家庭所得を設けることが望ましい。第4に、広範な人々への教育機会の改善が望ましい。そこでは、14年間の公立学校での教育の無償化、高等教育への金銭的障害の除去、生涯教育、訓練など多岐にわたる提言がなされている。第5に、現在、将来の仕事の機会を幅広く知らせることが望ましい。具体的には、求人と求職を結び付ける全国規模でのコンピュータ・システムの創設を提言している。

　人々の技能の程度にあわせて、次のような対応策が提案されている。

(1) まずまず魅力的な技能を備え他に深刻な競争上のハンディを負っていない人にとっては、十分な仕事の機会と適切な所得は、財とサービスへの総需要の管理によって保障できる。
(2) 相対的に労働市場での競争能力が劣っている人々には、彼らの能力に応じて生産的な雇用機会が公的に与えられるべきである。

(3) 最善の環境においても、仕事に就くことができない、あるいはそうすべきではない人々がいるだろう。彼らに対しては、適切な所得維持の仕組みが存在すべきであり、許容可能な所得の最低限を保証すべきである（National Commission on Technology, Automation, and Economic Progress 1966, 50）。

基本的にこの報告書は新古典派総合の観点から書かれており、失業率は総需要と総供給の関係で決まり、技術的失業が発生する可能性は少ないとみなしている。また、マクロ経済政策に対する総需要管理政策、あるいは他の公共政策についての自信のほどが表れている。さらに、「最低所得給付」と「負の所得税」プログラムの検討を議会に進言している（National Commission on Technology, Automation, and Economic Progress 1966, 63）[30]。

10　異端派の議論：セリグマンとセオバルド

異端派の議論の代表として、ここではベン・セリグマン（Ben Seligman, 1934-1970）[31]とロバート・セオバルドを取り上げたい。ベン・セリグマンは1966年に、『コンピュータ文明とは何か』（Seligman 1966）を刊行している。この浩瀚な本にはハイルブローナーが序文を寄せており、2人の親密さをうかがわせる[32]。

この本の序文でハイルブローナーは「コンピュータがいまや、人間の能力の領域を大胆にも侵している」が、経済学者は事態の進行を真剣に捉えていないという。現代の経済学者は空想的な飛躍を好むが、技術の飛躍を理解していない。問題は将来である。自動化に関する政府報告書は「われわれは何ら心配することはない」というものである。それに対して「今後10年間という幅では、私はその結論と争う気はない」とハイルブローナーはいう。「最悪の場合でも、とくに高水準の需要を維持するための委員会勧告に従えば、テクノロジーが短時日で大規模な失業を生むことはありえないのである」（Seligman 1966, ix；邦訳8頁：ルビは原文ママ）。その点で、ハイルブロ

---

[30] 報告書では、ミルトン・フリードマン、ロバート・ランプマン、ジェームズ・トービンらが提唱していることに言及している。初期の提案については、Moffit (2004)、Van Prijs and Vanderborght (2017) Chapter 4 を参照のこと。

[31] セリグマンはニュージャージー州ニューアーク市生まれ。ブルックリン大学を卒業後、コロンビア大学で修士号を取得。その後、Council of Jewish Federations のエコノミストなどを経て、マサチューセッツ大学の教授を勤める。

[32] 1966年12月の労働省でのセミナー（Seminar on Manpower Policy and Program）にハイルブローナーが登壇した際に、司会を務めたのはベン・セリグマンであった（Heilbroner 1966b）。

ーナーはマクロ経済政策に反対しているわけではない。問題は 10 年以上先の将来を考えたときに、マクロ経済政策だけが解決策になるのかどうか、である。

セリグマンの主張は次の一文に要約されている。

「高い需要水準は経済の活力維持に不可欠であり、現代の根強い諸問題の解決の基礎としてぜひ必要なものである。が、それは必要条件ではあっても充分条件ではない。われわれは、急速な需要拡大の必要を充たすだけの資源とマンパワーが即座に入手可能であるといった仮定、あるいは在来の技能の陳腐化、労働力の地理的偏在、労働市場の要請に関するデータの不備などはさしたる問題ではないといった仮定に立つことは許されない。こうした問題へのいわゆる『構造的』対処が、1930 年代のような大不況時に際して有効であり得ないことは論をまたない。30 年代の不況時に求められたのは有効需要喚起による救済策であった。40 年代にも、戦争があったため、この救済等は効果を発揮した。また、最近においては、経済の急速な拡大の恵沢が享受されてきた。しかし、こうした動きは通常、民衆の大きな部分を後に取り残してきた」（Seligman 1966, 357；邦訳 420-1 頁）。

ここからわかるように、セリグマンも総需要管理政策を無視しているわけではない。特に総需要が不足している時には「構造的」対処は有効ではないことも認められている。しかし、総需要が満たされている時に生じる「構造的」問題には「構造的」対処が必要だというのが彼の考え方であった。

セリグマンは問う。「今日のテクノロジーの性格を考えた場合、金融財政政策のみに頼って低学歴者の雇用のそれの六倍の速さで拡大することが果たして可能であろうか？『減税一本槍』主義を唱える人びとが答えなければならないのはまさにこの質問なのである」（Seligman 1966, 357；邦訳 421 頁）。ここでの「減税一本槍」主義者とは当時のケインジアンを指していることは明らかである。

「明らかに、問題は経済の自己調節機能を説く人びとが示唆するよりもかなり複雑である。技術革新には、経済を破綻させずまたテクノロジーの進歩を停滞させることもない『最適速度』といったものがあり得るのだろうか？ オートメーションの間接的インパクトについてはどうであろうか？ すなわち、1 つの経済セクターにおけるオートメーションはどのような形で他のセクターに波及していくのであろうか？ オートメーションから派生する地理的条件の変化は、住民、産業、地方経

済にいかなる影響を与えるであろうか？ 需要は産出に追いついて行けるであろうか？ 資本蓄積は、貯蓄と投資、生産能力と需要との間の均衡が確実に保たれるような形で行なわれるであろうか？」(Seligman 1966, 357-8；邦訳 421-3 頁)

セリグマンの問いは、既存の主流派経済学の批判へと結び付いていく。

「ロバート・ハイルブローナーが述べたように、これらの疑問は、従来の経済社会理論がテクノロジーの問題に有効に対処し得ないことを暴露するものである。テクノロジーは現代の人間生活における中心的課題であり、伝統的経済理論が機械の問題と取り組む能力または意欲を持っていないことは、その信奉者たちが過ぎ去った何世代もの経済学者たちによって欺かれてきたことを示すに過ぎない」(Seligman 1966, 358；邦訳 422 頁)。

具体的には、自動化楽観論者として、ガードナー・アクリー、ロバート・ソロ[33]、ピーター・ドラッカー、ダニエル・ベル、ハーバート・サイモンらが批判の対象となっている。その要点は、雇用への影響は確実にあるし、経済学にとどまらない他分野との共同作業が必要というものである。ただし、セリグマン自身は、自らの理論を明らかにしていない。ただ、ソースタイン・ヴェブレン、クラレンス・エアーズら制度学派に共感を示しているのは明らかである。また、本書からは具体的な対応策として何をすべきかについての指針を得ることはできない。これはハイルブローナーとも共通している傾向である。むしろ明確な指針を与えたのはアマチュア学者とでもいうべきロバート・セオバルドであった。

セオバルドのサイバー化への関心は 1963 年に刊行された『自由人と自由市場』(Theobald 1963) に遡る。そこではすでに技術革新の急速な進展に対応する手段として保障所得（Guaranteed Income）を提唱している。1966 年、セオバルドは、そのものずばり『保障所得』(Theobald 1966) を編集する。経済学者のセリグマン、クラレンス・エアーズに加えて、社会心理学者のエーリッヒ・フロム、メディア論者のマーシャル・マクルーハンといった錚々たる論客が集結しており、本書は非正統の立場からするサイバー化論と保障所得論の合流点である。

本書は全3部と付録から成り立っている。第1部「事実の分析」は、R・H・デイ

---

[33] ロバート・ソローとは別人。

ヴィスによる「サイバー化の進展 1965-1985 年」、ベン・セリグマンによる「自動化と労働力」の 2 章、第 2 部「経済理論と社会経済の現実」では、セオバルドによる「保障所得概念の背景」、メノ・ローヴェンシュタインによる「保障所得と伝統的経済学」、エドワード・シュウォーツによる「資産調査に終止符」の 3 章、そして第 3 部「保障所得：自由か混沌か」はウィリアム・ヴォークトの「自然保護と保障所得」、クラレンス・エアーズによる「保障所得：制度学派の見方」、エーリッヒ・フロムによる「保障所得の心理学的側面」、ハーバート・マーシャル・マクルーハンによる「電気時代における保障所得」、コンラッド・アレンスバーグによる「文化の変容と保障所得」からなる。付録は、セオバルドの前著（Theobald 1963）からの保障所得に関する提言の抜粋である。

　編者自ら見解の統一をしていないと述べるように、本書の内容は多様である（Theobald 1967, 32；邦訳 14 頁）。むしろ、編者は合意形成よりも問題提起を目的としていた。とはいえ、本書の基調は明らかである。第 1 に、事実の問題としてサイバー化・自動化は広汎に進行し、深刻な雇用問題をもたらすと予測される。「サイバー化の最も深刻な影響の 1 つは、多数の人間が機械に置きかえられるということであろう」（Theobald 1967, 65；邦訳 57 頁）。第 2 に、そうした予測を踏まえると「近々のうちに、失業を最低水準におとすことが実現できないとなれば、社会経済制度の根本的変革が絶対の必要条件となるであろう」（Theobald 1967, 101；邦訳 103 頁）。ことに「全面的保障所得という提案は、正当なものであることがわかるであろう」（Theobald 1967, 99；邦訳 101 頁）。第 3 に、こうした新しい現実には既存の経済学では対応できない。「われわれは、サイバー化時代の新しい現実を踏まえて、理論を修正する必要に迫られている」（Theobald 1967, 105n2；邦訳 108 頁）。

　経済学の観点からは、クラレンス・エアーズの「保障所得：制度学派の見かた」（Ayers 1967）が興味深い[34]。制度学派らしく、エアーズは私有財産制度のような制度的工夫が経済成長をもたらしてきたことを認めつつも、新しい状況に合わせた進化が必要と考える。科学・技術の発展によって「産業は一般労働の必要を上回る急速な伸びを示しており、その結果、経済のはしごのいちばん下の段に、まだその足を定着

---

[34] エアーズは、マサチューセッツ州ローウェル生まれ。第二次大戦後におけるアメリカ制度学派を代表する経済学者として知られる。1917 年にシカゴ大学で哲学博士号を取得。アマースト大学を経て、1927 年から 68 年の引退までテキサス大学オースティン校で教鞭を取る。アマースト大学時代の教え子にタルコット・パーソンズ、テキサス時代の教え子に C・ライト・ミルズがいる。エアーズはすでに 1952 年の段階で、最低保障所得を支持している（Ayers 1952, 260-271）。

させていない多くの人を置き去りにしつつある。およそ全人口の五分の一に相当する何百万人にも達するこれらのひとびとは、はやりことばにしたがっていえば、豊かな社会の圏外で何とかやりくりして生きているのである」(Ayers 1967, 181；邦訳 209 頁)。ただし、彼は保障所得を総需要の創出と明確に結びつけており、過去の制度学派をケインズ経済学の知見によって進化させている。「経済の持続的成長はもとより、その健全性が、適度の総需要の量に依存することは、こんにち一般に認識されているところであり、過去において、連邦税の減税が比較的スムーズに通過した実例が、その何よりの証拠である。もちろん、これは 1930 年代における大恐慌の大きな教訓であった」(Ayers 1967, 169；邦訳 192 頁)。彼は新古典派総合の提唱していた減税政策にも賛意を表明していた。保障所得は「たえず増大する生産に見合うだけの需要量を創造し、未来永久に維持する」(Ayers 1967, 181；邦訳 209 頁) のに役立つ。それだけではなく、保障所得は「自分自身の向上をつうじて一般水準を向上させる人間の上流志向」(Ayers 1967, 181；邦訳 210 頁) に新たな制度的保障を与え、「世界経済の発展におけるあらたな一章を開くことになる」(Ayers 1967, 182；邦訳 210 頁)。

11　最後の局面：『ニューヨーク・リビュー・オブ・ブックス』

　1966 年 3 月、ハイルブローナーはサイモンとセオバルドの両著作を書評する機会に恵まれた。舞台は『ニューヨーク・リビュー・オブ・ブックス』である (Heilbroner 1966a)。これまでの議論から予想されるように、彼はどちらに対しても「間違っている」という。サイモンの技術的急進主義については評価するすべがないというものの、経済的保守主義については明確に批判している。その批判は、サイモンのいう比較優位の法則が作動しない可能性、とりわけ需要に限界がある可能性について向けられている。比較優位の法則の前提は、どこかで労働需要が減っても、別のところで労働需要が生じることにある。しかし、現在の成長率が続くと、平均家計の所得は 20 年後には 1 万 4,000 ドル、40 年後には 2 万 8,000 ドルになる。さらに成長が続くと 2025 年には 5 万 6,000 ドル、1 世紀後には 22 万 4,000 ドルに達する。それでも人類の需要に限界がないといえるのだろうか、と[35]。一方、セオバルドに対しては、最低所得補償の実現可能性を疑問視している。最低所得補償が実現する世界は素晴らしいが、現在の市場経済ではそれは実現できないと。セオバルドは、自らの経済的急進主義に含まれている政治的急進主義について無自覚である。それに対して翌号で、サイ

---

[35] なぜか、ここでの彼の計算は複利の影響を考慮していない。

モンとセオバルドは反論の機会を与えられている。サイモンは、所得が増えても需要に限界はないという（Simon 1966）。おそらくハイルブローナーは太陽が燃え尽きる日のことを心配しているのかもしれないと皮肉をいいながらも、所得が22万4,000ドルだろうと、それを支出できる人類の能力には信頼を寄せているという。セオバルドは、最低保障所得に対するハイルブローナーの見解の首尾一貫性のなさと優柔不断さを批判する（Theobald 1966）。『三重革命』では最低保障所得に賛成しながら、今は留保し、雇用の喪失を憂慮しつつ、長期的な最低保障所得の望ましさを認めながら長期の解決策について逡巡しているハイルブローナーに対し、態度を決めるべきだと迫っている。その後、ハイルブローナーが再反論を書いているが、それはこれまでの彼の主張を繰り返すものであった。論争は最後まで平行線を辿っていたのである。

12　論争の終焉と余波

　1964年2月26日、ジョンソン大統領は1964年歳入法を承認する。この法案そのものは1963年にケネディ政権で計画されたものだった。これによって、所得税はすべての所得階層で約20%引き下げられ、法人税も52%から48%へと引き下げられた。すでにソローが1965年の論文で触れていたように、1964年頃まで一時は5.5%を上回る水準に達した失業率が、1965年に4.5%、1966年には3.8%へとはっきりと低下傾向に入る。失業率高止まりへの懸念は大きく後退し、その頃には大自動化問題論争はほぼ終結する。

　「技術、自動化、経済進歩に関する全米委員会」のボーエン委員長が認めるように『自動化とアメリカ経済』報告書は、数々の批判も含め反響を呼んだが、現実の政策にはほとんど結びつかなかった[36]。報告書発表時には失業率が下落していたことに加えて、ヴェトナム戦争などの対外軍事行動が政府の優先事項となったこともある（Bowen and Mangum 1966, 7）。

　論争は下火になったものの、余波は続いた。1961年のサミュエルソンが、循環的失業と構造的失業の区別について疑問を呈していたことはすでに述べた（Samuelson 1961）。『技術とアメリカ経済』の付録論文で、ジョージ・ペリーは、目標とすべき失業率は、当時いわれていた4%ではなく、3.5%である可能性を示唆していた（Perry 1966）。アーサー・オークンは1973年の論文（Okun 1973）で「高圧経済論（high

---

[36] 批判の一例として、Lekachman (1966) を参照のこと。この論文では、報告書の内容よりも、いかに実現されるかという政治経済学の観点から現実性の乏しさを指摘している。

pressure economy)」を提唱するようになる。そこでは5％の失業率ではなく4％の失業率を目標として総需要を恒常的に増やしていくことによって、構造的失業とみなされる失業者も就業が可能になっていく理論的可能性が指摘されている。これは、大自動化問題論争を受けての新古典派総合の立場からの構造的失業論への1つの解答とみなすことができる。

　ハイルブローナーは、自動化問題に最後までこだわりをみせる。ハイルブローナーによるサミュエルソン『経済学』への返歌ともいうべき教科書『経済問題』（Heilbroner 1968）では、第3次・行政産業の雇用吸収力が失われ、大量失業が発生する可能性が示唆されている。しかし、そうした問題は1人当たり労働時間の減少、労働のシェアで乗り越えられるという。「本質的に、自動化のもたらす挑戦は仕事と余暇についての我々の態度の新しいバランスと、社会における仕事（と仕事の報酬としての所得）の公平なシェアのやり方を見出だすことにある」(Heilbroner 1968, 361)。

　1968年、最低保証所得はほとんど実現するかのように思えた。ポール・サミュエルソン、ジェームズ・トービン、ジョン・ケネス・ガルブレイス、ハロルド・ワッツ、ロバート・ランプマンの5名が主導して同年5月27日に発表された声明文「所得保証と補助に関する経済学者声明（A Statement by Economists on Income Guarantees and Supplements)」には125の大学から1,000名を超える経済学者の署名が集まった (New York Times 1968)。貧困との闘いに終止符を打つ大統領として歴史に残りたいと考えたリチャード・ニクソンは、貧困家庭への最低所得補償立法化の直前まで進んだものの、ほとんど偶然ともいうべき思わぬ反対にあって断念する（Bregman 2016)。こうして1960年代の大自動化問題論争はいったん幕を下ろすことになる。

III　おわりに：何を学ぶのか

> 歴史が何かを教えてくれるかといえば、過去は未来についてのガイドとしては不十分というものだ（Mokyr 2017, 32）

　機械化・自動化への基本的な懸念は歴史を通じて新しいものではない。それだけではなく、基本的な解決策もすでに歴史に見出だすことができる。ことに、1960年代米国の自動化問題論争では、機械化・自動化への処方箋として、マクロ経済政策による総需要管理政策、教育・訓練による労働者の適応能力の増大、最後の防御線としての最低所得保証といった現代でも議論される3つの処方箋が明確に提示されている。こ

の意味では、やはり歴史に先例はあり、「今回は違う」わけではない。

また、基本的な理論的・政策的対立もまた同様の構図を示している。マクロ経済政策による失業率引き下げか、構造的失業を強調するかで意見は分かれ、さらには既存の経済学を基本的に有用と考えるかと問題があるとみるかで意見は分かれていた。それは問題の範囲をマクロ政策で対応可能と考えるかそうでないと考えるか、変更対象とすべき制度の範囲をどこまでと考えるかをめぐる対立であった。自動化は雇用に影響しないと考える人々は、基本的には市場経済の調整能力に信頼を置いていた。もちろん、新古典派総合の経済学者たちは政府の政策の重要性を強調するのを忘れないが、やはり市場経済への信頼がある。他方、技術的失業を懸念する異端派の人々には根底のところで市場経済に対する懐疑がつきまとう。彼らは、自動化がオフィス労働者の雇用を減らすとすれば、次に労働者の雇用される産業部門は何かについて知ることが必要と考える。

さらに、結局のところ、この論争は希望と不安の綱引き、新技術のもたらす豊かさへの希望・夢と職を失うことへの不安・恐怖の綱引きであった。この構図は現代にも極めて共通している。ベーシックインカムへの関心が、2007年から2009年の世界的金融・経済危機後に増えたことは、不安が要因になっていることを示している。

現代の我々は何を学びうるだろうか。3点を指摘することができよう。第1に、マクロ経済政策的対応と機械化・自動化への対応を対立的に描く必要はない。あるいは、循環的失業と構造的失業の理論的対立を政策に持ち込む必要はないといえる。ヤン・ティンバーゲンのいう経済政策の定理を援用すれば、複数の目的がある場合には複数の政策手段が必要となるから、需要不足失業には総需要管理政策を、構造的失業には構造政策を利用すればよい。けれども、自動化による失業問題を解決するためにも、マクロ経済政策が前提となることについては、ハイルブローナー、セリグマン、エアーズといった当時の異端派の人々も理解していた[37]。

第2に、大自動化問題論争からは、急速な技術進歩への確信と「問題は解決できる」という強い意志が感じられる。1968年公開の『2001年宇宙の旅』では、人工知能の反乱が起きるのは2001年に想定されており、技術進歩のスピードについてはかなり楽観的であったといえる。また、結局失敗に終わったものの、米国において貧困家庭への最低所得補償立法化まで進んだことも当時の意志の反映であったろう。

---

[37] ただし、彼らがどこまでマクロ経済学を理解していたかについては議論のあるところである。例えば、セオボルドは、彼のいう過剰経済ではインフレは起きないと考えていた。

第3に、市場経済と政府の対応への不安が強い時代には、機械化・自動化への不安も強くなる。1930年代の大恐慌期には、技術的失業の議論が流行したこともある(Mokyr et al 2015, 37)。1960年代の大自動化問題論争のきっかけは、失業率の高まりと貧困問題への関心の高まりであり、経済成長率の高まりと失業率の改善でそうした不安が消失すると、大自動化問題論争も終焉を迎えた。

　未来は決して石に刻み込まれているわけではない。現在進行形の人工知能・ロボットをめぐる議論の帰趨も、人工知能やロボットの興隆に限られない経済を巡るさまざまな不安——グローバル化、所得格差など——がどのように取り組まれ、解消されていくかにかかっているだろう[38]。

参照文献

Ad Hoc Committee on the Triple Revolution (1964) *The Triple Revolution*. http://scarc.library.oregonstate.edu/coll/pauling/peace/papers/1964p.7-01.html

Akst, Daniel (2013) "What can we learn from past anxiety over automation?" *Wilson Quarterly*. https://wilsonquarterly.com/quarterly/summer-2014-where-have-all-the-jobs-gone/theres-much-learn-from-past-anxiety-over-automation/

American Assembly (1962) *Automation and Technological Change*, Englewood Cliffs, N. J.: Prentice-Hall.

Arrow, Kenneth Joseph (1962) "Economic Welfare and the Allocation of Resources for Invention," In *The Rate and Direction of Inventive Activity: Economic and Social Factors*, edited by the Universities-National Bureau Committee for Economic Research and the Committee on Economic Growth of the Social Science Research Councils, Princeton, NJ: Princeton University Press: pp. 609-26.

Atkinson, Anthony B. (2015) *Inequality: What Can Be Done?* Cambridge, MA: Harvard University Press.（山形浩生・森本正史訳『21世紀の不平等』東洋経済新報社，2015年）

Ayres, Clarence (1952) *The Industrial Economy: Its Technological Basis and Institutional Destiny*, Boston: Houghton Mifflin.

Ayres, Clarence (1967) "Guaranteed Income: An Institutionalist View," In Theobald 1967, pp. 169-182.

Bell, Daniel (1976) The Coming of Post-Industrial Society: A Venture in Social Forecasting, New York: Basic Books.（内田忠夫他訳『脱工業社会の到来：社会予測の一つの試み』ダイヤモンド社，1975年）

---

[38] 現代の経済社会をめぐるさまざまな不安については、Collier (2018) と Eichengreen (2018) を参照のこと。

Berg, Maxine (1980) *The Machinery Question and the Making of Political Economy, 1815-1848*. Cambridge: Cambridge University Press.

Bigart, Homer (1963) "Kentucky Miners: A Grim Winter," *New York Times*, Oct. 20.

Bix, Amy Sue (2000) *Inventing Ourselves Out of Jobs?: America's Debate over Technological Unemployment, 1929-1981*, Baltimore, MD: Johns Hopkins University Press.

Boianovsky, Mauro, and Kevin D. Hoover (2014) "In the Kingdom of Solovia: The Rise of Growth Economics at MIT, 1956-70," *History of Political Economy*, 46 (annual suppl.) pp. 198-228.

Bowen, Howard R., and Garth L. Mangum. Eds. (1966) *Automation and Economic Progress*. Englewood, Cliffs, NJ: Prentice-Hall.

Bregman, Rutger (2016) "The bizarre tale of President Nixon and his basic income bill," *The Correspondent*, May 17, 2016. https://thecorrespondent.com/4503/the-bizarre-tale-of-president-nixon-and-his-basic-income-bill/173117835-c34d6145

Bregman, Rutger (2017) *Utopia for Realists: And How We Can Get There*, London: Bloomsbury Publishing PLC.（野中香方子訳『隷属なき道：AIとの競争に勝つベーシックインカムと一日三時間労働』文藝春秋，2017年）

Carroll, Michael C. (1998) *A Future of Capitalism: The Economic Vision of Robert Heilbroner*, New York, NY: St. Martin's Press.

Claeys, Gregory (1987) *Machinery, Money, and the Millennium: From Moral Economy to Socialism, 1815-60*, Cambridge: Polity Press.

Collier, Paul (2018) *The Future of Capitalism: Facing the New Anxieties*, New York: HarperCollins.

Crowther-Heyck, Hunter (2015) *Age of System: Understanding the Development of Modern Social Science*, Baltimore: Johns Hopkins University Press.

Economic Report of the President (1964) Washington D. C.: Government Printing Office. https://fraser.stlouisfed.org/title/45#8135

Eichengreen, Barry (2018) *The Populist Temptation: Economic Grievance and Political Reaction in the Modern Era*, Oxford: Oxford University Press.

Ford, Martin (2015) *The Rise of the Robots: Technology and the Threat of a Jobless Future*, New York: Basic Books.（松本剛史訳『ロボットの脅威』日本経済新聞出版社，2015年）

Forder, James (2014) *Macroeconomics and the Phillips Curve Myth*, Oxford: Oxford University Press.

Galbraith, John Kenneth (1958) *The Affluent Society*, New York: Houghton Mifflin.

Gillette, Michael L. (1996) *Launching the War on Poverty: An Oral History*, New York: Twayne Publishers.

Hargrove, Erwin C., and Samuel A. Morley eds. (1984) *The President and the Council of Economic Advisers: Interviews with CEA Chairmen*, Boulder, CO: Westview Press.

Harrington, Michael (1962) *The Other America: Poverty in the United States*, New York: Macmillan.

Heilbroner, Robert L. (1962) "The Impact of Technology: The Historic Debate," In American Assembly, 7-25.

Heilbroner, Robert L. (1965) "Man and Machines in Perspective," *The Public Interest*, Vol. 1, No. 1, pp. 27-36.

Heilbroner, Robert L. (1966a) "Where Do We Go From Here?" *The New York Review of Books*, Volume 6, Issue 4, March 17, p. 12

Heilbroner, Robert L. (1966b) *Automation in the Perspective of Long-term Technological Change*, Washington, D. C.: U. S. Dept. of Labor, Manpower Administration.

Heilbroner, Robert L. (1968) *The Economic Problem*, Englewood Cliffs, N. J., Prentice-Hall.

Hong, Sungook (2004) "Man and Machine in the 1960s," *Techné: Research in Philosophy and Technology*, Vol. 7, No. 4. https://scholar.lib.vt.edu/ejournals/SPT/v7n3/hong.html

Jennings, Humphrey (1985) *Pandaemonium 1660-1886: the Coming of the Machine as seen by Contemporary Observers*, edited by Mary-Lou Jennings and Charles Madge, London: Deutsch. (浜口稔訳『パンディモニアム：汎機械的制覇の時代 1660-1886 年』パピルス，1998 年)

Lekachman, Robert (1966) "The Automation Report," *Commentary*, Vol. 41, No. 5, pp. 65-71.

Macdonald, Dwight (1963) "Our Invisible Poor," *New Yorker*, January 19. https://www.newyorker.com/magazine/1963/01/19/our-invisible-poor

Mansfield, Edwin (1961) "Technical Change and the Rate of Imitation," *Econometrica* Vol. 29, No. 4, pp. 741-766.

Michael, Donald N. (1962) *Cybernation: the Silent Conquest*, Santa Barbara, CA: Center for the Study of Democratic Institutions.

Moffit, Robert A. (2004) "The Idea of a Negative Income Tax: Past, Present, and Future," *Focus*, Vol. 23, No. 2, pp. 1-8. https://www.ssc.wisc.edu/irpweb/publications/focus/pdfs/foc232a.pdf

Mokyr, Joel (2017) "The Past and the Future of Innovation: Some Lessons from Economic History," http://www.nber.org/chapters/c14016.pdf

Mokyr, Joel, Chris Vickers, and Nicolas L. Ziebarth (2015) "The History of Technological Anxiety and the Future of Economic Growth: Is This Time Different?" *Journal of Economic Perspectives*, Vol. 29, No. 3, pp. 31-50.

National Commission on Technology, Automation, and Economic Progress (1966) *Technology and the American Economy*, Washington, DC: U. S. Government Printing Office.

New York Times (1968) "Economists Urge Assured Income," *New York Times*, May 27, 1968, pp. 1, 22.

New York Times (1997) "Robert Lampman, 76, Economist Who Helped in War on Poverty," *New York Times*, March 8, 1997. https://www.nytimes.com/1997/03/08/business/robert-lampman-76-economist-who-helped-in-war-on-poverty.html

Okun, Arthur M. (1962) "Potential GNP, its measurement and significance," Cowles Foundation, Yale University.

Okun, Arthur M. (1973) "Upward Mobility in a High-Pressure Economy," *Brookings Papers on Economic Activity*, 1, pp. 207-252.

Perry, George L. (1966) "Employment, Output, and Policy Requirements for Full Employment," *The Outlook for Technological Change and Employment. Appendix Volume I Technology and the American Economy, The Report of the Commission*, Washington, DC: Government Printing Office. I-193-202.

Perucci, Robert, and Marc Pilisuk. Eds.（1968）*The Triple Revolution: Social Problems in Depth*, Boston: Little, Brown and Company.

Rifkin, Jeremy（1995）*The End of Work: The Decline of the Global Labor Force and the Dawn of the Post-market Era*, New York: G. P. Putnam's Sons.（松浦雅之訳『大失業時代』TBS ブリタニカ，1996 年）

Russell, Judith（2004）*Economics, Bureaucracy, and Race: How Keynesians Misguided the War on Poverty*, New York: Columbia University Press.

Samuelson, Paul A.（1961）"Statement," in U. S. Joint Committee on Education and Labor, *Impact of Automation on Employment*. Hearings. 87th Congress, 1st Session, 130-146.

Samuelson, Paul A., and Robert Solow（1960）"An Analytical Aspects of Anti-Inflation Policy," *American Economic Review*, Vol. 50, No. 2, pp. 177-94.

Seligman, Ben B.（1966）*Most Notorious Victory: Man in An Age of Automation*, Foreword by Robert L. Heilbroner. New York: FreePress.（島村力・正慶孝訳『コンピュータ文明とは何か：追放される人間』サイマル出版会，1977 年）

Simon, Herbert A.（1965）*The Shape of Automation for Men and Management*, New York: Harper & Row.

Simon, Herbert A.（1966）"Letter to the Editors," *New York Review of Books*, Volume 6, Issue 9, May 26, 1966, pp. 32.

Solow, Robert（1965）"Technology and Unemployment," *The Public Interest*. Vol. 1, No. 1, pp. 17-26.

Solow, Robert. "The Kennedy Council and the Long Run," In George L. Perry, and James Tobin eds. *Economic Events, Ideas, and Policies: the 1960s and After*, Washington, DC: Brookings Institution Press, pp. 111-124.

Steensland, Brian（2008）*The Failed Welfare Revolution: America's Struggle over Guaranteed Income Policy*, Princeton: Princeton University Press.

Theobald, Robert（1963）*Free Men and Free Markets*, New York C. N. Potter.

Theobald, Robert（1966）"Letter to the Editors," *New York Review of Books*, Volume 6, Issue 9, May 26, 1966, pp. 32.

Theobald, Robert. ed.（1967）*The Guaranteed Income: Next Step in Economic Evolution?* Anchor Books. Garden City, N. Y.: Doubleday.（浜崎敬治訳『保障所得：経済発展の新段階』法政大学出版局，1968 年）＊原著は 1966 年に刊行．

Uchiyama, Takashi（2000）"Ricardo on Machinery: A Dynamic Analysis," *The European Journal of the History of Economic Thought*, 7, pp. 208-227.

Van Parijs, Philippe, and Yannick Vanderborght（2017）*Basic Income: A Radical Proposal for a Free Society and a Sane Economy*, Cambridge, MA: Harvard University Press.

Woirol, Gregory R.（1996）*The Technological Unemployment and Structural Unemployment Debates*. Westport, Conn.: Greenwood Press.

井上智洋（2016）『人工知能と経済の未来：2030 年雇用大崩壊』文春新書

事項索引

■英数字

AAAI　167
AI（Artificial Intelligence）　1
AI 技術失業　59
ALM モデル　29
CES 型の生産関数　23
CES 生産関数　15
CAI（Computer-aided instruction）　9, 111
CPS（Cyber Physical System）　239
Crypt currency　129
Directed technological change　8
Displacement effect　44, 46
Ed-tech　95
FICO スコア　141
Financial inclusion　135
GPT（General Purpose Technology）　205
ICT（Information and Communication Technology）　2
ICT 利用型教育資源　101, 102
IIC（Industrial Internet Consortium）　239
ICO（initial coin offering）　129
International Federation of Robotics　259
IoT（Internet of Things：モノのインターネット）　3, 13, 211
ISO（国際標準化機構）　249
Least Absolute Shrinkage and Selection Operator（LASSO）　132
LendingClub　141
Machine Learning　253
M-PESA　130
O*NET　31, 60, 65

OTD（originate-to-distribute）　137
Peer-to-peer（P2P）レンディング　128
PIAAC　76
Productivity effect　44, 46
Prosper　141
Regulatory arbitrage　138
Routinization 仮説（定型化仮説）　33
SAE（Society of Automotive Engineers）　165
Shadow banking　137
SBTC　25
TFP　91
Tinbergen の競争　24
too-big-to-fail　136
2 つの技術進歩　37, 41
3 つの V　209
『2001 年宇宙の旅（2001: A Space Odyssey）』　308

■ア 行

アシロマ原則　167
新しい経済学　18
アトキンソン、アンソニー（Anthony B. Atkinson）　282
アメリカ人工知能学会（AAAI）　167
アリペイ　130
暗号通貨　10
暗号通貨（crypt currency）　129
アンバンドリング　136
市場競争　2, 10
一般均衡型マクロモデル　5
一般均衡モデル　255
一般受容性　129
一般職業紹介状況調査　88

339

移動ロボット（Mobile Robotics） 253
イネーブラー 13
イノベーション 2, 13
イノベーションシステム 241
イノベーション戦略 14
イノベーター理論 1
入れ子型CES生産関数 265
インターネットアンケート 163
インダストリー4.0 215, 239
インフレ率 15, 259
ウィーナー、ノーバート（Norbert Wiener） 306
ヴェルナー、ゲッツ（Götz Wolfgang Werner） 291
ウェルビーイング 9
失われた20年 78
エアーズ、クラレンス（Clarence Ayres） 330
エコシステム（生態系） 233
エコシステム論 14
エッジコンピューティング 211
エンゲルス、フリードリッヒ（Friedrich Engels） 306
オーウェン、ロバート（Robert Owen） 306
オークン、アーサー（Arthur M. Okun） 311
オークン法則 311
オープンAPI 131
オズボーン 6
オフショアリング 70

■カ 行

械学習 6
回帰不連続デザイン 105
解雇費用 79
過学習（オーバーフィッティング） 133
価格の粘着性 15
格差 21, 252
影の銀行（シャドーバンキング：shadow banking） 137

仮説 25
価値保蔵性 130
学校資源 8
家庭環境 117, 119
家庭環境効果 8
ガルブレイス、ジョン（John Kenneth Galbraith） 291
過労死 90
関係特殊的（relation specific） 237
キーストーン 234
機械学習 3, 10, 64, 65, 66, 131, 209
機械学習（Machine Learning） 253
企業特殊的人的投資 78
企業特殊的スキル 80
技術失業 5, 21, 35, 62
技術、自動化、経済進歩に関する全米委員会 324
技術的失業 18
『技術とアメリカ経済』 325
規制回避（regulatory arbitrage） 138
教育ICT 7, 95, 96, 97, 107, 108, 110
教育経済 2
教育経済学 7
教育資源 101, 102
教育生産関数 8, 101
教育テクノロジー（Ed-tech） 8, 95
教員 9
教員効果 8
教員属性 114
教員の質 113, 115, 116
供給ショック 268
行政コスト 17
キング・ジュニア、マーティン・ルーサー（Martin Luther King, Jr.） 314
金融 2
金融危機 11
金融規制 10
金融政策 15
金融仲介業務 10
金融仲介コスト 10
金融ビジネス 9

金融包摂（financial inclusion）　10, 130, 135
金融論　9
クラウド・コンピューティング　3
クラウドファンディング　10, 128
クラウドレンディング　10, 128, 138
クラスサイズ効果　104
クーブリック、スタンレー（Stanley Kubrick）　308
クレジットカードローン　146
グローバル化　70
経済思想　18
経済成長　2, 3, 21, 252
ケインズ、ジョン・メイナード（John Maynard Keynes）　252, 290
ケネディ、ジョン・F（John F. Kennedy）　308
検索連動型のインターネット広告　208
減耗率　15
交通　2
購入意思　183, 193
功利主義的　196
高齢化　44
高齢労働力の活用　69
国際数学・理科教育動向調査（TIMSS）　105
国際成人力調査　76
国際ロボット連盟（International Federation of Robotics）　259
国勢調査　72
固定費　82
雇用　2, 3, 6, 59
雇用創出　5, 6, 21, 67
雇用の調整費用　79, 82
雇用の二極化　4, 6, 27, 31, 72
混合動機状況のゲーム　12

■サ　行

サービスロボット　248
債権回収　145
最低所得保証　18

サイバネティックス　306
再分配政策　2
サイモン、ハーバート（Herbert Alexander Simon）　18, 307
サムエルソン、ポール（Paul Anthony Samuelson）　18, 307
参加所得　281
産業革命　2
産業用ロボット　2, 248
参照グループ　117
参照効果　107, 118
シェアリングエコノミー　85
ジェネラリスト　78
仕事の要求度・資源モデル　91
システミックリスク　10, 137
自然独占　10, 136
失業　3, 6, 21, 59
実質限界費用　16, 259
自動運転　11, 161, 163
自動運転自動車　161
自動運転車　161
自動運転レベル　166
自動化関連の特許　49
支払意思額　12, 170
社会的規範　12, 191, 195
社会的受容　170
社会的ジレンマ　11, 162, 163, 169, 193
社会保障制度　17
就業構造基本調査　81, 88
修得主義　9, 122
需給ギャップ　259
出生動向基本調査　88
需要ショック　268
シュワブ、クラウス（Klaus Schwab）　245
障がい者雇用　69
上限金利　149
少子高齢化　68
情報通信技術（Information and Communication Technology; ICT）　2
情報通信白書　84

女性活躍推進　69, 89
所得移転　54
所得格差　2
所得再分配政策　16
ジョブ型　79
ジョブデスクリプション　79
ジョンソン、リンドン（Lyndon Baines Johnson）　310
人工知能　3
人工知能（Artificial Intelligence; AI）　1
新古典派総合的ケインジアン　307
深層学習　3, 65
人的資本投資　5, 53
人的投資　6
スキルプレミアムモデル　4, 23, 42
スキル偏向的技術進歩　4, 22, 25, 252
スコアリング　134, 141
スタンディング、ガイ（Guy Standing）　291, 292, 298
スペンス、トマス（Thomas Spence）　289, 301
スミス、アダム（Adam Smith）　306
生活保護　17
成果にもとづいた質の計測アプローチ　115
正規雇用　6, 79
正規雇用者　78
生産性　2, 3, 13, 21, 252
生産性効果（productivity effect）　44, 46
生産性のパラドックス　63
生産性パズル　257
セオバルド、ロバート（Robert Theobald）　307
世界銀行 2016　36
セリグマン、ベン（Ben B. Seligman）　307
先行者利益　10, 136
全脳アーキテクチャ　16, 275, 299
全脳エミュレーション　16, 275, 299
選別的社会保障　17

全要素生産性（TFP）　91
ソロー、ロバート（Robert Merton Solow）　18, 256, 307

■タ 行
第 4 次産業革命　245
大自動化問題　18, 306
代替効果　5
代替効果（displacement effect）　44, 46
代替の弾力性　15, 23, 265
『大統領経済報告』　315
タスク（業務）　4, 65
タスクモデル　4, 27, 37, 64
ダグラス、クリフォード・ヒュー（Clifford Hugh Douglas）　290, 301
チャットボット　69
チャペック、カレル（Karel Čapek）　323
中間層　27
チューニングパラメーター　133
超高齢社会　87
長時間労働　89, 90
賃金　6, 59
賃金格差　3, 22, 31
賃金構造基本統計調査　73, 78
通勤動向調査　1
ディープラーニング（深層学習）　210
デジタルファブリケーション　85
電子貨幣　130
電子決済　10
動学的一般均衡モデル　15
道徳観　172, 182, 183, 189
トービット分析　185
トービン、ジェームズ（James Tobin）　291, 310
独占的競争　15
特化型 AI　16, 70, 275, 276, 298, 301
トレーサビリティ　218
トロッコ問題　11, 162, 163, 179, 182, 196

■ナ 行
ニクソン、リチャード（Richard Milhous

Nixon) 291
ニッチプレイヤー　234
日本的雇用慣行　7, 78
ニューケインジアン・フィリップス曲線　267
ニューケインジアン・モデル　15, 258
『人間と経営に及ぼす自動化の形』　322
ノンルーティンタスク　4, 28, 32, 72

■ハ 行
ハイエク、フリードリッヒ（Friedrich August von Hayek）291
配置転換　78
ハイルブローナー、ロバート（Robert L. Heilbroner）18, 307
波及効果　4
働き方　6, 7, 59, 68, 89, 90
パネルVAR　262
『パブリック・インタレスト』　118
ハリントン、マイケル（Michael Harrington）310
パレース、フィリップ・ヴァン（Philippe Van Parijs）282、291
反射問題　318
汎用AI　16, 70, 275, 276, 298, 299, 301
汎用的技術（GPT：General Purpose Technology）13, 205
ピア効果　8
比較優位　5
ビジネスイノベーション　13, 14
ビジネスエコシステム　14, 233
非正規雇用　6, 81
ビッグデータ　3, 10, 13, 65, 131
ビットコイン　129
人手不足　68, 87
人との高い代替性　251
貧困の罠　17
フィッツパトリック、トニー（Tony Fitzpatrick）283, 285, 286
フィリップス曲線　16, 259
フィンテック　9, 127

付加価値モデル　101, 104
普及曲線　1
物価　2, 15
物価変動　258
負の所得税　17, 275, 282, 285
普遍主義的社会保障　17
プラットフォーム　235
プラットフォーム・リーダーシップ　14, 236
フリードマン、ミルトン（Milton Friedman）17, 277, 278, 282, 290, 291, 301
ブロックチェーン技術　130
分散型記帳　130
米国自動車技術会（SAE: Society of Automotive Engineers）165
ベーシックインカム　16, 19, 275, 276, 281, 300, 305
ベーシック・キャピタル　288
ベニス、ウォーレン（Warren Gamaliel Bennis）245
『別のアメリカ』　310
ペイン、トマス（Thomas Paine）288, 289, 301
ヘラー、ウォルター（Walter Wolfgang Heller）311
法規制　189
方向付けされた技術変化　37, 3
補完的イノベーション　7, 63, 68, 91
ボーエン、ハワード（Howard R. Bowen）324
ボネフォン、ジャン・フランソワ（Jean-François Bonnefon）163

■マ 行
マイケル、ドナルド（Donald N. Michael）307
マクロ経済　2
マクロ経済学　3
マクロ経済政策　18
マクロ経済成長　36
マッチング　140

事項索引　343

マルサス、トマス・ロバート（Thomas Robert Malthus）　318
マンフォード、ルイス（Lewis Mumford）　306
ミード、ジェイムズ（James Meade）　283
ミル、ジョン・スチュアート（John Stuart Mill）　306
ムーアの法則　63
無差別曲線　157
メンタルヘルス　90, 91
メンバーシップ型　79
モア、トマス（Thomas More）　17, 288, 301
モノづくり　216
モラルハザード　11, 144
モンテカルロ・シミュレーション　270

■ヤ　行
ユニバーサル・ベーシックインカム　277, 281

■ラ　行
ラッダイト運動　21, 62, 305, 320
ラッダイトの誤謬　21, 62
ランプマン、ロバート（Robert J. Lampman）　315
リカードウ、デイヴィッド（David Ricardo）　306
履修主義　122
リスク回避　157
リスク許容度　144
リスク資金供給　158

流動性　5, 14, 78, 80
倫理　12
倫理観　195
ルーティンタスク　4, 7, 28, 32, 72, 78
ルーティンタスク集約度　76, 83
レオンチェフ、ワシリー（Wassily Leontief）　43, 52
歴史　2, 18
レギュラライザー　133
労働経済　2
労働経済学　5, 59
労働市場　252
労働市場の二極化　252
労働分配率　255
労働保蔵　78
労働力率　69
ロールズ、ジョン（John Bordley Rawls）　282
ロジャース、エベレット（Everett M. Rogers）　1
ロボット税　54
ロボット装備率　15, 258
ロボットの浸透率　47
ロボティクス　3

■ワ　行
ワークエンゲージメント　91
ワークライフバランス　89
ワーツ、W・ウィラード（William Willard Wirtz Jr.）　311
ワイドレンズ理論　235
ワルラス、レオン（Marie Esprit Léon Walras）　289

編者・執筆者一覧

■編集・執筆

山本　勲　編集、序章、第1章（共著）、第2章
慶應義塾大学商学部教授、パネルデータ設計・解析センター長。ブラウン大学経済学部大学院博士課程修了（経済学博士）、日本銀行（1995〜2007年）などを経て現職。専門は労働経済学。主な著作として『労働時間の経済分析：超高齢社会の働き方を展望する』（共著、日本経済新聞出版社、2014年、第57回日経・経済図書文化賞受賞）、『実証分析のための計量経済学：正しい手法と結果の読み方』（中央経済社、2015年）。

■執筆　※執筆順

北尾　早霧　第1章（共著）
東京大学経済学研究科教授。ニューヨーク大学経済学部博士課程修了（経済学博士）。ニューヨーク連邦準備銀行、ニューヨーク市立大学などを経て現職。専門はマクロ経済学。主な著作として、"Policy Uncertainty and Cost of Delaying Reform: The Case of Aging Japan"（単著, *Review of Economic Dynamics*, 2018）。

井上　敦　第3章（共著）
NIRA総合研究開発機構研究コーディネーター・研究員。政策研究大学院大学修士課程修了（公共政策修士）。民間教育機関、政策研究大学院大学専門職などを経て現職。専門は教育政策、教育経済学。

田中　隆一　第3章（共著）
東京大学社会科学研究所教授。ニューヨーク大学大学院博士課程修了（Ph. D. in Economics）、大阪大学社会経済研究所講師、東京工業大学大学院情報理工学研究科准教授、政策研究大学院大学准教授などを経て現職。専門は教育経済学、労働経済学。主な著作として『計量経済学の第一歩：実証分析のススメ』（有斐閣、2015年）。

小倉　義明　第 4 章

早稲田大学政治経済学術院教授。コロンビア大学経済学部大学院博士課程修了（経済学博士）、一橋大学経済研究所（2006~2008 年）、立命館大学経営学部（2008～2012 年）などを経て現職。専門は金融論。主な最近の論文は、"The Objective Function of Government-controlled Banks in a Financial Crisis"（単著，*Journal of Banking and Finance*，2018、89 巻 78-93 頁）。

森田　玉雪　第 5 章（共著）

山梨県立大学国際政策学部准教授。国際基督教大学大学院行政学研究科博士前期課程修了（行政学修士）、株式会社三菱総合研究所、政策研究大学院大学などを経て現職。専門は資源経済学。主な著作として、"Consumers' Willingness to Pay for Electricity after the Great East Japan Earthquake"（共著，*Economic Analysis and Policy*，2015，48 巻 82-105 頁）など。

馬奈木俊介　第 5 章（共著）

九州大学主幹教授・都市研究センター長。ロードアイランド大学博士課程修了（経済学博士）、サウスカロライナ州立大学、東北大学などを経て現職。専門は環境・エネルギー経済学。『持続可能なまちづくり』（共著、中央経済社、2019 年）、『豊かさの価値評価』（編著、中央経済社、2017 年）、『環境と効率の経済分析——包括的生産性アプローチによる最適水準の推計』（日本経済新聞出版社、2013 年）。

元橋　一之　第 6 章

東京大学工学系研究科教授。慶応大学博士（商学）、コーネル大学 MBA。経済産業省（通産省）、OECD エコノミストなどを経て 2006 年から現職。専門は技術経営論、科学技術政策論。主な著書として『日はまた高く：産業競争力の再生』（日本経済新聞出版社、2014 年）、*Global Business Strategy*（Springer-Nature, 2015）など。

笛木　琢治　第 7 章（共著）

日本銀行調査統計局シニアエコノミスト（現：国際決済銀行金融経済局）。インディアナ大学ブルーミントン校経済学部大学院博士課程修了（経済学博士）。専門は金融・財政政策。

前橋　昂平　　第7章（共著）

日本銀行調査統計局（現：日本銀行金融機構局）エコノミスト。ケンブリッジ大学経済学部大学院修士課程修了（経済学修士）。専門はネットワーク経済学。公認会計士。

井上　智洋　　第8章

駒澤大学経済学部准教授。博士（経済学）。早稲田大学政治経済学部助教などを経て、2017年より現職。専門はマクロ経済学。著書に『新しいJavaの教科書』（ソフトバンククリエイティブ、2006年）、『人工知能と経済の未来』（文藝春秋、2016年）、『ヘリコプターマネー』（日本経済新聞出版社、2016年）、『人工超知能』（秀和システム、2017年）『AI時代の新・ベーシックインカム論』（光文社、2018年）、『純粋機械化経済』（日本経済新聞出版社、2019年）などがある。

若田部昌澄　　第9章

日本銀行副総裁。トロント大学経済学大学院博士課程単位取得退学、早稲田大学政治経済学術院教授（2005～2018年）などを経て現職。専門は経済学・経済学史。主な著作として『昭和恐慌の研究』（共著、東洋経済新報社、2004年、第47回日経・経済図書文化賞受賞）、『危機の経済政策』（日本評論社、2009年、第31回石橋湛山賞受賞）、*Japan's Great Stagnation and Abenomics*（PalgraveMacmillan, 2015）。

人工知能と経済

2019年8月20日　第1版第1刷発行

編著者　山　本　　　勲
発行者　井　村　寿　人

発行所　株式会社　勁　草　書　房
112-0005 東京都文京区水道2-1-1　振替 00150-2-175253
（編集）電話 03-3815-5277／FAX 03-3814-6968
（営業）電話 03-3814-6861／FAX 03-3814-6854
本文組版 プログレス・平文社・松岳社

©YAMAMOTO Isamu　2019

ISBN978-4-326-50462-6　Printed in Japan

〈出版者著作権管理機構 委託出版物〉
本書の無断複製は著作権法上での例外を除き禁じられています。
複製される場合は、そのつど事前に、出版者著作権管理機構
（電話 03-5244-5088、FAX 03-5244-5089、e-mail: info@jcopy.or.jp）
の許諾を得てください。

＊落丁本・乱丁本はお取替いたします。
http://www.keisoshobo.co.jp

ピーター・G・モファット　川越敏司 監訳
経済学のための実験統計学　　　　　　　　　　　6,500 円

深作喜一郎
超不確実性時代のWTO　　　　　　　　　　　　3,500 円
ナショナリズムの台頭とWTOの危機

三友仁志 編著
大災害と情報・メディア　　　　　　　　　　　　4,000 円
レジリエンスの向上と地域社会の再興に向けて

中村圭
なぜ中国企業は人材の流出を　　　　　　　　　　3,700 円
プラスに変えられるのか

石黒馨
グローバル政治経済のパズル　　　　　　　　　　2,700 円
ゲーム理論で読み解く

ウゴ・パガロ　新保史生 監訳
ロボット法　　　　　　　　　　　　　　　　　　4,500 円

ダニエル・J・ソロブ　大島義則ほか 訳
プライバシーなんていらない!?　　　　　　　　　2,800 円
―情報社会における自由と安全

キャス・サンスティーン　伊達尚美 訳
#リパブリック　　　　　　　　　　　　　　　　3,200 円
―インターネットは民主主義になにをもたらすのか

勁草書房刊

＊表示価格は 2019 年 8 月現在。消費税は含まれておりません。